DE STENEN VAN BALAZUC

D1698164

Vertaald door Hans van Cuijlenborg

John Merriman

De stenen van Balazuc

De geschiedenis van een Frans dorp

2003 Uitgeverij Bert Bakker Amsterdam

Voor Eric, en voor Matthieu

Oorspronkelijke titel *The Stones of Balazuc. A French Village in Time*
© 2002 John Merriman
© 2003 Nederlandse vertaling Uitgeverij Bert Bakker en
Hans van Cuijlenborg
Omslagontwerp Mariska Cock
Foto omslag John Merriman
Foto auteur Carol Merriman
www.pbo.nl
ISBN 90 351 2548 7

Uitgeverij Bert Bakker is onderdeel van Uitgeverij Prometheus

Inhoud

RUILEN ALLEEN BINNEN 8 DAGEN MET BON

DEZE BON IS TEVENS UW GARANTIEBEWIJS

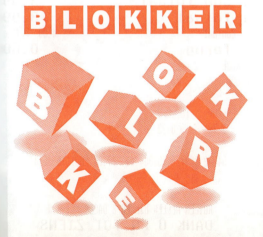

RUILEN ALLEEN BINNEN 8 DAGEN MET BON

DEZE BON IS TEVENS UW GARANTIEBEWIJS

BLOKKER

Filiaal 0192
Maastrichterlaan 74
6291 ET Vaals 043-3620122

KASSABON

AANT OMSCHRIJVING	PRIJS	BEDRAG BTW
1 BULK PAPIERSAK GROOT	3.99	3.99 2

Sub Totaal	3,99
Totaal	3.99
Contant	4.00
Terug	0.00

BTW-KODE   2 - 6%
VERKOOP   3.76

TOT.VERKOOP	TOT BTW
3.76	0.23

Bonnr. 54042 309725 192004 dd. 17.08.2007 16:36:32

RUILEN ALLEEN BINNEN 8 DAGEN MET BON
DANK U EN TOT ZIENS

Woord vooraf

In tegenstelling tot verscheidene negentiende-eeuwse bezoekers, ben ik niet de eerste keer naar Balazuc gegaan op zoek naar de Saracenen, van wie het volksgeloof wil dat zij het dorp hebben gesticht, en zeker niet met de bedoeling een boek over dat dorp of welk dorp dan ook te schrijven. Dat was in 1987. Na een jaar met onze baby Laura in Parijs, moe van het de trap op dragen van een kinderwagentje, boodschappen en de rest, hadden we wat ruimte, frisse lucht en zonneschijn nodig. Omdat ik het genoegen had gehad vele jaren door te brengen met onderzoek naar het provinciale Frankrijk en de archieven aldaar, was ik al enige malen in de Ardèche geweest, en met de schoonheid van dat departement in het achterhoofd besloten wij een paar weken in juni in Les Vans te gaan doorbrengen, aan de rand van de Cevennen. Op een dag kwamen we met de Michelingids in de hand, aangetrokken door een ster, in Balazuc. Wij kwamen van de overkant van de Ardèche en stonden verstomd van de schoonheid van het dorp dat daar hoog boven de rivier lag. We liepen door het dorp. En zo ging het, het was liefde op het eerste gezicht. We kregen ook meteen contact, hoewel aanvankelijk alleen in de zomer en tijdens de kerstvakanties, met een spectaculair oord. Ons zoontje Christopher kwam voor het eerst naar Balazuc toen hij tien dagen oud was. We leerden wat mensen kennen, maar onze band met Balazuc was toen onvermijdelijk sporadisch.

Ons gevoel voor dit oord veranderde aan het begin van de jaren negentig. Het grootste deel van 1991 tot 1993 brachten we in Balazuc door, in een combinatie van verlof van Yale University, en doceren aan de Université Lumière–Lyon II, ruim twee uur rijden in noordelijke richting. Laura en Christopher begonnen naar school te gaan, de eerste op de school van Balazuc, in een *classe unique* (dat wil zeggen één onderwijzer voor alle klassen), Christopher op de kleuterschool in het nabijgelegen Vogüé, want de dorpsschool van Balazuc nam normaal geen kinderen op onder wat toen de eerste klas was (dat is veranderd, om redenen die we nog zullen zien). Het jaar voordat onze kinderen kwamen, had de school slechts negen leerlingen, acht meisjes en een jongen. Scholen met een enkele klas werden overal in Frankrijk door het ministerie van Onderwijs gesloten, vooral in streken als de Ardèche, waar de landelijke bevolking vanaf het eind van de negentiende eeuw geleidelijk aan was afgenomen, was blijven afnemen en ook was vergrijsd. Periodieke vergaderingen van ouders met de onderwijzer van Balazuc, Jacques Imbertèche, en schoolactiviteiten smeedden een vriendschap.

Maar het idee een boek te schrijven over Balazuc was nog niet bij mij opgekomen. Ik hield van heel wat dorpse studies, bovenal het prachtige *Village in the Vaucluse* van Laurence Wylie, de analyse van een socioloog van een veranderend dorp vlak na de oorlog, geschreven aan het begin van de jaren vijftig.[1] Ik kende het zeer populaire *A Year in Provence* van Peter Mayle. Dat soort boek interesseerde me gewoon niet. In elk geval is een jaar op geen stukken na genoeg.

Ondertussen werkte ik in Balazuc aan twee projecten, het eerste een geschiedenis van Europa sinds de Renaissance, en het andere een boek over de marges van het stadsleven in het negentiende-eeuwse Frankrijk. Balazuc leek beslist een minuscuul deel van het eerste, en heel ver weg van het laatste. Tijdens opeenvolgende vakanties en nog eens een semester in 1996, ging ik soms op ons terras zitten, door het dorp wandelen om de kinderen naar school te brengen of ze op te halen, of joggen op het rotsachtige, droge en ruige Jurassische tafelland (de *gras*) dat achter en boven de Ardèche ligt, waarbij ik mij probeerde voor te stellen hoe mensen het voor elkaar kregen om een levensonderhoud te halen uit wat soms wordt gezien als 'ondankbare' grond. Ik vroeg me ook af wat voor verschil de 'grote gebeurtenissen' die waren gekomen en gegaan – de godsdienstoorlogen, de Franse Revolutie, de revolutie van 1848, en bovenal de wereldoorlogen – in Balazuc hadden gemaakt. Hoewel de televisie en de ontvolking de *veillées* (avondlijke bijeenkomsten rond het vuur om kastanjes te eten, wijn te drinken en naar verhalen te luisteren) de genadeslag hadden toegebracht, kon ik bij meer dan een gelegenheid iets horen over het verleden. Sommige verhalen gingen over onweer. Toen, op 22 september 1992, begon het om ongeveer drie uur in de ochtend geweldig te onweren. Het regende pijpenstelen. De rivier steeg snel en bereikte op een paar meter na de bovenkant van de brug. Stroomopwaarts kwamen drie mensen om (dezelfde bui deed veel mensen in de Vaucluse omkomen, aan de overkant van de Rhône). Vanaf de brug konden we allerlei dingen zien die zij op haar pad had meegesleurd. Ik werd getroffen door het begrip van onvermijdelijkheid waarmee dat dramatisch onweer was begroet, en ik wilde weten hoe het mensen wier leven had afgehangen van een onderhoud dat uit rotsige grond moest worden gewonnen, waarvan sommige stukken aan de rivier, was gelukt er weer bovenop te krabbelen, na rampen die werden omschreven als periodiek, maar die erg genoeg waren om in het collectieve geheugen gegrift te blijven.

Ik wist dat de klachtenbrief (*cahier des doléances*) die in Balazuc in het voorjaar van 1787 was opgesteld, ondertekend was door mannen die wisten hoe zij dat moesten doen in de Romaanse kerk aan de overkant van het rotsachtige pleintje onder ons terras. Ik besloot over de Col d'Escrinet naar Privas te gaan (een wat grimmig administratief stadje, bekend om zijn grote gekkenhuis) om te lezen wat ze te zeggen hadden over hun isolement en hun armoede. Ik was verbaasd toen ik ontdekte dat van de 28 mannen die dat document hadden ondertekend, nog zeventien families in Balazuc woonden, een verbazende continuïteit in een dorp waarvan de bevolking in de achttiende eeuw was toegenomen van vier- tot vijfhonderd, tot negenhonderd halverwege de negentiende eeuw, voordat zij was geslonken tot amper tweehonderd vlak na de Tweede Wereldoorlog. Veel mensen waren vertrokken, om redenen die we zullen onderzoeken, maar veel van de families die zo lang geleden 'ondankbare' grond in Balazuc hadden bezeten en bewerkt, zaten er nog. Ik vond sommige van dezelfde namen, als vanzelfsprekend, geëtst op het monument voor de kerk, ter ere van degenen die in het bloedbad van de Eerste Wereldoorlog waren omgekomen.

Op een avond werd de ouders van de schoolkinderen gevraagd in de school bijeen te komen. Het te bespreken onderwerp was de opzet van een schoolkantine, om moeders te ontmoedigen die hun kinderen op school deden in de stad waarin ze werkten. Het was een vergadering zoals alle andere waaraan we hadden deelgenomen, om lessen in kanoën en kajakvaren te bespreken of om liefdadige activiteiten te plannen, waaronder de schoolbingo op zondag, of om plannen te maken voor de 'natuurklas', de *classe verte* (groene klas; toen de kinderen in het kader daarvan naar Parijs gingen, noemden we haar de *classe grise*, de grijze klas), een verblijf van vier tot vijf dagen in een andere streek. De burgemeester, die we amper kenden, zou aanwezig zijn en dat gaf iets ongebruikelijk formeels aan een gelegenheid die anders onveranderd afliep met een fles Armagnac. Toen we begonnen te praten over manieren om onze school draaiende te houden, een zaak waarvan vrijwel iedereen in het dorp – hoezeer ze in het verleden ook tegenover elkaar hadden gestaan – het belang inzag, zei de burgemeester iets wat mij opviel. Het deed mij mezelf afvragen of de relatie tussen de staat en Frankrijk als geheel enerzijds en ons dorpje met die ene klas anderzijds sinds de negentiende eeuw niet op haar kop was gezet. Ik begon toen regelmatig naar de Archives Départementales in Privas te gaan, en mijn bekende zoekpartijen in de Archives Nationales en de Bibliothèque Nationale in Parijs te hervatten, om te zien of het mogelijk was constanten en veranderingen in de loop van de tijd in kaart te brengen, en ze tot leven te brengen in een van de meer dan 36.000 steden, stadjes en dorpen in Frankrijk. Toen ging ik naar het gemeentehuis, om te zien of er nog documenten en resultaten van volkstellingen over waren. Dat was goed nieuws, en ik begon aan een lange reis door het verleden. Ik wilde veel meer weten over de constanten in het verre verleden, de negentiende eeuw en de recente geschiedenis. Ik wilde ook iets vernemen over die veranderingen die het heden in Balazuc hadden gevormd, om te zien of de documenten die ik vond mij konden inwijden in die stenen schooltjes die zo'n belangrijke, zelfs bepalende aanwezigheid in het dorp hadden verworven.

Ik was getroffen door de capaciteit van de bewoners van Balazuc, niet alleen om te overleven (hoewel velen niet erg lang), maar ook om zich de afgelopen twee eeuwen aan te passen aan veranderingen, als de kans daartoe zich voordeed, en zelfs om de overheid in hun voordeel te manipuleren. De boeren van Balazuc lijken in geen enkel opzicht op de dikwijls waargenomen stereotype plattelandsbewoners die vast blijven zitten in hun routine tot ze door diverse vormen van 'modernisering' worden gered en in de moderne wereld belanden. Tegelijkertijd was ik geïnteresseerd in de manier waarop de nationale politiek de plaatselijke had helpen vormgeven, met name in de decennia vóór de Eerste Wereldoorlog, in de strijd rond de rol van de kerk en de secularisatie van de school.

De ligging van het land en dezelfde stenen waarover hobbelige paden en wegen waren aangelegd en waarmee in de loop van de eeuwen huizen en muren waren gebouwd, werden medespelers in dit boek. De rol, mogelijk van primair belang, van het fysieke milieu bij het schrijven van een geschiedenis van een eeuw geleden, onderstreept door twee generaties Franse humanistische geografen, is te vaak verwaarloosd. Foto's en beschrijvingen door oudere mensen geven een dorp te zien waarin opmerkelijk weinig groen stond. Dat is niet langer het geval. Ik wilde weten waarom. Dit boek ruimt een plaats in voor la mémoire des pierres (het stenen geheugen) van Balazuc, zijn constanten en veranderingen over een lange periode, waarbij nationale gebeurtenissen ingrepen (en zelfs op lokaal niveau door gewone mensen gestalte kregen). Bovendien had ik het genoegen, waar geen enkel dorp geheel op zichzelf kan worden bestudeerd, Balazuc te kunnen plaatsen in de context van een boeiende streek, ver terug, van de oudste grotschilderingen die nog ontdekt moesten worden tot de aanzienlijk recentere jaarlijkse ontdekking door duizenden zomergasten.

Op het eerste gezicht lijkt Balazuc voor een buitenstaander een dorp dat enigszins mislukt is. De agrarische economie is, na een halve eeuw ongekende welvaart, dramatisch ingestort. De dorpsbevolking is geslonken, net als die van de streek en van het grootste deel van landelijk Frankrijk.[2] Maar dit is ook een verhaal van herstellingsvermogen, vaak heldhaftig, verworteld in sterke families, generatie op generatie gehecht aan hun grond en hun dorp. Het gaat over een plek waaraan ik zelf erg gehecht ben, die nu een deel van mijn leven en dat van mijn familie is geworden.

De antropoloog Clifford Geertz heeft ooit gezegd dat antropologen geen boeken over dorpen schrijven, ze schrijven ze in dorpen. Ik ben geen antropoloog, maar ik heb zijn advies ter harte genomen. Toch zie ik Balazuc zeker niet als een soort van laboratorium, of onze vrienden en de andere inwoners als 'informanten' of voorbeelden. Peter Jones schrijft dat heel wat Franse dorpsstudies de titel dragen: Mon village.[3] Bovendien is dit boek niet bedoeld om iemand nostalgie te bezorgen naar het verleden, en al helemaal niet om nog meer toerisme te bevorderen. Omdat wij niet in Balazuc zijn geboren (hoewel wij al enige jaren geleden onze verblijfsvergunning kregen), zou het belachelijk zijn, op een plek waar veel families hun oorsprong eeuwen kunnen terugvoeren, te beweren dat Balazuc 'mijn dorp' is. Inwoners van het dorp die er niet zijn geboren worden geheel onschuldig nog steeds *estrangers* genoemd, Occitaans voor *étrangers* (buitenstaanders, wat beslist niet noodzakelijkerwijs buitenlanders betekent). Je wordt geaccepteerd als je deelneemt aan dorpsevenementen – bovenal met betrekking tot de school. Ik kan me nog herinneren dat een vriend van ons de prijzen besprak die gevraagd werden voor werk aan huizen: *'On ne peut pas prendre tout le monde pour des américains'* ('Je kunt niet iedereen voor Amerikanen aanzien'). Die hebben namelijk de reputatie naïef te zijn (*bon enfant*) en bereid veel geld neer te tellen waar dat niet helemaal nodig zou zijn geweest. Een aantal zinnen later riep hij opeens: 'Oef!', omdat hij vergeten was dat wij Amerikanen waren (het was natuurlijk onvermijdelijk, teruggrijpend op ons begin in het dorp, dat wij aanvankelijk bekendstonden als de Amerikanen). Dat dit hem was ontschoten, vleide mij zeer. Maar wij blijven estrangers, zoals ook onze vrienden die hier kwamen uit Noord-Frankrijk, en toch zijn we geïntegreerd in het dorpsleven. Balazuc is een oord waarin wij het geluk hebben mogen smaken een flink deel van elk jaar door te brengen, verscheidene jaren achtereen. Soms is het wat vreemd zo vaak op en neer te reizen. Op een avond vorig jaar werd ik uitgenodigd voor de vergadering van de cel van de Communistische Partij in Balazuc. Die vergadering werd gehouden in een prachtig oud stenen huis in Audon, aan de overkant van de rivier. Onze gastheer, die 92 was, was in 1913 in Parijs lid van de partij geworden. Zijn vrouw iets later, en zij was nog ouder. Een dag of tien later was ik getuige van een verkiezingsbijeenkomst ten bate een vriend die zich kandidaat had gesteld als gemeenteraadslid in North Haven, in Connecticut. De vergadering vond plaats in een hal van de American Legion, versierd met rode, witte en blauwe ballonnen. Dat was op zijn eigen manier nogal vreemd.

Een paar jaar geleden werd Laura door een journalist uit de Verenigde Staten, die een verhaal was komen schrijven over ons leven hier, gevraagd wat ze van Balazuc vond. Ze antwoordde: 'Het is niet meer dan een stapel rotsen!' en kon ook niet begrijpen waarom ik had besloten er een boek over te schrijven. 'Papa, hoeveel mensen kan het wat schelen hoeveel geiten er in 1827 in Balazuc rondliepen?' Soms miste zij de Amerikaanse winkelcentra. Op een dag, toen ze vijftien was geworden, zei ze dat ze van gedachten was veranderd. Toen ik vroeg waarom, zei ze: 'Ik heb liever Frankrijk, er lopen hier toffe jongens rond!' (*'Je préfère la France, il y a des beaux mecs là!'*). Tegenwoordig is een van de dingen die Laura in Balazuc het meest op prijs stelt het volgende: 'Het gaat erom wie je bent, niet wat voor auto je hebt.' Voor mij is het een werk van liefde geweest, om in de archieven te grasduinen, Balazucs verleden en heden te reconstrueren en op te roepen, al maak ik mij zorgen over de toekomst van het dorp. Het laatste hoofdstuk, dat gaat over veranderingen en constanten in het dorp sinds de Tweede Wereldoorlog, is gebaseerd op documenten uit archieven, zeker, maar het is ook gebaseerd op talloze gesprekken met mensen van wie ik heel veel heb geleerd (onder wie, ik haast mij dat erbij te zetten, mijn vrouw en kinderen, die een flink deel van de afgelopen veertien jaar hier hebben doorgebracht, die hun eigen inzichten hebben en die deel van het verhaal zijn gaan uitmaken). Over sommige onderwerpen zijn mensen die uit Balazuc afkomstig zijn of die er lange tijd hebben gewoond het eens, over andere helemaal niet. Zo is een dorp nu eenmaal.

Met dit in het achterhoofd, zou ik onder vele anderen vooral willen bedanken Thérèse Muller, Paulette Balazuc, Lucien en Catherine Mollier, Guy en Marie-Renée Boyer, Guy Larochette en Marie-Élise Hilaire, Ginette Gineys, Jean-Claude en Ginette Michalon, Patrick Socrate, Jean-Marc en Edith Dupuy-Engberts, Hervé en Françoise Parain, Catherine Husulmé, Georges Duffaud, Huguette Laroche (en in nagedachtenis van Jacques), Patrick en Françoise Constant, Raymond Chevalier, Bernard Charousset, Paulette Mirabel, Janine Pinède, Max en Doris Brioude, Clovis Hilaire, pastoor Fortuné Rouveyrol, Pierre Soares (en in nagedachtenis van Danielle), Huguette (Sapède) Gamel, Thierry Lachery, die zijn aanzienlijke kennis van de prehistorie met mij wilde delen, en Carole Lacherey.

Toen wij voor het eerst naar Balazuc kwamen, waren Jean Boyer en zijn vrouw Suzanne de eerste twee mensen die wij leerden kennen. Jean Boyer was een gepensioneerde geschiedenisleraar die in Parijs les had gegeven, en die gek was op Balazuc. Hij zat te werken aan een ongepubliceerd verslag van het dorp vanaf de Revolutie, een dat zowel historisch is als gedeeltelijk fictie. Als ik voorbij zijn huis kwam hoorde ik hem vaak tot laat in de nacht tikken. Zijn hartstocht voor zijn dorp heeft mij geïnspireerd en doet dat nog steeds. Hij sluit zijn boek af met een gedachte die iedereen die in en rond Balazuc heeft gewandeld zou moeten treffen, omdat hij in 'deze pijnlijke bladzijden kinderen' oproept 'die in de wieg gestorven zijn, boeren die zich hebben uitgeput door te vechten tegen zo'n ondankbare grond, jonge mensen die door armoede en gebrek aan geld uit hun dorp gejaagd zijn'.

Ik heb grote bewondering voor Jacques Imbertèche, de onderwijzer van onze kinderen en onze vriend. Zijn lange carrière als onderwijzer loopt ten einde, maar niet zijn invloed op de kinderen (en op hun families) die het geluk gehad hebben op zijn school te hebben gezeten. Ook wil ik Dominique Dupraz, de directeur van de Archives Départementales in Privas, bedanken, en zijn altijd zeer behulpzame staf; Yves Morel, die recentelijk een doctoraalstudie heeft afgerond over de zijde-industrie in de Ardèche en die mij een van de foto's van dit boek leverde; Ginette Michalon, Paulette Balazuc en Numa Charousset, die foto's hebben geleverd; Peter Jones voor zijn prachtige studies over het lagere Centrale Plateau; Michael Sonenscher, voor de toestemming uit zijn dissertatie te citeren; Eric Darrieux, voor het geven van informatie over de moord op Gilbert Serret in 1943; Julia Paolitto voor het verwerken van dit manuscript in de laatste fase; Pearl Hanig voor de redactie en de Yale University, voor het verschaffen van subsidies en flink wat verlofdagen.

W.W. Norton is een uitstekende en unieke uitgever. Don Lamm heeft daar zeer toe bijgedragen. Wij begonnen in 1984 voor het eerst samen te werken. Drake McFeely zet een grote traditie voort. Steve Forman is jarenlang mijn getalenteerde en buitengewoon behulpzame uitgever geweest, en ook een goede vriend. Hij en zijn familie hebben de tocht naar Balazuc ook gemaakt. Toen ik voor het eerst naar Yale ging, gaf mijn voormalige collega Edmund Morgan mij een nogal intimiderend advies: 'Een minuutje vrij? Zinnetje schrijven!' Steve draaide dat om: 'Minuutje vrij? Zinnetje schrappen!' En dat is ook maar beter.

Ik wil ook nog andere vrienden bedanken: Yves en Colette Lequin, Maurice en Marie-Claude Garden, Claude en Simone Mazaurik, Hans en Annemarie Schmidt, Alan Forrest en Rosemary Morris, Bob Schwartz en Marietta Clement, Ted en Joby Margadant, Chris en Lois Johnson, Pascal Dupuy, Philippe en Karine Mougey-Chamett, Philippe Calmus en Corinne Mouchard, Jean en Gila Serreau, André en Christianne Parent, Daniel, Dominique en Faustine Chevet, en Jeanne en John Innes. Dick en Cindy Brodhead, Ben Kiernan en Glenda Gilmore verlevendigden de viering van de Feux St.-Jean in 2000, toen het er heet aan toeging in Balazuc. En natuurlijk Victoria Johnson.

Ik heb het geluk gehad te kunnen beschikken over goede vrienden die dit boek in klad hebben gelezen en suggesties hebben gedaan, waarvan ik de meeste, zo niet alle, heb opgevolgd. Robert Schwartz, Alan Forrest en Paul Freedman hebben hun expertise in dienst gesteld van de eerste hoofdstukken. Peter McPhee, Peter Gay, Chris Johnson, David Bell en Jay Winter hebben het hele manuscript zorgvuldig en bemoedigend doorgelezen, evenals Carol Merriman, eens temeer.

Eric Fruleux en Mathieu Fruleux, die bijna een jaar in Connecticut heeft doorgebracht als eerstejaars student aan de North Haven Connecticut High School, heeft mij geholpen om die twee werelden geheel op elkaar te laten aansluiten.

Ten slotte dank en veel liefde voor Carol, Laura en Christopher Merriman, die jarenlang in beide werelden hebben geleefd en zich daar goed bij voelden.

Balazuc, 3 augustus 2001

BALAZUC

1 Het kalkstenen tafelland (*gras*)
2 Ardèche-rivier
3 Oorspronkelijke Romaanse kerk, uit de twaalfde eeuw (*église romane*)
4 Voormalige pastorie
5 Castel Vielh, overblijfselen van het oorspronkelijke kasteel van de familie Balazuc
6 Tour d'Été (zomertoren) en dorpsmuren
7 Ruïnes van de kapel van Sint-Jan-de-Doper (veertiende eeuw)
8 Voormalige begraafplaats
9 La Place (voormalig dorpsplein)
10 De oude molen (*vieux moulin*)
11 De koninklijke weg (*chemin royal*)
12 Pad naar Uzer
13 Uitkijktoren van koningin Jeanne (*tour de la Reine Jeanne*, gebouwd
   eind dertiende of begin veertiende eeuw, hersteld eind vijftiende of
   begin zestiende eeuw)
14 Kasteel uit de late Middeleeuwen
15 Trouée de la Fachinière (doorgang onder rotsen naar het kasteel)
16 Het veer (*bac*)
17 Weg van Vogüé naar Ruoms, halverwege
   de negentiende eeuw aangelegd
18 Voormalig station (*gare*)
19 Brug over de Ardèche (1884)
20 'Nieuwe kerk', 1895 ingewijd
21 Weg naar de brug, in 1897 aangelegd
22 Porte de la Sablière, een van de vier versterkte poorten
23 Tour Carrée
24 Place de Portelas
25 Le Marché des Oeufs (middeleeuwse eiermarkt buiten de wallen)
26 Gehucht (*hameau*) Servière
27 Gehucht (*hameau*) Louanes
28 Audon
29 Viel Audon
30 Lagere school en dorpshuis (*salle polyvalente*)
31 Chez Paulette
32 Kruidenier (*libre-service*) met pleintje

BALAZUC

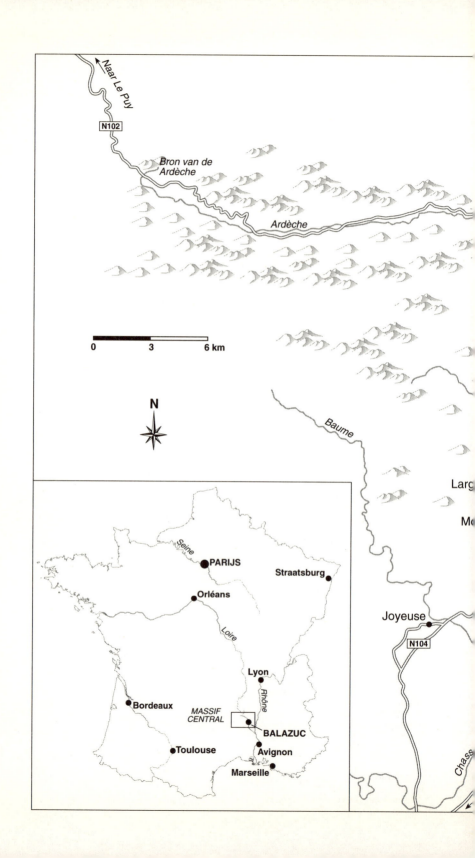

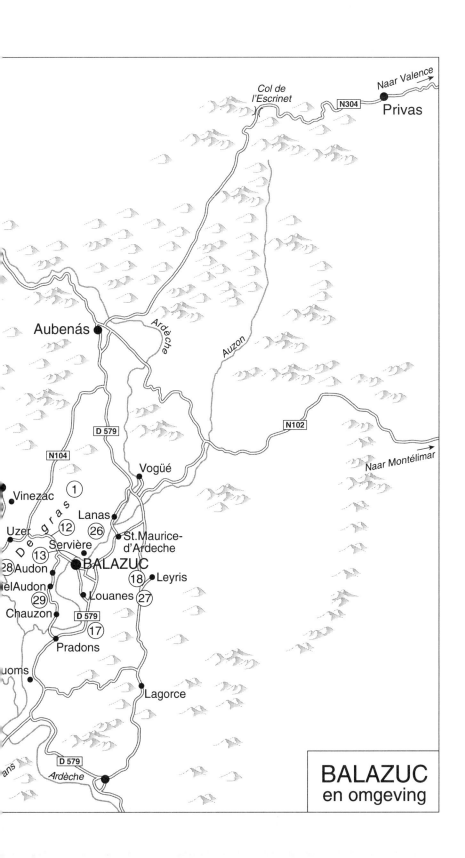

1 Een dorp in steen gevat

Wie de Ardèche ziet, ziet in eerste instantie rotsen, niets dan rotsen (...) Er is niets droger, niets harder. Je voelt het worstelen van de mens al, zijn aanhoudend, verbluffend gevecht tegen de tirannie van de natuur. Tussen rots en nog eens rots, schist en nog eens schist, brengen twee of drie sprieten rogge het beetje voort dat zij te bieden te hebben...   Jules Michelet, 1844

Gezien vanaf de overkant van de rivier lijkt Balazuc deel uit te maken van het grote kalkstenen klif dat boven de Ardèche uittorent. De huizen en de restanten van de oude dorpsmuren lijken vastgeklonken in een reusachtig stenen klif, 'als een wespennest tegen de rots geplakt'. De huizen lijken op vierkante rotsen te staan, in de vorm van een half amfitheater dat geleidelijk naar de rivier afdaalt. De meeste zijn van kalksteen (samengevoegd met mortel van gemalen steen), de enige overvloedige gave van Moeder Natuur in de Bas-Vivarais, het zuidelijk gedeelte van de Vivarais en het departement van de Ardèche. Vanwege de beruchte onweersbuien die in september en oktober kunnen uitbarsten en die de Ardèche, 'door de natuur zo vreeswekkend geschapen', om met Michelet te spreken, veranderen in een kolkende stroom die alles op zijn pad verwoest, was er geen sprake van bouwen aan de normale loop van de rivier. De huizen van Balazuc, een adelaarsnest, lijken 'op elkaar gestapeld, hoog tegen de heuvel, om redenen van defensie of uit gebrek aan ruimte één gemaakt met de reusachtige rots, als het ware na verloop van tijd samengeklonken'.[2]

In 1893 schetste Eugène-Melchior de Vogüé, schrijver en lid van de Académie Française, het dorp tegen de achtergrond van de Bas-Vivarais: 'Bij Balazuc wordt de natuur, langs de diepe kloof waardoorheen zich de Ardèche slingert, het meest aangrijpend. Overal is rots. De bouwvoor is tot een minimum gereduceerd, verdwijnt op de akkers onder enorme stenen tafelen. Verscheidene struiken en enkele verdraaide wijnranken reiken wanhopig op uit scheuren daarin. Deze arme en nobele grond is als Arabische grond, vel over been, zonder enig vlees. Mijn koetsier heeft het heel goed samengevat: "Ach meneer, het land is hier zo nerveus!"'[3]

In december 1994 drongen drie geleerden een grot binnen, hoog boven de Ardèche, bij Vallon-Pont d'Arc, zo'n 15 kilometer stroomafwaarts van Balazuc. Ze kropen een meter of tien op hun buik en toen, nadat ze zich met een touw naar beneden hadden laten zakken, stonden zij in de eerste van verscheidene grote zalen. Tot hun verbazing hadden zij een echte prehistorische dierentuin betreden: prachtig in rood of zwart af-

gebeelde dieren, waaronder beren, paarden, onagers, mammoets, rendieren, katach-
tigen, steenbokken, oerossen, bizons, een heleboel leeuwen en neushoorns, naast een
panter, een hyena, een uil en nog andere dieren die niet konden worden thuisgebracht.
Ruim tweehonderd figuren zijn thans geteld en onderzocht, enkele daarvan zijn gedateerd met radiokoolstof. De kunstenaars liepen vooruit qua techniek, waaronder per-
spectief en pointillisme, om details te schilderen en het reliëf te benadrukken, waardoor de dieren een indruk van beweging wordt verleend.

De schilderingen in de Chauvetgrot, genoemd naar een van de geleerden, zijn de
oudste ooit gevonden. De afbeeldingen in de Chauvetgrot, niet ver van andere prehistorische grotten uit latere periodes, zijn met radiokoolstof op zo'n 32.000 jaar geleden gedateerd. Dat dateert geraffineerde tekentechnieken op een veel vroeger tijdstip
dan totnogtoe werd aangenomen. Het ontbreken van daglicht in de loop van de mil-
lennia en de afgelegen ligging van de grotten zelf, hebben deze opmerkelijke figuren
voor ons behouden.[4]

De prehistorie van Balazuc en het dal van de Ardèche is ongelooflijk rijk. Stammen
van jagers vonden een onderkomen in de grotten, gevormd door erosie van de kliffen
langs de Ardèche en andere rivieren. Resten van heuse kampementen op het Jurassische
tafelland (*table de gras*) aan de overzijde van de rivier doen vermoeden dat er in het Paleo-
en Neolithicum meer bewoning was dan alleen in holen langs de rivier.[5] In 1967 werden
bij Balazuc de beenderen van een hert, een beer en zelfs een neushoorn in een grot aan
de rivier gevonden. Het karstgebied (*pays de calcaire*) van de Vivarais bevat een opmerkelijke concentratie hunebedden. Er zijn er veel te zien in de gemeente Balazuc, waarvan
sommige dateren uit 2500 v.Chr. Verspreid over de droge gras staan de prehistorische
graven, tamelijk grote stenen platen, bedekt met kleinere, los liggende stenen, waarin ter
ere van grote krijgers gaven werden bijgezet. De jagersbevolking (die tegenwoordig lid
zou worden van de jachtvereniging en zich in Balazuc goed thuis zou voelen) heeft waarschijnlijk grotendeels op en boven de rechteroever van de Ardèche gewoond, mogelijk
in holen. Er woonden met zekerheid weide- en akkerbouwers op de gras, tussen 2600
en 2200 v.Chr., en wellicht al veel eerder. Door een negentiende-eeuws archeoloog werden armbanden, koperen gereedschappen, aardewerk, messen en ander wapentuig uit
de bronstijd (1800-700 v.Chr.) op de gras gevonden, op de rechteroever van de Ardèche.

Volgens de legende aanbaden enkele van deze prehistorische volkeren de zon, in een
heidense tempel op het hoge rotsklif waar thans de geseculariseerde Romaanse kerk
staat. In de Bas-Vivarais is voldoende zon om te aanbidden. De rechthoekige stenen
tafel, met aan de rand groeven die aflopen naar een van de hoeken, enkele decennia geleden opgegraven, kan gebruikt zijn voor dieren- of mensenoffers. Zij maakt nu deel
uit van het altaar in de Romaanse kerk. In onze dagen aanbidden de zomergasten ook
de zon, door zich uit te strekken op het strandje en de platte rotsen langs de Ardèche.[6]

De Vivarais vormt het oostelijk deel van de zuidrand van het Massif Central, het

Franse centrale hoogland. Doordat de Vivarais ten westen van de Rhône ligt, is het een overgangsgebied tussen de bergen van het midden en de Midi, en biedt het een opmerkelijke geografische verscheidenheid. Het klimaat van de Vivarais loopt van het hoge bergplateau, en kan dan op het Noorse lijken, of althans dat van het Massif Central, tot mediterrane temperaturen, vegetatie en het buitenleven dat we in de Vivarais aantreffen.[7]

Het noordwestelijk gedeelte van de Vivarais is bergachtig, met als hoogtepunt Mont Mézenc, ruim 1700 meter. Tussen de laatste en de Tanargue in het zuiden, met zijn 1519 meter, strekken zich de Monts du Vivarais uit. Hier, in een streek die ook wel kortweg bekendstaat als het gebergte (la Montagne) lijkt geen einde aan de winter te komen. Stenen huizen, met dikke granieten of basalten muren, op het zuiden gebouwd, hurken dicht tegen de grond aan en zijn er zelfs half in verzonken, ter bescherming tegen de elementen, waarbij sommige daken op het noorden bijna tot de grond reiken.[8] De Monts du Coiron vormen een, zij het wat lagere, uitloper van dit gebergte in de Bas-Vivarais, naar de Rhône toe. De inwoners van de Coiron, net als die van de Montagne, fokten vee en teelden de gewassen die ze konden.[9] Er bestond een langdurige rivaliteit en een onderling wantrouwen – terug te vinden in liederen en harde grappen – tussen de bevolking uit het gebergte, de pagel, conservatiever en fatalistischer, en die van de hellingen, de rayol, minder verdraagzaam en twistzieker.

De Haut-Vivarais ligt tussen de Montagne en de Rhône, die er evenwijdig aan loopt. Het gebied, altijd betrekkelijk dicht bevolkt, vormt een driehoek van vrij welvarende landbouw, waarbij de stadjes in de dalen handelsbanden onderhielden met St.-Etienne en Lyon in het noorden. Deze streek begint in het grijze klimaat van Lyon en eindigt in de zuidelijke zonneschijn van de Middellandse Zee.[10]

De Cevennen, 'een land van hellingen, een land van kastanjes', vormen de zuidoostelijke flank van het Massif Central en openen zich als een waaier. De beboste hellingen van de Cevennen dienen zodoende vooral als overgangsgebied, een soort voorportaal, tussen het Massif Central en het Middellandse-Zeegebied. Veel Engelse lezers vernamen aan het eind van de negentiende eeuw van de Cevennen dankzij Robert Louis Stevenson, met zijn Travels with a Donkey in the Cevennes. Duizenden bunders kastanjebomen tussen de 250 en de 700 meter, leverden het brood van de armen. De boeren begonnen in oktober de kastanjes te rapen. Nadat ze ze over de paden die langs de hellingen zigzagden hadden vervoerd, droogden zij ze en sloegen ze op in kleine stenen optrekjes (clèdes), niet ver van hun huizen.

De Bas-Vivarais beslaat ongeveer één zesde van de Ardèche, vormt het zuidelijkste deel ervan en is een betrekkelijk laag tafelland, meestal nog geen 250 meter hoog. Het karstgebied heeft in de loop van miljoenen jaren de rots doorsneden, waarin het opmerkelijk ruige, prachtige dalen heeft achtergelaten. De Ardèche is zeker 'een van de meest temperamentvolle rivieren van Frankrijk, zo niet van de wereld'.[11] Zij ontspringt ver boven Aubenas, in La Chavade, in het woud van Bauzon, op 1200 meter hoogte en stroomt dan 100 kilometer naar beneden, tot zij in de Rhône uitmondt. Michel Carlat beschrijft de loop ervan: 'Van het balkon van het gebergte, tuimelt de Ardèche snel door de diepe ravijnen van de Cevennen [...] bereikt dan het ruige laagland en de kalkstenen tafellanden van de Bas-Vivarais [...] verschuilt zich in betoverende cañons, voordat zij sterft onder de zon, in de armen van de Rhône [...] De bergen doen stromen, rivieren en watervallen ontspringen die zingen en de kleuren van het seizoen weerkaatsen. De natuur hier schijnt verlof te hebben gekregen al haar grillen te botvieren.'[12] Onderweg neemt zij haar zijrivieren op – Lignon, Beaume, Drobie en Chassezac.

De Ardèche meandert door prachtige kalksteenformaties. Onder Aubenas, bij Vogüé, beginnen er indrukwekkende rotsgroepen bovenuit te rijzen, weerspiegeld in de rivier. Bij nadering van Balazuc wordt de kalksteen eerst aan de ene, dan aan de andere oever, massief en steeds witter. Het midden van het Ardèchedal doorsnijdt een woestenij van rots en *garrigues*, wild struikgewas. De meest spectaculaire rotsformaties zijn te zien in de toeristische Gorges de l'Ardèche, die beginnen bij Vallon-Pont-d'Arc. De doorlatende kalksteen neemt snel het water en de hitte op, die hij 's nachts loslaat, waardoor het warme klimaat wordt bevorderd.[13]

De Bas-Vivarais is mediterraan qua klimaat en vegetatie, en kent rampzalige herfststormen en hete zomers, met af en toe droogte ('in juli of augustus smaakt een dronk goed' wil een gezegde[14]). Bij verscheidene gelegenheden in de afgelopen tien jaar is de schaarse vegetatie op de gras in brand gevlogen, waardoor het spectaculaire ingrijpen van Canadairs, blusvliegtuigen, noodzakelijk werd. In milde winters, waarbij sneeuw in de lagere gebieden zeldzaam is, wordt de Bas-Vivarais vaak omschreven als *Midi moins le quart* – bijna mediterraan.[15]

Of men nu komt aanrijden over de majesteitelijke Col d'Escrinet of via de lange afdaling van Le Puy naar Aubenas, het hoge tafelland met schapen, rundvee en kastanjebossen wijkt voor wijngaarden, moerbei- en olijfbomen, en mediterrane vegetatie. Het uitspansel krijgt de diepe kleur van de Provence, de geur van lavendel, tijm en andere aan droge zomerhitte aangepaste planten overheerst, knoflook is ook algauw te bespeuren, en de verleiding van pastis wordt sterker, te midden van het geklik van *boules*, dat door-en-door Zuid-Franse spel, gespeeld met stalen ballen, en onveranderlijk gevolgd door pastis of rosé, dat alles begeleid door de Zuid-Franse symfonie van de *cigale* (cicade).[16]

Met de verandering van de topografie verandert ook het accent. Ook dat verraadt het zuiden, bepaald als het is door het Occitaans (de taal van de Languedoc), dat in het begin van de twintigste eeuw de spreektaal onder het merendeel van de bevolking heeft beïnvloed. De scheiding tussen de bovenloop van de Ardèche en de Bas-Vivarais is wel omschreven als de grens tussen twee Europa's, twee soorten Frankrijk, of zelfs wel twee beschavingen. Het Frankrijk van de boter wijkt hier voor dat van de olijfolie.[17] Hier vinden we de meest kenmerkende elementen van de Bas-Vivarais, 'de onderwerping van alle elementen van het landschap aan rots, witgepolijst door het water, met een schaarse, oplichtende vegetatie op een poeder van rode oker'.[18]

Als iets het lagere karstgebied van de Bas-Vivarais karakteriseert, dan zijn het wel eeuwen van ontbossing, eind negentiende eeuw door dorpsbewoners en geiten afgerond.[19] Die ontbossing droeg ook bij tot de periodieke verwoestende overstromingen, ontstaan door plensregens waardoor het waterpeil van de stroompjes en riviertjes die in de grillige Ardèche uitkomen opeens stijgt.

Wie tegenwoordig Balazuc ziet, wordt met het verleden geconfronteerd. Gezien van de overkant van de rivier lijken de huizen bij elkaar te schuilen voor bescherming. Dat was dan ook inderdaad de oorsprong van dorpen als Balazuc. Tot ver in de negentiende eeuw stonden de meeste huizen van Balazuc bijeen in de dorpskern – dat wil zeggen, binnen de oude muren. De oorspronkelijke keus van het imposante klif als plaats van nederzetting, had te maken met die meest dringende middeleeuwse behoefte, die naar veiligheid. De toren van 'koningin Jeanne', in de Middeleeuwen gebouwd en eind vijftiende of begin zestiende eeuw hersteld, diende als wachttoren tegen *malfaiteurs* (kwaaddoeners), die van de overkant van de rivier kwamen.

De huizen vormen een eenheid met holen, grotten en kelders, en smalle stenen paden en doorgangen lopen tussen groepen huizen door. De Trouée de la Fachinière (van de heks, die een betovering, *une fachine*, kon uitspreken) loopt nog steeds van de weg in het bovendorp onder een enorme rotsformatie door. De Passage de l'Échoppe (van de winkel) voert naar een donkere kelder. Hier en daar staan vijgenbomen. In de winter schijnt de zon erdoorheen, en hun bladeren bieden in de zomer enige beschutting tegen de brandende zon. Akkertjes en tuintjes liggen net achter de oude wallen, een paar er nog binnen. De meeste stukjes grond liggen ver van enige behuizing.

Door de huizen zo vlak op elkaar te bouwen werd het oppervlak dat rechtstreeks blootgesteld werd aan de zomerzon en de koude winterse wind beperkt. Kalksteen, een poreuze steen die betrekkelijk gemakkelijk kan worden gehouwen, leverde dikke muren die soms meer dan een meter breed waren. Met een dergelijk minimaal comfort, en zeker ook met veiligheid en belastingen in het achterhoofd, werden aantal en omvang van de ramen beperkt.[20]

Voor de fundering hoefde niet diep te worden gegraven: 'Gewoon met de bezem grond wegvegen en er was rots waarop gebouwd kon worden.'[21] Muildieren vervoerden de ongebluste kalk en de klei, die vaak cement moest vervangen. Het resultaat was huizen die weerstand konden bieden aan wind, buien en de jaren. De oudste huizen van het dorp bevatten vlak bij de grond nog stenen die in een meer rechthoekige vorm zijn uitgesneden, een teken van heel hoge ouderdom. In de loop van de eeuwen begonnen boeren de halfronde rode aardewerken pannen te gebruiken, een ander kenmerk van de Midi. Om opgewassen te kunnen zijn tegen het geweld van de herfstregens, werden sommigen gevormd rond het dijbeen van een heel grote man. De overgang van strodaken naar pannendaken was op zich een teken van overgang, van volledige armoe tot gewone ellende. Na de Honderdjarige Oorlog, die een goed deel van de veertiende en vijftiende eeuw in beslag nam, 'toen de soldaten vertrokken en de epidemieën verdwenen, begon het leven weer, er werden weer kinderen geboren, en pannen vervingen het stro dat de huizen had gedekt'. De pannendaken staken meestal enigszins buiten de muren van het huis vanwege de felle regenbuien. Diepe regenkelders lagen klaar om het regenwater op te vangen.[22] De rode pannendaken benadrukten de eenheid van het geheel, zowel van elk gebouw afzonderlijk als van het dorp zelf.

Balazuc, karakteristiek als het is voor de Bas-Vivarais, heeft eeuwenlang beschikt over drie *hameaux* (gehuchten), elk betrekkelijk geïsoleerd van het dorp door afstand, slechte, onbetrouwbare voetpaden, en in twee gevallen de rivier. Servière, het grootste, lag stroomopwaarts aan de overkant van de Ardèche, in het noordoosten. Stroomafwaarts woonden de inwoners van Audon gevaarlijk dicht aan de rivier, maar sommigen van hen, die het na een paar overstromingen voor gezien hielden, verhuisden aan het begin van de negentiende eeuw naar hogerop, voorbij het klif. Daardoor kwamen ze nog verder van het dorp af te zitten, en een tocht met een boerenwagen daar naartoe kostte ze een omweg van zeven moeizame kilometers. Ten slotte brengt een stevige wandeling vanuit de dorpskern naar het zuiden de bezoeker naar het hameau van Louanes.

De fysieke structuur van het dorp, met de huizen vlak op elkaar, veronderstelt een sterke traditie van onderlinge afhankelijkheid, solidariteit en *entraide* (burenhulp). De hameaux van Louanes en Servière leken ook op kleine dorpen, met huizen dicht op elkaar. Bovendien bevorderde Balazucs betrekkelijke afzondering veelvuldige huwelijken tussen families, waardoor de banden van solidariteit tijdens crisis, oogst en grote gebeurtenissen in het leven, bevestigd werden. De geboorte van een kind had giften tot gevolg, hoe bescheiden ook, die door de moeders van andere families werden aangevoerd; hele dorpen vierden bruiloften, meestal met een maaltijd, voorzover dat binnen de middelen van de families lag; sterfgevallen brachten ook de hele gemeenschap samen, met weer een maaltijd die door de rouwende familie aangeboden werd. De zondagsmis, het jaarlijkse dankfeest in juli, carnaval en andere periodieke evenementen brachten dorpelingen bijeen en bevestigden het gemeenschapsgevoel, ook al zijn aanmerkelijke spanningen en zelfs haat tussen personen en families een kenmerk van het dorpsleven gebleven. Plaatselijke tradities hebben de gemeenschappelijke identiteit en solidariteit verstevigd, waardoor de strijd tegen de natuur – soms hopeloos – en die om het bestaan werden verlicht. Als vanzelfsprekend zijn de Balazuciens in verloop van eeuwen, waarin alle denkbare natuurrampen, ziekten, epidemieën en oorlogen plaatsgrepen, in staat geweest terug te vallen op de familie, de kern van waaruit het leven altijd georganiseerd is.[23]

Wie de huizen in de Bas-Vivarais tegenwoordig bekijkt wordt niet alleen herinnerd aan de enorme uitdagingen van de agrarische economie, maar ook aan het vermogen van boeren zich aan te passen aan de beperkingen die de natuur oplegde, en aan de mogelijkheden, hoe bescheiden ook, van een veranderende agrarische economie. Deze veranderingen veroorzaakten, zoals we zullen zien, veelzeggende aanvullingen op de bouw van de huizen. Overal woonden gezinnen met huisdieren bij elkaar, waarbij de eerste baat hadden bij de warmte die de laatsten opwekten (een dergelijke samenwoning vormt de grond van de in onze ogen of neuzen twijfelachtige zegswijze dat 'dierenlucht zuivert').[24] De *rez-de-chaussée* (begane grond) omvatte een stal waarin schapen, geiten, af en toe een paard of een os, en die trotse koning van de dierenwereld in de Vivarais, het varken, huisden, terwijl kippen rondscharrelden op de kleine *basse-cour* (het erf). Het varken was het 'dier van de voorzienigheid', waarnaar met een zekere eerbied, zo niet verering, werd verwezen. Menige familie die gefortuneerd genoeg was om een varken te kunnen houden, slachtte dat rond Kerstmis (afhankelijk van het weer). Na het vieren van deze bloedige gebeurtenis, de slacht (*lo tua* in het Occitaans), waarbij iets van het geslachte beest werd gegeten en de buren die in de loop van het jaar hadden geholpen bedankt werden met een stuk vlees ervan, ging de familie over tot het bereiden van de worst, die dan werd opgeslagen en in de loop van het jaar gegeten.

Maar doordat de Bas-Vivarais arm aan dieren was, zoals aan vrijwel al het andere, merkten de bezoekers dat de *cave*, oftewel de kelder, met aangestampte lemen vloer, belangrijker werd dan de stal. De locatie op de begane grond heeft haar oorsprong in de alomtegenwoordigheid van kalksteen. De cave was bedoeld om te dienen als opslagruimte voor wijnvaten, de gistkuip, de wijnpers en het gereedschap voor het onderhoud van de wijngaard. De vorm heeft wel iets van een crypte, en de cave bood ruimte voor het opslaan van aardappels, worst en kastanjes. De benedenverdieping van de cave had meestal een gewelf, en is dus uiterlijk gelijk aan de natuurlijke grotten die in de prehistorie onderdak boden. Sommige caves lopen naar buiten uit, waardoor ze een overdekte ingang of schuur vormden voor opslag en werk.[25]

Veel van de stenen huizen in de Bas-Vivarais hebben een unieke karaktertrek: buitentrappen die leiden naar een overdekt balkon (*couradou*) op de eerste verdieping. Dit balkon wordt in toenemende mate gebruikt als buitenkamer, tijdens de hitte van de zomer koeler, maar met middagzon in de winter warmer dan binnen. Met de productie van ruwe zijde werd het overdekte balkon een 'sleutelruimte' voor het huishouden. Het huis zelf werd werktuig.[26]

Het overdekte balkon voerde naar de keuken, het middelpunt van het huishouden. Eeuwen geleden heeft de agronoom Olivier de Serres beweerd dat je, als je een huis in de Bas-Vivarais ging bouwen, met de keuken begon. Het Nederlandse woord 'keuken' doet onrecht aan het belang en soms ook de afmeting van dit middelpunt van het huis in de Ardèche. De aanwezigheid van een hoge, diepe schouw, met een heugelhaak die aan een houten dwarsbalk hing, maakte de keuken absoluut tot de belangrijkste ruimte in elk huis. Daar bevond zich in de winter de enige warmtebron (in veel delen van de Vivarais, en ook elders, zien we de grote ruimte daarom tevens als slaapkamer in gebruik, waarbij planken of stro als bedden dienden), en daarom was de keuken van wezenlijk belang voor het overleven. 'Een vuur aanleggen,' wil het spreekwoord, 'is een teken van leven en zonder twijfel ook van eeuwigheid.' De laatste as werd zorgvuldig bewaard, 'om vereenzaming of rampen buiten de deur te houden'. Het werd als een teken van ongeluk gezien om het vuur helemaal uit te laten gaan, en bovendien was dat verspilling van lucifers.[27] De schouw symboliseerde de schuilplaats, waar je een 'gevoel van veiligheid' kreeg, terwijl de wind buiten huilde. Een inwoner herinnert zich avonden bij het vuur uit zijn jeugd: 'Fantastische vlammen dansen door de schaduwen en schilderen hun gloed op de balken [...] er lijken figuren uit naar voren te komen, een bewegend tapijt, een processie van al degenen die precies op dezelfde manier bij het vuur zaten [...] Twintig generaties boeren zijn hier stilzwijgend gaan zitten, voordat de schouw weer werd ontdekt, al vrijwel teloorgegaan.' Het was in de keuken, bij de schouw, dat verwanten en vrienden in de lange wintermaanden ooit 's avonds bijeenkwamen voor de veillée, een bijeenkomst voor het vertellen van verhalen, waarbij in hele dorpen het collectief geheugen van families werd onderhouden. Een twintigste-eeuwse schrijver herinnerde zich verhalen die door zijn grootouders werden verteld, die in het Tweede Keizerrijk waren geboren, doorgegeven 'zonder hulp van geschreven tekst, de nagedachtenis traditioneel via veillées overgeleverd, al langer dan twee eeuwen vóór de huidige beslommeringen'. Op deze manier werd 'een jaar van droogte' in het collectief geheugen dezelfde plaats toebedacht als een oorlog.[28]

Vanwege de regen in de herfst werd de schoorsteen afgedekt met een pannendak, op het punt waar hij uit het dak kwam. De keuken was vrijwel altijd in gebruik door de bereiding van minstens vier maaltijden, hoe eenvoudig ook, van het ontbijt tot een licht souper bij zonsondergang.[29] Een alkoofje grenzend aan de keuken werd ooit gebruikt om melk, kaas en andere voedingsmiddelen op te slaan, waarbij de koude lucht zo nodig door een raampje werd aangeleverd. Was de heer des huizes ook eigenaar van akkers en hoofd van de familie, een gezaghebbende aanwezigheid wiens woord wet was (een omstandigheid die niet gewijzigd werd door het samenwonen met zijn zoon en diens gezin of met ongetrouwde ooms en tantes), zijn vrouw, 'de ziel des huizes', heerste over de keuken. Zij bepaalde wat aangeschaft of verhandeld moest worden, maakte het eten klaar in de open haard en diende de maaltijdsoep en de aardappelen op bij de maaltijden die het werk op het veld gaande moesten houden. Toch kwam het in de hele negentiende eeuw voor dat de vrouw des huizes staande at, terwijl de mannen en de rest van de familie aan een massief houten tafel zaten (waaraan vóór het eten nog steeds rondjes drank – *apéros* – worden geserveerd). '*Souvèn quaou viro l'hasto, noun tasto*' (Dikwijls proeft degene die aan het spit staat het gebraad niet) luidde een uitdrukking. De vrouw des huizes heerste ook over de populatie geiten, kippen en varkens. Bovendien was haar rol bij de productie van ruwe zijde van wezenlijk belang, zoals we zullen zien. Zij stond tussen de kastanjehouten banken en de mettertijd eiken of grenen linnenkasten.[30]

Vanuit de keuken voerde een gang of in sommige gevallen, in grotere, welvarende huizen, een trappenhuis, naar andere kamers en de zolder. Na de achttiende eeuw stond er een hoge staande klok in de keuken, althans in huizen waarvan de families zich er een konden veroorloven, waardoor de centrale functie van die ruimte werd bevestigd. Deze klok was van noten- of grenenhout en er waren vaak afbeeldingen op geschilderd, zij had een koperen slinger, die 'eentonig tikte, waarbij de lange vorm van de klok deed denken aan een doodskist – die dan in de helderste hoek van de kamer werd geplaatst'.[31]

Wie in Balazuc woonde moest zich, zoals in het grootste deel van de Midi, tegen de wind beschermen. De mistral kwam uit het noorden. Boeren noemden hem vaak de *bise* (wat ook 'kus' betekent), tevens de benaming van de windstreek. De noordenwind betekent mooi weer, hij kan wolken verdrijven, maar ook droogte verergeren. Op de hoogvlakte kan de mistral in de winter de *burle* laten ontstaan, een wervelende, verblindende sneeuwstorm die bijna horizontaal wordt aangeblazen.[32] De mistral waait door het Rhônedal en doet de luiken tegen de stenen muren klappen. Algemeen wordt geloofd dat hij in cycli van drie dagen waait. De westenwind is meestal warm en vochtig, maar wordt gevreesd om de plotselinge hagel die de wijngaarden in enkele minuten kan verwoesten. De lichte oostenwind waait meestal tijdens mooi weer in de ochtend. De zuidenwind – *lou ven* (de wind), en meer in het bijzonder de zuidoostenwind, brengt regen, soms een welkom einde van een droogteperiode, of meer op korte termijn het eind van een spelletje *petanque*. Toch brengen de snel voortjagende donkere wolken van deze wind ook de beruchte gewelddadige, vernietigende herfstonweersbuien – waarvan de bliksemstralen de nacht hel verlichten – die met ongelooflijke vaart de Ardèche en andere rivieren, en zelfs eenvoudige beekjes, tot ver buiten hun oevers opstuwen. De overstroming van 1846 kwam zo snel dat de vrouwen van Vogüé, met mandjes op hun hoofd waarin zij de was droegen, niet eens de tijd hadden om de kleren die ze aan het wassen waren te redden, omdat ze moesten rennen voor hun leven.[33] Mindere winden uit het zuiden kunnen de oogst en andere planten geheel doen verdrogen, of in het voorjaar regen brengen. De windkracht is dusdanig dat men heel af en toe ontwaakt en merkt dat vrijwel alles bedekt is met roodachtig zand dat deze wind over de Middellandse Zee uit Noord-Afrika heeft aangevoerd.

De huizen werden dus gebouwd om hun bewoners tegen de wind te beschutten. Zo mogelijk werden zij zo geplaatst dat zij op het zuiden uitzagen. Weinige hadden ramen of andere openingen op het noorden. Openingen lagen op het zuiden om 'de goede wind' aan te trekken, die droogte en wat hoognodige verfrissing bracht in stallen en op het erf.[34]

Boven de rechteroever van de Ardèche en achter de steile kliffen ligt de gras, de verlaten woestenij van grijze kalksteen. Deze werd miljoenen jaren geleden gevormd, nog voordat de rivier haar huidige loop uitsleet. Het is gemakkelijk om fossielen te vinden in de lagen kalksteen die door erosie zijn bloot komen te liggen bij de opstuwing van de hoogvlakte van de gras. Toen een geoloog dit in 1805 zag, kon hij nog slechts de 'gruwel' van dit alles bewonderen, 'een landschap vol veen van meerdere of mindere dikte, met hier en daar jeneverbessen, wilde vijgen en struiken, waar tijm, lavendel en jeneverbes geuren afgeven als het branden van wierrook, door de zomerhitte gedestilleerd'.[35] Toen Albin Mazon, een plaatselijke veelschrijver, in 1884 Balazuc bezocht, bij zijn studie van de ravage door de cholera in de streek, beschreef hij het ruige karstlandschap met hier en daar buxus en lavendel, met af en toe een boom, en 'een wijnstok, beschermd door een vogelverschrikker die zijn armen in de lucht houdt – je kunt alleen nog maar kraaien vinden in de arme wereld van de gras'.[36]

Het imposante rotslandschap in en rond Balazuc herinnert aan een verbazende boerensamenleving waarvan nog maar heel weinig over is.[37] Overleven hing af van de energie van de boeren, die stenen en rotsen moesten winnen, breken, verplaatsen en ermee bouwen. Lage, gestapelde rotsmuren, waarbij velden vol rotsen of weilanden werden gescheiden, werden afscheidingen die nog staan, of gewoon stapels stenen, en hier en daar de overblijfselen van *cabanes* (stenen hutten) waarin schaapherders schuilden of waarin gereedschap werd opgeslagen. Met steen werd vrijwel alles gebouwd. Boeren deden stenen in een *saccol* (een gevoerde linnen zak die op de schouders werd gedragen), en droegen daarin tot 65 kilo per keer.

De landbouwproductie op de gras werd voortgezet tot in de jaren vijftig. *Épierrement* (het schonen van velden van stenen), stenen stapelen of er omheiningen mee bouwen (*empierrement*), behoorden tot de weinige manieren waarop deze opmerkelijke 'grondmakers' grond konden krijgen waarop iets kon worden geteeld. Nadat zij gedeeltelijk bevloeibaar land uit wildernis hadden geschapen, verrijkten zij de stenige grond door er mest op te brengen en er compost aan toe te voegen, voor het grootste deel gemaakt met buxus die op nabijgelegen weidegronden werd verzameld. Als alles goed ging (dit land ver boven de rivier kon tenminste niet worden weggespoeld door de buien die de rivier beneden deden stijgen), konden de boeren handmatig aardappelen, kikkererwten en zelfs wat graan telen. Boeren gingen in de vroege ochtend naar boven, naar de gras, met zakken zaaizaad. Op zijn best stonden er een paar fruitbomen, vooral amandelen, moerbeien en misschien een paar vijgenbomen. Tegenwoordig is dit allemaal moeilijk voor te stellen, op dit verlaten land dat tot de wilde staat is teruggekeerd.[38]

Dergelijke problemen waren algemeen in de Bas-Vivarais. Om te kunnen overleven moesten de boeren, in de Cevennen in het bijzonder, met stenen terrassen aanleggen op de hellingen van hun altijd kleine perceeltjes grond (zo klein dat er onder het Ancien Régime minuscule maateenheden werden gebruikt). Compost moest op dezelfde manier naar boven worden gedragen. Het kostte ongeveer twee dagen hard werken om een muur van drie meter lang en een meter hoog op te trekken. Deze terrassen, die bereikbaar waren via paden, moesten steeds zorgvuldig worden herbouwd (en bovendien moest men oppassen voor gevaarlijke verschuivingen). In een studie over de Vivarais, aan het begin van de jaren zestig van de achttiende eeuw geschreven, stond dat 'de boeren voortdurend verplicht zijn de grond die door de regens naar beneden is gespoeld weer te herstellen. Zulke grond kan alleen worden gehandhaafd met enorme hoeveelheden muren, waardoor terrassen ontstaan [...] Het beste land staat voortdurend bloot aan overstromingen van water dat van grotere hoogte naar beneden komt, waarop de getergde boer almaar moet letten'.[39]

Toen Jules Michelet in 1844 van Nîmes naar Le Puy trok, beschreef hij met ontzag de eindeloze strijd van de inwoners van de Bas-Vivarais, om de verschrikkelijke nadelen van 'ondankbare' grond en een hard, droog klimaat het hoofd te bieden. Ongeveer tegelijkertijd prees een waarnemer de bewoners van het zuidelijk gedeelte van de Vivarais, die 'een opmerkelijk talent hadden ontwikkeld voor de aanleg van stenen muren, waarbij zij allerlei grondstoffen gebruiken, soms leisteen, soms schist, soms ook graniet'. De nu verlaten terrassen herinneren van dorp tot dorp niet alleen aan de enorme moed, gewiekstheid en het harde werk van de boeren onder het Ancien Régime en in de negentiende eeuw, maar ook aan de daarop volgende dramatische ontvolking van de Bas-Vivarais.[40]

Het betrekkelijk isolement droeg bij tot de blijvende indruk van het gewicht van traditie en achterdocht jegens wat nieuw lijkt. De meedogenloze grond en het woelige klimaat van de Bas-Vivarais hebben dan ook vaak de schuld gekregen van het karakter van degenen die probeerden er iets op te telen om te eten, te drinken of te verkopen. Een andere kiene waarnemer wees er een eeuw geleden op dat de moeilijke aard van het land de manier bepaalde waarop de Ardéchois over vrijwel elk besluit met bijzonder veel zorg nadacht: 'Hij stort zich niet zomaar ergens in, en als een besluit eenmaal genomen is, zal niets daar nog iets aan veranderen'. Boven alles was hij koppig. 'De natuur van de streek vormt karakter. De grond is arm, moeilijk te bewerken, overstromingen zijn veelvuldig en kunnen het resultaat van zulke inspannende arbeid tenietdoen. Het doet er niet toe! Hij moet zijn familie in stand houden. Hij begint weer met de moeilijkste taak, want hij moet dat doen, wat de prijs ook is.' Zonder veel bezit, maar met kennis van de waarde van werk, werd de Ardéchois meestal omschreven als nijver, soms in bijzondere mate.[41]

Het is tegenwoordig dan ook wel te begrijpen hoe 'het getergde landschap, de arme grond, het harde boerenleven, samenwerkten om gemeenschappelijke trekken te beitelen' in het volk van de Bas-Vivarais.[42] Een schrijver uit het begin van de negentiende eeuw schilderde de boer in de Ardèche af als 'geduldig en ijverig, op het heldhaftige af: geen vermoeidheid kan zijn ontembare energie breken, geen tegenslag zijn moed'.[43]

Plaatselijke zegswijzen verwoorden het harde werk dat noodzakelijk was om in zulke omstandigheden te overleven: 'Het land is voor het werk als de vrouw is voor de man.' Dus, als je van iemand kunt zeggen: 'Hij is arm, maar hij is een harde werker, dan verheft en veredelt deze laatste omschrijving zijn armoede.'[44]

De ontmoedigende taak een leven te lijden op deze rotsgrond van de Vivarais hielp de volharding ontstaan waarmee boeren vasthielden aan hun land. Dit droeg weer bij tot de reputatie van de boeren van de Vivarais, namelijk dat zij bijzonder twistziek zouden zijn, en routinematig met elkaar overhoop lagen over het kleinste stukje land, met rots en al. De boeren van de Ardèche zijn een trots, waardig volk: 'Vraag nooit iets aan wie dan ook (zeggen ze) [...] ongetwijfeld om van niemand afhankelijk te hoeven zijn.' Iemand heeft de boer van de Ardèche wel eens vergeleken met een bij: 'Hij zamelt in, hij vormt om, hij bouwt.'[45] En als alles misging – 'dan wil de God dat' (*Dieu le voulait*) – en dan begon hij opnieuw.

Charles Ambroise Caffarelli, de eerste prefect van de Ardèche aan het prille begin van de negentiende eeuw, schreef over het departement aan het hoofd waarvan hij was geplaatst. Zijn rapport werd een etnografie van wat een vreemd land lijkt. 'Als,' zo schreef hij, 'het vak van boer betekent zich overgeven aan het moeilijkst denkbare werk, zich blootstellen aan de ergste vermoeienissen om uit de grond te halen wat hij weigert gemakkelijk te geven, om steile heuvels uit te bouwen tot terrassen, om muur na muur op te trekken, de stenen voor de bouw ervan naar grote hoogte te slepen [...] dan zijn er maar weinig boeren die daar beter in zijn dan die van de Ardèche. Er zijn er zeker geen die harder werken.'[46] Nog geen kwart van al het land kon in cultuur worden gebracht, en dan nog alleen met ongelooflijk veel energie en volharding. Zo was het dan ook van meet af aan geweest.

2 Constanten

Balazuc is een dorp waarin dagelijks overleven in de loop der eeuwen een heldhaftige dimensie kreeg. Het harde, grillige klimaat van de Bas-Vivarais, haar rotsgrond, haar betrekkelijke afzondering, haar overheersing door koningen en invloedrijke edelen, dat alles bepaalde eeuwenlang het leven van de bewoners. De agrarische en religieuze kalenders waren de enige die telden. Boeren zaaiden, verzorgden hun akkers, wachtten de oogst af en hoopten dat hun gebeden zouden worden verhoord. Vaak werden ze dat niet. Vanaf de tijd dat Balazuc werd gesticht, in de elfde eeuw, tot het midden van de achttiende eeuw, veranderde hierin maar heel weinig. Een samenspel van deze factoren heeft sommige van de interessantste thema's opgeleverd die het dorp gestalte hebben gegeven en tot op zekere hoogte tot begin jaren vijftig zijn blijven geven.

In de tweede eeuw v.Chr. veroverden de Romeinen, wier slaven handelswaar langs de Rhône vervoerden, het gebied dat de Vivarais zou worden, en waarvan het zuidelijk deel toen bekendstond als het land van de Helvetiërs, de stam die de Romeinen daar aantroffen. De Romeinse legioenen marcheerden over een weg die hun veste in Uzès (Ucetium) verbond met Alba, een ander Romeins administratief centrum, en de Rhône. De weg loopt langs de Ardèche en kwam dus vlak langs wat Balazuc zou worden. In de derde eeuw preekte Sint Andéol het christendom in de buurt. Alba en vervolgens Viviers aan de Rhône werden bisdommen. In de zestiende eeuw vonden boeren een sarcofaag van wit marmer in de buurt van waar de Romeinse weg had gelegen.[1] Met een afbeelding van Petrus op een troon, met veertien personages uit het Oude en Nieuwe Testament, werd deze op een of andere manier toegeschreven aan de laat-dertiende-eeuwse 'bisschop van Balazuc', maar hij werd waarschijnlijk gesneden voor een van de eerste bisschoppen van Alba, aan het einde van de vierde of het begin van de vijfde eeuw.

In de nasleep van de invasie door de Vandalen in de vijfde eeuw en de komst van de Visigoten in de achtste, was het de beurt aan de Saracenen om Viviers te plunderen, drie jaar na hun nederlaag bij Poitiers tegen Karel Martel, in 732. De legende wil dat de Saracenen, uit Nîmes verjaagd, of afkomstig uit het Rhônedal, op de kliffen boven de

31

Ardèche vluchtten, waar zij twee jaar later, in Balazuc, een kolonie jagers en vissers stichtten.[2] Hoewel verscheidene negentiende-eeuwse geleerden ervan overtuigd waren dat sommige Balazuciens die zij tegenkwamen lichamelijke kenmerken vertoonden waaruit bleek dat zij verre afstammelingen van de Saracenen waren, kunnen geen architectonische sporen van zo'n exotische oorsprong worden nagewezen.[3]

In de tijd dat Karel de Grote, de kleinzoon van Karel Martel, zijn keizerrijk administratief structureerde, begon de Vivarais als streek een identiteit te krijgen. In de negende eeuw verwierf het bisdom Viviers aanzienlijke administratieve autonomie en gezag.[4] De Vivarais ging vervolgens in successie over in nominale heerschappij van de vorsten van de Provence (879-933) en van Bourgondië (933-1032). De opname van het koninkrijk Bourgondië in 1039 in het Duitse Rijk, waarbij de regeringszetel ver weg kwam te liggen, bevorderde de macht van de bisschop van Viviers, ook al kwamen en gingen de veroveraars. In een tijd van aanhoudende onveiligheid zochten boeren bescherming door zich te groeperen in dorpen in de buurt van de versterkte verblijven van plaatselijke heren, waarbij zij in sommige gevallen grondgebruik ruilden voor afhankelijkheid van en betaling aan edelen.[5]

Het dorp Balazuc werd waarschijnlijk voor het eerst kort voor 1000 bewoond, of aan het prille begin van de elfde eeuw. 'Baladunum' verschijnt in 1077 op het eerst bekende document waarin deze prachtige locatie wordt omschreven. Baladunum komt van de Keltische woorden *belen* en *dun* (hoog), of in het Latijn *Belenus Dunum* (de rots van Belenus), omdat Belenus of Baäl de zonnegod was. Balazuc betekent dus eigenlijk rots van Baäl oftewel rots van de zon, ofwel kortweg *roche haute*, de hoge rots.[6]

Balazuc was een versterkt dorp in een streek die opgedeeld was in talloze grotere en kleinere vorstendommetjes. De boeren bewerkten akkers buiten de wallen die aan het eind van de twaalfde of het begin van de dertiende eeuw, of misschien nog vroeger, werden aangelegd. Halverwege de Middeleeuwen (in de twaalfde en dertiende eeuw) waren de wezenlijke trekken van de agrarische overlevingseconomie in de Bas-Vivarais al vastgelegd, en die zouden tot het eind van de achttiende eeuw nog maar amper veranderen. Kastanjes, op de hellingen van de Cevennen verzameld, en wijn speelden in de familiale economie al een belangrijke rol.[7] Rudimentaire handelswegen, meestal gewoon paden, voerden vanaf de grote weg naar het Rhônedal, dat Lyon verbond met Beaucaire, de Provence en de Middellandse Zee. Door de vlucht van de agrarische economie nam de bevolking van de Vivarais langzaam toe.

Machtige buitenstaanders: heren en koninklijk gezag

Of er nu al dan niet Saracenen in Balazuc zijn geweest, in de elfde eeuw woonden Gérard de Balazuc, naar alle waarschijnlijkheid de eerste landheer, en zijn zoon, Pons de

Balazuc, in een bescheiden kasteel, het Castel Vielh (waarvan een klein gedeelte tegenwoordig nog als woning bestaat), dat op een enorm klif boven de rivier stond. Pons de Balazuc verliet Balazuc om deel te nemen aan de Eerste Kruistocht en bracht Balazuc op de middeleeuwse kaart door om te komen onder een grote steen die in 1099 bij het beleg van Arka, in de buurt van Tripoli, op hem neerkwam.[8]

De landheren van Balazuc vergrootten hun gezag in de streek, wat blijkt uit de eer die ze door andere plaatselijke edelen werd betoond. In de twaalfde eeuw voegde een geschikt huwelijk hun domeinen bij de belendende heerlijkheid Montréal. Guillaume de Balazuc, de kleinzoon van Pons, werd een bekende troubadour aan het hof van graaf Raymond van Toulouse, wiens familie haar eigen invloed tot de Bas-Vivarais had uitgebreid. Guillaume echter, zo gegrepen door zijn liefde voor een schone dame voor wie hij liederen schreef dat hij eens een van zijn vingernagels uittrok om die als bewijs van zijn liefde aan haar aan te bieden, deed het familiefortuin slinken. Hoog boven de Ardèche omgaven de Balazucs, onderling en met andere invloedrijke families in de streek huwend, zich met een klein hof.[9]

In de elfde en twaalfde eeuw kwamen tegen de achtergrond van de feodale samenleving betrekkelijk machtige heren als die van Balazuc naar voren. De baronie van Balazuc, die de dorpen Pradons en Chauzon omvatte, was slechts een deel van het mozaïek van heerlijke jurisdictie.[10] Een document uit het einde van de dertiende eeuw waarin Guillaume, heer van Balazuc, aan een trouwe landjonker het recht verleent om te vissen en konijnen te jagen in ruil voor zijn diensten, geeft de gewapende toepassing van 'recht' aan, gesproken in naam van de heer van Balazuc. De Balazucs lieten tegen het einde van de twaalfde of aan het begin van de dertiende eeuw een sombere donjon bouwen, met muren van ruim een meter dik, en voegden er in de veertiende eeuw een grafkapelletje van Sint-Jan-de-Doper aan toe, onder hun kasteel, waarvan de resten het gegraveerde teken van de sperwer bevatten, het symbool van Guillaume de Balazuc. De Balazucs werden in de dertiende en veertiende eeuw door de edelen van het nabijgelegen Vogüé, Lanas, Saint-Maurice en andere steden en dorpen gehuldigd. Het middeleeuwse dorp Balazuc blijft dus onder de heerschappij van zijn heren, die op doeltreffende wijze het wereldlijk gezag uitoefenen, en de bisschop van Viviers.[11]

Met de geleidelijke toename van de geldeconomie en de agrarische ontwikkeling, al ging dat in de dertiende eeuw op zeer beperkte schaal, begonnen de heren hun boeren uit lijfeigendom te bevrijden, om in plaats daarvan vastgestelde betalingen in geld, in natura en in werk te ontvangen. Zwaarwegende verplichtingen jegens machthebbers, waartoe blootstelling aan de willekeur van de heerlijke rechtspraak behoorde, bleven onderdeel van het boerenleven uitmaken. Guillaume de Balazuc had het recht iedereen die de Ardèche in zijn *bac* (veerboot) overstak, geld te vragen.[12]

Frankrijk was nog aan het ontstaan, en de koningen bevestigden en vergrootten geleidelijk hun gebied, te midden van de territoriale versnippering van het middeleeuwse Europa. In de dertiende eeuw breidden de koningen van Frankrijk hun daadwerkelijk gezag vanuit het noorden, met name de streek rond Parijs, in zuidelijke richting uit, en bereikten daarbij ook de Vivarais en grepen in bij plaatselijke disputen. De Vivarais werd onderdeel van Frankrijk, en toegevoegd aan de provincie Languedoc. Eind dertiende eeuw ontving Philips IV (de Schone, 1284-1314) schatting van de voornaamste heren van de Vivarais, en in 1308 erkende de bisschop van Viviers het koninklijk gezag, waarbij hij ermee instemde de wapens van het Duitse Rijk te vervangen door die van Frankrijk.[13]

Maar de voortdurende expansie van de koninklijke macht in de veertiende eeuw raakte de mensen in Balazuc niet of nauwelijks. De vier ruiters van de Apocalyps waren doende de Vivarais te verwoesten, en dat zou niet de laatste keer zijn. De Zwarte Dood, een moorddadige epidemie, bereikte in 1348-1350 het dorp via het Rhônedal, en doodde minstens eenderde van de bevolking, liet schuldbelaste edelen, onbewerkte akkers en ellendige, hongerende boeren achter. Later in die eeuw vergrootten gewelddadige conflicten tussen heren, uitgevochten door hun gewapende huurlingen, de ellende van het gewone volk, dat werd geplaagd door stropende bandieten. De dorpen trokken muren op, of verhoogden of versterkten de al aanwezige. Waarschijnlijk werd omstreeks deze tijd de kerk van Balazuc verstevigd, om als hoopvol toevluchtsoord te dienen. Op sommige plaatsen kwamen de boeren, belast door de *taille* (belasting) die zij de koning schuldig waren, en de *dîme* (tiende) die voor de kerk bestemd was, in opstand tegen de edelen, omdat zij het niet eens waren met wat zij ze moesten betalen.[14]

Verhoogde koninklijke heffingen in deze moeilijke tijden veroorzaakten in 1378-1380 in de Vivarais opstanden tegen het koninklijk gezag. De strijd tussen de koningen van Frankrijk en het pausdom, met Avignon vlakbij, bracht nog meer verwoesting. De Honderdjarige Oorlog, in de veertiende en vijftiende eeuw tussen Frankrijk en Engeland uitgevochten (waarbij de Franse legers hun rivalen, die een groot deel van het westen hadden bezeten, uit Frankrijk verjoegen) zorgde ook voor aanzienlijke kommer, en beschadigde de uitkijktoren aan de overkant van de rivier. Deze werd daarop door Jeanne de Balazuc, destijds in naam hoofd van de baronie van Balazuc, hersteld en kwam om die reden bekend te staan als de 'toren van koningin Jeanne'. In 1422 kwamen de Staten van de Vivarais, een vergadering van edelen, de bisschop en vertegenwoordigers van de grootste steden, voor het eerst bijeen in Villeneuve-de-Berg, het rechtskundig centrum van de *bailliage* (baljuwschap), om de koninklijke belastingen 'goed te keuren'. Dit droeg bij tot de ontwikkeling van iets van regionale identiteit onder de elite, zelfs al werd de Vivarais nooit een onafhankelijke provincie. De identiteit van de streek als onderdeel van Frankrijk werd echter bevestigd.[15]

Het laat-middeleeuwse Balazuc

In 1464 kwamen de Staten van de Languedoc overeen dat de provincie zou worden belast met de taille, een vermogensbelasting die de koning toeviel. Dit is op zich een teken van vergroot koninklijk gezag. Lodewijk XI gaf toen opdracht tot een raming (*estimes*) van de grond, om het doelmatige inzamelen ervan mogelijk te maken. Het meeste land dat in handen was van edelen en de kerk werd vrijgesteld (op edelen rustte slechts de verplichting de koning in de strijd te volgen, hoewel zulke ondernemingen duur waren en sommigen van hen te gronde richtten). De estimes geven een glimp van Balazuc aan het einde van de vijftiende eeuw, ook al kunnen we ons de levens van de verpauperde, landloze dagloners, die moesten vechten om te overleven, slechts voorstellen. Uit de raming blijkt dat Balazuc aan het einde van de vijftiende eeuw, al degenen zonder eigen bezit meegerekend, een inwonertal moet hebben gehad van zo'n vijfhonderd.[16]

Degenen die de raming in augustus van dat jaar uitvoerden betraden Balazuc door het Portail de Été boven de rivier, de Porte de la Sablière aan het uiteinde van het dorp, met de hoofdstraat van het dorp daartussen, of het Portail Neuf achter de Tour Carrée in het bovendeel van het dorp. De bezoekers moeten het kleine kasteel op het klif en de klokkentoren van de kerk zijn opgevallen, en wellicht hebben ze wat zenuwachtig naar de donjon hogerop in het dorp opgezien. Balazuc was toen groot genoeg om een markt te hebben, wat blijkt uit de eeuwenoude benaming van het pleintje, de Place du Marché des Oeufs, dat buiten de wallen, onder de Porte de la Sablière, lag. In de buurt hiervan stonden de huizen van het Quartier du Mercadio.

Met uitzondering van verscheidene landheren, een koopman, een smid, een hoefsmid en een wagenmaker, van wie nog enkele winkels in het dorp te zien zijn, was Balazuc een gemeenschap van boeren, die vrijwel allemaal in het *castrum*, het versterkte dorp, woonden. De timmermanswerkplaats bevond zich gedeeltelijk in een *beaume*, een beschutte plek in de rots. Uit de estimes blijkt dat sommige families hun aanwezigheid in Balazuc tot vijfhonderd jaar geleden kunnen terugvoeren. Daaronder vallen de Tastevins en Ranchins, en twee dagloners met de naam Rieu, die voor de landheren werkten. Op de gras stond de versterkte *mas* (groot stenen huis) van vrouwe Margareta de Fabregalis. Een lid van de familie Fabregoule woont daar nog steeds.

De raming bevestigde de 'geringe vruchtbaarheid' van de grond van Balazuc en rechtvaardigde de schijnbaar bescheiden aanslag op de belastbare waarde van eigendom. Een groot deel van het grondgebied van Balazuc lag braak of werd, zoals delen van de gras, als weidegrond gebruikt. Het dorp bracht wat graan, groenten en wijn voort. Boeren konden op die manier hun verplichtingen (*cens*) vervullen jegens de landheren van Balazuc, onder anderen edelen. Zij betaalden in natura – tarwe, gerst, rogge, haver en gedroogde groente, soms wijn of een kapoen. De versnippering van de grond in uitermate kleine en verspreide akkertjes was trouwens karakteristiek voor Balazuc. Dit is wellicht gedeeltelijk de reden van het feit dat er 134 apart benoemde delen van Balazuc bestonden. Guillaume Tastevin, wiens huis en tuin aan een straat in het dorp lagen, bezat gronden op acht plekken, verdeeld over Balazuc (en sommige van zijn afstammelingen doen dat nog). Nicolas Tastevin bezat verscheidene huizen en tien lapjes grond, waaronder wijngaarden, naast enkele tuintjes, waarvoor hij de landheer jaarlijks 'een goed gevulde anker haver' moest geven, ongeveer twaalf tot vijftien liter, 'met een maat erbij, eveneens geheel gevuld'.

Jean Alègre woonde aan de rivier, waar hij een nieuwe tuin en een stenen hut had, die hem tot schuur diende. Hij had nog een schuur tegen een deel van de dorpsmuur, die hij mede moest onderhouden. Alègre bezat vijf lapjes grond op uiteenlopende plekken in Balazuc. Alles bij elkaar was dat ongeveer zes bunder, en het was vrijwel zeker dat hij andere gronden verpachtte. Zijn land bracht wat wijn en tarwe op, hij bracht olijven van zijn bomen naar de molen van de landheer, die hij betaalde om er de olie uit te persen. Op het moment van de estimes bezat hij twee ossen, een muilezel, zeven varkens en zo'n dertig schapen. Hij had veel meer dieren dan huizen en werktuigen, die beide van 'weinig waarde' werden geacht. Hij moest jaarlijks de landheren ook wat tarwe brengen. Alègre was een betrekkelijk welvarende boer. De armen, die niet in de estimes verschijnen, kwamen hier niet aan toe, en zouden het ook niet bereiken.

Alleen de maten al, gebruikt om de afmetingen van de grondjes te schatten, vormen een afspiegeling van de strijd om het bestaan. Een *jornale* was een stuk grond dat een span ossen in een werkdag kon *piocher* (ploegen, waar boeren houwen moesten gebruiken, zo hard was het terrein). Een *muid* was onder andere zes last vloeistof, zo'n 900 liter – wijn – die door een muildier konden worden getorst, waarbij elke last uit 140 à 160 liter bestond. Pierre Sabatier, die naar Balazuc was gekomen om daar te trouwen, produceerde zo veel wijn – maar ook dat werd in de raming afgedaan als 'van weinig waarde'.[17]

De meeste dorpen hadden een paar herders die werden gevoed en betaald door de families wier geiten zij hoedden. Herders, alom beschouwd als 'aparte mensen' – en door sommigen als een soort tovenaars – hadden een zesde zintuig als het ging om weersveranderingen.[18] De herders van Balazuc organiseerden de *transhumance* (het verplaatsen van kuddes naar weidegronden in de bergen), waarbij zij in het voorjaar geiten en schapen met behulp van herdershonden naar boven, naar de Tanargue, brachten. Op de gras sloten zij zich aan bij herders en dieren uit Chauzon en andere nabijgelegen dorpen. Dan volgden zo'n tweeduizend dieren een ram met een bel om de nek, vergezeld van herders en muildieren die eten en drinken vervoerden. In het najaar volgden zij het pad in omgekeerde richting.[19]

Afgelegen of niet, er kwamen zo veel bezoekers over de koninklijke weg (*chemin royal*) – die vlak langs de dorpsmuren liep – door Balazuc (velen om de landheren te bezoeken), dat La Terrasse, de naam van een van de huizen, waarschijnlijk naar een herberg verwees. Het gehucht Servière, aan de overkant van de rivier stroomopwaarts, had de beste weidegrond van Balazuc, met hier en daar eikenbomen. Daar hielden de welvarende gebroeders Borry vijftien stuks rundvee, acht varkens 'boven hun behoefte', en een kudde van zeshonderd schapen en geiten.

Aan het eind van de vijftiende eeuw waren de leden van de familie Balazuc niet langer de rechtstreekse afstammelingen van Pons de Balazuc. Het kasteel boven op het klif was tot puin vervallen.[20] Een van de nu twee takken van de familie had een groter kasteel gebouwd op de heuvel boven het dorp. De andere tak van de familie was verhuisd naar het Château de La Borie in Pradons. In 1638 verhuisde de jongere tak van de Balazucs, die overal bezittingen had verloren, naar het Château de Montréal bij Largentière.[21]

De kerk

Elke Goede Vrijdag trokken de kinderen door het dorp, waarbij ze met ratels en castagnetten zwaaiden omdat er op die plechtige dag geen klokken mochten worden geluid. Godsdienst voedde in belangrijke mate het gemeenschapsgevoel in Balazuc en andere dorpen. Het maatschappelijke en godsdienstige leven in Balazuc bleef in bepaalde opzichten eeuwenlang vrijwel onontwarbaar.[22] Er moesten verscheidene missen worden gelezen voor de gelovigen en er stond wellicht zelfs een klein klooster aan de oude Romeinse weg in Salles, evenals een kapel op diezelfde plaats. Godsdienstige praktijken vermengden zich met het maatschappelijk leven. Carnaval, voorafgaand aan de verplichte ascese van de vasten, was goed voor drie dagen feestvieren door de gelovigen. De festiviteiten omvatten een processie waarbij de gewone man op ludieke wijze (vaak met amper verholen afkeer) door vermommingen, gebaren en zelfs woorden de landheren, de geestelijkheid en andere machtige of bekende figuren op de hak mocht nemen. Het stempel van de kerk op het dagelijks leven was belangrijk, maar vooral bij de *rites de passage*, geboorte, huwelijk en dood. De laatste was alom tegenwoordig, doordrong vrijwel dagelijks het leven, als voortdurende herinnering aan het broze bestaan. Het was niet ongebruikelijk het kruisteken op het brood te zetten. Heiligenverering, gemarkeerd door vrome devotie aan relikwieën en door pelgrimstochten, doordrong het godsdienstig leven.[23] De Broederschap van Sint-Antonius dateerde waarschijnlijk uit de vijftiende eeuw. De meeste eigen boeren behoorden ertoe, en waarschijnlijk droegen zij er jaarlijks wat graan aan af, om het onder de armsten te laten verdelen, samen met vlees van een koe die bij carnaval werd geslacht.

De Romaanse kerk van Balazuc, gewijd aan Sinte-Magdalena, dateert uit de twaalfde eeuw. Dit kerkje, gebouwd met gehouwen kalksteen, met een schip met drie nissen dat leidde naar een halfrond, gewelfd koor, is sierlijk van eenvoud, zonder zuilen of kapitelen. De toren is *fenestré* (van ramen voorzien), met drie openingen, waarboven nog drie kleinere openingen zaten, waarvan er nog één bestaat. Deze vorm treffen we ook elders in de Bas-Vivarais aan. Het kerkje is klein, niet langer dan vijftien meter, en het oorspronkelijke schip (er werd eind zeventiende eeuw een nieuw schip aangebouwd, omdat de bevolking zo was gegroeid), was slechts ongeveer acht meter breed.[24]

De heren van Balazuc droegen bij tot de instandhouding van het godsdienstig erfgoed van het dorp. Toen Antoine de Balazuc in 1480 zijn testament tekende, liet hij geld na voor de lamp van Notre-Dame-de-Balazuc, een twaalfde-eeuws beeld van de Maagd met Kind, en voor de parochies Pradons en Chauzon. Pierre Brunier, heer van de baronie van Balazuc, tekende zijn testament in 1496 'in vol bezit van zijn geestelijke vermogens, zij het zwak en kreupel naar lichaam, en de wetenschap dat de dagen der mensheid als schaduwen voorbij vlieden'. Hij vroeg naast de andere heren van Balazuc begraven te worden. Een waar detachement priesters, vijftig in getal, moest in Aubenas en Largentière een mis voor zijn zielenrust zingen. Hij liet ook geld na aan Balazucs nieuwe broederschap, en voor een mis die moest worden gelezen 'door de priester, aan te wijzen door de machtige heer van Balazuc'. In 1505 gaf Pierre de Balazuc uiting aan zijn wens te worden begraven onder de poort van het kerkhof, naast het graf van zijn broeder, opdat 'allen die het kerkhof betreden over zijn arme lichaam zullen lopen'. Hij liet geld na voor missen die voor zijn ziel moesten worden gelezen, en wat geld voor de armen en de dienaren van de heren van Balazuc.[25]

De hervorming, dat schisma dat het christendom zo bitter verdeelde en dat begon in het tweede decennium van de zestiende eeuw, verspreidde zich vanaf 1528 vanuit Lyon naar het zuiden. Het sterke bolwerk van katholicisme in de Vivarais schudde op zijn grondvesten. Vooral het calvinisme maakte, vanuit zijn basis in Genève, veel volgelingen, met name in de Cevennen, maar ook in verscheidene dorpen vlak bij Balazuc. De calvinisten verwierpen, net als andere protestanten, het gezag van de paus en stelden misbruik door de geestelijkheid aan de kaak (met name de verkoop van aflaten). In het bijzonder verwierpen zij het geloof in de noodzaak van goede daden en het sacrament van boetedoening bij de zoektocht naar eeuwige redding, terwijl ze de nadruk legden op predestinatie en christelijke discipline. Calvinistische predikers volgden de paden door de Cevennen en de dorpen van de Bas-Vivarais, die ook gebruikt werden door kooplieden, marskramers en muildieren. Zij brachten bijbels, volksboeken en pamfletten mee, een afspiegeling van de spectaculaire opkomst van de boekdrukkunst.

De godsdienstoorlogen brachten bloedige strijd, vreselijke ontbering en blijvende verbittering tussen katholieken en protestanten met zich mee, en bedreigden de stabiliteit van het koningschap. Tegen de achtergrond van de economische stagnatie, volgend op de wrede onderdrukking van de hugenoten waarmee Hendrik II in 1550 begon, leidde het godsdienstig schisma tot een burgeroorlog. Gevechten op grote schaal en verwoestingen gemarkeerd door ontheiliging van kerken, begonnen in 1562 en woedden af en aan. Balazuc zelf werd gedwongen vier jaar lang een klein garnizoen te huisvesten. De machtigste adelsfamilies uit de Vivarais voerden de katholieke troepen aan tegen die 'van het nieuwe geloof', en de heren van Balazuc verwierven zich zodoende de dankbaarheid van de koning.[26]

In februari 1576 tekenden dertig protestantse en dertig katholieke afgevaardigden een vredesverdrag in het Château de La Borie, in Pradons bij Balazuc. De ondertekenaars kwamen overeen dat het volk van de Vivarais 'niet langer de vorderingen en uitgaven kan opbrengen waaronder het gebukt gaat, omdat het ten gevolge van verwoesting, plundering, heffingen en andere vijandige daden, dagelijks in genoemde provincie begaan, voor de rest van het jaar niets meer heeft om van te leven'. De vrede was van korte duur. Drie jaar later dienden 'de armen van de derde stand van Zijne Majesteits kale en verlaten land van de Vivarais – arme, ellendige, geteisterde en in de steek gelaten mensen' – een petitie in bij de koning. Zij beschreven gruwelijke wreedheden van beide kanten, waaronder wurging, levend begraven worden in mest, in kisten worden opgesloten zonder enige lucht, die mannen, vrouwen en kinderen hadden moeten ondergaan door 'de wreedheid, het gezag en de macht van edelen, kapiteins en soldaten'. Vol eerbied voor het koninklijk gezag en dat van hun heren, vroegen zij om een hervorming van het stelsel van wetten, teneinde 'het land van dit ongedierte te kunnen zuiveren'. Oprichting van een bijzondere rechtbank hielp de troepen bij het herstellen van de orde.[27] Die bijzondere vrede duurde echter slechts tot 1585. Toen Hendrik IV in 1598 het Edict van Nantes afkondigde, dat de protestanten godsdienstvrijheid verleende, ontstonden er grote protestantse enclaves in de Cevennen en midden in de Vivarais, alsook in een aantal dorpen in het zuidelijk deel daarvan. Maar in tegenstelling tot Lagorce en andere dorpen in de buurt, bleef Balazuc koppig katholiek, wellicht vanwege de aanwezigheid van de soldaten van enkele heren die katholiek waren gebleven (in tegenstelling tot de heren van sommige dorpen in de streek die de bewoners hielpen bij de overgang naar het protestantisme) en misschien ook door het betrekkelijke isolement.[28]

De godsdienststrijd ontbrandde eens temeer in 1620, toen de hugenootse edelen in het westen en zuidwesten van Frankrijk in opstand kwamen. In 1629 belegerden Lodewijk XIII en kardinaal Richelieu (net terug van zijn blokkade van La Rochelle en de overgave van de protestantse troepen aldaar), met twintigduizend man Privas, dat tot de 150 versterkte steden behoorde waar de monarchie het protestantisme had toegelaten. Na een bloedige strijd brandschatten en plunderden de koninklijke soldaten de stad. Zij hingen vijftig mensen op en zonden de rest van de rebellen naar de galeien. Het jaar daarvoor hadden de *consuls* (de naam voor bestuurders of parochiehoofden in de Midi) van Balazuc twee broden (die van een onzienlijke omvang moeten zijn geweest), een kruik wijn en wat rundvlees – waarschijnlijk dagelijks – moeten leveren aan negentig soldaten die in de maand april in Balazuc gelegerd waren.[29]

De godsdienst in de Vivarais was zodoende uitgebreid op de kaart gezet, waarbij sterke katholieke trouw aan de kerk voortleefde naast uitdagende enclaves van protestantisme, waaronder die in de zuidelijke Bas-Vivarais, die de nadruk legden op eenvoudige diensten en bijbellezen.[30] Opeenvolgende gevechtsgolven rolden over het land na de herroeping van het Edict van Nantes in 1685 door Lodewijk XIV. Bijna 10 procent van de protestanten in de Vivarais (zo'n 3000 van de 37.500) moest vluchten, en zij die bleven werden gedwongen hun godsdienst vrijwel in het geheim te beleiden.[31] Tekenen van de Contrareformatie, een gedeeltelijk succesvolle poging om de katholieke orthodoxie weer nieuw leven in te blazen, kunnen nog worden gezien in stenen kruisen of hier en daar alleen in de sokkels ervan, die werden opgericht na missies, enkele dagen van dramatisch hel en verdoemenis preken en schitterend opgezette diensten, die vrijwel door heel Frankrijk plaatsvonden. Eén zo'n kruis, bij het Portail Neuf, dateert uit 1689. Tegelijkertijd schrapte de katholieke geestelijkheid enkele volksfeesten en deed zij haar uiterste best het gezag van de kerkelijke hiërarchie te herstellen, door meer discipline aan religieuze orden en broederschappen op te leggen.

De Vivarais was altijd een streek geweest van katholieke godsdienstigheid. Onwettige geboorten en ongetrouwde stellen waren zeldzaam (slechts ongeveer 3 procent tussen 1771 en 1789), een klein maar veelzeggend teken van de invloed van de georganiseerde godsdienst.[32] In katholieke steden en dorpen zorgde de parochie, die een geestelijke en culturele gemeenschap omvatte, voor saamhorigheid, structuur en een kalender. Pastoors vormden het middelpunt ervan, zij hielden de registers van geboorten, huwelijken en sterfgevallen bij, legden data en getuigenis van elke levensbepalende gebeurtenis vast. De meeste priesters waren geletterd (in de Vivarais kon in 1743 78,7 procent zijn naam schrijven). In het kader van officiële onderzoeken werden zij opgeroepen de 'rijken' en de 'armen' in hun parochies te noteren, schattingen waartoe zij gemakkelijk in staat waren, door hun eigen kennis van de parochianen.[33]

Pastoors die als de vertegenwoordigers van Gods wil op aarde een bescheiden stenen kerkje in een dorp als Balazuc dienden, waren daar trots op. De invloed van de preekstoel was aanzienlijk, ongeacht hoeveel parochianen niet wisten, niet begrepen of versliepen wat de priesters te zeggen hadden. Zij leidden de gemeenschap door de kerkelijke kalender heen naar Kerstmis, en vooral naar Pasen. Generaties van hen beheerden het kerkhof, zorgden ervoor dat het goed was omsloten met muren, en dat het volledig werd geëerbiedigd – er mocht daar geen was te drogen worden gehangen, geen koren gedorst, geen dieren geweid, geen boules of andere spelen gespeeld, en geen onzedelijkheid worden bedreven tijdens feesten, waarbij de doden de enige getuigen van bepaalde daden waren. De dorpspriesters bemiddelden bij talloze disputen, als (verondersteld) neutrale stem boven de plaatselijke belangen en de lange geschiedenissen van wantrouwen. Priesters zeiden de gebeden voor de oogst en zagen toe op de broederschappen, in het geval van Balazuc slechts één. Ook hielden zij de armzalig bescheiden rekeningen van de parochie bij.

De zeggenschap van de dorpspriester als het ging om het luiden van de kerkklokken was een wezenlijk onderdeel van zijn gezag. De klokkenluider groef ook de graven. Hij luidde de passende cadans langzaam, als zijn beide taken konden worden samengevoegd. Hij luidde ook drie keer per dag het angelus, en in tijd van nood luidde hij de klokken snel om alarm te slaan (le tocsin). De grens tussen heilig en profaan was flinterdun en niet goed omschreven. Priesters werd verzocht nieuwe huizen in te zegenen, een ritueel dat vrij aardig leek op uitdrijven van mogelijke kwade geesten, hielp ze te beschermen tijdens onweer door ze te besprenkelen met wijwater of door bepaalde gebeden te zeggen.[34]

Het feit dat parochie en *communauté* elkaar vaak niet geheel dekten (zoals in het geval van Balazuc) was een bron van spanning tussen de pastoor, door de bisschop benoemd (en onveranderlijk uit de streek afkomstig) en de consul(s), de lekenbestuurders met slechts minimaal gezag.[35] Een dergelijke naijver kon natuurlijk ook tegen de heren worden gericht, of zij nu in de communauté woonden of niet (zoals destijds in het geval van Balazuc), als zij hun heerschappij uitoefenden op een wijze die de pastoor leek te hinderen of ter zijde leek te schuiven.

Er kon ruzie ontstaan over de keus van een onderwijzer of een vroedvrouw of over het herstel van de kerk. De meeste priesters genoten een wat hogere levensstandaard dan de meeste parochianen. Ongeveer een derde van de kerkbelasting (dîme), werd aan onderhoud besteed. De priester in Balazuc moest in 1776 meer dan een pond bijdragen, wat hem in een iets betere positie bracht dan de meeste parochianen, van wie het merendeel minder dan een enkel pond bijdroeg.[36] De dîme was ook bedoeld om de armsten uit het dorp te helpen, waarbij de dorpspriester dan dat kleine beetje liefdadigheid moest regelen.[37] Toch konden zulke verantwoordelijkheden, gekoppeld aan het feit dat priesters konden lezen en schrijven, een bron zijn van wrok en gemok.

In 1712 kregen de kerk van Balazuc en haar pastoor bezoek van Chabert, de pastoor van het stadje Largentière, acht kilometer verderop, die naar verluidt rechtstreeks onder de bisschop van Viviers stond. Terwijl hij zat te mopperen dat de kerk nooit op de juiste wijze was ingewijd, beschreef hij haar als bestaande uit twee schepen van tien lange passen lengte, (abusievelijk) even breed, waarbij het (amper) gewelfde pannendak door twee pilaren gesteund werd. Het altaar stond op eikenhouten treden, de tabernakel was gevat in verguld hout, waardoor ruimte overbleef voor het tonen van het heilig sacrament. De lamp die licht voor het heilig sacrament moest geven brandde niet altijd 'omdat de parochianen onvoldoende olie hebben'. De zware houten deur van de kerk zat evenals nu aan de zuidkant, tegenover de pastorie, ermee verbonden door een stenen pad. Een oude en afbladderende schildering toonde Christus aan het kruis, met de maagd Maria, Sinte-Magdalena, Sint-Antonius de heremiet, het geheel gadegeslagen door de Heilige Vader. Er heeft wellicht zelfs een beeld gestaan, dat dan het oudste in zijn soort moet zijn geweest in de Vivarais, een toepasselijke 'Maagd voor de armen [...] haar magere lijf in de vorm van een zuil, haar gezicht zonder trekken, maar met een kroon, en haar kind slapend in haar armen. Er zou meer nodig zijn om de troostende koningin af te beelden tot wie eeuwenlang de gebeden van wanhopende generaties waren gericht'.[38] De sacristie was gewoon een houten garderobe. Toch had de priester die de mis las een miskelk ter beschikking, een zilveren beker voor de hostie, en een zilveren monstrans in de klassieke vorm van een zon, naast een aantal versleten kerkelijke gewaden, wat ons eraan herinnert dat zelfs in dorpen die zo arm waren als Balazuc, er toch wat geld naar de kerk vloeide. Er zaten vier ramen in het schip, en er was een stenen preekstoel waar vanaf de priester kon preken. Een of ander kapelletje, vast niet meer dan een lateraal altaar, bevond zich aan de bijbelzijde van het hoofdaltaar. De toren, waarvan nog maar een deel over is maar die het symbool van Balazuc is geworden, herbergde 'drie goede klokken'. De pastorie bestond uit een hoofdvertrek, een keuken zonder verharde vloer, een kantoortje en een *grenier* (zolder). De dorpspastoor had een tuintje tot zijn beschikking – dat ligt tegenwoordig nog steeds achter de gedesacraliseerde kerk – en een stal op het pleintje beneden. Driehonderd passen naar beneden in het dorp stond de kapel van Sint-Jan-de-Doper, die nog altijd eigendom was van de heer van Balazuc, toen markies van La Fare. De bezoekende priester merkte op dat de parochie bestond uit ongeveer zeventig huizen, 'allemaal samengestopt in het dorp Balazuc, al met al tweehonderd communicanten', waarna hij en Louis Sauvan, pastoor van Balazuc, het verslag van het officiële bezoek tekenden.[39]

Natuurlijk geloofden veel mensen, zo niet allemaal – hoezeer zij de pastoor ook eerbiedigden, om zijn tussenkomst bij God vroegen, en zelf tot God en de heiligen baden –, in de macht van verscheidene soorten genezers. Balazuc kende een vroedvrouw, maar geen arts, want die waren in de hele Vivarais amper te vinden. Het verschil tussen iemand van wie aangenomen werd dat hij in staat was spieren en gewrichten terug te zetten (*rhabilleur*) en een echte genezer (*guérisseur*) die de 'gave' van genezen bezat, was belangrijk. Hier en daar werd vertrouwd op de kracht van 'geneeskrachtige stenen', en ook op die van remedies, afhankelijk van ziekte, als het eten van sprinkhanen, het offeren van levend gevogelte in de hoop op betere gezondheid, of het plaatsen van zieke kinderen in een emmer en ze dan ronddraaien. Zulk bijgeloof kon een reiziger als Arthur Young in oktober 1789, toen hij Montélimar bereikte nadat hij de Bas-Vivarais was doorgetrokken, doen uitroepen dat hij eindelijk een christelijke streek had bereikt.[40]

Tovenarij, een riskante bezigheid, was een uiterst redmiddel, en de betoveringen van bedrijvers ervan werden gevreesd. De doorgang onder de rotsen in Balazuc die bekendstaat als de Trouée de la Fachinière behoorde zoals gezegd tot een tovenaar. In Meyras, een dorpje in de heuvels, beschuldigde eind achttiende eeuw een zieke man een oude vrouw ervan dat zij heks was en verantwoordelijk voor zijn leed. Twee van zijn vrienden sleepten haar mee naar de patiënt en eisten genezing. Toen zij zei dat zij hem volstrekt niet kon helpen, plaatsten zij haar voeten op gloeiende kolen en legden haar er vervolgens helemaal op, zodat ze omkwam.[41] Zo'n verhaal vond snel zijn weg bergafwaarts.

'Ondankbare' grond

Halverwege de achttiende eeuw bewerkten de meeste boeren in Balazuc, evenals drie eeuwen later, nog steeds kleine, gefragmenteerde lapjes grond, sommige daarvan in erfpacht afgestaan door landheren in ruil voor een deel van de opbrengst. Zij deden dat met behulp van hun familie, vrienden en dieren in een streek waarin tradities van onderlinge hulp stevig verankerd waren, wat ook zo moest. Boeren zagen niet alleen op naar de hemel om te bidden, maar ook in een poging het weer te voorspellen. Zij moesten bij hun verwachtingen rekening houden met de koninklijke belasting, die de communauté de koning schuldig was, de dîme, die zij de kerk schuldig waren, de cens die zij de landheren schuldig waren, en de diverse andere lasten die op hen drukten. Zij moesten ook een deel van de oogst achterhouden om het volgend jaar weer te kunnen zaaien of poten.[42]

De meeste grote boerderijen waren te vinden in de Haut-Vivarais, in de bergen (sommige eigendom van edelen), maar vrijwel geen enkele in de Bas-Vivarais, en helemaal geen in Balazuc.[43] Weliswaar bevatten sommige hoger gelegen delen betrekkelijk vruchtbare grond, maar de rotsachtige 'ondankbare' grond van de kleine en versnipperde perceeltjes in de Bas-Vivarais bleek berucht onvruchtbaar. Slechts ongeveer een derde van alle grond kon ergens voor worden gebruikt. In 1789 kon ongeveer 13 procent van die in de Vivarais, minder dan de helft van het nationaal gemiddelde, worden bewerkt. Veel van de grond waarop iets kon worden geteeld vergde enorme en aanhoudende inspanning. Stenen moesten uit de grond worden gehaald, terrassen aangelegd en dan worden herbouwd als hevige regenval ze had weggespoeld.[44] Het meeste boerenwerk in de Vivarais was handmatig. Buxus maakte gedeeltelijk het gebrek aan dierlijke mest goed. Bijna de helft van de grond waarop graan kon worden geteeld moest regelmatig braak blijven liggen. Tussen 1600 en 1840 was er maar weinig vooruitgang geboekt in de hoeveelheid graan die per gezaaide korrel werd voortgebracht, een verhouding van ongeveer 5 of 6 op 1, voor land van gemiddelde kwaliteit (dat van Balazuc was over het algemeen slechter). In 1801 was er nog steeds slechts één ploeg op elke zes of zeven huishoudens, weinig ossen en andere trekdieren.[45] In de Vivarais was mengcultuur de strategie om te overleven. Ging alles goed (en vaak gebeurde dat niet), dan produceerden de boeren graangewassen, rogge of gerst, hier en daar olijven, en zoals we hebben gezien ook wijn. Boven ongeveer 550 meter stond de kastanje als de 'broodboom' en soms als de 'levensboom'.

In 1725 bepaalden de Staten van de Languedoc dat 'geen geiten waar dan ook in de provincie mogen worden gehouden waar zij schade kunnen aanrichten'. Dat edict werd twee jaar daarna weer hernieuwd. 'De graanoogst is volslagen mislukt, en omdat een hongersnood als in 1709 werd gevreesd, werd het verbod verlengd.' Geiten eten vrijwel alles wat zij kunnen vinden op vrijwel elk stuk terrein waarop ze worden losgelaten. In tegenstelling tot koeien, eten ze alles tot aan de wortel op. En toezicht op naleving van het edict, ook al was dat het werk van de machtigen in het verre Montpellier, was natuurlijk onmogelijk. De strijd van het parlement tegen de geiten begon weer in 1745, toen er zo'n 20.000 van deze beesten in de Vivarais rondliepen. Maar de geiten, voor boeren onmisbaar en volledig aangepast aan rotsgrond en steile hellingen, overleefden de golf van vervolging. In 1789 telde de geitenpopulatie in de Vivarais minstens 60.000 stuks, ongeveer één per familie. Hun melk en kaas hielpen de mensen het hoofd boven water te houden.[46]

Regenval en overstroming

Ongewoon hevige regenval verergerde de problemen met schrale, ondankbare grond. De klaagzang van rampen doet ons versteld staan: verschrikkelijke winters in 1600, 1604, 1608, 1617-1629, die, gepaard met het uitbreken van de pest in 1628, wellicht zo'n 30 procent van de bevolking hebben doen omkomen, waardoor een eind kwam aan een periode van betrekkelijke welvaart, begonnen in de jaren negentig van de zestiende eeuw.[47] Toen, in de nasleep van betere tijden in de decennia halverwege de eeuw, vielen in de jaren tachtig van de zeventiende eeuw en van 1692-1693 vreselijke winters in, verwoestende hagel in 1696, het jaar daarop overstromingen, en vervolgens 'een bijzonder hardnekkige mist' die graan en wijnstokken verwoestte. De vreselijke winter van 1709-1710, wellicht de ergste ooit, verergerde de honger, deed bedelaars omkomen, en de dood in het collectief geheugen postvatten. Het lot bracht het jaar daarop op wrede wijze nog een slechte winter, en daarop mislukte de oogst van 1717-1719. Twee jaar later brak de pest weer uit. Die bereikte Balazuc vanaf Laurac, en deed vrijwel alle inwoners van het gehucht Audon omkomen. Doordat soldaten echter voorkwamen dat iemand de rivier overstak, bleef de rest van de bevolking gespaard.[48] Verwoestende hagel was weer aan de orde van de dag in juni 1727, toen een miserabele oogst in 1728, een vreselijke koude tussen 1747-1751 (waarbij in januari 1748 zelfs de Rhône dichtvroor), een verwoestende hagelbui in augustus 1754, de 'kleine ijstijd' van 1756-1757 en 1765-1766, droogte in 1771 en 1778-1780, en toen de vreselijke winter van 1788-1789, de ergste sinds die van 1709-1710.

Een 'memorie over de rampen die de Vivarais treffen' vermeldt talloze meteorologische calamiteiten. Nadat vrieskou bomen en wijngaarden had doen omkomen en een flink deel van de oogst van 1766 had verwoest, 'gaf het zien van de oogst van 1767 dit ongelukkige volk weer moed [...] toen een nog nooit meegemaakte vrieskou ontsteltenis en wanhoop deed terugkeren [...]' Een vreselijke regenbui sloeg daarop 'alle hoop de bodem in [...] op sommige plekken eindigden de paden letterlijk op de bodem van ravijnen of in stromen'. Na dergelijke rampen bleef er niet veel anders over dan uit andere streken graan te laten komen. In zulke tijden steeg het sterftecijfer zowat met de helft, waarbij het aantal huwelijken verminderde. Slechte tijden waren er ook de oorzaak van dat grond, met name wijngaarden, uit bedrijf werd genomen.[49]

Gigantische regenbuien veroorzaakten overstromingen. Er waren er in de zeventiende eeuw minstens negen (de ergste in 1644), en nog eens zeven in de achttiende eeuw, vrijwel allemaal in september of oktober, net als tegenwoordig. De kleinere rivieren die uitkwamen in de Ardèche, met name de Drobie en de Beaume, stegen snel, doordat zij weer gevoed werden door beekjes die erin uitkwamen. De Ardèche steeg tot catastrofale hoogte. De buien en de overstromende rivieren verwoestten op 25 september 1772 'de muren van de geterrasseerde heuvelhellingen, de grond, liet geulen na waarin turbulente rode, gele en okerkleurige wateren in woestenij weidegronden, moerbeibomen, tuinen, grienden en populieren meevoerden, waarvan de bladeren werden gebruikt om dieren tijdens de winter te voederen'.[50]

Geconfronteerd met zulke rampen, gingen priesters hun volgelingen voor in rituele ceremonieën van zegening, uitdrijving en gebed, in een poging bescherming te krijgen tegen de plagen van de natuur. Zij luidden flink de kerkklokken om buien af te weren, terwijl de parochianen bij wijze van stil gebed kaarsen brandden, hoe duur die ook waren. Een dorpspastoor kreeg de klachten van parochianen te verduren die hem verweten niet in staat te zijn het slechte weer te voorkomen. In Ailhon, bij Aubenas, dromden de gelovigen samen in een kerk om Notre-Dame-de-la-Grêle (Onze-Lieve-Vrouwe-van-de-hagel) te eren, die hen kennelijk had gespaard voor een vreselijk onweer.[51]

Na een van de gewelddadige onweersbuien, die de hoop op een ander moeilijk jaar de bodem had ingeslagen, zonden de communautés een petitie naar de koning om hulp. In 1727 verleende Lodewijk xv Balazuc enige bijstand in de nasleep van verwoestende hagel, regen en vervolgens overstroming. De vergadering kwam 'op de gebruikelijke manier' bijeen, na de mis, en wees twee of drie mannen aan 'om te beslissen over een juiste verdeling' van het geld onder de 97 families die in Balazuc woonden, onder wie de pastoor, die minder dan een pond kreeg.[52] Nadat de hagel de wijnranken in juni 1732 aan flarden had gereten, kreeg Balazuc nog eens 250 pond van de 20.000 die de koning de Vivarais toekende. Twee jaar later, bij het luiden van 'de grote klok', verzamelden de mannen van Balazuc 'die het grootste en gezondste deel van de bevolking uitmaakten' zich voor 'algemeen beraad [...] op het plein'. Deze vergadering wees iemand aan om het geld te gaan innen.[53] Koninklijke uitkeringen verdunden de zeeën van ellende die op overstromingen volgden met enkele druppels. De herfststormen maakten het onderhoud van paden van en naar Balazuc vrijwel onmogelijk. Tussen

8 en 12 oktober 1754, 'veroorzaakte het rijzende water zo veel schade aan het pad (van Lagorce naar Balazuc) dat er geen wagen meer overheen kon. Twee paarden naast elkaar konden de weg niet nemen zonder het gevaar te vallen [...] doordat rotsen langs de ene kant van het pad lagen en langs de andere kant de steunmuur was ingestort'. In 1762 en 1769 beschadigden nog meer overstromingen de paden van Balazuc, waaronder dat naar de boot die gebruikt werd om de rivier over te steken. Nog meer herstel zou nodig zijn om de steunmuren te verstevigen die geheel door de stroom van de Chaussy waren meegesleurd, die in een kwestie van enkele uren een rivier was geworden.[54] De stormen zelf behoorden tot de risico's van het landleven. Eens temeer leek de betekenis van het noodlot (le destin) allesoverheersend. Het was niet ongewoon om in de nasleep van snel stijgende rivieren, lijken aan te treffen die door de stroom naar Balazuc waren gevoerd.[55] De strijd tegen de natuur was in het leven van iedereen een constante. De boeren van Balazuc begonnen eens te meer alles zo goed als zij konden te herbouwen.

Maar er viel nog meer te vrezen dan alleen het weer. Reizigers langs de wegen van de Vivarais, of zelfs op moeilijke paden die dorpen met elkaar of met de weg verbonden, vreesden struikrovers, zoals die de streek in de jaren zestig van de zeventiende eeuw onveilig maakten. Plaatselijk was de afstand tussen dorpen of gehuchten, waarbij de laatste karakteristiek waren voor het lagere gedeelte van het Centraal Plateau, aanzienlijk. Vandaar dat een gehucht op de weg van Aubenas naar Joyeuse, toen niet veel meer dan een onderbreking van de weg, nog steeds de bemoedigende naam Prends-toi Garde (Pas maar op!) draagt. De rotsachtige Vivarais en het bosland ervan, de garrigue, het struikgewas en grotten boden talrijke plaatsen voor boosdoeners, hoe talrijk ook, om zich te verbergen. Er was niet meer dan een handjevol veldwachters (de maréchaussée, 36 man, opgedeeld in brigades, met hoofdkwartier in het verre Annonay, onder de beste omstandigheden een flink aantal dagen weg). Een koninklijke ambtenaar klaagde in 1766 dat het volk van de Vivarais 'zucht onder het juk van banditisme en misdaden van allerlei aard, met lef begaan, en waarvan sommige niet worden bestraft'. Een jaar later kwam een heel bataljon infanterie, een deel van de 400 soldaten die voor de hele Vivarais beschikbaar waren, de plaatselijke autoriteiten bijstaan, maar de struikrovers bleven gewoon in de heuvels, de bossen en tussen de rotsen verscholen.[56]

Onder het Ancien Régime werd van de Vivarais gezegd: 'Een man wordt er net zo gemakkelijk vermoord als in andere provincies een haas of een patrijs.'[57] Met name de boeren op grotere hoogte hadden een reputatie van vechtjassen, die hun messen in de tafel staken tussen hen en degene met wie zij aan het onderhandelen of praten waren. Drank speelde een rol bij veel van de gewelddadige, soms moorddadige incidenten. Bedelaars zwierven door het land, afkomstig van grotere hoogten in slechte tijden, en dat waren er vele, waarbij hun plotselinge verschijning elk dorp uit het lood sloeg. De beruchte ondoeltreffendheid van de plaatselijke rechtspraak kan in de laatste decennia van het Ancien Régime hebben bijgedragen tot een stijging van het misdaadcijfer, vooral gericht tegen personen.[58]

Wolven, die op de uitgestrekte woeste gronden leefden waar geen landbouw mogelijk was, terroriseerden ook een deel van het land, vooral aan de rand van de Gévaudan in het westen. Daar doodde in een enkel jaar, 1767, een troep wolven 83 mensen en verwondde er nog eens 30. In Lagorce, aan de overzijde van de heuvels in zuidoostelijke richting, was er hier en daar in de omgeving sprake van hun strooptochten, tot tijdens de Restauratie.[59] In het kerkje van Balazuc was er veel om voor te bidden.

Paden in steen

Tot het begin van de zeventiende eeuw liep de enige grote weg in de Vivarais langs de oostelijke rand ervan, de rechteroever van de Rhône. Hij sloot aan bij een begaanbare weg door het dal van de Doux, die naar het Centraal Plateau voerde, en op een andere, de weg naar de Auvergne, die van Viviers naar Alba, Aubenas en uiteindelijk naar Le Puy voerde. De wegen in het grootste deel van het binnenland van de Vivarais waren vaak niet meer dan ruige paden, alleen geschikt voor muildieren. De godsdiensttoorlogen brachten meer aandacht voor het wegenonderhoud, want er moesten troepen en kanonnen worden vervoerd. In 1699 besloten de Staten van de Vivarais de weg die van Aubenas de Cevennen in voerde, parallel aan de Ardèche voorbij de gras, via Joyeuse, te verbeteren. Omstreeks het midden van de achttiende eeuw werd het aantal strekkende kilometers weg in de Vivarais uitgebreid met ongeveer een vijfde. In 1752 gaf de intendant van de Languedoc (de vertegenwoordiger van de koning, oftewel de gouverneur van de provincie) toestemming tot het betalen van een ondernemer voor het jaarlijkse onderhoud van verscheidene 'wegen', gewoon paden, waaronder die van Uzer naar Ruoms 'via Balazuc en La Borie' en van Balazuc naar St. Maurice.[60]

Na een aanzienlijke investering liepen er in de jaren zeventig van de achttiende eeuw ruim 400 kilometer wegen door de Vivarais, hoewel een groot deel daarvan moeilijk begaanbaar was, zo niet onbruikbaar in de wintermaanden, omdat het 'paden waren zonder wegdek, plaveisel, voldoende steun, greppels, aquaducten [...] smal, steil en gevaarlijk [...] slechts opgehouden door dunne, gestapelde stenen muren'. 232 bruggen overspanden dalen, rivieren en ravijnen. Muildieren droegen de meeste vracht.[61] Op de gras van Balazuc zijn nog stenen te vinden die zijn uitgesleten door de ijzeren wielen van karren die er steeds maar weer overheen reden, waardoor het profiel als een prehistorisch fossiel in de rots werd geprent. De boeren van Balazuc wilden iets van hun voortbrengselen naar de markt brengen, maar de rivier met al haar stroomversnellingen was voor hen van geen enkel nut.

Om Balazuc te bereiken vanaf de smalle weg van Aubenas naar Joyeuse, waren drie bijzonder moeilijke kilometers nodig over een van de twee steile paden die na regen vaak onbegaanbaar waren. Geen enkele weg verbond Aubenas rechtstreeks met Vallon.

De zogenaamde koninklijke weg was in feite niet veel meer dan een pad, vanaf St.-Maurice-d'Ibie, dat aansloot bij de oude Romeinse 'weg' in Salles, vanwaar weer een ander pad, niet zonder moeite begaanbaar, naar Balazuc voerde. Als een ambitieuze reiziger een klein bedrag wilde betalen om de Ardèche over te steken, kon hij of zij vervolgens via de gras naar Uzer, en dan naar Joyeuse of Largentière. Maar het was een moeilijke, en vaak onmogelijke reis voor wat voor wagen dan ook. De oude paden vanaf het dorp naar het water moesten worden onderhouden. Dat betekende dat ze na overstromingen moesten worden hersteld, als stroombeddingen die anders meestentijds volslagen droog lagen, waren volgelopen.[62]

De raming van braakliggend land uit 1763 benadrukte het feit dat toegang tot de parochie van Balazuc zo moeilijk was dat kooplui niet zo vaak wijn kwamen kopen: 'Muilezeldrijvers komen vrijwel nooit naar deze parochie omdat zij te afgelegen ligt [...]. Trouwens, zij heeft niets te bieden, geen handel en geen nijverheid, heeft onvoldoende schapen, omdat ze zo arm is dat ze geen geld heeft om die te kopen, of zelfs maar om zout voor de bewoners te kopen, want ook dat is te duur [...] De grond van de twee parochies Pradons en Chauzon wordt goed bewerkt, maar niet die van Balazuc, want die is te arm.' De ongeconsumeerde wijn bleef liggen tot hij bitter of azijn werd, en dat duurde niet zo heel lang. Dit trieste feit vergrootte nog de 'afschrikwekkende armoe van deze parochie', maar het gebrek aan liquide middelen (afgezien van goedkope wijn) maakte het heel moeilijk om belasting te betalen. De openbaring van deze raming dat sommige mensen 'Balazuc verlaten om elders een bestaan te vinden' was een voorteken van de massale uittocht een eeuw later.[63]

Het isolement had nog een ander belangrijk gevolg. De meeste huwelijken betroffen paartjes uit het dorp zelf. Dit bleef het geval, ook in de negentiende eeuw. Het percentage inwoners dat in Balazuc was geboren bleef bijzonder hoog. Huwelijken, gesloten tussen de nakomelingen van de zeven of acht grote families, waarvan verscheidene in de loop van de tijd weer in verschillende takken waren opgedeeld, droegen bij tot het voortbestaan van diezelfde families, een patroon dat tot vandaag de dag is voortgezet.[64]

Het achttiende-eeuwse dorp

Ten tijde van de telling van 1734, van huishoudens die in staat zouden zijn de *capitation* te betalen, een rechtstreekse belasting, waren er geen 'ambtenaren van justitie, edellieden, burgers, advocaten, doktoren, magistraten, notarissen, baljuws, sergeants, kooplieden, groothandelaren of fabrikanten' te vinden bij de 62 huishoudens in Balazuc. Er waren 76 mensen die grond bewerkten die zij in eigendom hadden of in beheer, drie waren ambachtslieden of arbeiders, 103 in dienst als landarbeiders, en 59 werkten in een huishouden of als boerenknecht.[65] De families waren patriarchaal qua organisatie. Tot recentelijk leefden alle generaties, waaronder broers en ongetrouwde zusters, in hetzelfde huis. Een erfenis ging in beginsel naar de oudste zoon, en als dat onmogelijk was, volgde matrilineale of parallelle vererving.[66]

Betrokkenheid bij de grond bepaalde de sociale hiërarchie in Balazuc.[67] Bovenaan stond de *ménager*, 'die een akker heeft en een goed span ossen'. Daaronder komt de *laboureur*, 'hij die niet genoeg heeft om van te leven zonder nevenbezigheid', bijvoorbeeld timmerman. In Balazuc bezat een laboureur voldoende grond om daar enigszins van te leven, althans als alles goed ging, enkele geiten, en als hij rijk was ook een varken. Een *travailleur de terre* of een *domestique* was een dagloner, vaak maar niet altijd zonder grond, die voor iemand anders werkte.[68]

De aanslagen in het kader van de taille in 1774 bevestigen voornamelijk dat Balazuc een gemeente was van verpauperde boeren, met maar heel weinig uitzonderingen. Een van de laatste was natuurlijk de edelman Julien de Vinezac, die in Largentière woonde. Hij betaalde meer dan wie ook, ruim vier pond, maar dit was voor hem een peulenschil. Slechts vier andere mannen betaalden meer dan drie pond, maar de meerderheid nog geen twee, en heel veel minder dan een enkel pond.[69] Antoine Tastevin, dagloner, betaalde in 1789 geen capitation, terwijl een andere Antoine Tastevin apart vermeld werd op de lange lijst van degenen die recht hadden zich *sieur* te laten noemen. Hij betaalde 20 van de 973 pond die Balazuc krachtens de capitation schuldig was (om de zaak te compliceren was er ook nog een zekere Antoine Tastevin Pouton, en ook nog de weduwe Antoine Tastevin).[70]

Boerenarbeiders en knechten (in de Vivarais betekende dat meestal hetzelfde) en de armsten van de armen, maakten zeker deel uit van de communauté, al was *néant* (helemaal niets) hun deel op de lijst van opgelegde aanslagen. Van deze leverde de taille, door de koning geheven, verreweg het meest op, en zij werd dan ook al snel verhoogd in de Dertigjarige Oorlog (1618-1648), tussen 1675 en 1712, en nogmaals tussen 1773 en 1780. Een belastingontvanger die door de communauté werd benoemd, kreeg een klein deel van de opbrengst om de belasting te kunnen innen. De dreiging van militaire dwang en mogelijke beslagname van de oogst was altijd aanwezig. In 1740 ontbrak aan de opbrengst die Joseph Boucher verzamelde iets meer dan 59 pond, met interest, en dat moest binnen vier maanden betaald worden. Boven op de rechtstreekse belastingen, drukten de indirecte belastingen, vooral de belasting op zout, op de boeren.[71]

Wat voor hulpbronnen, afgezien van een ongelooflijke energie en een berustend geduld, hadden de boeren van Balazuc tot hun beschikking? In 1686 rapporteerde Balazuc dat de communauté 'sinds tijden' de verlaten gras had bezeten. Voor het gebruik ervan, om marginaal te boeren en te weiden, was Balazuc zijn landheren jaarlijks twaalf pond verschuldigd.[72]

Een overzicht uit 1767 specificeerde de rechten die de inwoners van Balazuc hadden op het deel van de gras dat als gemeentegrond werd gebruikt. De *communal* lag vlak bij

Vinezac, Lanas-St.-Maurice en het pad – meer was het niet – dat van Balazuc via Largellas naar de weg van Aubenas voerde. De gezinshoofden van Balazuc eisten het recht om grotere dieren van mei tot het feest van Sint-Thomas (20 december) te laten grazen, en kleinvee (schapen en geiten) van 20 december tot 25 maart.[73] Vervolgens mocht niemand dieren laten weiden, vanaf die datum tot de eerste mei. De vergadering bepaalde, 'dat geen buitenstaander noch nomade enig stuk groot of klein vee kon laten weiden in welk seizoen dan ook, wegens een overeenkomst uit 1422'. Iedere inwoner van Balazuc mocht niet meer dan acht stuks grootvee houden (slechts weinigen konden zich hier zorgen om maken), en de landheer niet meer dan 40 stuks. Bovendien was het aantal schapen per inwoner beperkt, waarbij landheren natuurlijk weer de grotere hoeveelheid mochten hebben, zoals gewoonlijk. Hout kon naar behoefte worden verzameld. Verdere ontginning van de gras was niet toegestaan. De communauté van Balazuc betaalde een bewaker 'vijf *septiers* tarwe of het equivalent ervan' om deze overeenkomst te doen naleven.[74] De door de staat gestelde vraag weerspiegelde de ingewikkeldheid van en de nuances tussen eigendom en gebruik onder het Ancien Régime, en de wisselende interpretatie bij postrevolutionaire definities van privé-eigendom, geworteld in de voorgaande periode. De gras werd later een luis in de pels van Balazuc, omdat het een bolwerk van complexe rechten onder het Ancien Régime vormde.

De communauté bezat ook het pleintje voor de kerk. Bovendien eisten inwoners het recht om in de rivier te vissen 'zonder daarvoor iets te betalen' en hadden ze het recht de Ardèche over te steken – vooropgesteld dat elk huishouden een jaarlijkse bijdrage leverde en iemand voor het veer zorgde. Ook konden de inwoners de molen en de oven gebruiken, vooropgesteld natuurlijk dat zij de landheer betaalden, en waarschijnlijk degene die het recht had gepacht om in te zamelen wat verschuldigd was.[75]

Balazucs reactie op de eis uit 1734 van de intendant dat het dorp percelen land zou opgeven die waren verlaten door degenen die ze bezaten, was een afspiegeling van de intensieve bewerking ervan. Zulke grond bestond niet in Balazuc. De enige grond die niet werd bewerkt was 'de grond die niet kon worden bewerkt uit de aard van zijn hoedanigheid, waaruit ongeveer een derde van het grondgebied van de gemeente bestaat, niets dan rots en schrale grond waarop niet veel meer dan wat gras voor kleinvee kan groeien'.[76] Uit een kerkelijke inventaris die in de vroege jaren zestig van de achttiende eeuw werd opgemaakt bleek dat Balazuc wat graan, wat wijn, wat olijfolie en wat cocons produceerde. Het was niet veel en vaak niet genoeg. Zelfs de beste tijden waren in Balazuc niet zo heel goed.[77]

Onder het Ancien Régime was Balazuc een van de 319 *communautés d'habitants* in de Vivarais. Een communauté was niet noodzakelijkerwijs hetzelfde als een dorp of een parochie, maar kwam het dichtst bij de laatste.[78] Waar het kerkelijke en het wereldlijke elkaar overlapten, kende elke communauté een zekere mate van wereldlijk gezag, buiten dat van de landheer en de intendant. De consuls, meestal twee in getal, van wie er een soms burgemeester genoemd werd, waren de voornaamste gemeentelijke ambtenaren, en mannen die over het algemeen door mensen van het dorp gerespecteerd werden. Voor hun moeite en het lokale prestige dat bij de positie hoorde, ontvingen de consuls van Balazuc vrijstelling voor hun zoons van een jaar militaire dienst.[79]

Balazuc had in 1779 twee consuls, Jean Leyris en Louis Boyer. Zij waren verkozen uit de 'voornaamste inwoners' of het 'gezonde deel van de bevolking', onder wie plaatselijke notabelen, ambachtslieden en winkeliers, huiseigenaren dus, maar niet de hele raad van de communauté. Hoewel de verkiezing van de consuls althans in beginsel afhing van toestemming van de landheer, was het gezag van de consuls, in tegenstelling tot Bretagne en het noorden, aanzienlijk minder hecht met dat van de landheer verbonden.[80]

De verkiezing van de consuls (meestal elk jaar op de zondag van Epifanie, in januari, na de hoogmis) was in feite vaak gewoon conform de wens van een of meer landheren, zeker in dorpen waar landheren actief betrokken wilden blijven bij de plaatselijke aangelegenheden. In geen enkel geval waren deze vergaderingen ook maar in de verste verte democratisch. De invloed van de landheer was aanzienlijk, ook al was hij geen inwoner, en dus niet actief bij het dagelijks leven betrokken.[81] Elk dorp kende zijn eigen kleine oligarchie. Deze werden in de achttiende eeuw al snel officieel erkend, met stilzwijgende toestemming van de koninklijke intendant. Balazuc had een handjevol mannen dat kon lezen en schrijven (en dat vrijwel zeker op school had gezeten in de jaren dat er een onderwijzer beschikbaar was). Een consul moest kunnen lezen en schrijven, evenals de schrijver, die in het Frans notulen hield. Uit dit kleine groepje kwamen de gemeentelijke ambtenaren voort, die deelnamen aan het plaatselijke bestuur.[82]

De consuls riepen de raad van de communauté bij elkaar, meestal na de hoogmis op zondag. Zij hingen een aankondiging op de kerkdeur en de klokkenluider luidde de klokken om 'de raad van de belangrijkste inwoners van de parochie en het *mandement van Balazuc*' aan te kondigen (het laatste was een eenheid van fiscale jurisdictie, waaronder ook Pradons en Chauzon vielen). De raad, soms ook wel *conseil général* genoemd, omvatte alle mannelijke gezinshoofden die koninklijke belasting betaalden (voorzover wij weten bleven zulke raden een mannenaangelegenheid, hoewel er best af en toe vrouwelijke gezinshoofden mee aangezeten kunnen hebben).

De communauté van Balazuc kwam zodoende in vergadering bijeen op 22 juli 1786, 'op het plein van Balazuc waar dergelijke beraadslagingen plaatsvinden'. Vrijwel geen enkel dorp kende de luxe van een dorpshuis, en tot op zekere hoogte speelde de kerk die rol. In Balazuc diende het pleintje voor de kerk als het openbare plein waarop vergaderingen werden gehouden (hoewel er minstens één buiten het Portail Neuf werd gehouden), waarbij de consuls waarschijnlijk op de trappen zaten, of wellicht zelfs in de kerk. In het onderhavige geval bracht consul Auzas de vergadering op de hoogte van het bericht dat hij had ontvangen, over de hoogte van de koninklijke belasting die voor dat jaar aan de communauté moest worden opgelegd.[83]

De consuls verdeelden de voornaamste belastingen (taille, capitation – een belasting die Lodewijk XIV in 1695 had ingesteld, waardoor de belasting die de Vivarais moest opbrengen met ongeveer een kwart werd verhoogd – en de *vingtième* [het twintigste] een belasting op alle inkomsten), brachten de opbrengst naar het belastingkantoor, zorgden ervoor dat de eventuele lichting van de militie, verordonneerd door de provinciale gouverneur, plaatsvond, reageerden op verzoeken om informatie van de intendant uit Montpellier (aantal huishoudens, staat van de oogst, schade door overstroming, enzovoort), en herinnerden de inwoners eraan dat zij de taken van de gemeenschap moesten delen. Ook verrichtten zij politietaken (in de breedste zin van het woord) voor de communauté en waren dus als het ware burgemeesters, een titel die soms werd gebruikt voor een enkele consuls of voor een van beiden. Zij ijkten gewichten en maten, en voor sommige locaties probeerden zij erop toe te zien dat de zondag een rustdag bleef. Bovendien overzagen de consuls de noodzakelijke herstelwerkzaamheden aan de kerk, het kerkhof en de pastorie, waarbij de laatste een voorname zorg was (en later een bron van onenigheid). Zij betaalden de onderwijzer, als er een was, en een veldwachter om de oogst te bewaken.[84]

In een document uit oktober 1738 krijgen we een zeldzaam kijkje op de 'gewone uitgaven' van de *communauté de Balazuc*. De communauté, die de uitgaven vanaf 1699 overzag, vroeg het loon van de dorpsschrijver te verhogen, die de lijst van de koninklijke belasting opstelde en overleg notuleerde, tot 25 pond in plaats van 12, en de toelage voor de lamp van het Heilig Sacrament te verhogen.[85] Een dergelijke boekhouding stelde in 1778 Balazucs uitgaven voor het jaar op iets meer dan 4318 pond. Daartoe behoorden sommen voor het inzamelen van de belasting, de enorme som van meer dan 3000 pond als 'gratis gift' (*don gratuit*) om de schulden van de provincie te helpen afbetalen, en meer dan 70 pond voor het in garnizoen houden van de provinciale troepen. Andere uitgaven omvatten het salaris voor de onderwijzer, kleine bedragen voor de consuls van de drie parochies, en 20 pond voor 'onvoorziene uitgaven'. De communauté was de belastingontvanger veertien pond schuldig (waaronder een schuld die al uit 1610 dateerde). Werden er nog andere uitgaven geteld, dan bleef er niets meer over, behalve schuld.[86]

Afgezien van belastingen konden er op elk moment koninklijke rekwisities plaatsvinden. In 1695 brachten boeren graan dat geleverd was door vijftig grondbezitters naar Le Teil aan de Rhône, om naar de Dauphiné te worden vervoerd teneinde de Franse troepen aldaar te voeden. In 1722 kreeg de communauté 263 pond vergoed 'voor hout en kaarsen, geleverd aan troepen [...] die ten tijde van de epidemie werden gezonden'. De consuls Antoine Auzas en Guilhaume Teyssier werd gevraagd 'verscheidene inwoners aan te wijzen die hun naam kunnen schrijven, teneinde te kunnen innen en te tekenen voor deze som'. De vergadering, 'die bijeenkwam bij de Porte Neuve, de gebruikelijke plek om bijeen te komen na het luiden van de grote klok', koos Auzas ervoor naar Viviers te gaan om het geld te ontvangen.[87]

Koninklijke decreten van 1698 en 1724 hadden de oprichting van lagere scholen aanbevolen, waarbij het laatste salarissen toestond van 150 pond (Balazuc kon zich slechts 100 permitteren) voor *maîtres* en 100 pond voor *maîtresses*. Aangezien protestantse dominees in de periode 1680-1740 nogal assertief waren opgetreden bij het aansporen van hun gelovigen om naar school te gaan, had de katholieke geestelijke hiërarchie meer dorpsscholen bevorderd. In 1734 instrueerde de bisschop onderwijzers, door de dorpsautoriteiten in samenwerking met de pastoor ingehuurd om 'de kinderen in de waarheid van de godsdienst te onderwijzen' dagelijks de catechismus te lezen. Veel onderwijzers stonden priesters terzijde bij hun pastorale functies. In 1737 bezat 59 procent van de communautés in de Vivarais een school, maar veel van degenen die erheen gingen konden slechts lezen, niet schrijven. Veel communautés konden echter geen onderwijzer vinden, onderhouden of wilden er geen. In het beste geval kwamen en gingen de onderwijzers en waren de scholen een paar maanden per jaar open om de beginselen van lezen (vrijwel geheel gegoten in de vorm van godsdienstige teksten), schrijven, rekenen en nog iets meer over godsdienst te onderwijzen.[88]

Parochiale registers stellen ons in staat de mate van alfabetisme te schatten, maar ook niet meer. Na 1667 moest bij huwelijksakten door vier man worden getuigd, die ofwel hun naam tekenden of aangaven dat zij dat niet konden. Ongeveer 30 procent van de mannen en 14 procent van de vrouwen konden in de periode 1686-1690 hun naam schrijven. Tussen 1786-1790 was dat percentage gestegen tot zo'n 40 procent voor de mannen en gedaald tot 12 procent voor de vrouwen, getallen die onder het Franse gemiddelde lagen.[89] Maar de capaciteit zijn of haar naam te schrijven is natuurlijk niet hetzelfde als in staat zijn echt te schrijven. Toen de families van André Auzas in Balazuc en Jeanne Gerard in St.-Maurice-d'Ibie in 1787 een huwelijkscontract tekenden, waarbij het ging om een aanzienlijke bruidsschat van 1500 pond, konden de meeste getuigen hun naam niet schrijven. Toen Jeanne Tastevin in 1741 stierf, 'ongeveer achttien jaar oud,' waren beide getuigen analfabeet. In 1753 diende de onderwijzer Pierre Courtiol als getuige bij vele geboorten, huwelijken en sterfgevallen. Hij en Nogier, de dorpspastoor, waren vaak de enige getuigen die hun naam konden schrijven.[90]

De Franse taal dook voor de Revolutie slechts sporadisch op in Balazuc. In het midden van de zeventiende eeuw schreef de eerste priester in de streek in het Frans. In de jaren zestig van de achttiende eeuw konden dorpspastoors in het Frans schrijven, al spelden sommigen dat fonetisch. De taal van de Bas-Vivarais was in hoofdzaak een noordelijke variant van de *langue d'oc* (behalve ten noorden van de Doux, waar een zuidelijk dialect overheerste), oftewel Occitaans. Zelfs binnen een betrekkelijk kleine streek konden de dialecten sterk uiteenlopen. De mensen in Bourg St.-Andéol spraken een dialect dat sterk door het Provençaals werd beïnvloed. In de lokale versie van een bekend verhaal, vertelt Racine aan La Fontaine dat hij, toen hij in Valence in de herberg kwam, een bediende om een po vroeg. Die plaatste een stoof onder het bed, een misverstand dat de deftige bezoeker in het midden van de nacht ontdekte, toen hij probeerde haar te gebruiken. Dit was typisch zo'n verhaal dat noordelingen dolgraag over de Midi vertelden.[91]

De landheren

Ze woonden er misschien niet meer, maar Balazuc had zijn landheren. In 1643 werd Charles, markies van La Fare-Montclar, heer van de baronie van Balazuc, door zijn huwelijk met Jacqueline de Logères. In 1728 verkocht Charles-François, markies van La Fare, die de baronie had geërfd, een groot deel ervan aan een welgestelde Parijse bankier, tegen een goede prijs, tijdens een zitting van de Staten van de Languedoc. Tien jaar later verkocht de bankier 'de bruikbare domeinen van de baronie van Balazuc' voor 360.000 pond aan Cérise-François, graaf van Vogüé, wiens familie schatplichtig was geweest aan de oorspronkelijke familie uit Balazuc. Op een bepaalde manier markeerde 1738 het eind van de baronie van Balazuc. In feite had het groeiende gezag van de parlementen dat van de landheren verzwakt, die slechts nog uitoefenen wat in hoge mate nominaal gezag was.[92]

Werden er in de zeventiende eeuw zelden vraagtekens gezet bij de landadel, dit veranderde halverwege de achttiende eeuw. Hoewel er bedrieglijk weinig edellieden in de Vivarais waren – wellicht slechts 150 à 200 families, uiteenlopend van sappelende *hobereaux* (edelen die alleen in naam rijk waren), tot de machtige Vogüés – de belastingdruk en de landheerlijke eisen namen in de achttiende eeuw toe, zeker in de tweede helft. De heren van Balazuc werden zelden of nooit in de communauté gezien, hun huurlingen inden in hun naam. Aan het eind van de achttiende eeuw was elk idee van wederkerigheid of moreel leiderschap allang verdwenen.[93]

De overgebleven heerlijke verplichtingen werden vanaf omstreeks 1760 doelmatiger opgelegd. Betalingen die de landheren in natura of contanten (waarvan er nooit genoeg waren) verschuldigd waren, ergerden de boeren door de druk en de hoeveelheid. De landraming van Balazuc in 1776 vermeldde dat 'de heer van Balazuc een dertiende van de koninklijke belasting schuldig is, geheven op het *mandement* van Balazuc', voor zo'n steenrijke man een peulenschil. Heerlijke rechten liepen van plaats tot plaats aanzienlijk uiteen. Hendrik IV had ooit beloofd een kip in elke kookpot te stoppen, maar veel van die kippen verdwenen nog steeds rechtstreeks in de toch al veel te grote pot van de landheer. In 1778 besloot een expert in feodaal recht dat een document uit 1544 (bevestigd in 1705) bepaalde dat sommige boeren uit Aubignas en Aps (daarvoor en later weer

Alba geheten) hun heer jaarlijks wat haver, een lam, een kip en enkele dagen werk schuldig waren. Hun advocaat toonde aan dat deze rechten al veel eerder waren afgekocht, waardoor dit ene geschil werd bijgelegd, maar de buren waren zwaar gepikeerd over de resterende heerlijke verplichtingen. De woede van de boeren is voorstelbaar als we horen dat een edelman met een jaarlijks inkomen van 6000 pond een ingewikkelde, dure procedure had aangespannen om het recht te verkrijgen op een kip extra per jaar. Het staat buiten kijf dat elke boerenfamilie in de verleiding kwam het magerste hoen dat ze nog had in te leveren, maar dat gebeurde op eigen risico.[94]

Andere heerlijke privileges behelsden het recht boetes op te leggen voor diverse overtredingen – met name vissen en jagen op plekken die onder rechtstreeks gezag van de heer stonden – en de verplichting een percentage af te dragen bij overdracht van eigendom. Ook nu waren op veel plaatsen de boeren verplicht de heer een deel af te staan van wat werd geteeld of voortgebracht en, zoals eeuwen daarvoor al, alleen nog brood te bakken in de heerlijke oven en daarvoor te betalen, zoals in Balazuc. Weliswaar maakten de heren geen deel uit van het dagelijks leven, maar boeren haatten de agenten die de betalingen namens hen inden, rechten die sommige van die agenten van de niet aanwezige heren kochten. De koninklijke belasting beperkte elke marge van veiligheid nog verder, als de oogst mislukte.[95]

Aangezien de Vivarais deel uitmaakte van de Languedoc, een *pays d'état*, kwam het slechte nieuws over belasting van de Staten van de Languedoc, niet van de intendant die de koning vertegenwoordigde, ook al hadden de Staten geleidelijk aan de controle over de financiën overgelaten aan de centraliserende monarchie. De boeren in de Vivarais meenden dat hun provincie onevenredig zwaar onder de belastingen gebukt ging, ruim een elfde van wat de enorme provincie van de Languedoc opgelegd werd, terwijl slechts ongeveer een derde van het land überhaupt kon worden bewerkt. Tegelijkertijd stegen de belastingen in de jaren zeventig en tachtig van de achttiende eeuw snel, toen de financiële positie van de monarchie verslechterde. Bovendien hief de kerk een *dixième* op vrijwel alles wat werd voortgebracht. Zodoende bleven, volgens een goed geïnformeerd eigentijds overzicht dat in de periode 1759-1764 opgesteld werd, 'amper twee vijfde van de inkomsten van de boer over voor de kosten van de landbouw, om onvoorziene tegenslag te dekken, en om van te leven'.[96]

Opstand

We hebben gezien dat de zeventiende eeuw godsdiensttoorlogen bracht, evenals herfststormen, ijzige winters, verpletterende mislukking van de oogst, de pest en diverse andere epidemieën die hun sporen in de bevolking achterlieten. Dit alles droeg er dan ook toe bij dat het leven van de boeren (en ook van sommige anderen) 'eenzaam, arm, vies, wreed en kort was', in de gedenkwaardige omschrijving van Thomas Hobbes, zelf een doorgewinterde veteraan omstreeks het midden van die koude en in veel opzichten ongelukkige eeuw.

In het dal van de Ardèche braken in mei-juni 1670 boerenopstanden uit. Na een bitter koude winter was het gerucht dat er een zware nieuwe belasting zou worden geheven op de geboorte van iedere mannelijke nakomeling, iedere in dienst genomen boerenknecht, op nieuwe hoeden, hemden, schoenen en zelfs op brood, ultieme provocatie. De opstand begon met een overval door ambachtslieden op een belastingambtenaar in Aubenas en verspreidde zich over dertig parochies in de buurt, waartegen opgetreden werd door de 'heren' en de welgestelde burgerij. Enkele leden van de laatste meenden dat de onlusten het werk van de duivel waren. Op hun beurt zullen sommige van de opstandelingen geïnspireerd zijn geweest door de overtuiging dat 'de laatste de eersten zullen zijn' en dat 'de ketel best door de pot kan worden gebroken'.[97]

In tegenstelling tot sommige boerenopstanden in de zeventiende eeuw, rechtstreeks tegen de heren gericht, en andere waaraan gevallen edelen deelnamen, was het volksgericht hier niet getint door de neiging de maatschappelijke hiërarchie omver te werpen of het gezag van de koning te tarten. De opstandelingen riepen Antoine du Roure tot leider uit, een respectabele herenboer, voormalig legerofficier, getrouwd met een dochter van een edelman. De ongelooflijk naïeve Roure stemde, nadat hij door een schaapherder voor lafaard was uitgemaakt, ermee in als zegsman op te treden voor vijf- of zesduizend mensen, een besluit waarvan hij later spijt kreeg. De opstandelingen verwierven steun onder sommige geprivilegieerde grootgrondbezitters, toen zij riepen: 'Weg met de belastingpachters! Dood aan de bloedzuigers van het volk!' Sommigen droegen maskers of waren anderszins vermomd bij het plunderen, waarbij zij Balazuc naderden tot La Chapelle-sous-Aubenas. Koninklijke troepen in Lavilledieu traden op tegen de opstandelingen, vijf- tot zeshonderd van hen werden verbannen of tot de galeien veroordeeld. Roure, die vreemd genoeg geloofde dat zijn vorst hem zou vergeven, begaf zich naar Versailles. Daar ving hij bot, vluchtte en werd gevangen toen hij probeerde naar Spanje te ontsnappen. Hij stierf op het rad, waarbij zijn onthoofde en murw geslagen lichaam langs de weg werd opgehangen, ten teken van de vreselijkste gevolgen voor hen die tegen de koning en zijn ambtenaren in opstand zouden komen. Twee maanden later herstelde een genadeloze strijdmacht van 3000 man de orde met terreur, brandstichting en plundering, waarbij de arme donders zelfs uit de struiken en de bergen werden gejaagd.

Een eeuw later, in 1765, was de moord op de heer van La Mothe en zijn vrouw in Uzer een afspiegeling van een andere golf van diepe volkshaat tegen het belastingstelsel en de 'rechtspraak', die traag en kostbaar was en onveranderlijk uitliep op het voordeel van de sterkste. De ongelooflijk ingewikkelde en soms ondoeltreffende structuur van de rechtspraak had als gevolg dat gewone mensen zich moesten zien te redden met 346 heerlijke rechters en hun officiers, van wie sommigen de functie van rechter, openbaar aanklager, advocaat, notaris en schrijver combineerden. Want weliswaar was de criminele jurisdictie vrijwel overal overgenomen door koninklijke rechtbanken, de heren hadden nog een aanzienlijke civiele jurisdictie, een macht die nog versterkt werd in een streek waarin sprake was van versnipperde en vaak legaal omstreden eigendomsrechten. Er waren nog altijd meer dan 7000 heerlijke rechtbanken in Frankrijk, die er belang bij hadden civiele procedures te rekken.[98] De boeren van de Vivarais, met hun versnipperde akkertjes, kwetsbaar voor zware buien die de grenspalen (bornes) verwoestten, waaruit op te maken viel waar een akker eindigde en een andere begon, waren gewend 'aan chicanes, aan legale procedures'. Een leger magistraten maakte misbruik van zijn macht en werd daarom door de boeren gehaat, van wie velen zwaar onder schulden gebukt gingen. Bovendien begonnen de heren het ene proces na het andere tegen boeren die achterlagen met hun betalingen. In een Mémoire sur le Vivarais, uit de jaren zestig van de achttiende eeuw, viel te lezen dat 'er in het hele koninkrijk amper een streek is die slechter is georganiseerd of in dit verband zwaarder lijdt, omdat er geen hogere rechters zijn die bereid zijn toe te zien op de lopende zaken'.[99]

De Vivarais vormde een burgerlijk baljuwschap (bailliage) van de sénéchaussée van Beaucaire-Nîmes. De klachten waren dan ook voortdurend gericht tegen het verre Nîmes, waarvan de rechters alle jurisdicties in de Vivarais leken te hebben doordrongen. Toen de wereldlijke rechtbank van Villeneuve-de-Berg in 1780, samen met die met Annonay, werd verheven tot de rang van sénéchaussée luwde iets van de – maar niet alle – wrok jegens 'de rechtspraak'. Sommige heerlijke rechters hielden zitting op zolder, in vervallen gebouwen of zelfs buiten in de openlucht. Het volk geloofde over het algemeen dat zij zaken waaraan ze niets konden verdienen seponeerden, waarbij ze zichzelf voornamelijk bezighielden met die waarvan zij 'de buitensporige kosten konden opdrijven'.[100] De reizende Engelsman Arthur Young beschreef zijn bezoek aan de Vivarais als volgt: 'Ik kwam mensen tegen die over het algemeen tevreden waren met de nieuwe regering, maar nooit met haar rechtspraak.'[101]

De opstand van de Gewapende Maskers (Masques Armés) in 1783 in de Bas-Vivarais moet tegen deze achtergrond worden gezien. De onlusten braken uit in februari, als gevolg van de zoveelste misoogst, in de dorpen tussen Joyeuse en St.-Ambroix (thans in de Gard). De beweging begon in en rond Les Vans, verspreidde zich snel en bereikte twee dozijn parochies aan de rand van de Cevennen. Bendes boeren, van tien tot honderd man, met maskers op, als vrouwen verkleed, of hun gezicht met houtskool besmeurd, overvielen zorgvuldig uitgekozen magistraten, notarissen, belastinginners en woekeraars, die tegen hoge rente geld aan boeren leenden. Terwijl zij zich uitriepen tot 'magistraten van de armen' plunderden deze boeren buitens en kantoren, en verbrandden belastingregisters. Een van hen verklaarde: 'Wij hebben ons gewapend tegen de magistraten vanwege hun onrecht, wij hebben eerlijke mensen nooit iets willen aandoen.' De maskers beschermden de identiteit van de opstandelingen en joegen degenen die ze zagen angst aan. Ze hadden ook een ceremoniële rol, omdat zij dienden als 'ritueel van verschrikking, selectief, niet bloedig', een 'woest carnaval', een beeld dat nog versterkt werd door de vermommingen, een spektakel dat ook moet hebben gediend tot ritueel van rechtspraak en straf. De Gewapende Maskers dwongen herbergiers en welgestelde boeren ze te voeden en te huisvesten.[102]

Net als bij de opstand van de volgelingen van Roure ruim een eeuw eerder, was de hunne geen strijd tegen adellijke privileges op zich, en in geen geval tegen de monarchie. De opstandelingen verklaarden hun trouw aan de koning (dat hadden die onder leiding van de ongelukkige Roure in 1670 trouwens ook gedaan). Zij vroegen terugkeer naar een standaard van rechtspraak die door hen die zogenaamd de koning dienden was opgegeven. Twintig mensen werden wegens opstandigheid veroordeeld tot gevangenisstraf of de galeien, verscheidene anderen werden voor een duizendkoppige menigte in Les Vans terechtgesteld. Toch leek de onderdrukking minder streng dan in 1670, wellicht omdat de opstandelingen minder gewelddadig waren en duidelijk de grenzen van hun streven aangaven. Bovendien was het idealistische karakter van volksopstand in de Vivarais verdwenen.[103] Bleef nog pure armoe over.

Overgang

Na eeuwen waarin de constanten sterker waren geweest dan de veranderingen, bracht het midden van de achttiende eeuw aanzienlijke veranderingen en zelfs hoop in Balazuc. Het bevolkingsaantal in de Vivarais steeg van 213.797 in 1750 tot 265.048 in 1789, waarbij de afname van het sterftecijfer, die omstreeks 1720 inzette, tussen 1772 en 1789 een bijzonder sterke natuurlijke toename veroorzaakte. Betrekkelijk hoge vruchtbaarheid en geboortecijfers, gecombineerd met een daling van de huwbare leeftijd (die gelegen had op ongeveer 27 jaar voor mannen en 25 voor vrouwen) kregen voldoende gewicht om de rampzalige oogsten van halverwege de eeuw te boven te komen. Deze toename volgde zonder iets wat op een agrarische revolutie leek, dat wil zeggen dat de productie van graan amper toenam. Kastanjes en vooral aardappelen maakten de bevolkingstoename in de Vivarais mogelijk, die tussen 1693 en 1734 was gestagneerd of zelfs afgenomen. Halverwege de negentiende eeuw echter, was het aantal kastanjeboomgaarden verdubbeld; ze besloegen tussen de 25 en de 40 procent van de Cevennen, en 10 procent van het hele departement van de Ardèche. Kastanjes en aardappelen, als vervanging voor graan, vormden een groot deel van het boerendieet ('Quant de tartoflas i a, canalha s'en sauvara' luidde een oud gezegde, spottend bedoeld: 'Als er aardappelen zijn, redt Jan Rap het wel'). Droge kastanjes en vooral kastanjesoep, waar sommige boeren nog wat melk in konden doen, vormden een belangrijk deel van het winterse dieet. Kastanjes leverden ook varkensvoer. Als, zoals in 1781, 'de aardappeloogst in deze streek mislukt, verzinkt de bevolking tot de vreselijkste ellende'. Kastanjes uit de Cevennen leverden ook geld op.[104]

In Balazuc begonnen de geboorten de sterfgevallen vaker te overvleugelen dan ooit tevoren, bijvoorbeeld tussen 1725 en 1729. In 1742 overvleugelden 23 sterfgevallen de veertien geboorten. De sterfgevallen behelsden zuigelingen van tien, twaalf en vijftien dagen oud, van een, zeven en dertien maanden, twee kinderen van anderhalf, andere van drie, vier en vijf jaar oud, en jonge vrouwen van achttien, zesentwintig en zevenentwintig jaar (wellicht in het kraambed). Daarentegen wonnen de geboortecijfers het in 1745, 1746 en 1749. In alle jaren tussen 1781 en 1789, behalve in 1787, waren er meer geboorten dan sterfgevallen, in 1787 waren er van elk negen.[105] De bevolking van Balazuc nam toe van ongeveer 400 mensen of iets meer in 1784 tot ongeveer 500 mensen in de jaren zeventig en wellicht 550 in 1793.[106]

In de zeventiende eeuw was veelzeggend genoeg meer dan de helft van de kinderen vijf jaar oud geworden. Aan het einde van de achttiende eeuw waren dat er veel meer. Maar in de jaren zeventig van de achttiende eeuw beweerde een tijdgenoot dat een tiende van alle zuigelingen in de eerste tien dagen van hun leven stierf. Kindercholera en pokken eisten nog steeds hun tol onder zuigelingen en kleine kinderen, althans totdat inentingen tegen de laatste ziekte in de eerste jaren van de negentiende eeuw gewoon begonnen te worden. Pokdaligheid bleef een normale manier om mensen te identificeren, en werd bijvoorbeeld genoteerd in paspoorten en ook op politiële beschrijvingen van gezochten. Bovendien bleven de boeren in de Vivarais ondervoed.[107] Halverwege de eeuw leken koortsen en dysenterie de bevolkingsgroei te remmen, hoewel deze in de tweede helft van de eeuw periodiek bleven terugkeren, evenals een pokkenepidemie in 1764.

Boeren stemden hun strategieën af op eventueel vooruitzicht op betere tijden. In de achttiende eeuw waren ze, zoals we hebben gezien, met aardappelteelt begonnen. De aardappel, die samen met de kastanje gedeeltelijk het gebrek aan graan compenseerde, had de bevolkingsgroei gestimuleerd. Bovendien plantten de boeren meer wijnstokken aan. De wijnproductie nam in het begin van de jaren dertig van de achttiende eeuw aanzienlijk toe, om vervolgens weer af te nemen. Muildieren vervoerden vaten wijn tot de Velay en verder naar de Gévaudun, waar deze werden geruild voor graan, en voerden olie, zeep en kruiden aan uit de Bas-Languedoc. De handel verspreidde zich door het dal van de Ardèche en meer speciaal door dat van de Rhône.[108]

Toen, voor het eerst, gloorde er hoop op enige verbetering. De jaren dertig van de achttiende eeuw toonden een uitgesproken expansie in de productie van ruwe zijde in de Vivarais, nauw verbonden met de markten van Lyon en Nîmes. Aan het einde van de zestiende eeuw had de landbouwkundige Oliver de Serres, in 1539 in Villeneuve-de-Berg geboren, aangedrongen op de aanplant van moerbeibomen, waarvan de bladeren voer voor de zijderups leveren (die niets anders wil eten). De protestantse edelman die Arthur Young later de vader van de Franse landbouw zou noemen, had de chronische behoefte van de boeren in de Vivarais aan geld al opgemerkt. Zeker, zijde was in de dertiende eeuw al uit China naar Frankrijk gekomen, en was de eeuw daarop in de Vivarais al hier en daar geproduceerd. In de zestiende eeuw was er een koninklijke zijdemanufactuur opgericht in Tours, en een in Lyon. In 1600 beschreef Serres 'het binnenste van de aarde en de schat aan zijde die daar is verborgen'. Hij overtuigde Hendrik IV ervan zo'n 20.000 moerbeibomen (*mûriers*, in het Occitaans *amouriers*) in de Tuilerieën aan te planten. De zijde-industrie ontwikkelde zich in de Vivarais na ongeveer 1670 geleidelijk. Een koninklijk edict uit 1692 verbood het rooien van moerbeibomen, en een tweede in het eerste jaar van de nieuwe eeuw voegde daar nog een boete aan toe, waarvan de helft moest worden betaald aan degene die de daad aangaf en de andere helft aan de armen.[109]

Boeren in de Vivarais begonnen honderden, duizenden, honderdduizenden moerbeibomen aan te planten. De moerbeiboom paste zich net zo gemakkelijk aan aan de reeds bestaande agrarische structuur in de Bas-Vivarais als hij het deed aan de grond ervan. Net als wijn, werden cocons en ruwe zijde belangrijke marktproducten, waardoor de boeren de machtige buitenstaanders konden betalen, onder wie de staat en de landheren.[110] In 1752 stelde de intendant een bonus van 25 pond in het vooruitzicht voor elke dertig meter moerbeiboom die werd gezet, en gaf hij al snel opdracht tot de distributie van meer dan 18.000 jonge bomen, uit een kwekerij in Vallon. De monarchie zorgde voor kwekerijen waar communautés zaailingen konden krijgen, alsmede een instructie over hoe die geplant moesten worden. Tezelfdertijd ontwikkelde zich het twijnen van zijde (*moulinage*) in hoog tempo, dat in Vivarais wellicht al rond 1670 was begonnen. In 1785 waren er 94 werkplaatsen waar dit gebeurde, waaronder die van Pont d'Aubenas, Aubenas en Largentière. De ontwikkeling van de zijdeverwerking stimuleerde de boeren op haar beurt weer om meer ruwe zijde te produceren. Dit bevorderde weer de zijdespinnerij aan huis, waarvoor niet veel meer nodig was dan 'een vrouw en wat heet water'. De productie van ruwe zijde begon geleidelijk deel uit te maken van de huishoudelijke economie van de boeren in de Vivarais. Credit en debet (dat betaald moest worden na de oogst van de zijderupsen, als alles goed ging) gingen in toenemende mate deel uitmaken van de economie en de landelijke productie zelf. De Vivarais begon al snel bekend te staan als 'die ruige streek waar goud wordt gesponnen'.[111]

In 1770 stonden er moerbeibomen langs paden, op hellingen, voor kerken, op gemeenschapsgronden die voldoende diep waren, en zelfs tussen de wijnstokken. In het zuiden, onder Balazuc, verbouwde Antoine Tastevin, die op twee van zijn vijf grondjes moerbeibomen teelde, een groot gebouw op zijn erf tot *magnanerie* (zijderupsenkwekerij). Antoine Auzas uit Louanes, die veertien grondjes in het gehucht bezat, liet vier ervan met moerbeibomen beplanten, nog eentje in het dorp zelf, en nog twee elders. Jean Thoulouze, ook een welgesteld man uit Balazuc, had moerbeibomen op twee stukken land in Balazuc.[112]

Toch werden sommige nadelen over het hoofd gezien. Moerbeibomen kunnen na-bijgelegen grond voor graanteelt uitputten. In tegenstelling tot kastanjes zijn ze van weinig nut als veevoer. De ruwe-zijdekoorts hervormde markten, door meer boeren aan te zetten tot monocultuur, waardoor de markt verzadigd raakte. Sommige koop-lieden begonnen te speculeren 'op de ellende onder het merendeel der producenten, door ze in de winter voedsel en kleding te verschaffen, op voorwaarde dat ze bij de vol-gende oogst in cocons zouden worden uitbetaald'. Zij zorgden zodoende voor wat neerkwam op een onbillijke, lage prijs, in de wetenschap dat de boeren weinig keus hadden, en contant geld niet konden weigeren. Bovendien moesten de boeren ofwel de moerbeibomen ofwel hun bladeren kopen, die ze in de oogsttijd voortbrachten, en, net als Tastevin, kwekerijen bouwen. Ook moesten ze eitjes kopen, die ze moesten laten uitbroeden. Om dat te kunnen doen moesten velen geld lenen, tegen een rente van 5 procent, nogal hoog in een tijd van monetaire stabiliteit, of tegen nog hogere rente van woekeraars. De productie van ruwe zijde zou de economie van de Bas-Vivarais best eens kwetsbaarder kunnen hebben gemaakt.[113] De schuldsituatie van de boeren droeg zeker bij tot de vastberadenheid en de minachting voor degenen die geld uitleenden, die sprak uit de actie van de Gewapende Maskers aan het begin van de jaren tachtig van de achttiende eeuw. In dat licht moet ook het besluit worden gezien van hen die in 1789 voor de kerk van Balazuc bijeenkwamen om een klachtenbrief op te stellen, voor-uitlopend op het bijeenroepen van de Staten-Generaal.

3 Het tijdperk van de revolutie

Op zondag 22 maart 1789 kwamen alle mannen van Balazuc die minstens vijfentwintig jaar oud waren, in de kerk samen. Deze bijeenkomst was bedoeld om de klachtenbrief (*cahier de doléances*) van de communauté van Balazuc op te stellen, voorafgaand aan het bijeenroepen van de Staten-Generaal in Versailles, een wereld verderop. De dorpsschrijver notuleerde de beraadslaging in het beste Frans dat hij kon ophikken. Balazuc, met zijn ongeveer 550 inwoners, presenteerde zijn eisen nederig, maar helder en met overtuiging.[1]

De beraadslagingen begonnen met wat voor de hand lag: Balazucs 'uiterste nooddruft', en de leden van de vergadering gaven enkele redenen op voor deze ongelukkige situatie. (1) Zij klaagden over de belastingen, met name de koninklijke, die te hoog leken in verhouding met 'de onvruchtbaarheid van het grootste deel van het grondgebied' van Balazuc en de droogten, regenbuien en overstromingen die het teisterden. Om het nog erger te maken was land in handen van edelen permanent vrijgesteld van de meeste koninklijke schattingen. (2) Buiten de 'cens die op elk stukje van hun eigendom werd geheven', waren de dorpsbewoners de landheren nog andere betalingen schuldig die hun oorsprong hadden in het 'erfgoed van feodaal despotisme'. Deze omvatten de verplichting de landheer te betalen voor het recht de molen te gebruiken of hun brood in de oven te bakken, een reden van veel klachten in de Vivarais, en het exclusieve recht om te jagen, dat de edelen behielden. (3) Zij waren de kerk de dîme schuldig, maar suggereerden dat 'een veertigste' van hun oogst voldoende zou moeten zijn 'om alle hulp en geestelijke diensten te kunnen verlenen'. (4) Balazuc moest het stellen zonder 'de bijstand die handel kan leveren', doordat het geen markt en ook geen jaarmarkt had, en het ver van steden lag die dat wel hadden. (5) Balazuc was het centrum van een baronie (die ook de parochies Chauzon en Pradons omvatte), maar de bewoners waren minstens zes uur naar Aubenas onderweg om enige 'rechtspraak' te vinden, omdat er geen rechtszittingen in Balazuc werden gehouden. Bovendien betekende het isolement van het dorp dat misdaden die tegen de inwoners werden begaan altijd ongestraft bleven. Dit liet de inwoners van Balazuc in voortdurende angst leven, waarbij de weduwen en wezen 'zuchtten onder het gewicht van onderdrukking en misdaad'.

Het gevoel dat in de cahiers het sterkst naar voren komt, in de Vivarais en in het grootste deel van Frankrijk, was de vijandigheid jegens wat ongegrond privilege leek. De communauté van de bewoners van Balazuc vroeg nederig om maatregelen teneinde iets van 'hun betreurenswaardige ellende' te verlichten.[2] Zij vroegen al het land in handen van de adel koninklijk te belasten, dat de dîme gelijkelijk zou worden geïnd in het hele koninkrijk, en in een redelijk percentage, dat de plaatselijke rechtspraak in Balazuc zelf zou plaatsvinden, dat er een eind zou komen aan de zoutbelasting, dat de gelijke verdeling van alle belastingen in een grondwet zou worden vastgelegd, dat de percentages die werden geheven op verkoop of overdracht van eigendom zouden worden geschrapt of althans redelijker gemaakt, en dat Balazuc het recht zou krijgen op elke donderdag een markt en twee jaarmarkten (de eerste op 25 juli, de feestdag van het dorp, en de andere in januari, op het feest van Sint-Antonius, de patroonheilige van de broederschap). Ten slotte, en dat was wellicht het meest veelzeggend in een document dat opviel om zijn bescheiden maar toch besliste toonzetting, vroeg het cahier geen belastingen te heffen zonder ze van tevoren aan te kondigen, algemeen bekend te maken, en door de Tiers État te laten goedkeuren. Aan het eind van het document werden de handtekeningen geplaatst van 'de inwoners die hun naam kunnen schrijven'. Hierbij behoorden de beide consuls en 26 andere mannen. De families van zeventien van deze mannen wonen nog steeds in Balazuc.

De bijeenkomst in Balazuc was een onderdeel van de toenemende politieke crisis waardoor koning Lodewijk XVI in augustus 1788 de Staten-Generaal moest bijeenroepen, wat sinds 1614 niet meer gebeurd was. In dit verband werden de cahiers de doléances opgesteld. Enig begrip van het politieke drama dat in Frankrijk plaatsgreep was tot Balazuc doorgedrongen. Jean Boucher, advocaat en notaris, en Antoine Tastevin, '*bourgeois*', een welvarende landeigenaar die in Salles woonde langs wat vroeger de Romeinse weg was geweest, vertegenwoordigden in oktober 1788 en in maart-april 1789 Balazuc bij de inleidende vergaderingen in Annonay, ver ten noorden van de Vivarais aan de Rhône, en in Villeneuve-de-Berg, veel dichterbij. De communauté van Balazuc droeg bij aan hun onkosten.[4] Louis-François de Balazuc, wiens familie sinds lang uit Balazuc weg was en die in de buurt van Privas woonde, zat de vergadering van edelen voor in Villeneuve-de-Berg. Omdat de klachten over de rechtspraak algemeen waren, moesten enkele mensen uit Balazuc op de hoogte zijn geweest van de zorgen in de Vivarais over de vraag of Annonay of Villeneuve-de-Berg hun status als sénéchaussées moesten behouden, tegenover het veel belangrijker Nîmes, veel verder weg voor degenen die gerechtigheid zochten. Waarschijnlijk waren ze ook op de hoogte van het debat over de vraag of de Vivarais een aparte vertegenwoordiging in de Staten-Generaal moest krijgen (wat gebeurde). Niettemin drong tot het grootste deel van de Vivarais, vanwege het isolement, 'het nieuws slechts door met een verre en zwakke echo van buiten'.[5]

De graaf van Antraigues (Alexandre de Launay) en Boissy d'Anglas kwamen als de twee leidende figuren naar voren in de beginstadia van de revolutie in de Vivarais. Eind maart en begin april 1789 hield de vraag van de fiscale hervorming de vergaderingen van de sénéchaussées druk bezig. De Tiers État eiste de volstrekte gelijkheid van de drie standen. Of de boeren van Balazuc en andere dorpen in de Bas-Vivarais op de hoogte waren van de machinaties en het gekonkel van de graaf van Antraigues om zijn privileges te behouden (terwijl hij tegelijkertijd zijn populariteit probeerde te behouden door erop aan te dringen dat de Vivarais zichzelf zou mogen vertegenwoordigen), of van de rol van Boissy d'Anglas onder degenen die hervormingen eisten, weten wij gewoonweg niet.[6]

Langdurige droogte, misoogst en een knagende zorg over hoe belastingen en dîme betaald moesten worden, waren aan het begin van de zomer van 1789 veel grotere zorgen in Balazuc. Het nieuws van de inname van de Bastille en enig begrip dat onverdiende privileges op het spel stonden, drongen tot het dorp door. De Grande Peur, een algehele paniek die gevoed werd door de angst van een 'aristocratisch complot' tegen het volk, kwam in de nacht van 28 op 29 juli vanuit Aubenas overwaaien naar Joyeuse en Vallon, vervolgens naar Les Vans en Largentière, en verder door naar Mende. Het gerucht wilde dat 10 à 15.000 Piëmontese of Spaanse boeven, door de edelen opgeroepen, de oogst brandschatten en het platteland plunderden. De noodklok luidde en bracht paniek van torenspits tot torenspits, hoewel het isolement van Balazuc zelfs zulke krachtige geruchten kan hebben geweerd. Dat de graanoogst op het spel stond droeg bij tot de paniek, omdat de boeren iets hadden om te brandschatten of te stelen. Snel opgetrommelde milities uit Largentière en de nabijgelegen dorpen versterkten de patrouillerende troepen.[7]

Begin augustus begonnen dorpelingen in Rochemaure aan de Rhône de belastingregisters te verbranden. De opstand sloeg door het dal van de Ardèche, waar kastelen werden aangevallen. Als teken van wat er komen ging, maakte de bende van een notoire struikrover gebruik van de situatie om een nabijgelegen dorp te overvallen, voordat zij werd teruggedreven door een inderhaast op de been geroepen garde. Op 4 augustus behoorden de graaf van Antraigues, die vooralsnog zijn reputatie van liberaal wist te handhaven, en de graaf van Vogüé, die die niet had, tot degenen die probeerden Lodewijk XVI ervan te overtuigen dat hij moest weigeren de maatregelen te bekrachtigen die later die avond werden genomen, en waardoor het feodale stelsel werd afgeschaft. In de Bas-Vivarais hadden veel boeren al geweigerd te betalen wat zij volgens henzelf niet langer schuldig waren.[8] De nacht van 4 augustus werden in Parijs de heerlijke rechten van Balazuc afgeschaft. Niettemin eiste de wet dat boeren hun heren compenseerden voor vrijstelling van betalingen als die van de cens. Rechtstreekse afschaffing zonder compensatie kwam pas in 1792-1793, maar in de praktijk was dat al het geval.

Op 21 september 1789 kwamen degenen die voldoende eigendom hadden om het equivalent van een dag werk in belasting te kunnen betalen, samen om 'de permanente en politieke raad van het stadje Balazuc' te kiezen. De volgende dag kwam dat lichaam bijeen om 'een burgermilitie' in het leven te roepen en de 'officieren en onderofficieren' te benoemen. De 77 mannen die op de lijst voorkwamen omvatten de edelman Julien de Vinezac, die in Largentière woonde maar eigendom in Balazuc had, hoewel hij beslist niet van plan was eraan deel te nemen. De garde 'benoemde' – waarschijnlijk verkoos zij bij acclamatie – Jean Teyssier tot bevelhebbend kapitein en Jean Leyris en Joseph Jullian tot luitenant en vaandeldrager. Leyris was een boer van bovengemiddelde rijkdom, en hij behoorde in Balazuc dus tot de minderheid. Hij bezat verscheidene kleine wijngaarden en akkers. De verkiezing van een vaandeldrager was een afspiegeling van het bewustzijn dat de driekleur werd aangenomen, sinds Lodewijk XVI het rood en blauw van Parijs had toegevoegd aan het wit van de Bourbons. De Nationale Garde van Balazuc bestond althans op papier bij de eerste verjaardag van de Revolutie, en omvatte toen 105 'actieve' burgers (dat wil zeggen: degenen die het equivalent van drie dagen arbeid betaalden aan belasting) die het recht hadden om wapens te dragen.[9]

De eerste chaotische maanden van de Revolutie verkeerde het dorp nog in onzekerheid of de administratieve structuur die het in het verleden had beheerd en omkaderd, dezelfde zou blijven. Op 12 november 1789 wees de Nationale Vergadering 'elke stad, parochie of communauté op het platteland' een gemeentebestuur toe, dat als plaatselijke overheid moest dienen. Twee decreten in december verleenden gemeentebesturen het recht gemeenschapsgronden en dorpsfinanciën te beheren, hoewel de staat toezicht op de plaatselijke financiën behield. Gemeenteraad, burgemeester en procureur (die het heerlijk hof had vertegenwoordigd, op de meeste plaatsen door de landheer benoemd) zouden samen met verscheidene notabelen het gemeentebestuur vormen. De raad zou voor een periode van twee jaar door de actieve burgers worden verkozen, en de helft ervan zou jaarlijks worden vernieuwd. Op deze manier werd het vroegere *conseil général* tot *corps municpal*, waarbij de nieuwe beambten gerekruteerd werden uit dezelfde groep mannen die vóór de Revolutie had gediend. Verkozen vergaderingen kozen op hun beurt weer de mannen die de hele Vivarais zouden besturen.[10]

In maart 1790 verdeelde de Nationale Vergadering Frankrijk in 83 departementen. De revolutionairen, die probeerden het bestuur van Frankrijk te rationaliseren, probeerden ook de invloed van de adel te beperken, wier privileges en invloed grotendeels op plaatselijke grondslag berustte. De Vivarais werd het departement van de Ardèche (nadat de naam Sources de la Loire was gekozen en meteen weer verworpen), zo genoemd naar de rivier aan de oevers waarvan Balazuc staat.[11] Het slaperige stadje Privas werd uitgeroepen tot hoofdstad van de Ardèche, vanwege de onbeduidende ligging midden in de Vivarais. Balazuc kwam terecht in het kanton van Vallon, tijdens een groot deel van de Revolutie in het district Tanargue en mettertijd in het arrondissement Largentière. De voormalige communautés van de Vivarais werden omgevormd tot 334 gemeenten, en zij omvatten Chauzon en Pradons, die nu elk op zichzelf stonden. In feite benaderden de gemeenten de parochies die de communautés hadden gevormd, en beantwoordden zij aan een natuurlijke groepering en een geestelijk universum dat rond het boerenwerk en de godsdienst opgezet was, met de kerk, de klokkentoren, de pastorie en het kerkhof als middelpunt.[12]

Het in leven roepen van het departement van de Ardèche werd in Balazuc niet omstreden. Hetzelfde gold voor het in leven roepen van de gemeente Balazuc, waar tradities van zelfbestuur in de Midi stevig verankerd waren. Maar hoewel rechtstreekse heerlijke inmenging in dorpszaken geen karaktertrek van Balazuc was geweest, bracht de Revolutie meer mannen in het bestuur van dorpen en democratiseerde zij de verkiezing van beambten.[13]

Voor het ogenblik hadden de boeren zoals gebruikelijk veel belangrijker zaken aan hun hoofd. Slagregens en hagel, gevolgd door overstromingen, hadden hun tol onder de moerbeibomen geëist en aardappels en graan verloren doen gaan.[14] Dergelijke natuurrampen relativeerden altijd de politiek. Niettemin bracht de oprichting van de Nationale Garde de nationale politiek zeker naar het dorp, wat in 1791 bleek, toen de dorpsbewoners een vrijheidsboom plantten, waarschijnlijk op het pleintje voor de trap die naar de kerk leidde, dat deze ongelukkigerwijze moest delen met het kruis dat daar stond.

Bijna alsof er niets was veranderd, bereikten in augustus 1790 brieven van de belastingcommissie Balazuc, met de mededeling dat de gemeente 1016 pond schuldig was, iets meer dan de 973 die het dorp had moeten opbrengen in het kader van de capitation in 1774. De burgemeester beloofde dat de gemeenteraad een belastingrol zou opstellen, en iemand zou benoemen om de hoogte van de belasting die elk huishouden schuldig was, te bepalen en die te innen. Niettemin was op dat moment het innen van elk soort belasting op het platteland bijzonder problematisch, waar er sprake was van opruiende aanklachten, bedreigingen en zelfs gewelddadig verzet, nog verergerd door een aantal jaren slecht weer en magere oogsten. Bovendien verschenen in alarmerend tempo struikrovers op de wegen van de Vivarais.[15]

Net als de belastingen, herinnerde de zoveelste stortregen de mensen in Balazuc aan de beperkingen van verandering. Op 7 november 1790 riep het *conseil général de la commune de Balazuc* (de term 'corps municpal' was kennelijk alweer vergeten) dat door alle actieve burgers verkozen was, 'een vergadering bijeen op de gebruikelijke plek en op de gebruikelijke wijze, overeenkomstig het decreet van de Nationale Vergadering, onder leiding van sieur André Teyssier, burgemeester van de gemeente'. Antoine Auzas, procureur (wiens rol tijdelijk niet langer was gelegen in de vertegenwoordiging van het heerlijke hof, maar eerder in het bijeenroepen van vergaderingen), wees op 'het ongeluk dezer tijd, de ongewone seizoenen, de overvloedige regenval en de hagel die deze parochie hebben getroffen, en ten slotte de verschrikkelijke en herhaalde overstromingen van de rivier de Ardèche, die al deze gemeenten in de diepste ellende heeft gedompeld'. Het conseil général van Balazuc verzocht de regering om bijstand, en schatte zijn verlies op maar liefst 31.600 pond.[16]

De nieuwe kerkelijke indeling

Geen enkel onderwerp verdeelde tijdens de Revolutie de Vivarais en Frankrijk als geheel zo als de nieuwe kerkelijke indeling, door de Nationale Vergadering afgekondigd. Er werd een Nationale Kerk in het leven geroepen, waarbij de staat vanaf dat moment het salaris van de geestelijkheid betaalde, en afgekondigd werd dat alle priesters een eed van trouw aan de Revolutie moesten zweren, waarbij de nieuwe kerkelijke indeling de Revolutie op de drempel van de Romaanse kerk van Balazuc zette. Het was namelijk betrekkelijk gemakkelijk een revolutie te steunen die heerlijke rechten afschafte, maar het was iets heel anders om het privilege van de geestelijkheid aan te tasten. De Nationale Vergadering, in navolging van de nationalisatie van kerkelijke gronden op 2 november 1789, en de afschaffing van de religieuze orden in de maand februari daarop, kondigde op 12 juli 1790 de nieuwe kerkelijke indeling af.[17] Weliswaar had een deel van de verpauperde 'lagere' geestelijkheid van het platteland het bijeenroepen van de Staten-Generaal toegejuicht in de hoop dat haar materiële omstandigheden zouden verbeteren, maar de nieuwe kerkelijke indeling sloeg hun enthousiasme de bodem in. Zij was in het voordeel van de edelen en andere verklaarde tegenstanders van verandering, doordat zij het gezag van de geestelijkheid aantastte.[18]

Op 18 augustus 1790 vond de eerste vergadering van contrarevolutionairen plaats, bijeengeroepen door Louis Bastide de Malbosc, in de vlakte van Jalès in de Cevennen, in de zuidwesthoek van de Ardèche. De gemeenschappelijke herinnering aan de godsdienstoorlogen bleef bijzonder sterk in dat deel van de Ardèche, dat rechtstreeks nieuws kreeg uit Nîmes, het Belfast van Frankrijk, waar protestanten in de nacht van 13 op 15 juni rooms-katholieken hadden afgeslacht, en uit Uzès.[19] Wellicht kwamen er tot 20.000 mensen uit 180 parochies bijeen, onder wie veel leden van de Nationale Garde. De contrarevolutionaire beweging greep om zich heen, gemarkeerd door toenemend agressieve agitatie van de kant van de katholieken. Malbosc riep in februari 1791 een tweede vergadering bijeen in Jalès, toen de noodklok alweer in veel parochies luidde. Er waren geen protestanten in Balazuc. Maar die zaten wel aan de andere kant van de heuvels, in het zuidoosten, in Lagorce. De angst voor de protestanten kan althans gedeeltelijk een verklaring vormen voor het gebrek aan openlijke tekenen van enthousiasme voor de Revolutie in Balazuc.[20] De schuldsituatie van de boeren heeft allicht een rol gespeeld bij de volkswoede jegens de revolutionaire autoriteiten. Er werden troepen naar de Vivarais gestuurd om uiteen te slaan wat al snel niet minder dan een contra-revolutionaire beweging was geworden. Toen de heerlijkheid werd afgeschaft, wat werd toegejuicht, eindigde de mobilisatie van de boeren in de Bas-Vivarais. De volgende keer dat boeren zich zouden roeren zou heel anders zijn.[21]

Tegenstand tegen de nieuwe kerkelijke indeling begon in januari 1791 en brak in vele delen van Frankrijk openlijk uit, in de buurt van Balazuc in de dorpen Laurac en Vinezac, waar priesters verzet tegen de Revolutie aanmoedigden. Veel priesters in de Vivarais weigerden dat jaar de eed van trouw af te leggen. Bovendien gaven enkele priesters die de eed wel aflegden vanaf de preekstoel of in een brief aan de burgemeester uiting aan hun bedenkingen, of voegden er zinsdelen aan toe die hun eed wijzigden of tegenspraken. In de Tanargue (het pas geschapen district waar Balazuc onder viel) legden uiteindelijk slechts 31 priesters de eed af, terwijl 138 dat weigerden.[22]

De geestelijke ongehoorzaamheid droeg ertoe bij dat sommige patriotten in de Ardèche radicaal werden (zij werden aangetroffen in de diverse politieke clubs in kleine steden, waaronder Aubenas en Largentière, die aan het einde van 1791 en het jaar daarop waren opgezet). Tegelijkertijd stimuleerde de geestelijkheid de contrarevolutie. Enkele aanhangers van de Revolutie beweerden dat vrouwen onder invloed van de geestelijken 'hun mannen, kinderen en huispersoneel plaagden als evenzovele duivels', in het belang van de contrarevolutie.[23]

Nogier, die veertig jaar lang pastoor was geweest in Balazuc, weigerde de eed aan de natie af te leggen. Op zijn zesenzeventigste, kreupel als hij was, ging hij naar huis, naar Payzac in de Cevennen, met het verzoek te mogen worden bijgeschreven bij degenen die pensioen kregen. Het bestuur van het district van Tanargue verleende hem een jaarlijks pensioen van 500 pond in zijn hoedanigheid van voormalig pastoor van Balazuc, naast compensatie voor het verlies van inkomen door de verkoop van een kapel in Payzac, waarvoor hij als rector was opgetreden.[24]

Op zondag 7 augustus 1791 zwoer Jacques Champanhet in Balazuc trouw aan de natie. In overeenstemming met de nieuwe bepalingen was hij in juni door de parochie verkozen 'op de door de decreten voorgeschreven wijze, bij absolute meerderheid'. Na de mis, opgedragen door signeur Champanhet, nam hij bezit van de pastorie aan de andere kant van het stenen pad.[25]

Door het uitbreken van een oorlog tussen Frankrijk enerzijds en Oostenrijk en Pruisen anderzijds, in april 1792, was er meer verzet tegen de Revolutie ontstaan. Royalistische troepen werden in juli aan de grens van de Ardèche teruggeslagen. In Les Vans vermoordde een menigte een prominente royalist, met nog negen of tien priesters die ervan verdacht werden tot contrarevolutionaire activiteit te hebben aangezet. De val van de monarchie op 10 augustus en het uitroepen van de Republiek, verhardde de vastberadenheid van de contrarevolutionairen, waardoor al snel de grenzen van de steun aan de Republiek duidelijk werden. Steeds verwoeder pogingen troepen op de been te krijgen door massaal dienstplicht in te voeren, stuitte op het platteland op keihard verzet, waar het dienen in wat voor leger dan ook altijd iets geweest was wat tot elke prijs vermeden werd. Dorp na dorp leverde niet de geëiste contigenten voor de dienst, en dienstplichtontduikers en deserteurs leken overal te zijn. De Vivarais verviel tot geweld, waarbij sommige 'patriotten' kastelen aanvielen en in brand staken, anderen vreesden dat het Ancien Régime terug zou keren. Sociétés populaires ontstonden in sommige steden, maar in het dorp van Balazuc bestond zo'n club niet.[26]

In oktober 1792 kwamen 'op aanwijzing van de burgemeester' de gemeentelijke beambten van Balazuc – Auzas, Boyer en Laroche, officieren, Rieu, procureur, en Teyssier, dorpsschrijver – bijeen opdat 'burger Champanhet' opnieuw 'de burgerlijke eed' kon afleggen. De priester zwoer netjes 'trouw te zullen zijn aan de natie, vrijheid en gelijkheid te handhaven en (zo nodig) te zullen sterven op mijn post'. In januari 1793, de maand waarin Lodewijk XVI in Parijs werd onthoofd, kwamen twee commissaires van de republiek het gemeenteregister controleren om zich ervan te overtuigen dat 'burger Champanhet' inderdaad had gezworen de nieuwe kerkelijke indeling te zullen eerbiedigen. Zij onderschreven het feit dat hij de enige priester in Balazuc was en dat hij 'daar woont conform de wens van alle inwoners'. In 1793 was Champanhet dan ook procureur van Balazuc. Niettemin legde hij later in dat jaar zijn priesterambt neer.[27] Voor een gemeenschap met een lange traditie van praktiserend katholicisme, moet het ontberen van een priester een plotselinge schok zijn geweest die iedereen voelde.

Begin maart 1793 radicaliseerde de wijdverbreide opstand tegen de Revolutie in het westen de Jakobijnen, die de dictatuur van Maximilien Robespierre vestigden en het Comité de Salut Public oprichtten. De afgevaardigde van de Ardèche verzette zich tegen het verbod door de Jakobijnen op de Girondijnen, die de plaatselijke autoriteiten hadden verdedigd. Toen de Jakobijnse autoriteiten op 4 augustus 1793 de gemeenteraden bevalen een raming op te stellen van het beschikbare graan, hadden twee maanden later slechts 96 van de 340 gemeenten in de Ardèche geantwoord. De markten waren leeg, alom werd gehamsterd. De zogenaamde patriotten zelf raakten in toenemende mate verdeeld tussen federalisten en Jakobijnen. De federalisten verzetten zich tegen het gecentraliseerde revolutionaire gezag dat van Parijs uitging, en dat door de Jakobijnen werd belichaamd. De 'federalistische opstand' in Lyon werd in oktober op wrede wijze door Republikeinse troepen onderdrukt. In de context van Balazuc en de Ardèche bleef 'federalisme' een scheldwoord voor degenen die bepaald niet enthousiast waren over de Revolutie.

De Jakobijnse overwinning bracht comités van toezicht met zich mee (hoewel op het platteland slechts op papier), wat de contrarevolutie in de hand werkte. In september 1793 kwam een van de vertegenwoordigers van het Comité de Salut Public (représentant *de mission*), gewapend met een speciale volmacht, met bevelen om het verzet in de Ardèche de kop in te drukken. Zo begon de Terreur. Twee maanden later beval de Jakobijnse dictatuur dat kerken gesloten moesten worden. Tijdens de Terreur werden 500 verdachten gearresteerd, vijf priesters en drie nonnen werden in augustus 1794 in Privas terechtgesteld. Op veel plaatsen in Frankrijk bereikte de Terreur zelfs de dorpen, maar dat was niet het geval met Balazuc, gedeeltelijk omdat niemand zijn of haar buurman wilde aangeven. De revolutionaire kalender die door de Jakobijnen in oktober 1793 was ingevoerd, met het jaar I dat (met terugwerkende kracht) op 2 september 1792 begon, werd belachelijk gemaakt en genegeerd. Bovendien was de campagne om de namen van straten en pleinen republikeins te maken van geen enkele toepassing op dorpen als Balazuc, waar de straten en de stegen nooit namen hadden gehad.[28] Ondertussen werden te midden van honger en ontbering hier en daar revolutionairen beschuldigd van het neerhalen van kruisen. De lokale folklore, die ten nadele van de Jakobijnen werkte, wilde dat een van hen twee gebroken benen opliep toen het voetstuk van het kruis op hem viel bij zijn poging het te verwoesten.

Meer en meer priesters hadden geweigerd met de toenemend agressieve, want wanhopige, burgerlijke autoriteiten samen te werken toen de revolutie zich moest verdedigen tegen buitenlandse legers, geholpen door edelen die uit Frankrijk waren gevlucht. In Balazuc dook volgens een omstreden verhaal in 1793 een priester met de naam Bayle in de pastorie onder, niet ver van de kerk. Naaar verluidt heeft hij daar een vrouw de biecht afgenomen en kwamen revolutionaire strijdkrachten haar baby bedreigen. Een man sprong toen met een bijl te voorschijn en verdreef de soldaten. Meer soldaten kwamen de volgende dag terug om degene te arresteren die de baby had gered, maar tegen die tijd 'was heel Balazuc op de been, om hevig te protesteren', zodanig dat de commandant de man die had ingegrepen vergaf. Helaas viel zijn echtgenote van schrik dood neer.[29] Dergelijke verhalen, waarvan de meeste verzonnen zijn, droegen er niettemin toe bij dat de publieke opinie zich tegen de Jakobijnse republiek richtte.

Biens nationaux

Door de oprichting in 1790 van een nationale kerk, was kerkelijk eigendom tot nationaal bezit verklaard. De massale verkoop bij opbod van *biens nationaux* (nationaal eigendom) begon in maart 1791. Vrijwel tegelijkertijd kwamen de eerste *assignats*, in allerijl gedrukt geld dat gedekt werd door de waarde van het land dat verkocht moest worden, in de Ardèche in omloop. Terwijl het percentage eigendom in handen van de kerk betrekkelijk klein was in de Ardèche (vergeleken bijvoorbeeld met Bourgondië en het noorden), verlieten zo'n 500 *émigrés* uit ongeveer 200 families, van wie betrekkelijk weinig van adel waren of tot de geestelijkheid behoorden, de Vivarais.[30]

Balazuc telde slechts vier perceeltjes 'behorend tot de voormalige pastoor van Balazuc'. Eén perceel met moerbeibomen grensde aan het kerkhof achter het Portail d'Été. Jacques Mollier uit het gehucht Louanes, die de titel van expert voerde, schatte de waarde van de vier percelen in januari 1791 op 577 pond.[31]

Eigendom van émigrés werd in de jaren II, III en IV tot de biens nationaux gerekend, wat de radicalisering van de Revolutie weerspiegelde.[32] Julien de Vinezac, die in Balazuc grond bezat, was gevlucht naar de nabijgelegen stad Largentière, waarbij hij het meubilair van zijn kasteel verkocht om zijn snelle vertrek te kunnen financieren. Hij werd in Lyon gefusilleerd, waar hij zich bij de federalistische opstand had gevoegd. François Melchior, graaf van Vogüé, die de adel had vertegenwoordigd in de Staten-Generaal en de rijkste émigré in de Vivarais was, vluchtte in oktober 1791 naar Engeland. Een jaar later keerde hij terug met het prinselijk leger om tegen de Revolutie te vechten. Buiten zijn eigendom in Bourgondië, omvatten zijn domeinen in de Vivarais, met name langs de Ardèche, met wijngaarden, moerbeibomen en molens, eigendom in Balazuc en vele andere dorpen, alsook in Vogüé, waar het familiekasteel stond en nog steeds staat.[33]

De biens nationaux van émigrés in Balazuc omvatten het goed van Julien de Vinezac en de graaf van Vogüé. De verkoop hiervan bij opbod moest op 11 juli 1792 om negen uur 's morgens in Joyeuse beginnen. Er kwamen echter geen kopers opdagen. Kaarsen begonnen de tijd aan te geven tijdens welke een bod kon worden uitgebracht, maar zij brandden op. De veiling werd opnieuw gehouden. Op 25 juli brandden de kaarsen weer op zonder dat er een bod werd uitgebracht.[34]

Al snel echter kwamen er kopers naar voren. Het laatste imperium van 'de émigré Vogüé' verdween stukje bij beetje in 1792-1793, in 22 gemeenten, waaronder Balazuc. Antoine Tastevin kocht wat land voor 14.000 pond. Jacques Mollier kocht braakliggend land met eikenbomen, Pierre Constant besteedde 7000 pond aan 'een stuk bouwland met olijfbomen, de wijngaard van de boot geheten', vlak bij het punt waar het bootje aangelegde, aan de overkant van de rivier bij het dorp. André Teyssier kocht de molen voor 25.200 pond en de oven voor 450 pond. Louis Mollier kocht het bouwvallige kasteel boven in het dorp voor 625 pond.[35]

Na overleg met de burgemeester verdeelde Jacques Mollier het eigendom van Julien de Vinezac, geschat op 33.142 pond, in 46 aparte stukken, tuinen (waarvan er een paar aan de Ardèche lagen), bouwland, weiland, eikenbomen, notenbomen en moerbeien, wijngaarden en verscheidene huizen in het dorp zelf. De beschrijving van elk perceel vermeldde wat er aan weerszijden aan grensde, bise, au levant, coucher, en marin (ten noorden, ten oosten, ten westen en ten zuiden).[36] Toen zijn grond op het punt stond verkocht te worden, legde de burgemeester samen met de gemeentelijke beambten schriftelijk vast dat vier mannen die graan schuldig waren 'aan de émigré Louis Jullien, bekend als Vinezac de Largentière, niet in staat zijn dit jaar hun deel te betalen, gegeven het feit dat zij volstrekt geen graan hebben'.[37]

Bij de openbare verkopingen die in februari 1794 in Jaujac en Joyeuse werden gehouden, brandde geleidelijk de ene kaars na de andere op, tot er geen bod meer werd uitgebracht. De meeste percelen werden met weinig verspilling van was verkocht, maar sommige zeer gewilde stukken vergden tot dertien kaarsen totdat alle stemmen zwegen. Zo ging het met het tweede kavel, een tuintje aan de rivier. Dit perceel, geschat op slechts 40 pond, lag tussen 'de rots' en de Ardèche. Een man uit Largentière bood de 40 pond. Daarna bood Joseph Montel uit Balazuc 50, en stak de vendumeester een kaars aan. Claude Mourzial uit Balazuc verhoogde het bod tot 55 pond, Pierre Dubois uit Largentière tot 60. Toen de vendumeester een tweede kaars ontstak, verhoogde Montel zijn bod tot 65 pond. Toen er een derde kaars brandde, ging Jean Roux uit Balazuc tot 70 pond, en terwijl er een vierde kaars brandde, verhoogde Louis Boyer uit Balazuc het bod tot 75 pond. Een vijfde kaars bracht Montels bod op 80 pond. Toen de zesde kaars geen nieuwe bieders bracht, had Montel zijn tuin.

Al met al kochten vijfentwintig mannen, op vijf na allemaal uit Balazuc, percelen die aan Julien de Vinezac hadden toebehoord. Jean Sabatier ging voorop met zes uiteenlopende aankopen, waaronder de vier grootste percelen. Eén bestond uit 'bouwland, waarvan enig braakliggend, met walnoten en moerbeien', waarop tevens een duiventil en een schuur stonden. Nadat er dertien kaarsen waren opgebrand, ging niemand boven de 2510 pond die hij had geboden. Toen Julien de Vinezac door de Revolutionaire Rechtbank in Lyon werd gefusilleerd, waren slechts enkele van zijn eigendommen onverkocht.[38]

In het district Tanargue omvatte het kerkelijk eigendom (2,4 miljoen pond) meer dan dat van de émigrés (1,7 miljoen pond), hoewel, nogmaals, niets in Balazuc. Al met al vergrootte de aankoop van biens nationaux het eigendom van boeren die iets beter af waren dan hun buren, al bleef de kloof tussen hen en andere grondbezitters betrekkelijk klein en waren de lasten waar beiden voor stonden aanzienlijk. Zo'n aankoop kan ook de steun voor althans de gematigde Revolutie van verscheidene sleutelfiguren in Balazuc hebben versterkt. André Teyssier, die enig land en de molen kocht, diende tijdens de Revolutie als de voornaamste gemeentelijke beambte in Balazuc. Hij had er een gevestigd belang bij dat het Ancien Régime niet zou terugkeren. Jean Maurin behoorde tot degenen die als officiers dienden in de Nationale Garde van het dorp. Louis Duffaud en Jacques Mollier waren in staat ongeveer twintig hectare langs de Ardèche in de buurt van Aubenas te kopen.[39] De gevolgen van de verkoop van nationaal eigendom waren aanzienlijk. Niet lang nadat de afschaffing van het feodaal stelsel een eind aan de heerlijke rechten had gemaakt, maakte de verkoop van gronden van de familie Vogüé en Julien de Vinezac een eind aan de rechtstreekse adellijke invloed in Balazuc. Op de lange duur was de verkoop van emigranteneigendom van belang. Hoewel de rechtstreekse invloed van landheren op Balazuc al een tijdje voor de Revolutie grotendeels was verdwenen, droegen de percelen die André Teyssier,

Louis Mollier, Antoine Rieu en andere boeren kochten in toenemende mate bij tot de overgang van de familiale boereneconomie met productie van graan naar die van ruwe zijde en wijn. Ze maakten gebruik van de gelegenheid die de Revolutie ze had geboden.[40]

Gemeentebestuur tijdens de Republiek

De snelle veranderingen die de radicalisering van en de toenemende tegenstand tegen de Revolutie met zich meebrachten, vergrootten de problemen waarmee het gemeentebestuur van Balazuc te maken kreeg. Dienstplicht, bevoorrading, godsdienst en de chaos in de omgang met hogere ambtenaren die onder druk stonden en gemakkelijk zonder enig bericht vooraf konden worden vervangen, compliceerden de plichten van degene die tot opdracht hadden als bemiddelaars tussen Balazuc en de revolutionaire regering te dienen. De assignaties daalden sterk in waarde. Liquide middelen bleven uitermate schaars in de Vivarais, en het drukken van vijf nieuwe series assignaties in het begin van 1792 joeg de inflatie alleen maar aan. Dit droeg nog bij tot de verdere waardevermindering ervan.[41] Balazuc behoorde tot de steden en dorpen die de assignaties als papiergeld gebruikten. Twee ambtenaren kwamen in december naar het dorp om de gemeentekas te controleren en erop toe te zien dat in het openbaar papiergeld werd verbrand dat nog niet in omloop was gebracht. Alvorens te vertrekken, stelden zij de gemeentelijke beambten van Balazuc persoonlijk verantwoordelijk voor 'enig probleem dat hun onachtzaamheid of gebrek aan precisie zou kunnen veroorzaken'.[42]

Ondertussen leken de kosten van het gemeentebestuur vrij aardig op die van de communauté vóór de Revolutie. Er moesten fondsen gevonden worden om de dorpsschrijver, brandhout, verlichting (waarschijnlijk voor het gebouw waarin het gemeentebestuur gevestigd was), het salaris van 100 pond van de onderwijzer (Pierre Constant, die zelf of in de persoon van zijn zoon biens nationaux had aangeschaft), en de belastinginner te kunnen betalen – totale kosten meer dan 284 pond belopend.[43] Het leven ging door, maar onvermijdelijk in de schaduw van grote gebeurtenissen. Een teken van de moeilijke tijden kan worden afgelezen aan het dalende geboortecijfer.[44]

Er bleef maar weinig speelruimte voor gematigde hervormers over. Toen de mannelijke burgers van Balazuc op 25 maart 1793 bijeenkwamen om, in het kader van de Jakobijnse zuivering van de gemeentebesturen, de nieuwe gemeentelijke beambten te kiezen, kozen de mannen uit het dorp Antoine Teyssier voor de post van nationaal agent, als vervanger van de procureur. Dit markeerde althans in beginsel de overgang van de daadwerkelijke machtsuitoefening door de gemeente tot die door het revolutionaire Jakobijnse bewind onder de Terreur. Rieu fils werd dorpsschrijver. Ten tijde van de Revolutie was Rieu niet in staat geweest het graan op te brengen dat hij de edelman

Julien de Vinezac nog schuldig was. Nu diende hij als ambtenaar bij de gemeente, worstelend met de verandering die de Revolutie had veroorzaakt.[45]

De Jakobijnen troffen ook het afgelegen dorp Balazuc. Net als de intendanten van het Ancien Régime, vorderden de Jakobijnse gezagsdragers in 1793 en 1794 graan, kastanjes en mannen. Het conseil général van Balazuc zond de gemeentesecretaris André Teyssier in juni 1793 als afgevaardigde naar een vergadering in Privas om 'de pijnlijke crisis' te bespreken 'waarin de Republiek verkeert vanwege de gebeurtenissen in Parijs op 31 mei en de volgende dag' (toen de Parijse sansculotten in opstand kwamen om zuivering van de Nationale Conventie van Girondijnen te eisen).[46] Een enkeling in Balazuc kan op het punt hebben gestaan het federalisme te omhelzen, maar trok zich wijselijk terug. In elk geval zou het *niet* sturen van een afgevaardigde meteen verdenking van contrarevolutionaire gevoelens in Balazuc hebben doen postvatten.

De Jakobijnen verklaarden in april 1793 een *levée en masse* ter verdediging van de Republiek. De Ardèche moest 3500 man leveren. Antoine Auzas werd als een van de sergeants van de in Balazuc gevorderde compagnie van vijftig gekozen en kwam, op bevel van de provincie, plaatselijk in actie om de contrarevolutionairen in de Cevennen in april 1793 te bestrijden. De mannen legden een eed af 'om vrijheid en gelijkheid te verdedigen of te sterven bij de verdediging daarvan', of zij er nu in geloofden of niet.[47] 23 mannen, de meesten achttien of negentien jaar oud, werden uit Balazuc gerekruteerd om zich bij het Alpenleger te voegen. Allen, op drie na, waren in Balazuc geboren. Met uitzondering van twee kleermakers, bezaten de mannen die Balazuc vertegenwoordigden (de meesten ongetwijfeld tegen hun wil) ofwel grond in Balazuc, en werden dus gerekend tot de *laboreurs* of *agriculteurs* (wat suggereerde dat zij grondeigenaren waren maar niet veel bezaten) of ze waren, zoals de drie buitenstaanders, landarbeiders. De drie grootsten waren zo'n 1 meter 60. De kleinsten, van 1 meter 30, konden zich waarschijnlijk gemakkelijker verbergen in een poging de militaire dienst te ontduiken, met de zeer reële mogelijkheid nooit in Balazuc terug te keren.[48]

Vrijwel niemand wenste een terugkeer naar het Ancien Régime, dat werd geïdentificeerd met heerlijke verplichtingen. Maar de vijandelijkheid van het volk jegens de eisen die uit Parijs, Privas en Joyeuse kwamen, betekende dat er zich weliswaar betrekkelijk weinig katholieken bij contrarevolutionaire bendes voegden (die in toenemende mate werden bevolkt door mannen die de dienstplicht ontdoken of waren gedeserteerd), steeds talrijker in de Bas-Vivarais, maar dat ze wel hun priesters terug wilden. Onder de Terreur had de kerk onderdak geboden aan het gemeentebestuur. Dorpen als Balazuc steunden – als ze dat konden vermijden – de Jakobijnse campagne om contrarevolutionairen op te sporen, niet.[49]

Krachtige en zelfs dreigende bevelen volgden elkaar steeds sneller op. Het gemeentebestuur kreeg te horen dat het een eind moest maken aan het hamsteren, dat vrijwel overal bedreven werd vanwege 'de nalatigheid van het gemeentebestuur bij het toepassen van de wet'. Negen dagen later volgde de waarschuwing dat toepassing van de wet en arrestatie van deserteurs, 'lafaards die de vlag van de vrijheid hebben verraden' de persoonlijke verantwoordelijkheid van de gemeentelijke beambten zou zijn. Dat waren ernstige beschuldigingen in jaar II van de Republiek.[50]

Het is natuurlijk moeilijk om de reactie in Balazuc in te schatten op een dringende brief die op 1 juni 1793 werd gestuurd, van 'de nationale agent van het district Tanargue aan de gemeentebesturen en de comités van toezicht'. Er bestond in Balazuc geen enkel revolutionair of toeziend comité. Een eerder verzoek aan de gemeenten om elke tien dagen schriftelijk rapport op te maken waarin werd aangegeven welke maatregelen de plaatselijke autoriteiten hadden genomen om de wetstoepassing te verzekeren, was grotendeels genegeerd. Dit was niet wat verwacht kon worden van 'patriotten'. Teneinde 'onwelwillendheid te onderdrukken, tweedracht in de kiem te smoren, de Republiek en de publieke deugd te beschermen tegen de hartstocht van haar vijanden', wilden de Jakobijnse autoriteiten iets horen over vooruitgang in de oprichting van openbare scholen, de vervaardiging van laarzen voor militaire vrijwilligers, het handhaven van een maximumprijs voor graan en brood, de hoeveelheid graan die in het dorp werd voortgebracht, het aantal gearresteerde verdachten en deserteurs, contrarevolutionaire agitatie door émigrés en voormalige edelen, de activiteiten van degenen die hun middelen van bestaan niet konden rechtvaardigen en degenen 'die niet voortdurend hun aanhankelijkheid aan de Revolutie hebben doen blijken'.[51]

Begin januari 1794 zond het Comité de Salut Public Châteauneuf-Randon naar het departement als *représentant en mission*. Deze voormalige edelman en militair officier, die in 1793 in de Lozère de contrarevolutionairen had onderdrukt, trok nu ten strijde tegen de geestelijkheid die geen eed aan de Revolutie had afgelegd. Ook organiseerde hij de vordering van graan, voordat hij werd overgeplaatst. Zijn opvolger zond nationale gardisten uit Aubenas, om naar royalistische 'boeven' die het Jakobijnse gezag tartten te speuren.[52] De val (op de negende thermidor) en de executie van Robespierre eind juni 1794 maakten een eind aan de Jakobijnse dictatuur. Te beginnen met kerst van dat jaar, werden er weer openlijk missen opgedragen waar priesters waren om dat te doen.

Niettemin misten de bevelen die de Revolutionaire ambtenaren om zich heen strooiden, zelfs na de val van de Jakobijnen, in toenemende mate hun uitwerking. De autoriteiten in Joyeuse vernamen nieuwe geruchten dat er in verscheidene dorpen aan de rand van de Cevennen boven Largentière weer kruisen waren opgericht, dat er kerken waren heropend, dat 'wat vroeger het angelus werd genoemd weer werd geluid, en dat veel mensen hopen dat priesters met al hun kinderlijk gedoe al snel weer terug zullen komen'. Zodoende hoorde Balazuc en Pradons dat er binnen twee dagen 25 soldaten naar elk dorp zouden komen, die daar 'tot nader order' moesten blijven (en dus ook moesten worden ondergebracht en gevoed); verschrikkelijk nieuws. Vervolgens maakte 'de dwingende behoefte van het leger' het onmiddellijke transport van veevoer naar legerkampen noodzakelijk. In de naam van de wet werd burgers die wagens of trekdieren tot hun beschikking hadden bevolen deze binnen 24 uur naar Joyeuse te brengen, zodat zij hooi naar Bourg-sur-Rhône konden vervoeren, vanwaar zij zouden terugkeren met een lading graan ten behoeve van de troepen in Joyeuse.[53]

Contrarevolutie en banditisme

In het jaar III (lopende van september 1794 tot september 1795) keerde de Ardèche zich tegen de Republiek, in een sfeer van spanning en zelfs geweld. Veel katholieken hadden de Jakobijnen nooit hun wetten tegen de geestelijkheid, de émigrés en de deserteurs vergeven en koesterden bittere wrok wegens de gedwongen leningen. Toegeeflijke overheidsdienaren, onder wie enkele royalisten, verschaften terugkerende émigrés en buiten de wet gestelde priesters de noodzakelijke papieren (*certificats du civisme*). In veel dorpen weigerden de parochianen nu naar de mis te gaan als die werd opgedragen door, of weigerden ze sacramenten te ontvangen van, priesters die een eed hadden afgelegd, en sommigen van de laatsten zochten een andere bezigheid. Enkelen herriepen formeel hun eed, ten overstaan van de gelovigen. Met name in de Bas-Vivarais raakte de politieke haat nu diep geworteld, terwijl degenen die door de republikeinen denigrerend werden aangeduid als 'royalisten, *muscadins* (elegante royalisten), *chouans* (contrarevolutionaire opstandelingen) en boeven' de republikeinen – met name als het kopers van biens nationaux betrof – en de protestanten – die zij brandmerkten als 'terroristen, anarchisten en bloedzuigers' – aanvielen. In de tussentijd gaven de 'patriotten' in de Ardèche 'teruggekeerde émigrés, weerbarstige priesters en despoten [...] wilde dieren die de Republiek willen verslinden' aan.[54] In een deel van de Bas-Vivarais was dat inderdaad het geval.

Belangrijke opstanden tegen de Revolutie waren nog gaande in het westen en andere delen van de Midi. Ondertussen stegen in 1795 de prijzen van graan, brood en al het voedsel aanzienlijk, waardoor er ontbering ontstond. De regering van het Directoire, die na de val van het Comité de Salut Public op de negende thermidor de Jakobijnse dictatuur had opgevolgd, was vastbesloten de vijandigheid in de Ardèche niet op een openlijke opstand te laten uitlopen. Tegelijkertijd bleef zij hulpbronnen en rekruten aanwerven en de voorziening van graan verzorgen. De vrijlating van duizenden gevangenen in de periode na thermidor, na de val van de Jakobijnse dictatuur, en het ten uitvoer leggen van een anti-Jakobijnse terreur had op de Ardèche een dramatische uitwerking.

Een andere ambtenaar hoorde bij zijn aankomst in Aubenas dat er een paar dagen daarvoor onlusten waren uitgebroken in Balazuc (24 april 1796). Jongelieden die in dienst moesten – hun aantal was toegenomen door verdachte deserteurs – hadden de

vrijheidsboom die daar vijf jaar eerder was geplant, omgehakt, andere lotelingen verhinderd het dorp te verlaten, de bescheiden *caisse* (schatkist) van de gemeente in beslag
genomen, en renden door het dorp waarbij ze 'Lang leve de koning!' en 'Weg met de
Republiek en de patriotten!' riepen. De komst van een detachement soldaten verspreidde deze troep, maar niet voordat een van hen op de soldaten had geschoten. Hij
en nog twaalf anderen werden gearresteerd. Châteauneuf-Randon riep in Balazuc de
staat van beleg uit. De gemeentelijke beambten moesten een lijst inleveren van alle deserteurs in het dorp, ze arresteren en ze naar Aubenas brengen, om daar voor de krijgs-
raad te verschijnen. Verder moesten zij het dorp ontwapenen en slechts twee mannen
wapens laten behouden, die niet aan de rebellie hadden deelgenomen (een eis die doet
veronderstellen dat de opstand alom steun genoot). Troepen, gezonden uit de Haute-
Loire, openen in de bergen de jacht op royalistische 'bandieten', onder wie waarschijnlijk enkele mannen uit Balazuc.[55] Bendes contrarevolutionairen overvielen her en der in
de Ardèche dorpen.

De regering riep in de Ardèche de staat van beleg uit en zond de Nationale Garde van
Aubenas naar de bergkantons van Burzet en Montpezat, op zoek naar 'bandieten'.
60 deserteurs, twaalf priesters en een aantal mensen dat 'contrarevolutionairen' had geherbergd, werden gearresteerd. Op dat moment echter waren de 'bandieten' duidelijk
in de meerderheid ten opzichte van de Nationale Gardisten, die trouw waren aan de republiek, en een handjevol soldaten. De overheidsdienaren, die vreesden de rangen van
de vijanden van de republiek verder te zullen doen groeien, lieten 150 gevangenen vrij
(vijf priesters en drie nonnen werden in Privas onthoofd), terwijl het gebrek aan graan
steeds nijpender werd.[56]

De graanvorderingen van de Jakobijnen hadden de zaak van de tegenstanders van de
Revolutie gediend. Degenen die biens nationaux hadden gekocht hadden reden genoeg om 's nachts wakker te liggen, waarbij ze zich afvroegen of een geluid dat zij hoorden – bijvoorbeeld een steen die door de mistral van het pad af naar beneden rolde –
wellicht duidde op de komst van gewapende mannen die een rekening te vereffenen
hadden. Degenen die tijdens de korte Jakobijnse dictatuur de agressieve autoriteiten
hadden gesteund, hadden inderdaad nogal wat te vrezen.

Wat begonnen was als een contrarevolutionaire beweging in de vlakte van Jalès,
groeide uit tot *banditisme*, bendes die alleen de witte kokarde als symbool van hun politieke inzichten behielden. Moorden en overvallen op kooplui en wagendrijvers werden
algemeen. Toch genoten deze bendes misdadigers de stilzwijgende steun van heel wat
dorpsbewoners, met name in de Cevennen. Troepen die werden gezonden om de 'bandieten' te vervolgen gingen in lompen gekleed, waren slecht bewapend, kregen zelden
soldij en moorddden bij gebrek aan moraal.[57]

De geestelijkheid speelde een grote rol bij het aanwakkeren van verzet tegen de Revolutie en haat jegens degenen die biens nationaux hadden gekocht. De aanmatigende

bewering, op 30 september 1796, dat 'de bandieten geheel van het grondgebied van het departement zijn verdreven en dat twaalf van die ploerten in het stof hadden gebeten' was niets meer of minder dan bluf.[58] Bandieten als Claude Duny, bekend onder de naam van Koning van Bauzon, met zijn hoofdkwartier midden in een bergwoud, genoot steun van het volk, en zelfs faam en bewondering.

Als de gemeenteraad van Balazuc nadien bijeenkwam, was dat meestal als reactie op een escalatie van geweld in de streek. Ondanks de onvermijdelijke verschillen van mening, leek het dorp zelf eendrachtig te zijn gebleven bij alle soorten van gevaar. Niemand werd door zijn buren aangegeven.

Op 1 mei 1796 kwam de gemeente Balazuc in het *maison communal* bijeen om de Nationale Garde van het dorp te reorganiseren, waarbij Antoine Rieu en Jean Toulouse werden gekozen tot kapiteins van de beide compagnies.[59] Datzelfde jaar benoemde de gemeenteraad degenen die deel zouden uitmaken van de 'mobiele colonne', overeenkomstig de orders van de *commissaire du Directoire exécutif*, wat neerkwam op de Nationale Garde met enkele nieuwe officieren. De vergadering, die door de nationaal agent op 22 maart 1797 werd bijeengeroepen, vond plaats in de 'voormalige kerk die nu dient als onderkomen van de gemeenteraad'. De bijeenkomst beval burger Jean Toulouse, commandant van de Nationale Garde van Balazuc, 'in naam van de wet een garde samen te stellen' en alle mensen te arresteren die zonder paspoort in de gemeente verbleven, uit vrees voor 'bandieten'. Een bende bestormde Montréal, zichtbaar vanaf de gras van Balazuc, en brak het huis open van ene Blachère, die de Revolutie steunde. Ze doodden hem en plunderden zijn huis. Frontale aanvallen volgden in Joyeuze en in Uzer, in vele andere dorpen in de buurt en verder weg. Getuigen, die vreesden voor hun leven, verdwenen even snel als de bandieten zelf.[60]

Problemen met de gras

Tijdelijk hadden de boeren van Balazuc voor de zoveelste keer meer rechtstreekse belangen. Deze behelsden een groeiend twistpunt met Chauzon en Pradons, beide deel uitmakend van de communauté van Balazuc tijdens wat nu al bekendstond als het Ancien Régime. Inzet was de gebiedsverdeling onder de drie gemeenten, die ingewikkeld werd gemaakt door het probleem dat Chauzon en Balazuc gezamenlijk gemeentegrond op de gras hadden. Er was een expert benoemd om de nieuwe grenzen vast te leggen. Een decreet van juni 1793 had grondeigenaren uit de gemeenten het recht verleend te beslissen of de *biens communaux*, als daar sprake van was, moesten worden verdeeld. Ambtenaren van het district Tanargue waarschuwden zoals overal, dat zij 'vanwege het feit dat eigenaars zich bij een verdeling schijnen te kanten tegen toepassing van de wet' nauwkeurig toezicht op de stemming aanraadden, teneinde 'alle kuiperij die het gevolg is van onrechtvaardigheid' te voorkomen. Er was een tweederde meerderheid vereist, evenals verdere deelname van drie experts van buiten de gemeente.

Toen het conseil général van Balazuc samenkwam om de gemeentegronden te bespreken, klaagde het de inwoners van Chauzon en Pradons aan, die het recht tot weiden van hun dieren bleven eisen, waardoor zij Balazucs gemeentegronden, met name de bossen, beschadigden.[61] De regering gaf al snel de gemeente Balazuc drie dagen om te reageren op de eisen van Pradons en Chauzon, en benoemde twee verschillende experts om de nieuwe grenzen tussen de drie gemeenten vast te leggen.[62]

Zo bleef in 1797, op hetzelfde ogenblik dat bandieten het land terroriseerden, de bescherming van de gras tegen mensen – of ze nu uit Vinezac, Lanas of Balazuc kwamen – die illegaal hun dieren weidden, een veel tijdverslindender zorg in het dorp. Nationaal agent Teyssier en zijn afgevaardigde Laroche zonden zes nationale gardisten naar de gras om toe te zien op 'het behoud van het landelijk goed van de gemeente'. Op 2 december legden de gardisten beslag op veertien schapen op de gras en namen die inderdaad mee naar het maison communal. De dieren werden later opgeëist door twee mannen uit Balazuc en door enkele anderen uit Lanas.[63] Niets kwam tot een oplossing. Tegenstrijdige claims op de gras bleven Balazuc zorgen baren. Strijd over omstreden rechten op gemeenschappelijke weidegrond en marginaal bouwland was typerend voor boerengemeenten. Dit belicht de ingewikkelde betekenis van eigendom in een tijd dat de Revolutie particulier bezit rechtvaardigde, een concept van tweeslachtig, onzeker nut in de traditie van het boerenleven.

Burgeroorlog

De staatsgreep van de 18de fructidor van het jaar VI (4 september 1797), waarbij verkiezingen werden geannuleerd die gunstig voor de royalisten zouden zijn uitgevallen, bezorgde de Ardèche nieuwe ambtenaren, vastberadener om de Republiek te verdedigen. Zij kwamen in de plaats van een aanzienlijk aantal dat notoir passief was gebleven bij de poging de orde te herstellen of dat zich had teruggetrokken uit angst in de ogen van de ene of andere partij te worden gecompromitteerd. De jacht op afvallige priesters werd hervat, het luiden van kerkklokken was strikt verboden. Na een verrassingsaanval op een colonne nationale gardisten boven Burzet, stroomden er meer troepen de streek binnen, verscheidene vooraanstaande contrarevolutionairen werden gearresteerd en naar Le Puy of Lyon gestuurd om te worden terechtgesteld.

De Ardèche verviel in de jaren VII en VIII (september 1798 tot september 1800) tot anarchie, toen de herleving van royalisme en om zich heen grijpende, georganiseerde misdaad het bestuur begon te bedreigen. Tussen september 1798 en november 1799 waren er honderden gevallen van roof, diefstal, plundering, afpersing, mishandeling en zelfs moord op bekende republikeinen, met name kopers van biens nationaux.[64] Het besluit de belasting op deuren en ramen te verdubbelen droeg zeker niet tot verbetering van de positie van ambtenaren die stonden voor wat veel boeren nog steeds zagen als een goddeloze Republiek. Uit vrijwel alle hoeken van de Bas-Vivarais kwamen uitzinnige verslagen van overvallen, waaronder gedurfde diefstal van staatsfondsen, tijdens het vervoer ervan, of uit plaatselijke schatkisten of belastingkantoren. Goed georganiseerde bendes 'bandieten', in de taal van de ambtenaren en andere voorstanders van de Republiek, opereerden in Vallon en andere kantons vrijwel straffeloos en bezetten bij verscheidene gelegenheden steden.[65]

De Nationale Garde van Balazuc werd gereorganiseerd. Alle mannen tussen achttien en zestig moesten in dienst, waardoor een compagnie van vijftig man ontstond. Antoine Rieu moest tot kapitein dienen. Later dat jaar riep Rieu de Nationale Garde bijeen. Hij kondigde aan dat hij zijn functie van kapitein neerlegde, 'omdat ik niet kan lezen en schrijven, en met het oog op het feit dat we in een situatie zitten waarbij bevelen van een commandant binnenkomen, en dat ik om die te kunnen beantwoorden in staat moet zijn om te schrijven, verzoek ik te worden vervangen door een burger die weet hoe hij moet reageren op gegeven bevelen'.[66]

Ondertussen nam het Directoire in toenemende mate zijn toevlucht tot brute militaire macht om de orde te herstellen.[67] Het riep een militaire commissie in het leven om de oorlog te verklaren aan het banditisme in de Aveyron, de Hérault, de Gard en de Ardèche. Generaal Nivet en zijn ondercommandant Monchauffé, bekend om zijn wreedheid en zijn Elzasser accent, namen het bevel van meer dan zeshonderd soldaten in de Ardèche op zich. Legerofficieren traden op als rechters en lieten de harde vonnissen tegen degenen die kopers van biens nationaux hadden aangevallen en tegen boerendeserteurs die de rangen van de struikrovers aanvulden, meteen uitvoeren. Twaalf dagen lang trokken Nivets drie mobiele colonnes door steden en dorpen, arresteerden deserteurs en andere verdachten, waar ze ze maar konden thuisbrengen en vinden.

Toch gingen in het jaar VII de overvallen door, ook in de buurt van Balazuc. Op 25 november hoorde de hoofdambtenaar in Vinezac dat dieven, gewapend met geweren, om vijf uur 's ochtends voorbijgangers op de weg van La Chapelle naar Uzer staande hadden gehouden in de buurt van Balazuc, waarbij zij hun geld, horloges en alle andere waardevolle spullen hadden afgenomen. Hij zond twee groepen Nationale Gardisten achter hen aan, met de opdracht 'verder te zoeken in de rotsen bij Lanas, Balazuc en Uzer'. De dieven waren in het ruige terrein verdwenen maar zouden terugkomen. Hoewel er geen bewijs is dat Balazuc zelf tot anarchie verviel, kwamen de benden tot vlak bij het dorp, waar zij in La Chapelle-sous-Aubenas een belastingambtenaar beroofden en de belastingregisters aldaar en in Laurac verbrandden. Enkele mensen uit Balazuc steunden echter nog steeds de Revolutie, en een man die omschreven werd als 'patriot' werd op 2 december 1798 bij Uzer beroofd. Tijdens thermidor grepen meer diefstallen plaats in Laurac, Chauzon, Pradons, Ruoms, Lanas en Balazuc.[68]

Ondanks de goed georganiseerde *battue* (die aardig leek op wat lokale jagers nog steeds ondernemen tegen wilde zwijnen) in juli 1799, bleven de overvallen vrijwel ongehinderd doorgaan. Op 22 juni ontwapende een andere aanzienlijke groep de garde van Chauzon en verwondde daarbij een republikein en koper van biens nationaux dodelijk. Een bende die de streek terroriseerde trok Balazuc binnen, waar zij Louis Pays dodelijk verwondde, een lid van de Nationale Garde van het dorp. In thermidor volgden meer overvallen, waaronder een door vijftig à zestig 'struikrovers' op het kantoor van de belastinginner in Laurac, waarna vijf of zes mannen die zich biens nationaux hadden verworven gedwongen werden te betalen of anders werden vermoord. In de nacht van 7 op 8 juli blokkeerden zij enige tijd de toegang tot Pradons, waardoor de Nationale Gardisten dekking moesten zoeken en er werden schoten gewisseld. Ze kwamen nog geen week later terug, haalden een vrijheidsboom om en vermoordden André Ranchin, wiens vader, een bekende republikein, zich biens nationaux had verworven en die ook eigendom in Balazuc had.[69]

De mannen van Monchauffé gaven opdracht tot strooptochten in en rond Chauzon, op zoek naar 'struikrovers' die zich in de buurt verborgen en die nabijgelegen dorpen terroriseerden, waaronder Balazuc. Voordat vroeg in de ochtend een verrassingsoperatie kon worden gecoördineerd met andere troepen, dook er een bende op die het huis van de belastinginner overviel. Zij vluchtte toen er een detachement van de mobiele colonne aankwam.[70] Volgend op een onbeschaamde overval in de buurt van Ruoms, leidde een derde battue in augustus en september 1798 tot de arrestatie van dertig man. Enkelen verdronken in de Ardèche toen zij probeerden te ontsnappen. Het was een genadeloze strijd, waarbij verscheidene troepen 'hout, stro en zwavel' gebruikten om hun vluchtende prooi te voorschijn te laten komen. Nivets manschappen arresteerden meer dan een dozijn ontrouwe priesters en beschuldigden hen van aanstoken tot verzet. Brutale overvallen bleven hier en daar doorgaan. De ruige topografie van de Ardèche en het 'welbekende karakter van de meeste bewoners' werkte de royalistische bandieten dan ook in de hand, waardoor zij de troepen die op hen joegen te slim af konden blijven. In de tussentijd verwierven de contrarevolutionairen zich martelaren, onder wie de gevreesde Platon, bekend om zijn kolossale kracht en om de moorden die hij had gepleegd, en die op zijn beurt door de troepen van Monchauffé werd vermoord.[71]

Op 1 december 1798 verbrijzelde een schot de rechterarm van Mollier de Balazuc (een bekende republikein en met zekerheid koper van biens nationaux die aan Julien de Vinezac hadden toebehoord). In januari 1799 werd Auzas, bijgenaamd Larose, belastinginner van Balazuc, ook neergeschoten en ernstig verwond. Toen bij het vallen van de avond een grote bende weer in de buurt van Ruoms opdook, zond de kapitein een detachement van vijftien man, gewapend met het *mot d'ordre* 'Bonaparte is hier, houd vol,' op zich een teken van veranderingen uit Parijs. Zij wisselden schoten toen de struikrovers naar de rivier renden, waarbij zij verscheidene geweren achterlieten. Toen een afgevaardigde uit de Ardèche in oktober 1799 de verbreiding van het contrarevolutionair banditisme in Parijs voor de Raad van Vijfhonderd (het tweede wetgevende lichaam) beschreef, citeerde hij specifiek het voorbeeld van Balazuc, naast dat van Chauzon en Laurac. Nivets intensieve militaire onderdrukking had vrucht afgeworpen. Maar aanvankelijk werden daardoor in de Bas-Vivarais maar weinig vrienden voor de Revolutie gemaakt. Monchauffé zelf werd op 20 januari 1800 in Aubenas vermoord.[72]

Te midden van anarchie en geweldpleging merkte vrijwel niemand de volgende staatsgreep in Parijs, die van 18 brumaire (9 november 1799), waardoor Napoleon Bonaparte en zijn kliek aan de macht kwamen. Een dergelijke gebeurtenis leek een logisch gevolg van de militarisering van de onderdrukking van royalisten en bandieten in de Ardèche en andere streken waar feitelijk oorlog had gewoed. Een wet van februari 1800 benoemde prefecten, wees hoofdambtenaren in de departementen aan, als hoekstenen van de Napoleontische centralisatie. De eerste prefect moest toegeven dat 'de situatie in de Ardèche nog nooit zo ernstig was geweest als vlak voor' de staatsgreep.[73]

De toestand van de autoriteiten die de Republiek vertegenwoordigden was dan ook nooit beroerder geweest. De soldaten hadden vrijwel geen provisie, geen geld en weinig steun. Ondertussen polsten verscheidene leiders van de bandieten/royalisten discreet of zij amnestie konden krijgen in ruil voor terugtrekking uit het veld. Zij konden nog steeds in niet geringe mate op de verdraagzaamheid en zelfs de steun van het volk rekenen, waarbij velen van hen werden vereenzelvigd met de zaak van de geestelijkheid. In de Bas-Vivarais 'gaat de toegewijde struikrover met fanatieke berusting naar zijn terechtstelling, als zijn priester er maar is om hem daarbij te helpen'.[74] Het hoofd van de ambtenarij zat nog steeds niet in Privas, en slechts weinig brieven kwamen door. Plaatselijke autoriteiten aarzelden te beloven wat zij legaal niet konden bieden: amnestie die vrede zou kunnen brengen.

Nivets opvolger, generaal Férino, begon met meedogenloze onderdrukking, bedreigde eenieder die betrapt werd op wapenbezit met terechtstelling, evenals ambtenaren die 'struikrovers' hadden beschermd, en bewees ook dat dit geen loze dreiging was. Daarop bood hij amnestie aan degenen die hun wapens zouden inleveren. Hoewel sommige overvallen en zelfs moorden naast standrechtelijke executies bleven doorgaan, konden de troepen geleidelijk aan de orde herstellen.[75] De steun voor de rebellen van de boeren, die uitgemergeld waren door de anarchie en het bloedvergieten, verminderde. Balazuc en de andere dorpen in de Ardèche wilden voor alles vrede, en het kon ze zo langzamerhand 'weinig of niets meer schelen welke vorm van regering hen bestuurde, evenmin als de vraag of zij hun politieke rechten al dan niet konden doen gelden'. Steun voor het bewind nam toe. Het concordaat tussen de Franse staat en de kerk, in 1801 getekend, nam een belangrijke aanleiding voor systematische tegenstand weg, doordat er steeds meer priesters terugkeerden en kerken in Balazuc en elders weer volliepen.[76] De chaos had op een andere wijze zijn tol geëist: 'In de helft van de gemeenten vindt men vrijwel niemand meer die blindelings zijn handtekening kan zetten onder iets wat een zogenaamde secretaris hem voorhoudt, waarbij hij zelfs niet eens weet wat hij meent te weten'. Sommige burgemeesters gaven toe dat 'alleen de priesters nog hun kennis hadden weten te behouden'.[77]

'Vijandig jegens elke dwang, en sterk gebonden aan hun ellendige streek,' zoals een hooghartige keizerlijke prefect het formuleerde, bleven de Ardéchois de militaire dienst ontduiken. Tijdens de hele revolutionaire en keizerlijke periode bleef het aantal deserteurs en dienstplichtontduikers meer dan 30 procent bedragen. Het aantal personen dat de militaire dienst ontdook daalde aanzienlijk, van vrijwel de helft in 1802 tot slechts 5 procent in 1814, als wij een telling moeten geloven, 'een succes' waartoe mobiele colonnes, uitgezonden op zoek naar recalcitranten, ongetwijfeld bijdroegen. Zodoende had de lichting van tussen 1802 en 1812 betrekkelijk veel succes. Afgezien daarvan, en hoewel de broodprijs in 1813 steeg, waren er in de Ardèche geen onlusten.[78]

In bepaalde opzichten was Balazuc, althans uiterlijk, totaal niet veranderd. Er was allang weer een nieuwe pastoor. Ondanks het instorten van de burgerlijke orde, de verkoop van eigendom van émigrés en zelfs burgeroorlog, bleef het conservatisme van het dorp overeind. De boeren hadden zoals altijd moeten vechten voor hun bestaan, terwijl de veranderingen en de drama's die de Revolutie veroorzaakten om hen heen woedden en hun levens in bepaalde opzichten beroerden. De productie van ruwe zijde, dankzij moerbeibomen die sinds die tijd op bepaalde percelen waren aangeplant, gekocht op de veilingen van biens nationaux, begon enkele boeren een glimp van hoop te bieden, terwijl de strijd om het bestaan voortging. Balazuc was gegroeid, van ongeveer 550 inwoners ten tijde van de Revolutie (afgezien van de soldaten in actieve dienst) tot 653 in 1804 (het is meer dan waarschijnlijk dat aardig wat geboortes in het vrome Balazuc niet aan de constitutionele priester en later de burgerlijke overheid werden gemeld, nadat de registratie van geboorte, huwelijk en sterfgevallen in 1792 was geseculariseerd).[79] Vrijwel de hele bevolking bewerkte de grond. Enkele honderden gezinshoofden waren ingeschreven als *agriculteurs propriétaires* (met af en toe de toevoeging *'en petit'*, om aan te geven dat zij maar weinig bezaten en dat er dus ook niet veel bij hen te halen viel).

Antoine Fabregoule bewoonde op negenenveertigjarige leeftijd met zijn vrouw van dezelfde leeftijd, zijn vijf kinderen en zijn broer op de gras dezelfde stenen boerderij (*mas*) waarin zijn familie al ruim vier eeuwen had gewoond. Zijn vrouw en twee van zijn kinderen hielpen hem op zijn land (zijn broer zal wellicht een eigen stuk grond gehad hebben), een zoon was metselaar, een dochter schapenhoedster. De jongste zoon, Jean, negen jaar oud, ging niet naar school, waarschijnlijk vanwege de problemen en de kosten bij het oversteken van de rivier. Negen gezinshoofden in Balazuc bezaten en bewerkten grond en waren in hun vrije tijd ook handelaar. Een hoedenmaker; een wolkaarder; twee schoenmakers, van wie één arm, de ander voldoende welgesteld om een tweeëntwintigjarige leerling in huis te hebben; een smid; een wever; een vrouw die naast weven dienst deed als wolspinster; een steenhouwer; een metselaar; nog twee andere steenhouwers; een timmerman; een bakker; twee molenaars; een metselaar; nog een wolkaarder; een herbergier. Jean Daumas was een van de twee Balazuciens die zich mochten vermeien in de status van *rentier*. Jacques Mollier uit Louanes bezat en bewerkte grond en had tijdens de Revolutie de waarde van gronden getaxeerd die als biens nationaux werden verkocht. Zes families hadden genoeg grond en beesten om een boerenknecht in dienst te hebben, maar slechts drie konden zich huishoudelijk personeel veroorloven. Sommige vrouwen werden specifiek omschreven als zorgend voor de huishouding, en sommigen van hen kaardden en sponnen ook. Tot de herders werden achttien jongens en jongemannen en negen meisjes en jonge vrouwen gerekend.[80]

Hycinthe Baille woonde in de pastorie en diende tot zijn dood in 1831 als dorpspastoor. Jean Rieu behoorde tot de armste parochianen, op zijn drieënzeventigste had hij nog steeds geen grond en werkte als dagloner. Zijn vrouw, achttien jaar jonger, naaide en spon. Bij hen in woonde hun zoon met zijn vrouw, die bedelde, en hun beide kinderen. Marie Rieu was dus een van Balazucs negentien armlastigen, waartoe ook sommige gezinshoofden werden gerekend. Deze liepen in leeftijd uiteen van vier jaar (een meisje) tot vijfenzestig jaar (een man). Étienne Court was kleermaker, een beroep waarvoor maar weinig klanten moeten zijn geweest in een arm dorp als Balazuc. Zijn vrouw Marianne 'bedelt om brood'. Zijn oudste kind, een meisje van achttien, spon wol, twee van zijn andere kinderen, van tien en zeven, bedelden, en de derde was met drie jaar nog te jong om dat te doen. Louis Granier bezat wat land, maar duidelijk onderschatte de aanduiding *'agriculteur propriétaire en petit'* zijn armoede. Hij was weduwnaar en had drie kinderen, van twaalf, van acht en van vier, die als bedelaars werden aangemerkt. Antoine Boyer van zesendertig was een agriculteur propriétaire die met zijn vrouw, Marie-Rose Cardinal, samenwoonde. Een van hun kinderen, Jean van elf, ging naar school, zijn broertje was drie. Françoise Boyer, het zusje van Antoine, een bedelaar, woonde ook bij hen. Étienne Roury van vijfenzestig bedelde ook, evenals zijn vijftigjarige vrouw en zijn elfjarige dochtertje. Marguerite Chabriès woonde daar in de buurt, op haar vijfenzestigste bedelde zij, en haar eenentwintigjarige zoon leefde 'van dag tot dag'. In een geïsoleerd dorp waar vrijwel niemand meer had dan om van rond te komen, moeten de inkomsten uit bedelarij heel schaars zijn geweest.

Het meest triest van alle trieste gevallen is waarschijnlijk een zeventienjarige bedelaar Jean Roux, de jongere broer van Jeanne Roux. Jean Roux was blind. Voor mensen die vrijwel niets hadden, moet de grote pracht van Balazuc iets hebben goedgemaakt, maar niet in staat zijn die te zien moet een tragedie hebben betekend. Rotsachtige paden en steile hellingen maakten tochten naar buiten levensgevaarlijk.

Er functioneerden twee scholen in Balazuc. De volkstellling van 1804 geeft aan welke kinderen naar school gingen. Jean Pays, onderwijzer van achttien (de zoon van Jean Pays, agriculteur propriétaire en een broer van de bakker), onderwees twaalf jongens. De vijftigjarige Marie Roudil onderwees 21 meisjes en woonde in het huis van haar zuster, de weduwe van een Tastevin, samen met de zoon van de laatste, zijn vrouw en zijn dochter. Slechts één jongen, de vijftienjarige Frédéric Tastevin, zoon van wijlen Antoine Tastevin, ging naar het collège (zonder twijfel in Aubenas). Dat feit, en de betrekkelijke welstand van zijn familie, gaf hem recht op de titel 'Monsieur' voor zijn naam bij de telling.

Eind mei 1814 keerde Jean Tastevin, die in Spanje in het leger had gediend, naar Balazuc terug, met veel verhalen en een voetkwaal die zijn ontslag uit dienst had veroorzaakt.[81] Met de (eerste) restauratie van de Bourbons in 1814, bleef Antoine Auzas als burgemeester aan, en hij bleef ook zitten tijdens de Honderd Dagen van Napoleons terugkeer. Met de tweede restauratie werd Antoine Alexandre Tastevin burgemeester, een welgesteld grootgrondbezitter die in de familiale mas in Les Salles woonde, tweeendertig jaar oud en sinds 1812 loco-burgemeester (zijn vader was toen hij in 1801 stierf burgemeester). In juni en juli wisselden hij en zijn voorganger Auzas elkaar enige tijd af bij het tekenen van doodscertificaten, en beiden tekenden als burgemeester op 7 oktober. Tastevin verklaarde op 15 mei, in aanwezigheid van loco-burgemeester Claude Boiron, dan ook schaapachtig dat zijn drie kinderen niet op de juiste manier in de État Civil (de burgerlijke stand) stonden vermeld. Hij beweerde dat hij 'door laakbare maar niettemin te verontschuldigen veronachtzaming' de taak van het opgeven van zijn kinderen had toevertrouwd aan zijn schoonvader, de burgemeester van het nabijgelegen St.-Maurice, die dat niet had gedaan. Nu, vergezeld van getuigen, keek hij toe hoe hun namen officieel in de burgerlijke stand werden bijgeschreven.[82] Vanaf dat moment zouden deze essentiële registers worden bijgehouden door de burgemeester, en niet de pastoor, en worden ingevuld door de secretaris.

In de Verklaring van de rechten van de mens van 1793 staat dat 'onderwijs voor iedereen noodzakelijk is', en Danton had verklaard: 'In de Republiek mag niemand zomaar onwetend blijven.'[83] De maatschappelijke en politieke woelingen in de revolutionaire en Napoleontische tijd echter, waren bepaald niet bevorderlijk voor welke vorm van geregeld onderwijs dan ook. De nieuwe prefect drong in 1801 al aan op het belang van de verspreiding van de kennis van het Frans: 'Zonder onderwijs hoeven we niet te hopen op verzachting van de gewoonten van de meeste inwoners van de Ardèche, die ronduit grof zijn, en op hervorming van hun woeste en primitieve aard, waarvan politieke intriges zo veel profijt hebben gehad tijdens alle grote gebeurtenissen die Frankrijk zo hebben beroerd.'[84] In het begin van de negentiende eeuw zou de onderwijzer als een permanente en doeltreffende aanwezigheid in Balazuc worden gevestigd. Met het fiat van de staat kwam de onderwijzer naar voren als potentiële rivaal van de dorpspastoor. De school werd een alternatieve bron van onderricht, solidariteit en burgerplicht, en in toenemende mate een bepalend middelpunt van het dorpsleven, in een nieuwe eeuw waarin Balazuc voor meer uitdagingen kwam te staan maar ook nieuwe kansen kreeg.

4 De gulden boom

Ze hadden zelfs cocons in hun klompen.

In de *Annales du Midi*, een in 1839 gepubliceerde almanak, kwam Balazuc niet voor als een van de belangwekkende plaatsen in de Ardèche. Maar heel geleidelijk beginnen Balazucs prachtige ligging en raadselachtige oorsprong enkele bezoekers te trekken die van het dorp hebben gehoord. Ovide de Valgorge, de departementale inspecteur van historische monumenten, stuitte weliswaar nog op 'enkele geblutste resten boven op een rots' van het oorspronkelijke kasteel en bezocht de opvolger daarvan boven op de heuvel, 'zonder uitgesproken architectonisch karakter', Albert du Boys, die in 1842 het *Album du Vivarais* samenstelde, reageerde er heel anders op. De woeste schoonheid van Balazuc herinnerde aan de Saracenen, die langzaam maar zeker een grotere plaats kregen in de constructie van of de visie op Balazucs verleden, echt en fictief. Du Boys had het over de 'geduchte reputatie' van de Saracenen in de Vivarais. 'Hun naam heeft meer weerklank dan die van de Romeinen,' zelfs al was het zo dat slechts 'verkeerde denkbeelden in het dorp' aan de 'zonen van Mohammed de resten van de antieke monumenten' toeschreven.[1]

Terwijl de mysteries van Balazucs verleden tot enig nadenken stemden, werden het dorp en de omstreken op hun kop gezet door de productie van ruwe zijde. Alle hoop werd gevestigd op de 'gulden boom', de moerbeiboom, die in staat leek hele dorpen uit volstrekte armoede op te heffen doordat de bladeren ervan voer voor zijderupsen leverden. Henri Bourdon, in 1836 door de minister van handel en landbouw gestuurd, rapporteerde dat de moerbeiboom 'overheersend' was geworden, 'de voortbrengselen van deze kostbare boom vormen de enige bron van inkomsten voor de bewoners [...]. De verzorging en de hoogte (van de boom) zijn over het algemeen onderhevig aan vastgestelde en geregelde beginselen, en de ijver van de boeren die erin slagen iets uit deze droge heuvels te halen'.[2] Bij zijn bezoek merkte Jules Michelet de zichtbare verandering op waardoor de huishoudelijke economie van Balazuc en andere verarmde dorpen in de Bas-Vivarais omgevormd werden. Zijn bezoek viel samen met de zijderupsenoogst van 1844, een topjaar. 'Reizend door dit ruige landschap, lijken de dalen van de

Ardèche, waar alles rots is, of moerbei- en kastanjebomen, het te doen zonder grond, levend van lucht en steen'.[3] Michelet ontdekte de kleine wereld van 'bescheiden stenen huizen, rotsen die elkaar steunen, waar de boeren leven [...] Deze huizen zijn heel plechtig, heel triest met hun kleine, droge tuintjes, arm en schraal [...] Om deze prachtige tijd van het jaar brachten zij zijde voort, en deze arme streek leek rijk. In elk huis, onder de sobere arcade, zag je wel een meisje zijde spinnen, dat, terwijl zij op het voetpedaal van het spoelmechanisme drukte, met mooie witte tanden lachte, al goud spinnend'.[4] Dat was de goede, oude tijd.

In de enkele decennia die waren verstreken sinds het eind van het Napoleontische avontuur, was de Ardèche geworden tot wat Yves Laquin noemt: het 'koninkrijk der zijde'.[5] De productie van ruwe zijde had de boereneconomie van de Bas-Vivarais volkomen veranderd. De kleine boertjes bleken allesbehalve het stereotype van mensen die ten offer vallen aan de traditie.[6] De Ardèche werd zodoende, evenals de Drôme, de Ain en de Isère, afhankelijk van de tweede stad van Frankrijk, en ook van de internationale markt voor zijde, die op zichzelf onderhevig was aan modeveranderingen. In de Ardèche voortgebrachte zijde haalde prijzen op de Londense Wereldtentoonstelling in 1851 en die in Parijs van vier jaar later.[7]

De productie van ruwe zijde leek perfect te passen in een streek van kleine grondbezitters, van wie de grote meerderheid haar eigen perceeltjes bewerkte met haar familie en mogelijk ook voor anderen werkte om rond te komen. Zij hielpen hun familieleden en buren als dat nodig was, volgens een traditie van wederzijdse bijstand. Er waren maar heel weinig voltijdse dagloners. Het kanton Vallon, waarin Balazuc lag, telde 2000 boerderijen met minder dan 4 hectare en slechts 30 van tussen de 4 en 8 hectare, 10 tussen 8 en 16 hectare, en slechts een die groter dan dat was![8] Kleine percelen veranderden frequent van eigenaar, kleine boeren bezaten verscheidene stukjes grond in uiteenlopende delen van de gemeente. Extreme versnippering van eigendom bleef een karaktertrek van de Vivarais.[9]

Het arrondissement Largentière telde 34.000 percelen (waarschijnlijk veel meer in handen van degenen die heimelijk grond bezaten, om te vermijden dat ze er belasting over moesten betalen). 80 procent van die percelen was minder dan 1000 franc waard. De traditie dat erfgenamen de familiale grond bijeenhielden (ondanks de afschaffing van het eerstgeboorterecht door de Code Napoléon), leidde er vaak toe dat de oudste zijn gezinsgenoten uitkocht, omdat er nog meer verplichtingen bij de al bestaande schuld kwamen. 'Bovenal,' schreef de onderprefect rond het midden van de eeuw, 'moet de familiale huishouding en het land ervan worden gehandhaafd: dat is de obsessie van de boerengrondbezitter, vooruitlopend op de mogelijke verdeling van zijn erfenis'. Het allesoverheersende doel was de boerenfamilie in stand te houden, 'om haar identiteit en haar positie in de dorpsgemeenschap te handhaven'. Nu bleek de productie van ruwe zijde meer dan ooit de manier om dat ene aloude doel te bereiken.[10] Hoewel die productie van eind april tot begin of medio juni alle arbeidsinspanning vergde, kon zij worden gecombineerd met andere agrarische activiteiten.[11]

'Je kunt beter een moerbei zijn dan een amandel,' wil een spreekwoord – dat wil zeggen: je kunt beter wijs en voorzichtig zijn dan dwaas en onafhankelijk. De moerbeiboom is perfect geschikt voor de Vivarais. Het is een robuuste boom, die weinig nodig heeft, die het doet op een steenachtige, zelfs graniethoudende ondergrond mits die doorlatend is, waartoe ook de steile hellingen van de Ardèche behoren. Bovendien kan de moerbeiboom tegen langdurige droogte die de streek treft.[12]

De zijderupsenkoorts trof de Ardèche, vooral na 1820 in de Cevennen, de Bas-Vivarais en het zuidelijke Rhônedal, daartoe aangezet door de onverzadigbare Lyonse markt voor ruwe zijde. Boeren plantten tienduizenden bomen – in 1840 een gemiddelde van tien bomen per hectare voor de hele streek – op hellingen, langs wegen en rivieren, op akkers tussen rijen wijnstokken, olijfbomen en kastanjes (die in het begin van de jaren vijftig van de negentiende eeuw nog 10 procent bezetten van de hele oppervlakte van het departement van de Ardèche),[13] op binnenplaatsen van boerderijen en op pleinen. De oogst van moerbeibladeren, glanzend donkergroen, werd in de eerste helft van de eeuw verachtvoudigd. In 1839 stonden er meer dan 1,2 miljoen moerbeibomen in de Vivarais, die zo'n vijftig miljoen kilo blad voortbrachten. Hiervan werd twee derde in het arrondissement Largentière geproduceerd. Bovendien werden er nog eens 700.000 à 800.000 moerbeibomen bijgeplant. Het aantal moerbeibomen dat in de Ardèche stond zal zijn gestegen van twee miljoen in 1835 tot wellicht tweemaal zoveel elf jaar later. In Balazuc was nu ongeveer 35 ha beplant met moerbeibomen. Een tijdgenoot riep uit: 'De moerbei is overal, je zou geloven dat het een inheemse plant was, zo gemakkelijk is zij te vermenigvuldigen.' Een ander prees de zegeningen van de gulden boom voor de 'half wilde volkeren' van de Vivarais. De plaatselijke historicus Albin Mazon herinnerde zich later 'de tijd toen de streek rijk was, en niemand de nobele moerbei iets in de weg durfde te leggen', waarbij hij eraan toevoegde dat elke grondbezitter onmiddellijk de pacht van iemand zou hebben ingetrokken die het lef had gehad iets onder de gulden boom aan te planten.[14]

De invloedrijke student van electorale geografie, André Siegfried, sloeg de plank mis toen hij bij het bestuderen van de verkiezingsuitslagen in de Ardèche tijdens de Derde Republiek de nadruk legde op het gebrek aan innovatie onder de boeren in de Vivarais. Hij vergeleek ze heel ongunstig met een 'agrarische ondernemer van het Amerikaanse vasteland', of zijn Engelse evenknie: 'Je ziet twee totaal verschillende soorten mens, twee verschillende tijdperken van beschaving.'[15] In feite is het indrukwekkend en zelfs ontroerend om de ervaring te zien van die kleine boerengrondbezitters in Balazuc en de Bas-Vivarais, die juist zo graag hun overlevingsstrategie wilden aanpassen, zoals ze dat al in de achttiende eeuw hadden gedaan door heel slim aardappels aan te planten.[16] Het gevecht tegen de duizelingwekkende obstakels die de natuur opwierp, zat de boeren van Balazuc in het bloed, waardoor zij geenszins als slachtoffers van de routine op 'modernisering' zaten te wachten.

Het aantal zijdevlindereitjes dat werd uitgebroed en de kilogrammen cocons die werden voortgebracht stegen enorm. In 1839 broedden ruwe-zijdeproducenten in de Ardèche 1216 kilogram eitjes uit. Deze leverden 1.168.034 kilogram cocons, met een waarde van 4,75 franc per kilogram. In 1840 bracht 30 gram eitjes ongeveer 150 franc op. Kleine producenten deden jaarlijks ongeveer 3 kilogram eitjes in incubatie. Het jaar daarop bracht de Ardèche 1.845.070 kilogram cocons voort; in 1846 1.636.000 kilo; in 1850, een waarlijk uitzonderlijk jaar, 3,5 miljoen kilo. Halverwege de eeuw had Balazuc tot 10.000 kilogram cocons per jaar voortgebracht. Al met al genereerde de 'kweek' van zijderupsen meer dan 5,5 miljoen franc door verkoop van cocons of ruwe zijde, op de jaarmarkten van Aubenas en Joyeuse.[17]

De productie van ruwe zijde vereiste de energieke deelname van het hele gezin. Mannen en jongens (en, afhankelijk van de omvang van de operatie, ingehuurde krachten die uit de bergen kwamen) verzamelde de enorme vracht moerbeibladeren die de zijderupsen moesten voeden, door met hun handen van het uiteinde van de takken naar de top te strijken (Boissier de Sauvages schreef aan het eind van de achttiende eeuw: 'De zijderups kan het niets schelen als degene die de bladeren verzamelt een glas wijn drinkt voordat hij aan het werk gaat, en ik dring er sterk op aan dat hij dat ook doet').

Het proces begon met de eitjes van de zijdevlinder (*graines*, zo genoemd omdat ze ovaal en vrij plat zijn, en daardoor op plantenzaden lijken, vooral radijszaad). Deze eitjes werden op de moerbeibladeren gelegd (*la ponte*) door de vlinder die bekendstaat als de *bombyx du mûrier* (de zijdevlinder), bij de oogst van het jaar daarvoor. Ze worden tien maanden later uitgebroed, na de noodzakelijke periode van overwintering. De producenten van zijderupsen moesten de eieren warm houden, en daarvoor gebruikten zij lichaamswarmte, traditioneel geleverd door grootmoeder, die een stoffen zakje onder haar rokken of haar blouse droeg, en dat zakje 's nachts onder haar dekens hield.

Toch is zelfs in het warme mediterrane klimaat van de Bas-Vivarais de temperatuur rond die tijd te laag om de eitjes uit zichzelf te laten uitkomen. De 'kweek' van de zijderupsen vond plaats in ruimten of schuren die magnaneries werden genoemd (van het Provençaalse woord *magnan* voor iemand die constant zit te eten – in het moderne Frans *un goinfre*, hiermee bedoeld de zijderups), of zijderupskwekerijen. Hoewel sommige los van de huizen stonden, werden de meeste magnaneries aangebouwd aan bestaande gebouwen, boven de begane grond, en toegankelijk door een deur vanuit een gang, of in sommige gevallen vanaf de zolder. Er hing een gordijn voor de ingang, waardoor koude lucht niet naar binnen kon, en oliepapier bedekte de ramen om het directe zonlicht te weren. Tegenwoordig zouden bezoekers aan dorpen in de Bas-Vivarais, bij het zien van die grote stenen gebouwen, kunnen denken dat de boeren die ze hebben gezet welvarend waren, terwijl de magnaneries in feite getuigen van de armoe van de grond waarop zij stonden.[18]

De meeste zijderupskwekerijen waren rechthoekig, tussen de vijf en de twintig meter lang, zo'n drieënhalve meter breed, en vier meter of meer hoog (ik schrijf deze woorden in een omgebouwde zijderupskwekerij). In de kwekerij stond een aantal houten stellages dat diende als flinke tafel of plank, de een boven de ander, zodat ze leken op stapelbedden, waarbij elke 'plank' bedekt werd met een stromat en papier, waarop de zijderupsen leefden.

Veel boeren geloofden dat als je een buitenstaander in je zijderupsenkwekerij liet, de zijde'oogst' in gevaar kwam vanwege het boze oog (Olivier de Serres raadde aan dat iemand die een magnanerie betrad wat wijn moest drinken zodat 'deze lucht, uitgeademd over de zijderups, haar zal behoeden tegen stank')[19]. Zoals het gebruikelijk lijkt te zijn geweest voor boeren om zich te bekruisen alvorens de zijderupsen te gaan voeren, was het ook traditie dat priesters de komende zijderupsenoogst gingen zegenen, zoals lang voor die tijd al was voorgesteld, in gedrukte instructies uit 1695 voor het planten van moerbeibomen en het kweken van zijderupsen. In enkele delen van de Bas-Vivarais dacht men dat het rechtstreeks aankijken van zijderupsen voordat zij in de heidetakken waren geklommen, ongeluk bracht. In het dorp Rocles brachten de parochianen cocons naar de kerk, op hoop van zegen. In St.-Félicien droeg de priester een speciale hoogmis op, waarbij de 'mooiste tak, die waaraan de meeste cocons zaten', op het altaar werd geplaatst.[20] Dezelfde traditie duurde tot de jaren vijftig van de twintigste eeuw in Lagorce, aan de andere kant van de heuvel bij Balazuc. Vrome families brachten een selectie van de mooiste cocons naar de kerk om God te danken dat Hij de oogst had gezegend.[21]

De zijderupsenoogst viel meestal rond 25 mei, als de moerbeibladeren het smakelijkst waren. De eieren veranderden van grijs naar blauw, 48 uur voordat ze gingen uitkomen.[22] Voor het uitbroeden van de eieren werd de warmte binnen de magnanerie zo'n twee graden per dag opgevoerd, van twaalf tot ongeveer twintig. Daarna moest er een constante hoge temperatuur worden gehandhaafd door een kachel waarin eikenhout werd gestookt. Hoe hoger de temperatuur, des te meer aten de zijderupsen, maar als de kwekerijen te warm werden, dan stikten de zijderupsen. Een minimum aan frisse lucht was noodzakelijk.[23]

Zo'n 40.000 zijderupsen, elk ongeveer twee millimeter lang, kwamen na ongeveer veertien dagen uit ongeveer 25 kilogram cocons, geproduceerd door ongeveer dertig gram eitjes. Eenmaal uitgekomen begon de zijderups de moerbeibladeren te eten. Zijderupsen aten vier keer hun gewicht per dag, en het geluid van de vrijwel voortdurend kauwende rupsen leek op dat van vallende regen. Zij moesten minstens vier keer per dag worden gevoerd. Terwijl de familieleden de moerbeibladeren op de planken legden, aten de zijderupsen de meest malse, eetbare delen, terwijl wat hiervan overbleef minstens twaalf keer werd verschoond en aan de varkens gevoerd, die niet zo kieskeurig waren, of gebruikt werd om te composteren. Zoals gebruikelijk ging niets verloren. De planken van de zijderupsenkwekerij moesten dus vaak worden schoongemaakt.

Het gewicht van elke zijderups nam tienduizend keer toe van geboorte tot rijpheid, een periode van ongeveer 35 dagen (als pasgeboren mensenbaby's zo zouden eten, zou een baby van drie kilo bij de geboorte uiteindelijk dertig ton wegen). Zodoende moest een magnanerie die die benaming waard was, als er 187 gram graines (eitjes) werd uitgebroed, ruim twintig dagen later propvol zitten. In dit korte maar verbazend productieve leventje (van zo'n 35 dagen) moest de zijderups vier keer vervellen. De periode tussen twee vervellingen (*mues*) staat bekend als leeftijden (zodoende staan vier vervellingen gelijk aan vijf leeftijden). Aan het einde van de eerste leeftijd, die vier tot vijf dagen duurt, bereikt een enkele zijderups een lengte van 7 millimeter. Die 20.000 zijderupsen moeten tegen die tijd zo'n 9 kilogram moerbeiblad hebben gevreten. Tijdens de vier volgende leeftijden, die minstens acht of negen dagen elk duren, eten de zijderupsen steeds meer moerbeibladeren. Elke zijderups groeit uit tot iets meer dan vijf centimeter lengte, en 40.000 stuks vereisen ongeveer 15 vierkante meter aan het eind van de vijfde leeftijd.

Op dat moment houdt de zijderups op met eten, wordt doorzichtig, maakt van binnenuit zijdevezel aan en kiest een plek uit waar zij zich kan inspinnen. Tijdens de dertig dagen van hun levenscyclus hebben ze enkele tonnen moerbeibladeren gegeten. Zij klimmen naar boven aan heidetakken (*bruyère*) waarmee de heuvels in de Ardèche volstaan, daar door hun producenten geplaatst. Twee tot drie dagen lang scheidt elke zijderups, net als een spin, voortdurend minuscule zijdevezel af, die door contact met de lucht wordt verstevigd, en die, hoewel zij aangemaakt wordt in de vorm van een acht, zo'n 700 tot 1600 meter en zelfs tot 2,5 kilometer lengte kan bereiken. Dan wikkelen zij zichzelf in de beschermende cocon die ze hebben gemaakt (die lijkt op een schuimgebakje, hoewel niet met dezelfde smaak) door hun lijfje te draaien. Zo beschermd ondergaat de larve een langzame metamorfose van zo'n twintig dagen, omgevormd door krachtige hormonen, om eerst in een pop te veranderen en vervolgens in een vlinder.

Mag de natuurlijke cyclus verder zijn loop hebben, dan wordt na drie weken een zijde van de cocon zacht, trekt de zijdevlinder de vezels uit elkaar en kruipt te voorschijn. De vlinders, die niet kunnen eten of vliegen, blijven aan de takken hangen. De wijfjes en de mannetjes (al te onderscheiden door de vorm van de cocon) paren al snel. Daarna legt het wijfje zo'n 500 eitjes, en acht dagen later sterven de vlinders, wanneer hun reproductieve functies en de natuurlijke cyclus zijn voltooid. Producenten van ruwe zijde bewaarden vervolgens de eieren voor het volgend jaar.[24]

Enkele dagen nadat de zijderupsen klaar waren met hun werk, vond de feitelijke 'oogst' plaats (*décoconnage*). Dit korte en bijzonder arbeidsintensieve proces begon doordat de oogsters alle takken uit de magnanerie haalden en die buiten neerlegden. Familieleden, vrienden en voor de oogst ingehuurde arbeiders haalden de cocons van de takken door de draden los te trekken waarmee ze vastzaten. De cocons werden in stevige canvaszakken (*bourras*) gestopt, die werden gewogen en op jaarmarkten in Aubenas en Joyeuse aan spinnerijen verkocht. Producenten en kopers van cocons dongen bij het afwegen niet af op de prijs. Die werd later vastgesteld, overeenkomstig de marktprijs.[25]

Tot halverwege de negentiende eeuw sponnen de meeste boerenhuishoudens hun zijde zelf, waarna zij de ruwe zijde (*soie grège*) in Joyeuse of Aubenas verkochten. Afgezien van de zijderupskwekerijen vormde het kweken van de zijderupsen op een andere manier de stenen huizen om, die meer dan ooit een soort werktuig werden. Families die ruwe zijde produceerden bouwden balkons of gaanderijen op de eerste verdieping van het huis, meestal te bereiken via een overdekte buitentrap. Deze overdekte balkons (*couradous*)[26], gesteund door pijlers of zelfs arcaden, dienden als de voornaamste ruimte voor de feitelijke oogst, het ontrafelen en het spinnen, aan het eind van het voorjaar. De couradou bood het voordeel dat het er betrekkelijk koel was in de hete zomermaanden, omdat zij op het zuidwesten waren gebouwd, overdekt en blootgesteld aan de verkoelende bries, die ook werd benut voor het drogen van vijgen of kaas. In de winter vingen de couradous iets van verwarmend zonlicht, doordat de zon betrekkelijk laag aan de horizon stond.

Voor het spinnen werden de cocons van de stapel gepakt en werd het pluis dat om de zijde heen zit, verwijderd (*déblazé*). De vrouwen deden de cocons dan in heel heet water (80 °C). Dit doodde de poppen, die in omvang waren geslonken, zodat de cocons niet konden worden beschadigd door uitkomende vlinders en konden worden afgewonden. Omdat zijdevezels zelf te fijn waren om geweven te worden, werden er verscheidene vezels getwijnd tijdens het afwinden, een taak die vergemakkelijkt werd door het hete water. Met behulp van een tak heide of iets wat op een bezem leek, porden de vrouwen in de cocons, om het uiteinde van een enkele doorlopende vezel los te maken en er verscheidene van te twijnen om de meer resistente ruwe zijde te verkrijgen. Dat hete water diende ook om de lijmachtige stof die de draad bedekte te verwijderen. Op deze manier kon de ruwe zijde dan worden gehaspeld. De omvang van de draad werd bepaald door het aantal cocons dat tijdens het afwinden in de bak heet water samen werd genomen, waarbij het opkloppen van de cocons met takken ervoor zorgde dat het onbruikbare deel werd verwijderd. Het afwinden van de ruwe zijde ging gepaard met een vreselijke lucht (de gemeenteraad van Largentière verbood in 1676 de rest van het jaar met zijde te werken, verwijzend naar 'de afschuwelijke stank [...] als van uitwerpselen'), een zoveelste reden om het werk in de openlucht uit te voeren. Blootstelling aan de lucht verstevigde de witte zijden draad. De draden werden dan op een rad gewonden dat bij de bak werd gezet. In normale tijden leverde 8 tot 10 kilogram cocons ongeveer 1 kilogram ruwe zijde op. Er waren zo'n veertig mensen voor nodig om 500 kilogram cocons te oogsten en dat was het werk van 40.000 zijderupsen.[27]

De hectische zijderupsenoogst die begin mei van start ging, eindigde dan zo'n zes weken later, medio juni. De productie van zijderupsen en ruwe zijde hield hele dorpen in haar ban. Oude mensen herinneren zich nog de drukte tijdens de zijderupsenoogst, 'een moeilijke periode met een duivels werkritme [...] We leefden voor niets anders, de rest was bijzaak... [...] We aten alleen wat er over was van het varken, het schoonmaken van kleren of het huis werd veertien dagen uitgesteld'. In sommige dorpen werden grote broden gebakken in de langwerpige vorm van een zijderups. Andere mensen herinneren zich de 'koorts waarmee geen enkele andere landbouwkundige activiteit kon worden vergeleken [...] Je kunt rustig zeggen dat de hele streek alleen maar leefde en ademde voor de zijderups [...] Tijdens de oogsttijd houdt al het andere werk op, en wordt niets verkocht, niets gekocht, er worden geen afspraken gemaakt, alles wat maar enigszins kan worden uitgesteld, wordt uitgesteld'. Alle aandacht richtte zich vervolgens op de markt in Joyeuse, op 20 juni.[28]

De gemeenschap van Balazuc moest op 21 mei 1854 bijeenkomen, maar dat kon niet vanwege de 'gaande zijderupsenoogst'. Het houden van verkiezingen werd in de streek dan ook door de zijderupsenoogst bepaald, waar de plaatselijke economie van afhing. Het volgende jaar stelde de prefect de eerste helft van juli voor als de ideale tijd in de Ardèche voor verkiezingen, omdat de zijderupsenoogst dan voorbij zou zijn en de graanoogst nog niet begonnen.[29]

De voornaamste taken bij het verzorgen en voeren van zijderupsen werden onder de leiding van vrouwen uitgevoerd, die traditioneel verantwoordelijk waren voor het werk in huis, inclusief het vetmesten van het varken en het verzorgen van de kippen en andere kleine huisdieren. De zware verantwoordelijkheid voor de velden besloeg ook het verzamelen van moerbeibladeren (waarbij kinderen en soms dagloners hielpen), die naar huis werden vervoerd op de rug van muildieren of op de schouders van mensen, groot en klein ('*Cantas, cantas magnanarello, Que la culido es cantarello!*' Zing, zing, werkers in de zij, want zingen onder het oogsten hoort erbij). Mannen en jongens hakten en versleepten het hout dat gebruikt werd voor het verwarmen van de zijderupsenkwekerij. Tot ver in de negentiende eeuw werden kinderen van school gehaald om tijdens de hectische weken van de zijderupsenoogst thuis te werken of werden op zijn best na schooltijd 'voor bladeren uitgezonden', en soms sliepen zij in de kwekerij. Arbeiders, van wie velen op de jaarmarkt van 1 april in Les Vans werden ingehuurd, kwamen uit de overbevolkte bergen om te werken bij de oogst van moerbeibladeren.[30]

Ging alles goed, dan zorgde de speculatie met de ruwe zijde voor een goed inkomen. In 1828 noteerde de prefect enigszins verrast dat 'de welvaart van het volk op het platteland meetbaar is toegenomen'.[31] De Sociéte d'Agriculture de l'Ardèche beweerde in 1835 dat een boer in de omgeving van Privas 150 franc per jaar kon verdienen met een hectare graan, 300 franc met bieten, en 800 franc met een hectare moerbeibomen. Maar ook al bracht een periode in de jaren veertig van de negentiende eeuw een tot dan toe ongeziene welvaart, 'het koninkrijk der zijde' bleef een arm koninkrijk. Een waarnemer uit de bovenlaag van de bevolking schreef in 1849: 'De toegenomen welvaart van de Ardèche heeft de levenswijze verzacht, de scherpe kanten van de volkse gewoonten afgehaald, en die zelfs verbeterd'.[32] De zijdemarkten in Aubenas en Joyeuse waren respectievelijk de tweede en derde van Frankrijk geworden. In Joyeuse werd elk jaar voor zeven tot acht miljoen franc aan ruwe zijde verkocht. Tussenpersonen (*maisons de commissions*) maakten fortuin met het aankopen van ruwe zijde op de markten van Joyeuse en Aubenas.[33] De grondprijs steeg en bereikte hier en daar zelfs 6000 franc per hectare, voor de meeste boerengrondbezitters een spaargeld van twintig jaar. Zodoende steeg de winst van een succesvolle oogst aanzienlijk boven die van de wijngaard uit. Het is dan ook niet verwonderlijk dat familie na familie geld ging lenen om eitjes te kopen, moerbeibomen te planten of de bladeren ervan te kopen, en magnaneries ging bouwen. Dat was een berekend risico, en zulke beslissingen werden genomen rond de grote houten tafel bij de open haard in de keuken. Het waren moeilijke keuzes. In de Hérault en de Aude werd de wijn koning en was de productie van ruwe zijde grotendeels bijzaak, terwijl in de Bas-Vivarais de economie erdoor werd bepaald. Rond 1850 was zo'n 80 procent van de families in het kanton Les Vans afhankelijk van de productie van ruwe zijde. De helft daarvan had zich daartoe echter in de schulden gestoken.[34]

Maar geld ging een steeds belangrijker rol spelen in de agrarische economie. Een militair officier schreef in 1846: 'Zonder de kweek van zijderupsen zouden de mensen hier beslist ongelukkig zijn, en zouden zij hun belasting en hun pacht niet kunnen opbrengen'.[35] Na de oogst hadden de dorpelingen, als alles goed was gegaan, iets te vieren en konden zij het familiale varken aanschaffen. 'Moet je mijn varken zien,' luidde een uitdrukking, 'het is door de wind uit de takken geschud'. De takken van de moerbeiboom, wel te verstaan.[36] Het feest van Sint-Jan, een jaarlijkse vruchtbaarheidsrite eind juni, dat nog wordt gevierd met sloten drank, viel vlak na de zijdeoogst, als veel boerenfamilies in de Ardèche meer geld dan ooit hadden. Elk jaar bracht de ruwe zijde die door de boeren in de Ardèche geproduceerd werd tussen de acht en elf miljoen franc op, en in 1850 was dat zestien tot zeventien miljoen. Dit leek te mooi om waar te zijn.[37]

Tegen het midden van de negentiende eeuw waren de belangrijkste industrieën van de Ardèche die in de dorpen van de Bas-Vivarais, nevenindustrieën van de productie van ruwe zijde. Fabriekjes voor zijdeverwerking, spinnen en haspelen van de ruwe zijde als voorfase van de verkoop aan fabrieken die zijden stof en kleren maakten, stonden verspreid langs de oever van de Ardèche, en van sommige kleinere zijrivieren die erin uitmondden. Rivieren leverden de energie voor de kleine werkplaatsen met grote bakken heet water, verhit door stoom, en met mechanische spoelen. Met 211 kleinere fabrieken in 1827, die ruim 300 ton zijde produceerden, was de zijdebewerking in de Ardèche de belangrijkste van Frankrijk, met werk voor bijna 8000 arbeiders. De mooie stenen gebouwen die als fabrieken dienden kunnen nog worden bewonderd in Pont d'Aubenas, in Largentière en elders.[38] Spinnerijen begonnen te verrijzen langs de oevers van de Ardèche tijdens de julimonarchie. Het thuisspinnen verdween geleidelijk in de loop van de negentiende eeuw. Tussen 1850 en 1885 nam het fabrieksmatig spinnen dat over. Rond 1860 waren er 56 spinnerijen in de Ardèche, die gedurende enkele maanden per jaar 3360 arbeiders tewerkstelden, vrijwel allemaal vrouwen. Ambacht in de Ardèche bleef dus nauw verbonden aan het platteland en aan het ritme van het agrarisch leven.[39]

De impact van de zijde-industrie kan worden afgelezen aan het huiselijk leven en de kleren. Veel boeren, die nu in iets beteren doen kwamen, droegen ook betere kleren, en soms zelfs zijden kleren. De mannen droegen ribfluwelen broeken en soms korte broeken, *brayos* geheten, open hemden, vesten, vilthoeden met een brede rand en klompen die hen duidelijk onderscheidden van de stadsmensen, zeker die uit de hogere standen. Jongens droegen boezeroens die openhingen of met knopen dichtzaten. Meisjes droegen soortgelijke jakjes die als een schort werden voorgeslagen, en ook geplooide schorten. Vrouwen droegen lange zwarte of bruine jurken, soms met grote zakken, van katoen, taffetas en soms zijde, in heldere kleuren, met bijpassende zwarte hoeden voor de mis op zondag.[40]

Toch bleef er zelfs in de voorspoedige dagen van de julimonarchie een zorgelijke broosheid aan dit alles kleven, alsof het lot (le destin) niet ver op de loer lag. In 1848 merkte de vrederechter in Joyeuse op dat zijde de enige inkomstenbron in zijn kanton was. Als hij de mensen telde die de bladeren van de moerbeibomen oogstten, zich verhuurden om te helpen bij de zijderupsenkwekerij in het voorjaar, of werk vonden als spinner of spinster in de zijdeverwerkende fabrieken, merkte hij dat 'het moeilijk is om iemand te vinden wiens fortuin niet op een of andere manier verbonden is aan' de zijde-industrie. Boeren leenden geld voor eitjes, ervan overtuigd dat zij die som na de zijderupsenoogst zouden kunnen terugbetalen.[41] In 1840 werden enkele producenten van ruwe zijde en eigenaren van zijdeverwerkende fabrieken geruïneerd door 'de voorwaarden van de kapitalisten in Lyon, die geld voorschieten dat kan worden gevorderd als de kredietgever dat wil'. De rol van tussenpersonen bracht de productie van ruwe zijde zelfs nog meer onder invloed van Lyons kapitaal. Ondanks het feit dat de productie van de cocons verdrievoudigd was, het aantal fabrieken meer dan verdubbeld, het aantal arbeiders dat er werk in vond vijf keer zo groot was geworden, en dat de totale waarde van de verkoop acht keer over de kop was gegaan, verloren producenten hun autonomie en werden zij afhankelijk van schommelingen in de zijdeprijs: 'Het lot van de productie van ruwe zijde hangt af van het voortdurend aanjagen van de markt van dit product. Kan dit zo blijven doorgaan?'[42]

En dan was daar het risico van een ziekte. De officier uit 1846 had gehoord dat 'deze kleine ondernemingen even kwetsbaar zijn als elke andere voor de rampen die ziekten mee kunnen brengen, als zij de zijderupsen treffen.[43] En toen kwam dan de verwoestende *pébrine* (van het Provençaals *pèbre*, voor peper). In 1849 verschenen er zwarte, peperachtige vlekjes op de zijderupsen: 'De rupsen kwijnen weg, hun eetlust neemt af, hun groei wordt heel ongelijk. Zij kunnen doodgaan nog voordat zij zich hebben ingesponnen in hun cocon en ook in de cocon, maar ze kunnen ook vlinders worden en dan eitjes voortbrengen waaruit nog ziekere rupsen worden geboren.' De ziekte dook voor het eerst op in 1843 in de Vaucluse, en drie jaar later in de Drôme. Met wrede timing, net toen de landbouwcrisis van 1846-1847 de productie van graan, aardappelen en vruchten trof, verhuisde de ziekte naar de Gard. In de Ardèche dook zij voor het eerst op in 1849, en in 1852 had zij het arrondissement Largentière hard getroffen. In 1857 had zij Italië en Spanje bereikt.

Zowel atmosferische omstandigheden (zachte winters en natte zomers, bevorderlijk voor de parasiet), als de nalatigheid van de boeren die ruwe zijde produceerden, waren gedeeltelijk verantwoordelijk voor de verspreiding van de ziekte. Veel producenten waren van de gewoonte afgestapt de eitjes regelmatig te verversen of zorgvuldig te selecteren. Overmand door de koorts van de gulden boom, begonnen zij veel te veel zijderupsen in een veel te kleine ruimte te stoppen, waarbij zij één tot anderhalf ons eitjes in een ruimte stopten waarin zij vroeger slechts één eitje hadden gelegd. Enkele probeerden meer dan anderhalf pond eitjes uit te broeden in ongeveer een zevende van de daartoe aangewezen ruimte. Ondertussen bracht elk ons eitjes thans twee tot drie keer minder cocons voort, en dan ook nog van middelmatige kwaliteit.[44]

In Largentière keek onderprefect Eugène Villard voorbij de ziekte waarvan de meeste mensen verwachtten dat ze snel tot een eind zou komen, vol zorg over de koortsachtige speculatie die de moerbeiboom overstelpte.[45] In 1848 was de prijs van een kilo cocons de helft van het jaar daarvoor, en die van een kilo gesponnen zijde was met ongeveer een derde gekelderd. Overproductie, versneld door de bevolkingstoename in de Ardèche, en dreigende onzekerheid die ontstond door de handelscrisis van 1846-1847, waren de schuld: 'Opeens was er geen krediet meer en hielden transacties op. Crediteuren en debiteuren zagen in dat zij te veel hadden geleend en uitgeleend.'[46]

Villard, schrijvend in januari 1852, kwam tot de conclusie dat de wonderlijke verspreiding van de moerbeiboom, een ware goudkoorts, massale schuld had veroorzaakt. 'Zie dat huis in de velden,' schreef hij. 'Het is tussen de moerbeibomen en de wijnstokken uit de grond verrezen. Er was twintig jaar voor nodig om het te bouwen. Van jaar tot jaar heeft de aankoop van nieuw land het domein vergroot, en nu werd er een magnanerie aangebouwd.' De moerbeiboom had de gewassen van de akkers verdrongen. De productie van graan en de veeteelt hadden geleden onder de drang moerbeibomen aan te planten, dankzij de speculatie op de prijs van ruwe zijde. Bovendien waren veel moerbeibomen die helemaal nog niet zo oud waren, om raadselachtige redenen gaan afsterven. In een *pays* van perceeltjes was weinig foutmarge mogelijk.

Villard ging nog verder, en betoogde dat de goede tijden de boeren hadden verlokt tot 'nodeloze uitgaven' en zelfs 'verfoeilijke luxe'. Hij riep op tot een terugkeer naar de 'eenvoud van levensstijl en de gewoonten van onze voorouders [...] Laten we beginnen wat rustieker te gaan leven. Het is voor een boer niet goed om te luisteren naar de echo's van de wereld ver weg en zijn velden te laten liggen'. Hij was ervan overtuigd dat de staat moest ingrijpen om de armen te helpen, maar dat de inning van de schulden van hen die geld voor moerbeibomen hadden geleend, krachtig ter hand moest worden genomen.[47]

Bezoekers

In 1883 kwam Léon Védel, een schrijver uit Lyon, naar Balazuc, op zoek naar de nazaten van Pons de Balazuc. In de overtuiging dat Pons een afstammeling was van de Saracenen, van wie men alom aannam dat zij Balazuc in de achtste eeuw hadden gesticht, wilde hij de nazaten van zijn 'ras' wel eens zien.[48] Hij dacht dat het mogelijk was dat er een 'Arabisch type' was doorgegeven door de enkele eeuwen durende Saraceense aanwezigheid in het dorp. Het arme dorp dat zo opvallend op de kalkrots stond en daar schijnbaar deel van uitmaakte, deed bij de stadse, verfijnde bezoeker het idee van een ver in tijd en ruimte verwijderde, exotische Saraceense wereld postvatten.

'Het was een stralende juninacht,' herinnerde Védel zich. 'Ons bootje gleed loom over de Ardèche, die in het kielzog onder het stralende zonlicht vol met edelstenen leek te liggen. Vóór ons, op het fantastisch verlichte rotsklif, stond Balazuc en, boven de oude dorpskerk uittorenend, de sombere Tour Carrée, waar Pons (de Balazuc) geboren was. De algehele harmonie van de natuur wiegde ons in de stilte en de pracht van die sterovergoten nacht. Onder de indruk van de vreemde schoonheid van dit oord, werden wij plotseling zwijgzamer.' Voor zijn reisgenoot (naar wie hij slechts verwees als naar x, als om het mysterie van de plek nog te benadrukken) leek 'dit vreemde en aangrijpende landschap, een verloren uithoek van het oosten, met een verpletterende einder, een lucht van vuur'.

Ze lieten het bootje aan de rivieroever liggen en liepen het stenen pad op naar de enige herberg van Balazuc, die 'vreemd eigentijds leek, witgekalkt, begroeid met wijnstokken, als een Italiaanse villa'. Védel had niets dan lof voor de herbergierster, een stevige vrouw met een blanke huid, 'rubensiaans', die een eind weg zat te kletsen. 'Een Vlaamse vrouw in Balazuc!' riep hij uit. 'Wat een slag voor de couleur locale en de plaatselijke harmonie!' (Hoewel er in de negentiende eeuw geen vreemdelingen in Balazuc woonden, liep de opmerking van de schrijver ironisch genoeg vooruit op de Belgische en Nederlandse toeristen die Védel en zijn reisgezel een eeuw later zouden volgen.)

Védel richtte zijn aandacht op het verorberen van een forel uit de rivier, opgediend met aubergines uit de tuin van de potige vrouw.

Na het middageten voer Védel weer met het bootje over de rivier en ging te voet naar het gehucht Servière. Daar bewonderde hij een bos populieren, elzen en wilgen aan de overkant van de rivier, spiegelend in het water, met groene, zacht glooiende heuvels achter een weiland waarop een paar rode koeien graasden. Dit schijnbaar welvarend tafereel bood een opmerkelijk contrast met 'het harde, wilde en zongeblakerde veenmoeras!' nabij. De roeier, die ook in Balazuc weefde, bracht het grootste deel van zijn leven op de rivier door, en verdiende zijn brood met vissen tussen Vogüé en Ruoms ('Dan heb je tenminste iets te doen,' zo beweerde hij). Hij verkocht wat hij ving aan de herberg en aan lieden die wat geld voor vis over hadden.

Het zien van de visser, Lango Eldin, overtuigde Védel ervan dat hij een van de missing links had gevonden tussen Balazucs Saraceense dagen en het heden. Hij leek een waar 'historisch document [...] Zijn naam was ontegenzeglijk van Arabische oorsprong [...] en past bij zijn persoon [...] De meest complete uitdrukking van het Saraceense ras, klein, pezig, met pokdalige en gespierde ledematen, donker, met een korte wipneus, koolzwarte ogen, kort zwart haar dat laag over zijn voorhoofd hangt'. Lango 'lijkt beslist op al zijn medeburgers' in Balazuc, waarbij Védel dus de Vlaamse dame al had vergeten die hem iets eerder een forel met aubergine had geserveerd. Wat Lango betreft, zijn bezigheden 'betroffen slechts de rivier en de bewoners van de oevers, onder wie hij jaarlijks een telling hield, die minstens even exact was als andere, meer officiële!' De visser kende de leeftijd en de gewoonten van iedereen in zijn gebied, en 'hij kent plekken waar onder zijn toeziend oog de grote vissen leven en groeien die hij voor speciale gelegenheden reserveert'.

De avond was gevallen, met oorverdovende stilte en 'het dorp sliep in een bed van blauwe schaduwen [...] Het dak van de Romaanse toren verrees boven de bruine massa, stond alleen in zwart tegen het hemelsblauw van het uitspansel. De maan scheen over het veenmoeras [...] zijn licht weerspiegelde stralend in de grote gladde oppervlakten van de kalksteen'. De Ardèche, hoewel ondiep en smal in de zomermaanden, weerspiegelde 'de heldere hemel en de grijze rotsen. Overal schaduw en stilte, lichtende schaduw en murmelende stilte'. Dat is nog steeds zo.

Védel en zijn reisgenoot liepen vanaf de rivier het pad weer omhoog. De dorpsbewoners waren in de rots verdwenen. De bezoekers hadden de indruk dat zij werden opgeslorpt door het verleden, 'ruïnes, de nagedachtenis aan mensen die achthonderd jaar geleden gestorven zijn [...] Een sinister gevoel in die overdekte passages, die huizen, donker als graven. Het leek wel alsof het geluid van onze voetstappen de doden zou wekken, leven zou brengen in deze woestenij'. Ze bereikten de kerk en liepen toen naar de top van het klif, boven de rivier die zo'n 90 meter lager stroomde. Beneden 'veranderde het water van kleur, afhankelijk van het spel van licht. Zo ver als het oog kon reiken, stroomde zij tussen steile kliffen, waarvan de gerafelde toppen uitgesneden tegen de heldere hemel stonden'. Aan de overkant van de rivier hield de toren van koningin Jeanne nog steeds de wacht boven het klif.

Terug in het dorp bevonden Védel en zijn vriend zich weer 'in het obscure doolhof van overdekte passages'. De moeilijke wandeling door de smalle *ruelles* voerde ze naar een opmerkelijk steile passage die nog vrijwel onveranderd bestaat: 'Een overdekt pad van schrikbarend uiterlijk [...] Geen steen was in zeshonderd jaar beroerd. Door deze grote bogen die ramen leken, uitziend op een fantastische wereld, verscheen het landschap, badend in een bovennatuurlijk licht'.

Plotseling stuitten zij op een meisje dat er 'omkaderd door de smalle zuilen van een gotisch raampje [...] uitzag als een levend schilderij, in een licht dat men niet kon zien, maar dat alle duisternis rondom haar scheen te verdrijven. Slank als zij was, met grote, glanzend bruine ogen, kreeg haar mond, zo rood als granaatappelbloesem in een donkere omlijsting, in het licht een oranje toon [...] Haar beide armen waren sierlijk opgeheven, omdat zij haar losse haar voor de nacht opmaakte'. Waren de beide buitenstaanders aanvankelijk verrast en vervolgens gecharmeerd door het meisje, zij schrok, slaakte een kreet en blies meteen haar lamp uit. Védel, wiens romantische verbeeldingskracht was gewekt, kon nu gemakkelijk hebben geloofd dat zij op een prinses waren gestuit die gevangen werd gehouden door een afvallige, misdadige ridder. Ze hadden gewoon een meisje verrast en schrik aangejaagd dat geen enkele reden had een voorbijganger te verwachten toen ze zich opmaakte om naar bed te gaan. Maar dat was dan ook aan het begin van de jaren tachtig van de negentiende eeuw. Balazuc leek geïsoleerd en arm als altijd. Bovendien leek het weliswaar dat sommige huizen vreemd stil waren, maar dat kwam doordat ze leegstonden. De bevolking stroomde weg uit Balazuc. Lango Eldin en het anonieme meisje worstelden nog om te overleven in een straatarm dorp dat allang gegrepen was door economisch en demografisch verval.

Bezoekers van Balazuc, van enig belang (of zelfs maar bezoekers zonder meer), waren zeldzaam en zij kwamen met grote tussenpozen. 'Dr. Francus' – Albin Mazon, de vruchtbare plaatselijke schrijver die beeldende verhalen schreef over zijn tochten door de Vivarais – was iemand voor wie Balazuc de romance van verbeelde Saraceense dagen opriep. Hij kwam in 1884 en wilde Balazuc vanaf de rivier benaderen, om 'de rotsvallei waardoor de rivier stroomt' beter te kunnen waarnemen. Hij vroeg een boer hem een pad te wijzen, terwijl hij zijn gids eropuit stuurde (de term alleen al deed denken aan een woestijngids in Noord-Afrika of een scout in het Amerikaanse Wilde Westen) om hem met zijn paarden in Balazuc op te wachten. Het smalle pad stelde hem bloot aan verstikkende zomerse hitte, weerkaatst door de brandend hete rotsen, 'amper getemperd door enkele groene eikenbomen, een vijgenboom, bramen en struiken, die in spleten in de kalksteen groeiden'.[49]

Een visser, wellicht Lango, bracht ze de korte afstand naar de rivieroever en vervolgens naar 'een miserabele bouwval, getooid met de naam "herberg"', waarin zij, net als de Lyonse schrijver vóór hen, vis uit de Ardèche aten. Ook namen zij een omelet en wat *picodons* (geitenkaasjes) die zij terecht beter vonden dan die uit enige andere streek, vanwege de aromatische planten die de geiten tot zich namen.

Toen maakten zij zo'n onschuldige, vernederende fout van toeristen, door vervolgens de vraag te stellen of het mogelijk was om per boot in Ruoms te komen. Daar werd slechts vriendelijk om gelachen, waarop verzekerd werd dat zij dan een paar keer in de rivier zouden belanden vanwege de stroomversnellingen. Mazon begaf zich daarop naar wat naar zijn overtuiging de overblijfselen van het Moorse Balazuc waren. 'Als schilderachtigheid niet had bestaan, dan zou Balazuc haar hebben uitgevonden'. Het dorp weerspiegelde in hoge mate zowel 'de feodale rangschikking als het Arabische kamp'. Met commentaren die typerend waren voor de racistische etnologie van die dagen, beweerde Mazon dat 'het Moorse type in Balazuc zeer prominent is. De mannen zijn groot en stevig, met donkere huidskleur en ogen, krulhaar, en de vrouwen hebben een uitdrukking die vaak doet denken aan de ondeugd van zigeuners'. Van alle dorpen in de Bas-Vivarais leek Balazuc hetgeen 'waar het oeroude karakter het best bewaard is gebleven'. De middeleeuwse vestingmuren waren nergens volledig verwoest. De 'gevangentoren' stond nog bij de oude hoofdpoort. Je kon nog steeds de vierkante gaten zien waarin de stutten hadden gezeten om de houten bouwsels te steunen waarop de verdedigers van het dorp hadden gestaan om belegeringen te weerstaan. Nu, eeuwen later, behoorde het kasteel toe aan Mollier, bijgenaamd Tartaille, een visser, en wat ooit de mooiste kamers waren geweest herbergden nu hooi.[50]

Een bezoek aan de versterkte Romaanse kerk bracht Mazon terug naar het middeleeuwse Balazuc. Daar uitte hij kritiek op de toevoeging van het tweede schip in de zestiende eeuw, omdat dat de architectonische harmonie had verstoord. Hij bezocht de ruïnes van de kapel van Sint-Jan-de-Doper even buiten het Portail d'Été, waar verwaarloosde moerbeibomen in het 'heerlijke stof' groeiden. De visser die Mazon naar het 'strand' had geroeid, waar het bootje op hen bleef wachten, vertelde dat verscheidene boerenarbeiders met hun houwen in de grond iets hadden geraakt waarvan zij overtuigd waren dat het een schat was, die daar door een of andere welgestelde edelman was begraven. Ten slotte konden zij niet meer boven de grond krijgen dan wat beenderen. Tot vandaag de dag doet een verhaal de ronde dat een raadselachtige schat is verborgen ergens in de buurt van de gedesacraliseerde *église romane*. Toen Mazon klaar was met zijn bezoek aan het Saraceense Balazuc, vertrok hij, en droeg zijn paard hem de weg af die parallel loopt aan de paden in de richting van Ruoms.[51]

Ook voor graaf Melchior van Vogüé had Balazuc, waar zijn familie land had verloren dat als biens nationaux was verkocht, 'het uiterlijk van een waardig Afrikaans dorp, met huizen op terrassen, overwelfde paden, een smalle toren die op een minaret lijkt en een vervallen donjon, een echt beeld van Barbarijse piraten. Een blik op de bewoners versterkt deze illusie nog'. De legende kon nu worden gestaafd door wat doorging voor wetenschappelijke zekerheid. Vogüé geloofde dat artsen bepaalde etnische karaktertrekken hadden ontdekt van 'het Berberse ras [...] met name de tere gesteldheid van hun gewrichten'. Balazuc paste helemaal in het plaatje. 'Wat een licht! Men zou kunnen zeggen dat alle schatten van de zon hier worden gevonden, in de krankzinnige gloed van de middag, op dit overweldigende veenmoeras, met de schrille kreten van de cicaden [...] een melodieuze en geurige hitte.' De gras kon worden vereenzelvigd met de woestenijen van Noord-Afrika, de tuinen aan de Ardèche vergeleken met een Arabische oase.[52]

In 1896 beweerde een plaatselijk schrijver, 'Sylvester' (Paul Gouy) – die herhaalde dat 'het Moorse type' in Balazuc evidenter was dan in enige ander dorp in de Bas-Vivarais 'omdat bloedvermenging daar zonder enige twijfel zeldzamer is geweest' –, dat toen Pons de Balazuc met de Eerste Kruistocht in het Heilig Land aankwam, hij in het oosten zijn eigen Balazuc herkende.[53] En zo ging het maar door. In zijn *Essai de géographie régionale*, breide Louis Bourdin voort op de opkomst van de 'wetenschap' van het ras, in een poging de aanwezigheid van 'een Afrikaanse stam in de Vivarais' te verifiëren door lengte, haarkleur, vorm van voorhoofd (waaronder een 'zeer uitgesproken wenkbrauwrug') en neus, huidskleur, lengte van ledematen, enzovoort, van Berbers te vergelijken met die van de bewoners van Balazuc. Ten slotte schreef in 1914 een Lyonse krant dat de 'wilde schoonheid' van het 'uitermate opvallende' dorp bezoekers was gaan trekken.[54] Niettemin was Balazucs korte periode van betrekkelijke welvaart allang afgelopen. Net als tijdens Védels bezoek, ruim dertig jaar eerder, zat het dorp in een economische crisis en demografisch verval.

Natuurrampen

In *Le Tour de la France par deux enfants* (Reis door Frankrijk van twee kinderen), de bestseller van G. Bruno, voor het eerst in 1877 gepubliceerd, dat vrijwel verplichte kost werd op Franse scholen, vervullen twee broers een belofte, aan hun vader op zijn sterfbed gedaan, om de rijkdom en de wezenlijke eenheid van Frankrijk te gaan verkennen, iets wat erg belangrijk was vlak na de nederlaag in de Frans-Duitse Oorlog. De jongens leerden over de productie van ruwe zijde in een dorp aan de Rhône in de Drôme. Zij riepen uit: 'Wat een rijkdommen zijn te danken aan zo'n eenvoudig insect! De zijderups kan worden aangetroffen en zorgt voor levensonderhoud in hele provincies van Frankrijk,' en zij kijken toe hoe een jonge man bladeren van de moerbeiboom plukt en die op zijn schouders torst, als hij bijna drie bomen heeft kaalgeplukt. Terwijl 'wij de Rhône volgen door de Dauphiné en de Provence, zien wij vrijwel overal moerbeibomen op het land staan. Het lijkt wel alsof in deze streken elk huis zijn eigen zijderupsenkwekerij heeft, groot of klein'. Ze komen te laat om de zijderupsen te zien, want het seizoen is al te ver gevorderd, maar zij kijken toe hoe een meisje de cocons met een bezempje op-klopt, nadat zij ze in een bak kokend water heeft gedaan om de draden te scheiden.[55]

Niettemin was de productie van ruwe zijde, hoewel nog steeds de voornaamste agra-rische activiteit in de Bas-Vivarais, al sinds het midden van de eeuw in verval. Eens te-meer had het noodlot toegeslagen, om de hoop van de boeren in de Ardèche de kop in te drukken. De drie 'pijlers van boerenbeschaving' stortten de een na de ander in, in de decennia na 1850: eerst de productie van ruwe zijde, vervolgens de wijnteelt, en ten slotte de kastanjeteelt.[56]

Alsof de nosema onder de zijderupsen niet genoeg was, zond het lot nog meer ram-pen. De ergste onweersbuien van de eeuw, klappen die aankwamen in de herfst van 1857, veranderden de Ardèche in een verwoestende stroom. De eerste overstroming op 10 september sloeg drie bruggen weg, deed vier dijken doorbreken, vernielde acht wegen en zette twaalfduizend hectare onder water. De zijrivieren van de Ardèche ste-gen in kolossale proporties. Zij veranderden spontaan in bulderende stromen, die alles op hun pad meesleepten. De enorm gezwollen Ardèche vaagde moerbeibomen weg, en overdekte tuinen en weidegronden met zand, toen het water eindelijk terugtrok. Een tweede overstroming volgde op 24 september. De destructieve rivieren verwoestten tweeëntwintig bruggen, vierenveertig molens, negenenvijftig huizen, twaalf zijdever-werkende fabrieken en spinnerijen, en maakten drieduizend arbeiders in de streek werkeloos. En dat was nog niet alles. Op 5 oktober was er een ruim zes uur durende on-weersbui, waardoor enkele overtuigde katholieken zich ongetwijfeld gingen afvragen of hier de Apocalyps van veertig dagen en veertig nachten regen was aangebroken. Weer stegen de rivieren, tot ongeveer de hoogte van de eerdere buien. Vijftig mensen kwamen om. De prefect keek gruwend toe hoe 'de grond van de terrassen die net waren ingezaaid verdween, en slechts kale rots achterliet. De velden, tuinen en weilanden die bij de eerste buien waren gespaard werden verwoest of minstens zwaar beschadigd. Wegen en bruggen die het geweld van de eerste ramp hadden overleefd deden dat niet bij de tweede. Verbindingen werden afgesneden, en de paar graanmolens die nog ston-den werden weggevaagd'. Het stijgende water liep de kleine zijdeverwerkende fabrie-ken langs de rivieroever binnen, vernielde machinerie en spoelde de zijde weg. De be-woners van de Ardèche bleven achter 'in een moeilijk te omschrijven consternatie [...] een eindeloos aantal voortaan arme families, beroofd van alle middelen van bestaan tijdens de winter'. Het leek niet overdreven om te beweren dat de Ardèche half geruï-neerd was. De prefect en andere hoge ambtenaren in Privas, en alle anderen keken met spanning naar 'rotsen die boven de stad hingen, op het punt zich los te maken van de berg, die, als ze zouden vallen, onvermijdelijk huizen met hun inwoners zouden ver-woesten'.[57] Nog meer hevige regenval volgde in 1859, 1863, 1867, 1872, 1873, 1878 en 1890, telkens in september of oktober, als om de Ardéchois eraan te herinneren dat hun bestaan aan een zijden draad hing.[58]

De nosema of pébrine was voor Balazuc en de Bas-Vivarais een volstrekte ramp. De productie van ruwe zijde daalde in de Ardèche van 3,5 miljoen kilo in 1850 tot 550.000 kilogram cocons in 1857. Tussen 1850 en 1861 daalde het inkomen door verkoop van ruwe zijde van zestien miljoen franc tot vier miljoen franc. De productie van de zijde-verwerkende fabrieken werd gehalveerd. Niet alleen nam de kwaliteit van de zijde-vlindereitjes af, de opbrengst per 30 gram daalde van zo'n 18 kilogram cocons tot 10 en vervolgens tot 8 kilogram in 1858, terwijl de prijs van kwalitatief goede ruwe zijde to-renhoog steeg. De ziekte ruïneerde talloze zijdeproducenten, van wie velen zich in de schuld hadden gestoken om zijderupskwekerijen te bouwen of te verbeteren of cocons te kopen. Veel boeren konden hun belasting niet langer betalen.[59]

Petities van dorpsraden werden gekenmerkt door wanhoop, maar ook door karakte-ristieke vastberadenheid en volharding. Tachtig gezinshoofden tekenden die van La Chapelle-sous-Aubenas: 'Wij hebben ons hoofd gebogen in ootmoed tegenover de tal-loze rampen die ons hier de paar laatste jaren hebben getroffen, omdat wij ze beschou-wen als een rechtvaardige straf van God. Wij hadden gehoopt dat er een eind aan zou komen [...] en nu wachten wij in vertrouwen het eind van deze rampen af.' Zo zijn de boeren van de Ardèche altijd geweest: 'De goede God heeft het zo gewild.'

In goede tijden moesten zij geld lenen om zijderupseitjes te kunnen kopen. Nu merkten zij dat zij alleen geld konden krijgen tegen hoge of zelfs woekerrente, 'een van de plagen' van de Ardèche. In 1856 hadden enkele producenten van ruwe zijde in de Bas-Vivarais het helemaal opgegeven. De grond verloor tussen 1850 en 1870 tot 40 pro-cent van zijn waarde.[60]

De keizerlijke regering verleende in 1852 een subsidie om een werkplaats op te zet-ten teneinde gezonde eieren te verkrijgen en stelde ongebruikelijke methoden voor, zoals oogsten in de herfst. In 1857 kwam een commissie uit het arrondissement bijeen waarin verscheidene ambtenaren, vooraanstaande grondbezitters en kooplui zaten, om de oorzaken van het probleem te overdenken. De producenten probeerden van alles en nog wat. Sommigen gebruikten poeders met zwavel en gemalen houtskool om de ei-tjes te bestrooien, anderen probeerden hun zijderupsen buiten te kweken. In 1861 om-vatten de onderzochte remedies diverse soorten gas, zwavelzuur, azijn, kininesulfaat, suiker en zelfs rum.[61] Niets werkte. De meeste eigen boeren hadden allang hun spaar-centen opgemaakt en al het krediet dat zij konden krijgen verspeeld. Bovendien bracht grond die was ingeplant met moerbeibomen maar waarop voordien graan werd ge-teeld, niets meer op. Monocultuur leek nu te hebben geleid tot een ramp.[62]

Voorjaar 1859 was de paniek na de zesde opeenvolgende rampzalige zijderupsen-oogst volslagen. Vele arme boeren hadden hun eitjes tegen de exorbitant hoge prijs van 48 tot 54 franc per ons moeten aanschaffen. Nu, nadat zij kilo's moerbeibladeren had-den geplukt of gekocht, moesten zij toezien hoe 'hun insecten plotseling ten onder gingen aan een onbekende ziekte, en hoe al hun zorg van een jaar in nog geen zestien uur werd tenietgedaan'. Harde contanten waren weer schaars geworden, schuld heerste alom. De prijs van een kilo gezonde cocons steeg tot 35 franc vanwege de drastisch gereduceerde productie. Onteigeningen bereikten een ongekend niveau voor de boeren, en troffen ook die van Balazuc. De waarde van de grond waarop moerbeibomen stonden, waarvan sommige waren aangeschaft door boeren die daarvoor geld hadden moeten lenen, werd in deze periode gehalveerd. De waarde van andere grond kelderde met ongeveer een derde. Veel boeren waren niet in staat hun grond te verkopen of de belasting te betalen die erop lag. Anderen leenden nog meer geld tegen nog hogere rente. Het aantal werkeloze arbeiders en bedelaars nam toe, onder wie veel mensen uit de bergen, die meestal naar beneden waren gekomen naar wat zij het goede land noemden, omdat daar tenminste werk was bij het inzamelen van moerbeibladeren voor de zijderupsenoogst. Degenen die in moerbeibomen hadden geïnvesteerd konden hun bladeren niet langer kwijt. Zelfs de minst pessimistische producent vroeg zich nu af of zijn levensonderhoud niet 'om zeep was geholpen'.[63]

Hoewel boeren hier en daar luzerne begonnen te telen in de hoop het tij van hun verlies te keren, waren plotselinge vervangingen op de 'geteisterde grond' van de Bas-Vivarais niet erg waarschijnlijk. Boeren die het zich konden veroorloven kochten hun eitjes uit het buitenland. In 1859 importeerden van de 258 gemeenten in de Ardèche die zijderupsen teelden, er 110 eitjes uit Toscane, Griekenland, Turkije (Smyrna) of Perzië. De onderprefect van Largentière zelf zond iemand naar Syrië en Griekenland om de beste eitjes mee terug te nemen die hij kon vinden, en de regering verdeelde ze, in de hoop op het beste. Vijftig producenten vormden een vereniging om eitjes in Azië te gaan halen. Cocons uit de Levant, China en Bengalen hielpen de zijdemanufactuur het deficit goed te maken. Op deze manier hielpen, ironisch genoeg, de economische regressie en depressie het dorp zich inpassen in een breder, zelfs wereldwijd, economisch netwerk. Maar deze strategie kon de ellende van zijdeproducenten in de Ardèche niet verlichten. De oogst van zijderupsen in 1865 was overal rampzalig. Een lange petitie werd naar de Senaat gestuurd en ondertekend door ruim 3500 burgemeesters, wethouders en grondbezitters in de Ardèche, de Gard, de Hérault en de Lozère, om te verzoeken om belastingverlaging. Sommige boeren rooiden de moerbeibomen en plantten wijnstokken.[64]

In 1853 produceerden de gemeenten 3600 kilogram cocons, om precies te zijn een zesde van een 'normale' oogst, en in het kanton boekten twee dorpen nog slechtere resultaten. Met de winter op komst zette de gemeenteraad van Balazuc sociale werkplaatsen op, om zo veel mogelijk mensen te helpen door ze te laten werken aan de wegen in het dorp. De dorpelingen zelf brachten 300 franc bij elkaar.[65] In 1863 legden huishoudens in Balazuc eitjes te incuberen uit Roemenië en Macedonië, met name Thessaloniki. Maar weer mislukte de oogst alom, en leverde slechts 5000 kilogram cocons op, minder dan de helft van een gemiddelde opbrengst. Producenten en ambtenaren gaven de schuld aan 'slechte' eieren en buitengewoon warm weer. De oogst van twee jaar later (waarvoor boerenfamilies een derde meer eieren dan normaal lieten incuberen) was nog slechter, die van het jaar daarop slechts ietsje beter. Tegen het eind van het decennium legden de producenten meer eitjes te incuberen en gebruikten daarvoor uit Japan geïmporteerde. Toch bleef de opbrengst teleurstellend en verloor men in 1873 zo'n 60 procent aan de nosema. Het merendeel van de bevolking – minstens 668 mensen (250 families), vrijwel het gehele dorp – was nog afhankelijk van de productie van ruwe zijde.[66]

Louis Pasteur werd er door het ministerie van handel en landbouw op af gestuurd om onderzoek naar de ziekte te doen, en bracht het oogstseizoen in de Gard bij Alès door, van 1865 tot 1869. Uit zijn experimenten bleek dat de zijderupsen al besmet waren als zij uit het ei kwamen, omdat de vlinder al ziek was, waarmee hij de bijzonder besmettelijke aard van de ziekte aantoonde. Hij kwam erachter dat de zijdevlinders vatbaar waren voor een microscopische parasiet, die aanvankelijk voorkwam op de moerbeibladeren, en waardoor opeenvolgende generaties konden worden besmet. Zoetjesaan bepaalde Pasteur hoe gezonde eieren onder de microscoop konden worden herkend, en hoe ze konden worden geselecteerd en uitgebroed. Zodoende konden boerenfamilies elk jaar gezonde eitjes kopen in plaats van hun eigen eitjes tien maanden lang te bewaren.[67]

De ommezwaai werd in 1868 beklonken, toen dit systeem van Pasteur voor het eerst werd gebruikt. In 1865, na een kwart eeuw crisis, was de pébrine verslagen. Toch kwam de welvaart die door de gulden boom was veroorzaakt nooit helemaal terug. Concurrentie van kunstzijde, ruwe zijde uit Italië en Azië (de handelsroute van en naar de laatste leverancier was drastisch verbeterd door de aanleg van het Suezkanaal in 1869), veranderingen in de mode en de uitbreiding van de productie van andere textielsoorten vergden hun tol. Bovendien deed de lange agrarische depressie die in het midden van de jaren zeventig van de negentiende eeuw begon, de prijzen verder dalen. Het aantal families in de Ardèche dat ruwe zijde produceerde werd meer dan gehalveerd. De hoeveelheid eitjes die in zijderupskwekerijen in incubatie werden gelegd daalde met vijf zesde. De grondprijs bleef zakken. In 1879 noteerde Mazon, een deskundig waarnemer, gedeprimeerd dat 'vrijwel alle kleine eigenaren bedreigd worden met onteigening, en dat het slechts hun diepe ellende is die schuldeisers ervan weerhoudt de zaak op de spits te drijven, in de wetenschap dat zelfs de verkoop van de zakelijke onderpanden niet de hele schuld zal dekken'.[68] Na 1880 bestemden een toenemend aantal boeren hun grond voor de productie van wijn of fruit.[69] Toen de gemeente Villeneuve-de-Berg in 1882 een standbeeld oprichtte voor Olivier de Serres, behoorde Pasteur tot de twintigduizend mensen die de ceremonie bijwoonden. Toch bleef de productie van ruwe zijde verder in verval. De goede oude tijd was allang voorbij.[70]

Weliswaar bleef verwerking en spinnen van zijde belangrijk voor de plaatselijke economie. Vrijwel de helft van de zijdeverwerkende fabrieken in Frankrijk stond nog steeds in de Ardèche, en de meeste daarvan in de Bas-Vivarais. Meisjes, vanaf de leeftijd van twaalf, en jonge vrouwen liepen uit hun dorpen naar de fabriekjes, waar zij in de week een schamel onderkomen vonden en niet veel meer kregen dan een franc per dag. Zij spaarden zoveel zij konden voor hun bescheiden bruidsschat.[71] In 1911 werkten elf vrouwen en jonge meisjes uit Balazuc in fabriekjes in andere dorpen.[72] Maar dit verschafte de plaatselijke producenten weinig vooruitzicht. Geïmporteerde ruwe zijde, voornamelijk uit Piedmonte, maar ook helemaal uit Japan, leverde in 1889 de meeste grondstof voor de 264 zijdeverwerkende fabrieken.[73]

Decennialang geloofden de producenten van ruwe zijde in Balazuc (en elders in de Midi) dat de oplossing voor hun problemen was gelegen in hoge importtarieven op zijde (het cahier de doléances uit Villeneuve-de-Berg had in 1788 al gewaarschuwd tegen de import van buitenlandse zijde) en in overheidssubsidie. In november 1890 voegde de gemeenteraad zich bij vele andere gemeenten in de Bas-Vivarais (en ook de naburige departementen) in de eis dat er een fiks tarief zou worden geheven op alle geïmporteerde ruwe zijde, in verhouding tot die op cocons, omdat zij de prijzen van Franse cocons en ruwe zijde deed dalen, waardoor de Midi voor een ramp kwam te staan. In 1892 begon de overheid een subsidie uit te keren van vijftig centiemen op elke kilogram cocons, en tevens een aan de spinners. Vijf jaar later gaf de gemeenteraad van Balazuc uiting aan zijn wens dat zulke bijstand zou voortgaan, erop wijzend dat 'het subsidiesysteem voor de productie van ruwe zijde en het spinnen ervan deel is gaan uitmaken van onze fiscale praktijken'.[74]

De productie van ruwe zijde bleef in Balazuc en veel andere dorpen in de Bas-Vivarais belangrijk. Jaarlijks benoemde de gemeenteraad twee leden om het wegen van de cocons in de Tour Carrée te controleren. Bladeren van moerbeibomen die van de gemeente waren, werden geveild. In 1909 waren er nog 123 huishoudens in Balazuc die ruwe zijde produceerden. In het kanton Vallon waren alleen in Lagorce en Ruoms, veel grotere gemeenten, meer mensen die ruwe zijde produceerden dan in Balazuc. Zelfs bij de betrekkelijk schrale oogst van 1914, kort voor het uitbreken van Grote Oorlog, produceerde de Ardèche nog 1.419.800 kilogram cocons, waarvoor 5,5 miljoen franc werd betaald, een hoeveelheid die gelijkstond aan de waarde van al het graan dat er werd geoogst.[75]

In de tussentijd was de familiale zijdespinnerij op het overdekte balkon sterk afgenomen door de crisis in het midden van de eeuw, en in 1885 grotendeels verdwenen. Ze was ondergraven door de drastische daling van de productie van ruwe zijde en de buitenlandse concurrentie. Albin Mazon gaf de spinnerijen er de schuld van, die 'het familiaal spinnen om zeep hadden geholpen [...]. Nu ziet men deze kleine spinnerijen amper nog ergens'. Families brachten niet langer hun ruwe zijde naar de markt, vele verkochten nu tegen toenemend nadelige prijzen aan agenten, gespecialiseerd in speculatie. Er was maar weinig over van de grote zijdemarkten in Aubenas en Joyeuse.

Veel families zouden zich de herleving van de ruwe-zijdeproductie herinneren als de goede oude tijd, 'net zoals de herinnering aan alles wat ver in het verleden ligt mooi is', in de woorden van iemand uit Lagorce. Boeren leken rijk: 'In al hun huizen stonden houten kasten om de mooiste ruwe zijde in op te slaan [...] die zij pas verkochten als de prijs hoog was [...] Iedereen die ruwe zijde produceerde haastte zich naar de pastoor met de mooiste heidetak [...] Deze giften werden in de kapel gezet die gewijd was aan de Heilige Maagd, en de opbrengst van de verkoop daarvan ging naar het onderhoud van de kerk'.[76] Een man herinnerde zich dat de zijde 'met goud werd betaald [...] Als jongetje vergezelde ik mijn vader en ik herinner me dat ik stapels munten' voor hem zag liggen. In 1926 herinnerde een boer uit St.-Rémèze zich dat de winst uit verkoop van ruwe zijde zijn familie in een bepaald jaar de luxe bezorgde een maaimachine te kunnen aanschaffen, en in het andere jaar een naaimachine. Voor een ander 'stond de zijderups voor liefde voor het verleden, als om te bewijzen dat het toen beter was: nog altijd hebben wij het met een glimlach over de rupsen. We vertellen er dan een anekdote bij en hebben het over ons fortuin' uit die dagen. In 1943 haalden de cocons de prijs van mest niet eens.[77]

De tweede slag

Zelfs in de hoogtijdagen van de ruwe-zijdeproductie bleef de productie van wijn essentieel in de kwetsbare economie van Balazuc en de Bas-Vivarais. In het arrondissement Largentière werd het aantal met wijnstokken beplante hectaren vervijfvoudigd, tussen het eind van de achttiende eeuw en 1864. Boeren plantten wijnstokken, die voor het merendeel rode wijn van middelmatige kwaliteit voortbrachten, op grond die werd gewonnen door ontbossing van heuvels, en op rotsachtig terrein aan de Ardèche. De voortdurende opdeling van eigendom door erfenis vergrootte het aantal boeren dat wijn ging produceren. Bovendien produceerde een hectare wijngaard in het arrondissement nu ook meer wijn: 18 hectoliter in 1788 tegen 24 hectoliter in 1829.[78]

De uitbreiding van de wijngaarden vormde een tweede hoop voor de kleine boertjes in de Bas-Vivarais. De nieuwe weg die Vogüé met Ruoms verbond maakte het gemakkelijker om de wijn naar de markt te vervoeren. Toch sloeg ook hier het noodlot wreed toe. Twee jaar nadat de nosema was begonnen de zijderupsen te teisteren, trof een ziekte de wijngaarden, om te beginnen in het kanton Joyeuse. In juni en juli 1851 begon er een grijsachtige schimmel te verschijnen, eerst op de wijnstokken, waarbij de bladeren een roestige kleur kregen. Al snel begonnen zwarte vlekken de wijnstokken te bedekken. De druiven rotten weg, waardoor de helft van de oogst verloren ging. In 1852 produceerde het kanton Vallon, dat bijna 1300 hectare wijngaard had gehad, bijna eenderde minder wijn dan in een normaal jaar. De oidium (echte meeldauw) verspreidde zich snel. In 1860 was de helft van het departement aangetast, en in de loop van het decennium daarop werden alle wijngaarden in de Bas-Vivarais getroffen. De opbrengst, die in een normaal jaar 30 hectoliter per hectare had bedragen, zakte tot 5 hectoliter van slechte kwaliteit, hoewel sommige jaren minder rampzalig waren dan andere. Niemand leek zeker te weten of het wassen van de wijnstokken met een zwavelpreparaat of het verwijderen van de uitlopers die echte meeldauw hadden, om het stof dat eraf kwam te verhinderen zich op de wijnstokken te vestigen, enig verschil maakte. Het aantal hectaren wijngaard was dan ook meer dan gehalveerd. In 1862 was het onmogelijk om de waarde van grond in het kanton te schatten omdat de wijngaarden 'amper konden worden verkocht sinds de ziekte'. In de loop van de daaropvolgende jaren keerde de echte meeldauw van tijd tot tijd terug, waardoor de producenten in een chronische staat van onzekerheid bleven verkeren, ook toen meer hectaren weer in productie werden genomen.[79]

Toch leek de echte meeldauw, hoe rampzalig ook, nog goedaardig vergeleken met wat er daarna kwam. De druifluis, phylloxera (*lou pedzoul* in het Occitaans), begon de wijngaarden in de Ardèche te treffen. Zij werd in 1865 voor het eerst aangetroffen langs de rivier in de Gard en de Bouches-du-Rhône, verscheen het volgend jaar in de buurt van Avignon, vervolgens verhuisde zij van 1867 op 1868 naar de Hérault en klom op naar de Drôme. In 1879 stak zij de Rhône over en viel het kanton Vallon aan.

Phylloxera is een ziekte die veroorzaakt wordt door een luis die de bladeren en de wortels van de wijnstok aantast, en zij verwoestte de wijngaarden in de streek. Het oppervlak aan wijngaarden werd tussen 1872 en 1890 met 56 procent gereduceerd. In Balazuc merkten de boeren de eerste symptomen van phylloxera in 1872. De ziekte trof al snel tien hectaren van de wijngaarden in het dorp. Niemand wist hoe ze zich verspreidde en hoe ze moest worden bestreden. Met de oogst van 1876 had de druifluis meer dan eenderde van de wijngaarden in de Ardèche verwoest. Binnen een jaar had zij elke wijngaard in Balazuc aangetast, 120 hectare werd ziek, in 1878 200, in 1879 500.[80] Bezorgdheid sloeg om in paniek. In allerijl opgerichte departementale comités hadden geen antwoord. De waarde van een hectare wijngaard daalde tussen 1874 en 1886 met 60 procent. In 1897 was er in het arrondissement Largentière ruim 6000 hectare wijngaard verwoest. Dat jaar produceerden nog slechts 40 hectare wijngaard enige wijn in Balazuc, een zesde van de oppervlakte van 1874.[81]

Om de druifluis die de wijnstokken aantastte te bestrijden, begonnen de producenten de wijnstokken te behandelen met zwavelkoolstof, dat vrijwel geen uitwerking had in het kalkachtig terrein van de Bas-Vivarais, en met kopersulfaat. Sommige producenten probeerden de wijnstokken geheel onder water te zetten om de luis te verdrinken, maar dit was in Balazuc niet uitvoerbaar. In St.-Maurice-d'Ibie besproeiden sommige boeren de wijngaarden met menselijke urine of varkensgier of met water waarin notenbladeren waren gekookt, waarbij ze dan ook nog flink wat gebeden zeiden. In 1879 zag het ernaar uit dat wijnstokken die uit de Verenigde Staten waren geïmporteerd resistent waren tegen de druifluis. Enten op Amerikaanse onderstam begon enige goede

resultaten af te werpen. In 1891 was het grootste deel van de zieke wijngaarden her-
beplant met Amerikaanse onderstammen, waarop de inheemse soorten geënt waren.
De wijngaarden kwamen geleidelijk aan weer tot leven, maar de wijn die zij produceerden was vrijwel niets waard.[82] Dat jaar meldde de burgemeester van Balazuc dat de
Amerikaanse onderstammen goede resultaten en hogere prijzen voor wijn opleverden.
Er volgden echter nog meer slechte jaren. Overheidssubsidies brachten enige verlichting, hoewel de ziekte hier en daar nog opdook. Tegen het midden van de jaren negentig van de negentiende eeuw waren de wijngaarden in een deel van de Ardèche weer
tot leven gekomen. Over het geheel was de prijs van een hectoliter wijn met vrijwel een
derde gestegen, en de productie steeg in het eerste decennium van de nieuwe eeuw ook
snel. Zodoende waren de wijnboeren op de lange duur waarschijnlijk gelukkiger dan
degenen die hun hoop hadden gevestigd op de productie van ruwe zijde. Het was duidelijk dat de crisis niet voorbij was, want iedereen klaagde dat de oude kwaliteit verdwenen was.[83]

Als om eens temeer de kwetsbaarheid van het agrarisch leven te onderstrepen, trad
na vier dagen regen op 22 september 1890 de Ardèche weer eens uit haar oevers, tijdens
de ergste onweersbui ooit waargenomen, een die nog steeds in het collectief geheugen
van Balazuc gegrift staat. In nog geen vijf uur steeg de waterspiegel 12 meter, 2 meter
boven het niveau van 1857. De secretaris van de gemeenteraad, die de dag daarvoor was
samengekomen, notuleerde dat niemand in Balazuc zich een dergelijke overstroming
kon herinneren. Het woelende water rukte het dak van de molen weg, liet slechts beschadigde muren en molenstenen achter, naast talloze bomen die uit de grond waren
gerukt. Een schuur aan de overkant van de rivier was in een ogenblik weggevaagd, verscheidene tuinen werden bedekt met een dikke laag grind. In Vogüé werden de brug
(een van de achtentwintig), de molen, en vijf huizen meegesleept, in Lanas de pas op-
geworpen dijk. Tot de 37 slachtoffers in het arrondissement behoorde een hele familie
in Pont de Labeaume. De gemeenteraad schatte de schade in Balazuc op ongeveer
50.000 franc.[84]

Toen trof een derde slag de kwetsbare agrarische economie van de Vivarais. De ziekte, bekend als *encre* (inktziekte), een zwammetje dat een blauwzwarte, inktachtige kleur
van stam, wortels en grond veroorzaakt, en langzaam maar zeker de kastanjeboom
doodt, verscheen in 1875 voor het eerst in de streek rond Aubenas. In 1905 had zij zich
verspreid door de Bas-Vivarais (hoewel zij niet direct Balazuc en andere dorpen onder
de 270 meter hoogte aantastte). De broodboom voegde zich bij de gulden boom in het
woud der rampen. Tussen het midden van de jaren zeventig van de negentiende eeuw
en 1929 verdween de helft van de met kastanjebomen beplante oppervlakte, in 1960 was
twee derde weg.[85]

Verlaten terrassen

Het midden van de negentiende eeuw geldt nog steeds als het demografisch hoogtepunt van de Ardèche. De bevolking van Balazuc, toegenomen door haar flirt met de welvaart, piekte in 1859 met 905 inwoners. In 1861 bereikte het departement het hoogste bevolkingscijfer, 388.000 inwoners. Deze groei betrof met name het platteland, waar 84 procent van de mensen woonde. De bevolkingstoename had agrarische verzadiging veroorzaakt, de intensieve bewerking van vrijwel alle grond waarop iets kon worden geteeld.[86]

De prefect van de Ardèche had in 1849, achteraf gezien verbazend genoeg, getracht de lage emigratie uit zijn departement te verklaren door erop te wijzen dat de boeren erg aan hun land verknocht waren. Zes jaar later stond in een rapport van een onderwijsinspecteur bijna als bedenking dat emigratie uit het platteland nu 'in zekere mate' was begonnen. Slechts ambachtslieden of mensen die in de handel werkten verruilden nu het platteland voor de stad.[87]

De inspecteur sprak voor zijn beurt. Het rampzalig einde van de topjaren leidde geleidelijk tot massale emigratie uit de Ardèche, als onderdeel van de landelijke leegloop die grote delen van agrarisch Frankrijk ontvolkte. Tweederde van de Franse departementen telde in 1939 minder inwoners dan in 1851. Nosema, druifluis en inktziekte hadden de economische kwetsbaarheid van kleine grondbezitters aan het licht gebracht. De daling was tot 1896 matig en ging daarna bijzonder snel. Tussen 1861 en 1960 verloor de Ardèche ruim 140.000 inwoners, ongeveer 37 procent van het totaal. 'Het armzalige arrondissement Largentière,' dat in 1851 een maximaal bevolkingsaantal had gekend van 114.428, telde in 1911 nog slechts 84.022 inwoners en in 1921 71.853.[88] In de bergstreken was de afname nog veel erger. Alleen al tussen 1906 en 1911 verloor de Ardèche 14.200 inwoners, hoewel het geboortecijfer hoger bleef dan het sterftecijfer. De menselijke leegloop begon in de Cevennen, die de helft van hun bevolking verloren toen tijdelijke migratie permanent werd, en bereikte toen ook het karstgebied.[89]

Op 22 december 1857 verzocht de onderprefect om een verklaring van onvermogen en bijstand voor de reis voor Marie Mollier, 23 jaar oud. Zij wilde vanuit Balazuc helemaal naar Oran in Algerije, in de hoop daar werk te zullen vinden. Burgemeester Tastevin had een brief geschreven om haar verzoek te ondersteunen. Ze had op weg naar Marseille vrijwel alles bij zich wat ze bezat. Toen Victor-Régis Chabert, voormalig soldaat uit Joannas, naar Marseille en de boot naar Algerije vertrok, nam hij veel meer dan 150 kilogram bagage mee, inclusief hamers en aambeeld, omdat hij als smid 'hoopte naar Algerije te gaan om daar een eerlijke boterham te kunnen eten'.[90]

Het bezoek van Albin Mazon aan Balazuc in 1884 was afgerond met een snelle blik op dat meest negentiende-eeuwse van alle gebouwen, het stationnetje, waarvan het loodgieterswerk aan de buitenkant een beetje primitief was: 'Wat een anachronisme!' Hij herhaalde het verhaal van de stationschef die, omdat er maar weinig passagiers in Balazuc uitstapten, al sinds de lijn in 1876 in dienst was genomen, iedereen die uit-stapte zoende. In werkelijkheid werd de trein, met de afname van economische kansen en van de bevolking, al snel een symbool, niet van aankomst, maar van vertrek.[91] Hoe-wel hij de dorpsbewoners eerst tijdelijk werk verschafte, maakte de spoorweg het ge-makkelijker om weg te gaan. Zoals tijdgenoten dat formuleerden: 'Ze hadden de rails gelegd, en die gebruikten ze nu om weg te komen.' Balazuc verloor bijna de helft van zijn bevolking, waarbij het aantal inwoners daalde van 905 in 1851, tot 878 in 1861, en vervolgens tot 694 in 1881. De bevolking steeg in 1891 iets, tot 705, maar begon toen weer af te nemen, tot 680 in 1896, 605 in 1901 en 563 in 1911, een leegloop van 117 men-sen in vijftien jaar tijds. Balazucs bevolking zou nog sterker zijn gedaald als de cholera van 1884 het dorp niet had gespaard.[92]

Zij die in Balazuc waren achtergebleven bleven hun lapjes grond bewerken. In de jaren zeventig van de negentiende eeuw hadden slechts drie mensen in Balazuc han-delsbelasting betaald: Joseph Leyris, de bejaarde veerman; Jean Pierre, van wie nu de molen was; en Louis Vianès, die nog steeds zijn café bezat. Overeenkomstig de afname van beroepsmatige activiteit, zoals die bleek uit de volkstelling van 1876, waren er 748 van de 802 inwoners van Balazuc afhankelijk van de grond om te overleven. Vijf jaar later waren alle 36 meest vooraanstaande belastingbetalers boer. In 1911 werkte het grootste deel van de gezinnen op het land. Daarnaast woonden er nog 42 boerenarbei-ders (het beroep van 'boerenknecht' was vrijwel verdwenen) in Balazuc, naast nog 3 her-ders. Negen jonge vrouwen of meisjes werkten elders in de zijdeverwerking of de spin-nerij. Afgezien van drie kruideniers en een bakker, waren er nog tien ambachtslieden en enkele vrouwen die als naaister of weefster werkten.[93]

Weliswaar werden de families in Balazuc die grond bezaten minder getroffen door de *grand départ* (hoewel er jongere kinderen tot de vertrekkers behoorden), diegenen die niets bezaten verlieten de Ardèche in drommen. Het waren meestal jongemannen tus-sen de twintig en de veertig, maar veel vrouwen op vruchtbare leeftijd verdwenen ook. Zij lieten een verouderde bevolking achter, een hoog sterftecijfer en een lager geboorte-cijfer.[93] De landelijke leegloop zette in sommige plaatsen de band tussen families en het land dat zij al eeuwenlang bezaten op de tocht. Maar in Balazuc was dat in mindere mate het geval, daar waren altijd al verbazende constanten te zien.

Paren huwden later, een feit dat zowel de economische crisis als de landelijke leegloop weerspiegelde. Dit op zijn beurt beperkte het aantal geboorten. Meer dorpsbewoners trouwden buiten het dorp, hoewel onderlinge huwelijken tussen gezinnen die allang in Balazuc woonden algemeen bleven. Meer inwoners van Balazuc dan ooit tevoren waren ergens anders geboren, hoewel dat in 1911 nog steeds slechts 22 procent van de inwo-ners was, velen van hen kwamen uit naburige dorpen, slechts 31 procent van buiten de Ardèche.[95]

In 1884 legde Mazon een verband tussen de algehele afname van de productie van ruwe zijde en de leegloop van de dorpen in de Ardèche: 'Iedereen heeft het minder, grondeigenaren die iets te zeggen hadden zijn arm geworden en de armen zijn tot echte ellende vervallen.'[96] Velen die vertrokken waren dagloners of huispersoneel (hoewel het werk in de kleine zijdeverwerkende fabrieken en spinnerijen deze afname enigszins afremde). Hun vertrek veroorzaakte een arbeidstekort. Boerenarbeiders, die slechts twee franc per dag hadden verdiend (en slechts één als zij ook in de kost waren), werden dus betrekkelijk zeldzaam, en de kosten van het inhuren van zo'n arbeider stegen. Velen konden hun verbittering dan ook amper verbergen. Net zoals de mensen die in het interbellum de mythe van de 'goede oude tijd' in het leven riepen, koesterden zij nostalgie naar de 'gouden eeuw', die slechts een jaar of dertig had geduurd.[97]

In 1911 woonden er meer dan 120.000 mensen die afkomstig waren uit de Ardèche, elders. Al met al had 40 procent van de uit de Ardèche geboortigen het departement verlaten naar graziger weiden, die destijds vrijwel overal elders leken te liggen. Van enkelen van hen werd het vertrek natuurlijk gemotiveerd, niet alleen door wanhoop, maar ook door bereidheid naar kansen te zoeken die in de Ardèche gewoonweg niet voorhanden waren. Zodoende weerspiegelt tot op zekere hoogte de ontvolking van Balazuc en andere dorpen ook het aanpassingsvermogen van de boeren, als zij op zoek gingen naar een beter leven.[98]

In het begin van de twintigste eeuw nam de aantrekkingskracht van Marseille en Lyon en omstreken voor degenen die de Bas-Vivarais verlieten toe. Oudere mensen die werden achtergelaten herinneren zich 'de tijd van emigratie van de boerenstand naar de grauwe steden'.[99] Verenigingen van Ardéchois in Lyon, Marseille en Avignon kwamen jaarlijks bijeen. In 1912 kondigde L'Ardèche parisienne de eenentwintigste jaarvergadering van de in Parijs woonachtige Ardéchois aan. Een Republikeinse Club van Ardéchois hield bijeenkomsten in de hoofdstad. Hoewel de aantrekkingskracht van de mijnen in de Gard en de Loire aanzienlijk bleef, gingen in toenemende mate mensen die de Ardèche verlieten werken als gendarme, als spoorwegbeambte, in overheidsdienst en in het leger. De grootvader van een vrouw in Balazuc werkte voor de Eerste Wereldoorlog als politieagent en bij het spoor in Lyon, typische beroepen voor diegenen die de Ardèche verlieten, op zoek naar werk. Aan het begin van de twintigste eeuw woonde een op de vier Ardéchois buiten het departement.[100]

Rechtse en linkse kranten gaven af op de massale landelijke leegloop. De Républicain des Cévennes betreurde in 1909 het feit dat 'huizen tot ruïnes vervallen waar de wind doorheen blaast, vervallen boerderijen die met klimop worden begroeid, verlaten muren die nu nog slechts om lege velden staan, een weerspiegeling van de ellende en de eenzaamheid. Het zien ervan breekt iemands hart'. L'Echo de Largentière gaf de schuld aan afnemend zedenbesef, verzwakking van familiebanden, het dalende geboortecijfer, hoge belastingen, en dertig jaar van wat de krant beschouwde als een linkse regering:

'Onze streek wordt geruïneerd. Zeker, wij hebben wegen, spoorwegen en trambanen aangelegd, overal gezorgd voor scholen en agrarische methoden geperfectioneerd, maar wat hebben wij daaraan als we het meest wezenlijke van alles, onze bevolking, kwijtraken?' L'Echo wees op de 'morele breuk die de emigratie leek te begeleiden, zodat er in elk kanton een katholiek comité moest worden opgericht, om de emigranten voor te bereiden op hun tocht "in goede morele conditie", zodat zij zichzelf niet "in moreel, politiek en religieus opzicht" zouden verliezen'. Bisschop Bonnet veroordeelde het dalende geboortecijfer en het volgend jaar de landelijke leegloop op zich.[101]

Een blik in het register van verklaringen van hen die in de periode 1903-1921 uitstel van belastingbetaling verzochten, geeft enig inzicht in de leegloop uit Balazuc. Inwoners beweerden dat zij geen belasting zouden hoeven te betalen omdat zij hun paarden waren verloren, of hun auto hadden verkocht, zoals Hippolyte Redon (waarschijnlijk de eerste in Balazuc). Louis Boyer verklaarde 'dat hij de gemeente aan het eind van het jaar definitief zou verlaten' (1910). Joseph Bouchet meldde dat 'zijn zoon de gemeente een halfjaar geleden voorgoed had verlaten' (1910). Marius Mouraret vroeg vrijstelling van belasting voor een van zijn zoons, die 'de gemeente definitief had verlaten' (1910). Jacques Dauthueyts 'bezit niets meer in de gemeente sinds hij is onteigend, en woont er ook niet langer' (1912). Clément Fernand had 'Balazuc al ruim een halfjaar geleden verlaten en woonde [in 1912] in Villefort [Lozère]'. De broer van Louis Tastevin was ruim een halfjaar eerder naar Lyon verhuisd. Léon Mollier had zijn café achtergelaten (1912). Louis Duffaud had zichzelf verhuurd als boerenarbeider in St.-André-de-Cruzières (1913), Louise Vianès, waarschijnlijk de bejaarde weduwe van Louis, de aubergiste (herbergier), had Balazuc in 1913 verlaten. Daarna staat genoteerd dat zij aan het eind van het jaar 'in armoede was gestorven in Joyeuse, zonder de haren'. Degenen die vertrokken, waren vaak afkomstig uit families die in Balazuc geen grond bezaten of jongere kinderen van degenen die wel grond bezaten, maar die hun familie achterlieten.[102] Toen de gemeenteraad besloot de voormalige meisjesschool te verkopen, rapporteerde Giry, de onderwijzer voor de jongens, die de waarde ervan moest bepalen, dat de beide gebouwen weinig waard waren vanwege hun locatie en 'het grote aantal lege huizen in Balazuc'.[103] De grote hoop van de eerste helft van de eeuw lag in scherven. Verlaten terrassen op steile hellingen zijn vandaag de dag nog stille getuigen van le grand départ.

5 In de schaduw van de gulden boom

Jean-Mathieu Gibert, een zesendertigjarige vrijgezel met twaalf jaar ervaring als onderwijzer, kwam in 1833 naar Balazuc om daar onderwijs te geven. De wet Guizot, genoemd naar de grimmige protestant uit Nîmes die haar ontwierp, werd later in dat jaar aangenomen en stipuleerde dat elke gemeente in Frankrijk 'een passend lokaal' moest leveren, 'dat kan dienen zowel tot school als tot onderkomen voor de onderwijzer'. Gibert bezat geen diploma en had zelf slechts 'weinig opleiding', ondanks de jaren die hij had gediend. Hij was aangesteld door de onderwijscommissie van het district, waarvan de beslissing was bekrachtigd door de rector van de Académie van Nîmes, waarschijnlijk nadat hij een certificaat van goed gedrag had laten zien, getekend door de burgemeester of de pastoor van zijn dorp, of van een gemeente waar hij had onderwezen.[1]

Gilberts arbeidsomstandigheden waren op zijn zachtst gezegd marginaal, en leken bijna op die van de ploeterende boer. Het gemeentebestuur zorgde voor onderkomen in de bij het Portail d'Été gehuurde school, waarvoor de gemeente jaarlijks 50 franc neertelde. Gibert overleefde door iets te innen van de lage tarieven, van 1 tot 1,50 franc per maand en per leerling (iets minder voor de jongere leerlingen). Betaalden alle ouders, dan had hij ongeveer 300 franc boven de 200 die hij van het gemeentebudget kreeg. Hoe Gibert overleefde is moeilijk voor te stellen. In 1836 inde hij slechts 32 centiemen van wat de families van zijn leerlingen hem schuldig waren (wellicht heeft hij wat kleine betalingen in natura ontvangen). Hij ontving nog 30 franc doordat hij als gemeentesecretaris diende. Het volgend jaar leverde een kleine verhoging van de vier rechtstreekse belastingen 84 franc extra op die, samen met een overheidssubsidie, de gemeente in staat stelde ruimte voor de school te huren.[2] Zes kinderen die de gemeenteraad als 'armlastig' beschouwde werden gratis toegelaten (dat aantal steeg in 1836 tot veertien). De inspecteur had gemerkt dat er amper meer kon worden verwacht van een dorp in zo'n verarmde streek, die datzelfde jaar door een epidemie was geteisterd, 'die Balazuc in diepe ellende had gedompeld'.[3]

De wet Guizot verhoogde de status van de dorpsonderwijzer. Veelzeggend is dat Gibert vrijwel direct daarna regelmatiger dan zijn voorganger (die afkomstig was geweest uit Balazuc), als officiële getuige begon op te treden bij belangrijke gebeurtenissen van het leven. Hij schreef zijn naam duidelijk, met een zelfverzekerd handschrift, een handtekening waarvoor hij waarschijnlijk enkele centiemen kreeg van families die zich verder niet konden veroorloven hem wat dan ook te geven.

Een man uit een ander dorp neemt ons mee naar de kleine, overvolle klas uit zijn jeugd:

> School betekende voor de leerlingen volstrekte terreur. De onderwijzer was een soort boeman, wiens rol het was om te slaan en te straffen [...] Als het tijd was om naar school te gaan, huilden de kinderen alsof zij naar het schavot werden gebracht. Meestentijds moesten vader of moeder ze er met geweld naartoe slepen. [...] Ik zie de school in mijn gehucht nog voor me, met haar banken, haar wankele tafels, haar kale muren, het bureau van de onderwijzer dat je slechts met angst en beven naderde, vanwege de verschrikkelijke kat-met-negen-staarten die aan zijn stoel hing. De klappen die wij kregen staan nog in mijn geheugen gegrift, de uitgestoken hand van de onderwijzer, omdat wij de verschrikkelijke fout hadden begaan te gaan verzitten of met de buurman te praten. De oudsten, 'de schrijvers', hadden slechts het recht aan tafels te zitten. De jongsten moesten op banken zonder ruggensteun plaatsnemen [...] daar zaten zij urenlang roerloos gekluisterd, zonder iets te doen, omdat niemand enige aandacht aan hen schonk.[4]

De kinderen die in Balazuc naar school gingen begonnen meestal op zesjarige leeftijd, maar het gemiddelde kind in de Bas-Vivarais bracht daar iets meer dan vier jaar door. In de winter van 1836-1837 gingen dertig jongens naar school, maar in de zomer slechts vijftien.[5] Schoolgeld weerhield van schoolgaan. Families die de keus kregen tussen hun kinderen naar school sturen of ze stenen laten verslepen, geiten laten hoeden of ze laten helpen bij de zijderupsenoogst, opteerden voor werk als de enige zinnige keus.

Het klasje van Gibert had geen bord en maar een paar tafels of banken. Kortom, zoals de inspecteur opmerkte, 'er was gebrek aan alles'. De nieuwe onderwijzer, die een voorstander was van de individuele methode van onderwijs (dat wil zeggen dat er een leerling voor de klas werd geroepen terwijl de anderen moesten blijven zitten), had slechts een paar willekeurige boeken tot zijn beschikking, aan de hand waarvan hij lezen, schrijven en elementair rekenen kon bijbrengen. Daartoe behoorden de bijbel, enkele catechismussen (die door onderwijzers werden gebruikt als basistekst voor het leesonderwijs), twee linialen, een spellingsboek, enkele 'teksten over schrijven', een exemplaar van de *Conduite chrétienne*, een zekere *Pensées d'Humbert*, en een religieus handboek, uitgegeven door de bisschop van Viviers. Toen de schoolinspecteur naar Balazuc kwam, vond hij Giberts capaciteiten en zijn succes bij het houden van orde en discipline in zijn klas 'middelmatig' en zijn onderwijs 'zeer middelmatig'. De inspecteur bestempelde de school als 'slecht geleid', en wees op het gebrek aan vooruitgang in het onderwijs. Niettemin leek Gibert het in het dorp goed te rooien. Niemand had kritiek op zijn gedrag of zijn zedelijkheid. Maar sommigen, ongetwijfeld ook de burgemeester, merkten op dat hij slechts 'matig' kon omgaan met het dorpsbestuur en klaagden over Giberts 'te uitbundige relaties, hoe net ook'. De onderwijzer heeft wellicht last gehad van enige vijandigheid jegens zijn beroep, wellicht ook van de dorpspastoor, die hem als potentieel rivaal kan hebben beschouwd bij de trouw van Balazucse kinderen.[6] Zelfs in een streek met een betrekkelijk grote kerkelijkheid, kon in de jaren dertig en veertig van de negentiende eeuw in die generatie jongere onderwijzers antiklerikalisme worden geconstateerd.[7] Bovendien stond Gibert voor de overheid, en hij en zijn opvolgers werden in toenemende mate als zodanig beschouwd. Dat op zich bestempelde hem onvermijdelijk tot een potentiële rivaal van de pastoor. Zijn schooltje, hoe slecht toegerust ook, werd het middelpunt van belangstelling voor de gemeenteraad van Balazuc, gespitst op het vinden van een gepaste locatie ervoor, ondanks chronisch geldgebrek.

Balazuc onder de gulden boom

Het dorp van Jean-Mathieu Gibert groeide nu snel. De komst van de gulden boom voerde de bevolking van Balazuc tot het hoogtepunt aller tijden, 905 inwoners in 1851. Toch woonden vrijwel alle inwoners nog dicht op elkaar in het dorp zelf of in een van de drie gehuchten, zoals dat al eeuwenlang het geval was geweest. Vijf jaar eerder, ten tijde van een volkstelling, woonden er zestien gezinnen in de *grande rue* die zich uitstrekte van de Porte de la Sablière tot het Portail d'Été, en twaalf aan het pleintje voor de kerk. Nog meer huizen, sommige niet veel meer dan uit de kluiten gewassen stenen hutten (*cabanes*), waren aan de rand van het dorp verrezen: een totaal van 35 huishoudens en 189 mensen.[8] De gehuchten Servière (met 52 inwoners), Audon (88) en Louanes (50) bleven belangrijke bevolkingscentra, echt piepkleine dorpjes op zich, met in totaal 190 inwoners.

Een hoger geboortecijfer en een daling van het sterftecijfer vormen ook mede de verklaring van de bevolkingstoename tijdens de eerste helft van de eeuw.[9] De bevolking van de Vivarais bleef toenemen ondanks de beroering van de Revolutie en het Keizerrijk, van 259.504 in 1789 tot 290.833 in 1806, voordat zij haar hoogtepunt bereikte met meer dan 388.000 inwoners in 1861. De bevolking van de Bas-Vivarais groeide zelfs nog sneller, ten teken waarvan de terrassen die de steile heuvelhellingen beklommen, zich sterk uitbreidden.[10] Zodoende steeg het inwoneraantal van Balazuc in de eerste helft van de negentiende eeuw. Het steeg van 653 in 1806 tot 762 in 1820 tot 800 in 1836 tot 880 in 1846, voordat het in 1851 de top van 905 inwoners bereikte. Het aantal geboorten was in de meeste jaren tussen 1801 en 1850 hoger dan het aantal sterfgevallen. Toch bleef de kindersterfte extreem hoog: in 1844 betroffen 15 van de 33 sterfgevallen kinderen onder de leeftijd van een jaar, en andere kinderen van vijf jaar of jonger. Het dorp bleef echter betrekkelijk dun bevolkt, voornamelijk vanwege de aanwezigheid van de vrijwel onbewoonde gras.[11]

De meeste huwelijken, telkens gevolgd door een lange stoet door het dorp, met aan het hoofd bruid en bruidegom met hun families en getuigen, verbond nog steeds mannen en vrouwen uit Balazuc aan elkaar. In andere gevallen kwam een van de partners (met uitzondering van vier gevallen betrof dat de bruidegom) uit een nabijgelegen of belendend dorp: Lanas, Vinezac, St.-Maurice-d'Ardèche, Pradons, Laurac. Slechts één bruidegom bij die 67 huwelijken was buiten de Ardèche geboren: de zesendertigjarige metselaar Joseph Exbrayat, afkomstig uit de Haute-Loire, die in 1835 was getrouwd, en van wie wij later nog meer zullen horen.[12]

Balazuc bleef een boerendorp. De kwetsbare agrarische economie behelsde alle leden van vrijwel alle huishoudens, waarbij iedereen samenwerkte met het gezinshoofd, in het geval van de vrouwen bij het bestieren van huis en hof, of in het geval van oudere zoons die dagloners waren, door vol- of deeltijds voor iemand anders te gaan werken. Balazucs gegroeide bevolking zorgde voor een toenemend aantal ambachtslieden, onder wie vijf metselaars, vier kleermakers, twee smeden, twee kappers, een meubelmaker, een schoenmaker en een bakker, naast twee naaisters en twee aubergistes (herbergiers), de ene Louis Vianès, die gasten verwelkomde aan de Porte de la Sablière, en de ander in de lange straat die liep van de laatstgenoemde toegang tot het Portail d'Été. Niettemin bezaten vrijwel al deze mannen naast een zaak ook grond in Balazuc en bewerkten die. De volkstelling telde ook Cyprien Roux, de pastoor, mee, Louis Fromentin en Marie Raphanel, de onderwijzers, ook Auguste Mollier, de veerman die mensen en dieren over de rivier zette, de veldwachter (garde champêtre) en Joseph Granier, die in zijn levensonderhoud voorzag door de kerkklok te luiden en de gelovigen te begraven.[13]

De aanwezigheid van ouders en andere verwanten in het huishouden leidde tot overvolle huizen. Zo omvatte het huishouden van Louis Mollier zijn vrouw, hun vier kinderen, en zijn tante; dat van Antoine Fromentin zijn vrouw, drie kinderen en zijn ouders. André Boyer woonde met zijn vrouw, Anne, die blind was, en zijn drie kleine kinderen, naast zijn eigen moeder in een huis.[14]

De telling onthult zowel veranderingen ten opzichte van als constanten met het verleden. Zes jonge vrouwen waren *au filage*, zij werkten in de kleine spinnerijen langs de Ardèche en andere rivieren. Verscheidene mensen waren armlastig, 'bijgestaan door liefdadigheid'. Onder hen vielen Annie Court, de vrouw van een kleine boer, en Marguerite Granier, de vrouw van een dagloner. Het huishouden van de oude Antoine Bouret omvatte Rose, zijn achtendertigjarige dochter, die werd beschouwd als 'geestelijk gestoord maar niet gevaarlijk', en haar tienjarige 'onwettige' zoon (destijds een zeldzaamheid in de Bas-Vivarais). Jean Roux, de blinde jongen die we in hoofdstuk 3 al zijn tegengekomen, was nu 56 en voorzag in zijn levensonderhoud door het maken van visnetten. Ten slotte waren er tien boerenknechten (van wie er acht op de grotere boerderijen woonden, buiten het dorp zelf), zeven boerenmeiden en dertien dienstbodes die in huishoudens in Balazuc woonden.

Balazucs expanderende bevolking vulde het kerkhofje achter het Portail d'Été tot het overvol was. Zelfs toen de geboortes het geleidelijk aan van de sterfgevallen wonnen, troffen epidemieën af en toe toch nog het dorp. In 1833, het jaar nadat de cholera het arrondissement Largentière had ontzien, trof een andere dodelijke ziekte Balazuc.[15] Een soort cholera die bekendstond als de hete ziekte (*maou siaou*) doodde 49 mensen in Balazuc. Van deze slachtoffers waren er vijftien (onder wie beide kinderen van een echtpaar) jonger dan twee jaar, en negentien boven de zestig. Zeven mannen, vrouwen of kinderen met de naam Mollier stierven. Dat jaar telde Balazuc 65 sterfgevallen en slechts 21 geboortes. Slechts één paar trouwde in Balazuc dat jaar, met een speciale ceremonie, namelijk Rosaline Tastevin, uit de meest welgestelde familie in het dorp, met Étienne Brun uit St.-Germain. In 1834 getuigden de 35 sterfgevallen (tegen 24 geboortes) van de afnemende kracht van de ziekte. Zo waren er in 1835 vier geboortes, tegen slechts tien sterfgevallen.[16]

Deze plotselinge sterfgevallen maakten meer grafruimte noodzakelijk. Bovendien meende de gemeenteraad dat de oorzaak van de laatste epidemie de 'miasmen' waren, 'afkomstig van het kerkhof, dat veel te dicht bij de oude wallen ligt [...] en met de toename van de bevolking kan men geen graf graven zonder te stuiten op het trieste schouwspel van beenderen die nog niet door de aarde zijn verteerd'. Drie mannen kwamen overeen grond aan het dorp te verkopen die moest dienen als nieuwe begraafplaats, en wel nog dichter bij de kerk, aan de rivier. De gemeenteraad kon zich destijds echter geen enkele betaling permitteren. De nieuwe en verondersteld tijdelijke begraafplaats liep gemakkelijk onder water bij de frequente regenbuien, en overtollig van de graven afstromend water kwam ten slotte de 'bron' infiltreren onder het Portail d'Été, de voornaamste waterbron tijdens het grootste deel van de twintigste eeuw. Ook lag de begraafplaats te dicht bij verscheidene huizen, en in 1853 probeerden twee van de aldaar woonachtige families de gemeente te dwingen haar te verplaatsen of er ten minste muren omheen te zetten. Maar voor het ogenblik moest het daarbij blijven.[17]

Balazuc bleef een dorp met ruige paden, geen wegen. Het pad dat bekendstond als La Pousterle, leidde van het bouwvallige kasteel naar Portelas, waardoor zij die via het 'koninklijk pad' kwamen nu het dorp betraden. Nog een pad, amper breed genoeg voor een wagen, liep rond de oude muren, waarbuiten het pleintje van het Portail Neuf lag. Onder die ruelle bevonden zich geterrasseerde tuinen, op een helling die naar de begraafplaats voerde. Een van de paden van de kerk en het kleine *place* daarvoor, destijds het middelpunt van het dorpsleven, was de passage La Trouée de la Fachinière, die nog steeds door en onder de rots loopt. Paden doken onder de stenen huizen door, inclusief wat wellicht een ondergrondse gang kan zijn geweest. Helemaal beneden stond de molen. Het kadaster uit 1825 geeft aan dat een soort dam het water naar het rad voerde, om voldoende energie te leveren teneinde de grote molenstenen te laten draaien. Er lagen tuinen langs de rivier, vooral stroomopwaarts, uitermate gevoelig voor overstroming.

In 1836 hadden de boeren in Balazuc 50 hectare tarwe staan, 8 hectare rogge, gerst en haver, en 4 hectare aardappelen en groenten, naast hun wijngaarden. Er waren slechts een paar ossen, koeien of paarden in het dorp, maar meer dieren die tegen ruig terrein konden: 30 rammen, 300 lammeren, 300 ooien, 100 geiten, 100 varkens, 50 muildieren en 2 ezels, eigenlijk allemaal dieren van arme mensen. Van de honderd dieren die jaarlijks werden geslacht, werden zeker enkele varkens rond Kerstmis opgegeten.[18]

Gemeentelijke zorgen

Het gezag van de gecentraliseerde staat reikte via de prefect en de onderprefect tot het kleinste dorp. Dat gebeurde middels de burgemeester en de gemeenteraad, toen de gemeente geleidelijk aan de parochie verving als brandpunt van de plaatselijke identiteit. Onder de Restauratie koesterde niemand enige illusie over gemeentelijke autonomie, evenmin als onder het Ancien Régime. Staatsgezag en dorpse armoe bleven de twee harde feiten bij het gemeentelijk bestuur. Gemeenteraden van dorpen zo groot als Balazuc omvatten onder de Restauratie acht man (tijdens opeenvolgende regimes steeg dit tot tien, toen tot twaalf en bleef ten slotte op elf hangen), van wie er twee als respectievelijk burgemeester en loco-burgemeester (*adjoint*) dienden. De prefect of de onderprefect van het arrondissement moesten ieder het gemeentebudget goedkeuren. De staat eiste dat de gemeenteraden fondsen creëerden om te betalen voor de veldwachter en om de paden van het dorp te onderhouden.[19] Toch veroorzaakten deze twee verplichtingen, waarbij in 1833 die van het onderhoud van een openbare jongensschool kwam, dat het dorp een verzoek om bijstand moest indienen, omdat het de staat beschouwde als een bron van fondsen, die een aanhoudende stroom subsidies kon sturen. Tijdens de laatste jaren van Napoleons Keizerrijk en onder de Restauratie echter waren de vergaderingen van de gemeenteraad zo weinig frequent (vaak slechts eens per jaar, in mei, en in 1816 helemaal geen) dat bij verscheidene gelegenheden het jaar, zonder maand of dag, in het register werd opgetekend. Steevast ontbraken een of twee leden.[20]

De gemeentelijke administratie, door de Revolutie enigszins op gang gekomen, werd onder het keizerrijk beter georganiseerd. De *greffier*, oftewel de dorpsschrijver van het Ancien Régime, werd nu de gemeentesecretaris. In 1806 werd Jacques Mollier, 26 jaar oud, 'grondbezitter, in staat tot lezen en schrijven', wiens vader de waarde van de biens nationaux onder de Revolutie had getaxeerd, secretaris. Niettemin moest de gemeenteraad alle beetjes bij elkaar schrapen om zelfs zijn minimale jaarsalaris op te brengen.[21] Drie jaar later gaf de prefect van de Ardèche, die zag dat de verslagen van de gemeenteraad over het algemeen 'op onnauwkeurige en onregelmatige wijze bijgehouden werden', Balazuc opdracht de notulen in registers in te schrijven en die ter goedkeuring naar de onderprefect te sturen. De registers van de notulen (*procès-verbaux*) betreffende een vergadering begin dat jaar zijn sinds die tijd heel nauwkeurig bijgehouden.[22]

Burgemeesters, loco-burgemeesters en wethouders waren afkomstig uit een kleine groep mannen die grond bezat en die kon lezen en schrijven (zoals dat ook het geval was met hun evenknieën onder het Ancien Régime) en zodoende in staat waren hun naam onder de notulen te zetten. Deze boeren kunnen iets welgestelder zijn geweest dan andere inwoners, maar op een of twee na niet heel veel. Met uitzondering van de periode 1821-1823, toen Jacques Mollier (een goed besturende) burgemeester was, bekleedde Alexandre Tastevin uit Salles, de rijkste man van het dorp, de functie. 'Zeer toegewijd aan de regering' (hoewel hij onder het keizerrijk had gediend, had zijn vader behoord tot degenen die een poging hadden gedaan de belangen van de familie Vogüé in Balazuc tijdens de Revolutie te behartigen) en verzekerd door zijn bescheiden fortuin, kreeg hij eind 1815 de betrekking, als vervanger van wijlen Antoine Auzas. Tastevins vader had tot zijn dood in 1801 als burgemeester gediend. Bij die gelegenheid betwistte Balazuc en zijn buurgemeente St.-Maurice-d'Ardèche het recht hem te begraven, want Salles ligt net tussen beide in. Naar verluidt lieten zij het over aan het paard, dat wegliep in de richting van St.-Maurice. Uit een dorp waaruit maar weinig mensen waar dan ook naartoe gingen (en waarin door de hele eeuw heen ongeveer 80 procent van de bevolking was geboren), reisde Jean-Baptiste Tastevin in 1846 naar St.-Étienne, nog eens het jaar daarop en twee jaar later naar Montbrison, eveneens in de Loire. Wij weten uit de beschrijving in zijn paspoort (dat in principe vereist was om tussen departementen te kunnen reizen) dat hij 1 meter 62 lang was, dat hij op zijn drieënzestigste grijs haar en een baard had, en een litteken op zijn linkerwang, tot zijn mond.[23]

De familie Tastevin was verreweg de meest welgestelde in Balazuc. In augustus 1806 trouwde Emmanuel Alexandre Gamond d'Antraigues, een zoon van een welvarend advocaat en notaris en de broer van een lid van de Conventie onder de Revolutie, met Rosaline Tastevin. Dit was niet niets. Antoine Auzas was dan ook de enige getuige die zijn naam niet kon tekenen. Jean Baptiste Tastevin uit Salles, de broer van de bruidegom, zorgde voor de aanzienlijke bruidsschat van 30.000 franc en gaf een groot weiland in Balazuc als onderpand. Het echtpaar trouwde overeenkomstig het plaatselijke gebruik op huwelijkscontract (*régime de l'état*), waarbij Rosaline al haar bezittingen opgaf, de huidige en de toekomstige. Als Gamond stierf zouden zijn zoon en diens bruid zijn huis in Antraigues, zijn meubilair, zijn huisraad (waarvan een nauwkeurige lijst werd opge-

maakt: een buffet en vierentwintig stoelen, drie zilveren serviezen, twaalf koperen potten en pannen, een mooie klok en vier dozijn servetten, met een totale waarde van 1200
franc – niemand in Balazuc kon zo eten), een kleine binnenplaats en een tuin naast zijn
notarispraktijk erven, die door zijn zoon moest worden voortgezet. Gamond senior
zou zich terugtrekken, om zo zijn zoon en diens nieuwe bruid een kans te geven. Deze
regeling was helemaal in de traditie van het Ancien Régime, toen donatie aan erfgenaam bij huwelijk een van de manieren was waarop welstand werd doorgegeven.[24]

Antoine Alexandre Tastevin fils was een stevig eter en een flinke drinker. Eens, te
paard op de jaarmarkt in Aubenas, vermaakte hij zich door de stand van een aardewerkhandelaar met zijn zwaard te vernielen, waarbij hij in het Occitaans, de taal van alledag, uitriep: 'T'en fazes pas, qu'oy Tastévin qué pago!' ('Maak je geen zorgen, Tastevin betaalt er wel voor!'). Tastevins flamboyante karakter heeft de onderprefect wellicht niet
aangestaan, want die verving hem in 1819 door Jacques Mollier. Toen Mollier zich in
1823 echter terugtrok, werd Tastevin vrijwel onvermijdelijk weer burgemeester.[25] De
meeste wethouders dienden tot hun dood. Zelfs toen Claude Boiron zich als loco-burgemeester ook terugtrok nadat Mollier zich in 1823 had teruggetrokken, bleef hij in
het college zitten. Drie jaar later werd Alexandre Tastevin weer burgemeester, waarbij
Jacques Mollier nu als loco-burgemeester diende.[26]

Vier directe belastingen voedden het gemeentebudget, dat door de prefect zorgvuldig werd gecontroleerd: belastingen op onroerend goed (foncier en mobilier), op deuren
en ramen en op de zaak (de patente, die slechts een paar inwoners hoefden te betalen).
Weinig inkomsten zorgden voor een laag budget: 454,60 franc in 1813 en 826,19 franc
in 1844 (een weerspiegeling van de groeiende dorpsbevolking). De uitgaven betreffen
enkele francs voor kantoorspullen, het inbinden van de registers van geboorten, huwelijken en sterfgevallen, een abonnement op een officiële administratieve krant en het
onvermijdelijke Bulletin des lois, incidenteel herstel van de pastorie, verplichte bijdragen
aan de huur van de vrederechter in Vallon en het onderhoud van het kantonnale huis
van bewaring, bijdragen in het salaris van de gemeentesecretaris en belasting op gemeenschapsgronden. Tenslotte vertegenwoordigde het onderhoud van de dorpsklok
een bescheiden maar noodzakelijke uitgave.[27]

Overleg binnen de raad bepaalde het budget op de armoedige som van 467 franc
voor 1826 en voegde daar redelijk genoeg aan toe: 'Het is alleen zinnig onderwerpen
van volstrekte noodzakelijkheid te noteren, gezien de beperkte middelen van de gemeente.' Tastevin schreef in 1829 dat hij vijf jaar lang nooit had gevraagd om vergoeding van de gemeentelijke onkosten, waaronder het salaris van de secretaris (die hij in
de terminologie van het Ancien Régime nog steeds omschreef als 'schrijver'). Dat jaar
was uitzonderlijk in zoverre 25 franc (het equivalent van ongeveer twee keer een dagloon van een stedelijk ambachtsman) kon worden uitgetrokken voor 'onvoorziene uitgaven' en 26 franc voor 'openbare feestelijkheden'.[28]

De armoede botste met het dorpsleven. De gemeente had geen fatsoenlijk gemeentehuis. Bijeenkomsten werden gehouden ten huize van een van de leden of zelfs af en toe in een café. De burgemeester had de plattegronden thuis. Balazucs gemeenteraad kon het niet veel langer zonder gemeentehuis stellen 'zonder de waardigheid in het gedrang te brengen en de eigendom aan te tasten'. Vervolgens diende een kleine gehuurde ruimte als uitermate bescheiden gemeentehuis. Plannen om huizen te kopen en te repareren kwamen en gingen.[29]

In tegenstelling tot veel gemeenten kon de gemeenteraad zich niet veroorloven iets bij te dragen aan het onderhoud van de kerk. Dit zal de pastoor van Balazuc wellicht hebben geërgerd. Het was duidelijk dat de Balazuciens zelf amper een beroep op de parochie konden doen om hulp, de kerkenraad (fabrique) had vrijwel geen geld.

Tijdens de eerste helft van de negentiende eeuw viel het salaris van de veldwachter op als de grootste post op het dorpsbudget. Gemeenten hadden in 1791 voor het eerst toestemming gekregen een veldwachter in te huren, die onder het Ancien Régime op veel plaatsen hadden bestaan, en vanaf 1795, een jaar vol ellende, was dat verplicht geworden. De veldwachter hield de velden, vooral tijdens en direct na de oogst, en de dieren in de gaten, om diefstal te voorkomen, zowel op privé-terrein als op de gras. Dit was geen sinecure in Balazuc, het dorp was namelijk groot en het terrein was notoir moeilijk begaanbaar.[30]

De veldwachter had meer redenen om op zijn hoede te zijn voor buitenstaanders. Geweld bleef in de Vivarais algemeen, hoewel meer in de bergen dan in de lager gelegen delen. Op grotere hoogte droegen sommige mannen grote, dikke stokken die zij hun vrederechters noemden. In 1821 waren er gewelddaden en zelfs moorden, bijvoorbeeld de moord op de dorpsonderwijzer van Marcols, die door twee mannen werd omgebracht die hem voor iemand anders aanzagen. In het geval van een man uit Lanas, beloerd en vermoord toen hij terugkwam van de jaarmarkt in Vogüé, beschuldigde 'openbaar protest genoemde Grenier, Ladier, Malier alias de Kardinaal en Pélé (Jean), uit de gemeente Balazuc'.[31]

De Nationale Garde van Balazuc was met Napoleon verdwenen. In de nasleep van de Revolutie van 1830, waardoor de Bourbonmonarchie uit Frankrijk werd verdreven, kwam zij weer tot leven, maar alleen op papier, met 111 man van wie er slechts vier vuurwapens bezaten. Het deed er dus ook niet toe dat niemand een uniform had. Toen de beide officieren van de Nationale Garde van Balazuc in april 1831 naar Vallon moesten om daar hun diensteed af te leggen, verscheen er geen mens.[32]

Bleef dus over de veldwachter. Balazucs magere inkomsten stelden het dorp in de meeste jaren echter niet in staat genoeg op te brengen om zijn salaris van 280 franc te betalen, dat op zich niet eens voldoende was om te overleven, voor wie dan ook. Om aan dat minieme bedrag te komen kon de raad extra belastingen boven op de directe heffen, bedoeld om af te betalen aan leningen. Een dergelijke maatregel moest door de raad worden bekrachtigd, en vervolgens door de tien inwoners die de meeste belasting betaalden en die niet in de raad zaten.[33]

Balazucs veldwachter had het toezicht over 1890 hectare rotsachtig, moeilijk terrein. Zijn voornaamste plicht bleef diefstal op het veld, vooral tijdens de oogst, en uit bomen te voorkomen, en te passen op illegale houtkap. Hij moest er ook op toezien dat cafés en eethuizen op de juiste tijd sloten en de burgemeester op de hoogte brengen als dat niet het geval was.[34] Toch droegen de veldwachters, hoewel alle dorpsbewoners ze kenden, geen uniform (omdat zijzelf noch de gemeente zich dat konden permitteren), en ook schenen zij geen enkel speciaal symbool van gezag te dragen.

Veldwachters loerden ook op stropers zoals illegale vissers, terwijl sommigen hun taak niet serieus namen en de andere kant opkeken.[35] In 1906 stuitten twee gendarmes die stroomopwaarts van het dorp bij de Le Grand Moure patrouilleerden op zo'n honderd kilo dode vis die in de rivier dreef, gedood door iemand wiens visgerei bestond uit dynamiet, en die in allerijl vertrokken was, voordat hij zelfs ook maar een deel van zijn buit had kunnen binnenhalen. In augustus 1909 patrouilleerden twee gendarmes 'om een eind te maken aan de schade die aangericht wordt door de piraten van onze rivier'. Een nacht daarvoor hadden twee mannen stenen naar de gendarmes gegooid, die verwachtten ze vissend aan te zullen treffen. De volgende dag keerden de gendarmes terug naar de rivier en troffen daar twee naakte mannen aan, die staven dynamiet in de rivier smeten en vervolgens de dode vis van het oppervlak schepten. Een lange jacht volgde, maar het lukte de beide vissers te ontsnappen, 'met behulp van de dichte begroeiing en de steile helling van de rotsen'.[36]

Met zoveel op het spel, althans in betrekkelijke termen, kon de veldwachter gemakkelijk een impopulair plaatselijk figuur worden. In 1812 hadden de dorpsbewoners geklaagd dat de nieuw aangewezen veldwachter niet in staat was geweest om de 'vernieling' tegen te gaan van bossen op de gras, de gemeentegrond, naar verondersteld door families uit het naburige Lanas, Vinezac en Uzer. Balazuc eiste een man 'die krachtig en energiek genoeg was om deze vernieling een halt toe te roepen en de inwoners gerust te stellen'. Voormalige leden van de Revolutionaire Nationale Garde van Balazuc waren zelfs met hem mee gaan patrouilleren, een verplichting die 'veel inwoners tegen de borst stuitte'. Het oude conflict bleef onopgelost. Bewoners die afhankelijk waren van de schaarse vegetatie en het hout van de gemeentegronden op de gras vonden dat zij bedreigd werden met verlies van 'hun middelen van bestaan', en ook geloofden zij dat zij 'in de toekomst slechts nog ellendig kunnen voortleven, niet in staat hun belastingen te betalen over de weinige eigendommen die zij bezitten'. In de jaren dertig en veertig van de negentiende eeuw nam de ene veldwachter na de andere ontslag (vaak waren het voormalige soldaten), niet in staat een moeilijke, inspannende baan vol te houden, waarvoor zo weinig werd betaald.[37]

Met name Leyris verzaakte in de jaren veertig zijn plichten, verdiende in plaats daarvan geld door mens en dier over de rivier te zetten. In de tussentijd beschadigden *mal-faiteurs* eigendommen, verwoestten oogst en kapten moerbeibomen, meestal 's nachts. Toen hij een keer patrouilleerde en op een stenenregen werd onthaald, ging Leyris gewoon weer naar huis. Dit bezorgde hem in het dorp 'geen populariteit'. De gemeenteraad koos eenstemmig voor zijn ontslag, hoewel verscheidene van handtekeningen onder het beraad werden doorgehaald, als in protest. In mei 1851 weigerden zeven leden verder in de gemeenteraad te zitten als Leyris in functie zou blijven. Toch had hij zijn baan twee jaar later nog. Het volgend jaar weigerde de raad zijn salaris op te nemen in het gemeentebudget.[38]

In een afgelegen dorp leek de aanwezigheid van een veldwachter soms niet meer afdoende. Ondanks de toegenomen bebouwing van gedeelten van de linkeroever van de rivier, bleven aanzienlijke stukken weg en velden – en vooral natuurlijk de gras – volslagen afgezonderd. Bovendien waren de nachten pikkedonker, ook al toonde de schone lucht een kleur van een opmerkelijk diep blauw. Er is nog steeds geen verlichting op de weg naar Uzer, om de primitieve schoonheid ervan te verbreken. Dit moet de reiziger enige onzekerheid hebben bezorgd, vooral in maanloze nachten. Tegenwoordig telt het dorp nog steeds steile, donkere hellingen, en paden waarop iedereen zich slechts met omzichtigheid begeeft. Zelfs toen de bevolking drie keer zo groot was als de huidige, kon een plotseling, ongebruikelijk geluid of zelfs voetstappen – in zoverre iedereen gewend is aan hoe de buren lopen – onraad betekenen. Denk maar aan de verschrikte, en meteen achterdochtige reactie van het meisje in het raam waarop Védel en zijn Lyonese metgezel plotseling stuitten aan het begin van de jaren tachtig.

In 1893 beroofde een dief een oude man die in een afgelegen huis woonde, ver van het dorp zelf, en sloeg hem daarna dood. Twee jaar later verscheen Joseph Vacher, een zevenentwintigjarige zwerver, in het dorp, op het feest van de dorpsheilige in juli.[39] Dit was zo'n afgelegen omgeving waarin Vacher in het midden van de jaren negentig kinderen vermoordde. Hij beging een aantal gruwelijke seksuele misdaden en walgelijke moorden, die begonnen in de Ain, waar iemand het lijk van een zestienjarige jongen met opengesneden buik aantrof. Twee jaar later werd Vacher gearresteerd vanwege de aanranding van een vrouw aan de Rhône. Hij bekende gruwelijke misdaden die hij had gepleegd vanaf de Bourgogne tot de Ardèche, waaronder aanranding van en moord op zeven vrouwen en vier mannen. Waarschijnlijk had hij er in werkelijkheid nog vier of vijf meer vermoord. Tot zijn slachtoffers behoorden een veertienjarige jongen, in 1895 in de Bas-Vivarais verkracht en vermoord.[40] In 1910 hoorde een vrouw, die alleen op de gras woonde, lawaai en kwam tegenover een man te staan die haar iets te eten en te drinken vroeg, wat ze hem gaf. Toen zei ze dat ze haar schapen moest gaan hoeden en dat hij weg moest. Toen zij terugkwam was hij er nog, bedreigde haar met een mes en bond haar vast. Hij doorzocht kasten en laden maar vond geen cent, omdat zij niets had, en verdween weer. Zij bevrijdde zichzelf en ging de buren alarmeren.[41]

De meeste misdaden bestonden uit diefstal. Op een avond in 1861 stak iemand een hooiberg van Leyris aan, de voormalige veldwachter, wat hem op een verlies van 270 franc kwam te staan, een aanzienlijke som. Wraak? In 1892 achtervolgden dorpsbewoners twee mannen die, nadat zij uitgebreid bij Boyer hadden gedineerd, bij het verlaten van het pand enkele flessen wijn op zak hadden gestoken. In 1908 kwam een oudere man thuis, merkte dat dieven hadden ingebroken en 900 franc hadden gestolen die hij dom genoeg onder een ton had gelegd. Er waren pogingen tot zelfmoord (waarvan één met succes, toegeschreven aan drank), af en toe een uitval in dronkenschap tegen gendarmes, een arrestatie wegens aantasting van de goede zeden, en een mogelijke kindermoord volgend op de heimelijke geboorte van een baby, bij een drieëntwintigjarige vrouw die in de zijdefabriek van Aubenas werkte. Trieste gebeurtenissen, stuk voor stuk, maar amper genoeg om een politieregister te vullen.[42]

Drie onderwerpen beheersten de gemeenteraad tijdens de eerste helft van de negentiende eeuw. Ten eerste bleef de verbreking van het door de natuur opgelegde isolement een obsessieve prioriteit van het gemeentebestuur, erop gespitst de dorpsbewoners in staat te stellen hun producten op een markt te verkopen. Ten tweede barstte er een conflict met de buren uit over rechten op de gras. Ten derde drukte de wet Guizot uit 1833 de school van Balazuc een stempel van goedkeuring door de staat op, waardoor Gibert en zijn opvolgers meer prestige verwierven en een groeiende rol in het dorpsleven gingen spelen. Bovendien was de wet een goed voorbeeld van hoe de gemeenteraad actief op veranderingen van buitenaf reageerde, en geleidelijk aan leerde die in hun voordeel uit te buiten.

De zijderoute van de Vivarais leidde van de Rhône via La Voulte, Alès en Privas, naar Aubenas en Joyeuse, en lag dus meer dan vier lange kilometers van Balazuc af. De weg van Aubenas naar Barjac aan de rand van de Gard voerde door Lagorce en Vallon, te ver weg om voor Balazuc van enig nut te zijn.[43] Als het een reiziger naar Balazuc gelukt was de oever van de Ardèche te bereiken nadat hij de gras had overgestoken, bleef de rivier zelf nog een obstakel voor iedereen, inclusief de inwoners van Servière en Audon. De laatsten gingen nog steeds naar de kerk in respectievelijk Lanas en Uzer, veel gemakkelijker te bereiken, al was het aanzienlijk verder dan de kerk van Balazuc. De Ardèche was weliswaar hier en daar met moeite doorwaadbaar, als het water in de zomer laag stond, het merendeel van het jaar moest een beroep worden gedaan op de *bac*, het bootje dat van de ene oever naar de ander werd geroeid, en dat tegen een kleine betaling mens en dier overzette. Op de rechteroever van de rivier is de plek nog te zien waar de bac aanlegde, evenals het paadje dat naar het hoofdpad voerde, dat weer naar de steile heuvel tot aan de gras, en uiteindelijk naar Uzer liep. Het recht om de bac te bedienen was in 1805, samen met de boot zelf, aan Jean Jullian verkocht. Hij betaalde een kwart van de pacht en nam bezit van de boot, omschreven als 'in zeer slechte staat', met ringen en een slot.[44]

Gemeentelijke inkomsten waren onvoldoende om de dorpswegen of paden (*chemins vicinaux*) bij te houden. Niet alleen voerden deze paden naar velden buiten het dorp zelf en over de rivier, maar in beginsel vormden ze de verbinding met de buitenwereld. Dus moest, in de traditie van het *corvée* van het Ancien Régime, elk huishouden dat enige directe belasting betaalde, jaarlijks drie dagen werk leveren van iedere gezonde man tussen achttien en zestig. Grondbezitters moesten ook drie dagen lang hun wagens en lastdieren afstaan (vandaag de dag wordt de inwoners van het dorp nog eens per jaar gevraagd een ochtend lang gaten in het plaveisel te dichten). Technisch gezien konden de huishoudens deze verplichting afkopen (zoals destijds ook de militaire dienstplicht als de zoon van gegoede families een slecht nummer trokken in de jaarlijkse loterij), maar weinig families konden zich die luxe veroorloven.[45]

Toen de departementale autoriteiten in 1837 de mogelijkheid begonnen te overwegen van meer wegen van het zuidelijk deel van de Ardèche naar Villeneuve-de-Berg, gaf het gemeentebestuur uiting aan zijn enthousiasme voor de aanleg van een rechtstreekse weg van Ruoms naar Vogüé, langs de rivier. Twee jaar later kwamen de raadsleden, die allemaal hun naam duidelijk konden schrijven, met hernieuwde overtuiging overeen de prefect te vragen de nieuwe weg te classificeren (en dus toegankelijk voor overheidssubsidie te maken), die het bestaande pad zou kruisen.[46]

In 1846 klaagden de inwoners van Balazuc dat zij gedwongen waren onredelijk lage prijzen te accepteren voor hun producten, bijvoorbeeld op beide jaarmarkten in Ruoms, omdat iedereen wist hoe moeilijk en volslagen demoraliserend het zou zijn onverkocht product mee terug te nemen naar Balazuc. Weliswaar was de moerbeiboom de gulden boom, de geplande weg die Ruoms met Vogüé moest verbinden, leek een weg geplaveid met goud.

De raad stemde voor de verhoging van de belastingen met drie extra centiemen, teneinde Balazucs deel aan de weg van Vogüé naar Ruoms te kunnen betalen. Dat deze som niet gemakkelijk op te brengen was, blijkt uit de beraadslagingen. De raad moest het voorstel 'zorgvuldig onderzoeken en overwegen', in het licht van de nijpende realiteit, namelijk dat 'Balazuc zo arm is dat een aanzienlijk aantal inwoners gedwongen is de hele dag te werken om in het onderhoud van zijn families te voorzien, omdat het geen enkele soort van handel kan drijven, en slechts in staat is met uiterste inspanning vervoer voor zijn producten te organiseren, gegeven de verschrikkelijke situatie van de gemeente [...] en het gebrek aan begaanbare paden'. Balazuc vestigde zijn hoop op de 'grote afzet' voor zijn producten die ongetwijfeld het resultaat zou zijn van de wegenaanleg. Maar toen de landmeter in 1847 Balazuc om de 30 franc vroeg die het hem schuldig was als deel van zijn honorarium voor het traceren van de weg van Ruoms naar Vogüé, moest het gemeentebestuur toegeven dat het gewoon geen 30 franc had, maar dat het die op het budget voor het volgend jaar zou zetten. Zelfs deze nieuwe weg zou op zich niet genoeg zijn, tenzij een nieuw pad de tocht van ruim anderhalve kilometer naar de weg zou vergemakkelijken. In 1849 bedroeg Balazucs aandeel in de zes miljoen franc die de wetgevende vergadering toekende als hulp aan plattelandsgemeenten voor het uitbreiden, het herstel en het onderhoud van hun paden, het astronomische bedrag van 35 franc. De raad besloot dat die zouden worden gebruikt 'om de onbruikbare aanlegplaats van Balazucs boot aan de overkant van de rivier te verbeteren [...] omdat daar dagelijks enkele ongelukken schijnen plaats te vinden'. Ten slotte deed de raad er in mei 1850 nog vijf centiemen op de directe belastingen bij, om een pad aan te leggen dat naar de nieuwe weg zou voeren. Vier jaar later stemde hij voor fondsen om alle vier de paden te herstellen. Zelfs het deel van het dorp aan de rivier, waar de kerk, de pastorie en de meisjesschool stonden en ongeveer een derde van de bevolking van Balazuc woonde, had nog steeds 'geen gemakkelijke paden' die voerden naar de grotere, waardoor de bewoners gedoemd waren 'in afzondering te leven, veroordeeld niet eens te kunnen profiteren van wat zij kunnen voortbrengen'.[47]

Een ramp op de gras

In de tussentijd deed het langdurige dispuut over rechten op de gras de routineuze dorpse armoede omslaan in een catastrofe.[48] Gemeentegronden in een groot deel van Frankrijk behelsden weidegrond voor dieren, bossen waarin kon worden gesprokkeld, struiken die konden worden gekapt, en planten, bessen en zelfs granen die konden worden gegeten. Het grootste deel van de gemeentegrond van Balazuc bestond uit ongeveer 200 hectare rotsachtige, kalkhoudende gras, dat kale, onvruchtbare Jurassische tafelland boven de rechteroever van de Ardèche, op de grens met de gemeenten Lanas en Vinezac.[49] We hebben gezien dat het verschil tussen eigendom en gebruik op de gras nooit erg belangrijk was geweest, maar de claims van de inwoners van de naburige dorpen hadden het onderwerp tijdens de Revolutie, die privé-eigendom had toegestaan, ter tafel gebracht.

In 1818 besloot de gemeenteraad de 'gemeentegronden die bekendstaan als de gras' op te delen. Dit gebeurde omdat 'alle' inwoners van Balazuc dat wensten. De hoop bestond dat wat nu marginale, onproductieve grond was, voor weinig meer gebruikt dan grazen en sprokkelen, door het arbeidzame initiatief van boerenfamilies zou worden omgevormd tot productieve akkers. Het gemeentebezit zou worden opgedeeld in evenveel percelen als er huishoudens in Balazuc waren, en voor een bescheiden prijsje te koop worden gesteld, betaalbaar in termijnen. Drie officieel aangewezen 'experts', notarissen, zouden de waarde van Balazucs ruige gras moeten vaststellen. Balazucs andere gemeentegronden, verdeeld over vijf uiteenlopende percelen in het dorp, zouden mettertijd ook worden verdeeld. De percelen lijken te zijn toegekend door het trekken van strootjes.[50] De raad besloot dat de gras zou worden opgedeeld in twee gedeelten: land dat geschikt was voor niet veel meer dan weidegrond en land dat tenminste enige mogelijkheid bood voor marginale agrarische productie. Zou het allemaal goed uit-pakken, dan zou elk huishouden voor betrekkelijk weinig geld iets van beide soorten grond kunnen verwerven. In een tijd waarin de bescheiden hausse in de productie van ruwe zijde de dorpelingen enige echte hoop bood, vormde dit beraad een afspiegeling van het wat aarzelend optimisme dat het rotsachtig terrein, waarop niet veel meer kon worden gedaan dan dieren weiden, kon worden omgevormd 'in wijngaarden, met moerbei- en olijfbomen, samen met de productie van graan dat na verloop van tijd een aanzienlijke opbrengst zou kunnen leveren'. Er zou actie worden ondernomen om de dorpspaden te onderhouden en te verbeteren. Dat was de droom.

Balazucs besluit om de gemeentegronden op te delen ontketende een juridische oor-log. Met name families uit Vinezac, maar ook uit Chauzon, Pradons, Uzer en Lanas hadden het recht opgeëist hun dieren te laten weiden op wat Balazuc al eeuwenlang be-schouwde als zijn gemeentegrond. Verscheidene inwoners van het naburige Uzer (Ley-ris en Auzas, die vrijwel zeker, althans in de verte, verwant waren aan de families Leyris en Auzas uit het belendende Balazuc) voegden zich bij hen.[51]

In 1258 hadden een zekere Vierne de Balazuc en zijn zoon het land verkocht dat zij bezaten op 'het gebied en het mandement van Balazuc'. De acte wees op het feit dat de inwoners van Vinezac het recht hadden hun vee, ook hun koeien, te laten weiden op de 'gras de Balazuc'. Documenten uit 1398, 1601 en 1743 bevestigden deze rechten.[52]

De lange strijd begon in 1820. Enkele van de gouden geiten (lous chabros d'or), zoals de mannen van Balazuc soms werden genoemd, confisqueerden dieren die van hun riva-len waren, voordat ze werden gedwongen die weer terug te geven.[53] Het proces sleepte aan, maar de spanning rond de voortgang en de mogelijke uitslag ervan droeg vrijwel zeker bij tot het ontslag van de burgemeester Jacques Mollier en zijn loco, in mei 1823. Bewoners van Balazuc bestreden hun vijanden uit Vinezac en bekogelden ze met ste-nen als zij op de gras verschenen. Er werden schoten uitgewisseld, en de veldwachter schoot een boer uit Vinezac neer, die aan de gevolgen wellicht overleed.[54]

In november 1824 erkende de rechtbank het recht van de bewoners van Vinezac hun dieren op een vijfde van de gras van Balazuc te laten weiden, en steunden de beschei-dener claims uit Chauzon, Pradons, en de beide heren uit Uzer. De rechtbank veroor-deelde het arme Balazuc tot 90 procent van de kosten van de lange rechtsstrijd, die Vi-nezac had gemaakt, en tweederde van die van Chauzon en Pradons, en de beide procederende boeren uit Uzer. De burgemeester noemde de uitslag 'een aanzienlijke slag voor de bewoners van Balazuc', een understatement voor wat een zware schade in-hield. Het gemeentebestuur ging in beroep bij het hof in Nîmes, dat Balazucs astrono-mische schuld van 12.000 franc bevestigde, meer dan 25 keer het jaarbudget. Met rente op rente, had de schuld in 1837 ruim 16.000 franc bereikt.[55]

Voor het dorp was er duidelijk geen schijn van kans die schuld te betalen zonder iets van de gemeentegronden te verkopen waarvan het gebruik onomstreden was, om althans gedeeltelijk enige kans op onteigening te vermijden. In 1831 stemde de gemeenteraad voor een verzoek aan de prefect om toestemming tot voorbereiding van de verkoop van gemeentegronden. Een koninklijke ordonnantie van 1835 machtigde hem ten slotte 'de crediteuren van de gemeente genoegdoening te verschaffen'.[56] Zodoende stempelde het vonnis van het hof in Nîmes, ondanks de hoop op betere tijden die de gulden boom met zich meebracht, Balazuc tot een nogal arm dorp.[57]

Het gebruik van de gras echter was nog steeds niet onomstreden. Sommige inwoners van Balazuc hadden met opzet of 'in de overtuiging dat het mocht' delen van de gras 'ingepikt', waarvoor het gemeentebestuur niets kreeg maar wel belasting moest betalen. Aan het begin van de jaren vijftig van de negentiende eeuw had de onderprefect getracht de burgemeester zover te krijgen dat hij een proces aanspande tegen die 'usurpatoren', om ze te dwingen het land te kopen dat ze hadden gebruikt, en het equivalent van huur en rente voor hun gebruik te betalen. Ten slotte werd aan het eind van de eeuw al het land ook verkocht.[58]

Uitdagingen

In 1853 kwam een financieel ambtenaar van het kanton Vallon naar Balazuc in een poging enige orde aan te brengen in wat een langdurig patroon van creatief boekhouden leek, al was dat met kleine cijfers. Hij merkte op dat er ruim veertig moerbeibomen langs de openbare weg, langs paden en aan pleinen stonden, en op en rond het oude kerkhof. De gemeente profiteerde echter niet van die bomen, wel de bewoners uit de omgeving. De ontvanger schatte dat de bladeren het gemeentebestuur jaarlijks zo'n 28 franc konden opbrengen. Maar het gemeentebestuur had die bomen niet verzorgd en de verantwoordelijkheid daarvan overgedragen aan de klokkenluider. Pas in 1851 verkocht de burgemeester het recht deze bomen te oogsten, voor vijftien franc.[59]

Niettemin had burgemeester Tastevin, net als zijn grootvader die tijdens het keizerrijk de geboorte van drie kinderen niet had laten registreren, niet de moeite genomen daarover een rapport in te dienen, in Frankrijk een doodzonde. Hij had alleen genoteerd dat hij ongeveer 20 franc had uitgegeven aan het herstel van de pastorie. Bovendien diende van 1839 tot 1853 een huisje van Jean Dours, de voormalige burgemeester, zowel tot gemeentehuis als tot school. Van 1839 tot 1851 stond 720 franc opgevoerd als uitgave voor de huur van de onderwijzer. Wat was er met dat geld gebeurd? De kantonnale ambtenaar ging van de 'meest waarschijnlijke versie' uit: dat het geld was gebruikt om de percelen grond te betalen die tijdens de epidemie van 1833 in allerijl tot tijdelijke begraafplaats waren omgevormd. Burgemeester Mollier onderstreepte dat hij ook iets van het geld had gebruikt om vier moerbeibomen aan te schaffen en te planten, een landmeter in te huren, ramen te vervangen in de ruimte die als gemeentehuis diende, en de kasseien daarvoor te herstellen. Voor die ambtenaar was er reden om aan te nemen dat het ene gat met het andere werd gedicht.[60]

Het probleem van Balazuc leek alleen maar erger te worden. Toen de onderprefect het dorp in de jaren zestig van de negentiende eeuw bij drie gelegenheden bezocht, schrok hij: 'In Balazuc moet alles nog worden gedaan, de kerk, de pastorie, de school, de begraafplaats, en ga zo maar door'. Hij gaf de burgemeester op zijn falie, door erop te wijzen dat hij er met zijn gemeenteraad naar moest streven 'doeltreffende maatregelen te nemen om deze onfortuinlijke situatie het hoofd te bieden'. Het dorp had nog steeds geen fatsoenlijk pad naar de weg die nu Vogüé met Ruoms verbond. In 1862 klaagde de onderprefect: 'Er is in deze gemeente sprake van een verkeerde instelling, gemarkeerd door een onfortuinlijke tweespalt tussen de dorpspastoor en de inwoners. Ik heb met mijn bezoek gepoogd een eind te maken aan dit alles, en een beroep gedaan op de goede wil van eenieder, om de zaak te sussen.' Burgemeester Tastevin, 'een zwakke man zonder veel invloed', zegde zijn hulp toe, hoewel de onderprefect niet inzag in hoeverre dat iets zou uitmaken. Onder verwijzing naar de band tussen het Keizerrijk en de Kerk, suggereerde hij dat de raad om te beginnen aandacht zou wijden aan het herstel van de kerk, tot er een nieuwe kon worden gebouwd. 'Een beetje goede wil van de bewoners van Balazuc zou voldoende zijn,' verzekerde hij de burgemeester. Het dorp had tenslotte geen 'kunstwerk' nodig.[61]

Terwijl Balazuc een kritiek punt had bereikt, geconfronteerd met een overstelpende economische crisis, bleef de gemeenteraad koppig bezig met zijn isolement en vooral met het verkrijgen van toegang tot de spoorweg, de aanleg van een nieuwe begraafplaats, en ten slotte het zoeken naar bruikbare gebouwen voor de scholen, die een steeds groter belang in het dorp kregen. Balazuc vroeg, zoals alle dorpen in gelijksoortige omstandigheden deden, om hulp van boven – dat wil zeggen van de staat, 'vertrouwend op de grote zorg de welwillendheid van de hogere autoriteiten om het leed waaronder het platteland gebukt gaat te lenigen'.[62] Ook dit weerspiegelt niet alleen de toenemende macht en het prestige van de centrale staat, maar ook de bereidheid en zelfs het verlangen van de gemeenteraad om om hulp te vragen, waaruit blijkt dat hij de regels van het spel leerde kennen.

Het Franse spoorwegnet, waarvoor de plannen in 1842 waren gemaakt, had zich langzaam vanuit Parijs verspreid. De staat kende de aanleg van de trajecten via concessies aan particuliere firma's toe.[63] De bewoners van Balazuc hadden allang op de komst van de spoorweg zitten wachten, als op die van een Messias die een betrekkelijke welvaart zou terugbrengen. Zodoende werd de aandacht van het hele dorp, gelijkvallend met economische rampen als nosema, echte meeldauw en druifluis die de wijngaarden verwoestten, gericht op de noodzaak te profiteren van modern vervoer en noodzakelijke stappen te ondernemen om de school te verbeteren (naast het vinden van een bruikbaar gemeentehuis).

In 1876 kwam de eerste trein van de 100 kilometer lange lijn van Le Teil naar Alès,

aan in Balazuc. Zes treinen deden Balazuc dagelijks aan. Het reisje van Alès naar Balazuc duurde drie uur (tegenwoordig rijd je dat in nog geen uur). Aan het eind van de
eeuw besloegen negen lijnen 375 kilometer over, langs, onder en door indrukwekkende natuurlijke obstakels in de Ardèche. Sinds lang verwaarloosde viaducten (waaronder
twee in de gemeente Balazuc) getuigen nog steeds van de technische hoogstandjes die
noodzakelijk waren om de lijn in dienst te kunnen nemen.[64]

Twee decennia later vestigde de gemeenteraad van Balazuc, samen met die van andere gemeenten, zijn hoop op het luchtkasteel van een tweede voorgestelde lijn. Het
beraad van 1899 vestigde de aandacht op het verval in de productie van ruwe zijde en
de geleidelijke ontvolking van de streek. De gemeenten vroegen om een verbinding
tussen de Velay (de Haute-Loire), de streek die onder het Ancien Régime altijd de wijn
uit de Vivarais had afgenomen, en de Bas-Vivarais, via een kronkelend traject met steile, duizelingwekkende bochten. Om deze zaak te steunen, merkte de raad van Balazuc
op dat de lijnen in het Rhônedal gemakkelijk door invallende legers uit het oosten
konden worden bezet, waardoor het voorgestelde bergspoor, dat naar en van Le Puy
zou leiden, het land zou kunnen redden.[65]

Hoewel uitbreiding van het wegennet in streken als de Vivarais aantoonbaar belangrijker was dan de spoorweg, viel de laatste samen met de economische groei tijdens de
eerste helft van de twintigste eeuw en bracht een banjer van nieuwe producten naar de
dorpen. Zelfs tijdens het verval verbeterde de levenskwaliteit van het gemiddelde gezin
toch enigszins. Suiker verving geleidelijk aan honing (de suiker van de armen) op de
tafel van de Ardéchois. En hoewel aardappels het leeuwendeel van het dieet van de
armen bleven uitmaken (bijvoorbeeld in de vorm van *crique*, een aardappelpannenkoek
met knoflook en peterselie), bleef vlees niet langer beperkt tot feestdagen en tijden van
ongebruikelijke welvaart.[66] Tegelijkertijd klaagden sommigen over wat een afname
leek van de rol van de Kerk als ijkpunt van waarden in het landleven, en klaagden dat
'de smaak voor het land verdwijnt', vanwege een te grote nadruk op de omstandigheden van het materiële bestaan.[67]

Balazucs begraafplaats was niet ver genoeg van het dorp om te beantwoorden aan de
vereisten. Bovendien kon zij niet langer de overledenen van het dorp opnemen, waarbij zich nog verscheidene spoorwegarbeiders voegden. In 1853 en nogmaals in 1875,
besprak de gemeenteraad de mogelijkheid om de begraafplaats te verplaatsen, maar
telkens werd hij geremd door gebrek aan geld. Balazuc had niet eens een vaste dood-
graver. Families van overledenen die graven maakten stuitten soms op 'nog vrijwel on-
verteerde kisten – veel mensen herkenden de kleren van hun ouders, wat voor hen een
ongelukkige ontdekking was'.[68]

Ten slotte, na een aantal valse starts, kocht het gemeentebestuur in 1884 grond die
voor een begraafplaats kon worden bestemd. Het werd daarbij geholpen door de vrijgevigheid van een plaatselijke aannemer en van inwoners die hun arbeid leverden aan

de begraafplaats in plaats van aan de paden. De nieuwe begraafplaats werd in 1887 in bedrijf gesteld. Zes jaar later stond aan er drie kanten nog steeds geen muur en lag zij 'open voor allerlei aard van profanatie'. Het wachten was op meer donatie en geld of werk van dorpsbewoners, kleine jaarlijkse subsidies uit het budget van de gemeenteraad, een inkomen door de aankoop van 'eeuwige' concessies, perceeltjes van 1 meter 80 bij 12 meter, die voor heel weinig werden verkocht, maar die van groot belang waren voor de families.[69]

Het pad dat aan het begin van de jaren vijftig van de negentiende eeuw naar de weg tussen Vogüé en Ruoms voerde, liep over een gevaarlijk steile helling. Alleen heel kleine karren konden de tocht wagen, waardoor een beperking werd opgelegd aan wat er naar Ruoms of Vallon ter markt kon worden gebracht. In 1895 had de schatting van het werk aan een weg die van de rivier door het dorp zou voeren, 22.600 franc bedragen, inclusief de aankoop van de grond. Overheidssubsidie zou hierbij van cruciaal belang zijn.[70] In de tussentijd bleef het gehucht Audon geïsoleerd, wachtend op geld om een brug over een droge beek te bouwen. Audon lag hemelsbreed nog geen anderhalve kilometer van het dorp, maar ruim zeven voor iemand die met een wagen kwam. De aankoop van grond langs het pad zou ingewikkeld worden, omdat er sprake was van vijftien grondbezitters. Een lening en een overheidssubsidie in 1902 maakten een verbetering van het pad naar Servière mogelijk, maar hevige regenval twaalf jaar later spoelde een bruggetje weg, waardoor weer een lening nodig werd.[71]

Na al die tijd had Balazuc nog steeds geen bruikbaar gemeentehuis, dat nu in een gehuurd huis bij het Portail d'Été was gevestigd. In 1895 besloot de raad de benedenverdieping van de Tour Carrée tot dorpshuis om te bouwen en men liet er een deur, een tegelvloer en een wat solider plafond in aanbrengen. Zo knoopte het gemeentebestuur aan bij de middeleeuwse oorsprong van het dorp. Het nieuwe gemeentehuis, dat in 1896 met een banket in gebruik werd genomen, bleek al snel vreselijk ontoereikend vanwege de dikke, gevangenisachtige muren – meer dan een meter dik – en ook doordat de ruimte oncomfortabel donker, vochtig en muf werd. Regenwater stroomde steevast door het plafond uit de bovenste delen van de toren. In 1911 werd het gemeentehuis dus weer verplaatst, dit keer naar de grote zaal van een gebouw even verderop, dat gediend had als jongensschool voordat de nieuwe school werd gebouwd. Huwelijken en de jaarlijkse gemeentelijke receptie eind december, plus incidentele openbare bijeenkomsten vonden nu in deze zaal plaats, waarbij het gemeentehuis het hele gebouw in gebruik had.[72]

De traditie van onderlinge hulp (*entraide*) was van wezenlijk belang in het dorpsleven. 'In de bijstand' werd achter de namen van verscheidene bedelaars gezet, toen er in 1846 een volkstelling werd gehouden. De dorpspastoor deed wat hij kon om solidariteit te stimuleren, ondanks het gebrek aan geld. In 1827 kwam de bijstandscommissie (*bureau de bienfaisance*) in de pastorie bijeen. De pastoor, Claude Boyrou, was er natuurlijk, evenals burgemeester Tastevin en nog andere heren. Maar het was een kortstondige vergadering, want er was sinds de vorige bijeenkomst geen geld binnengekomen, dus er was ook niets uit te geven. Destijds kon de gemeenteraad echter niemand helpen. Twee jaar later besprak de raad de mogelijkheid van bijstand aan Cyprien Bayle, omschreven als een 'verbannen idioot' die al tien jaar in Balazuc woonde. In principe weigerde de raad Bayle enige bijstand te verlenen omdat hij niet in Balazuc was geboren.[73] De broederschap van Sint-Antonius deelde vlees uit aan de armen ter gelegenheid van het jaarlijkse banket, maar zoals we in het volgende hoofdstuk zullen zien, kwam aan deze activiteit in 1839 een plotseling einde. Bijstand van de zijde van familie, vrienden en buren bleef noodzakelijk in een dorp met zo weinig geld.

Beginnend met de Derde Republiek konden gemeentebesturen hele kleine sommen toekennen aan inwoners die in bijzondere nood verkeerden. Geleidelijk aan ontwikkelde zich de bijstand, georganiseerd door de overheid en in toenemende mate door steden en dorpen verleend. Gemeenten hadden de verantwoordelijkheid medische bijstand te verlenen aan 'alle mensen die erkend armlastig zijn of niet in staat een arts en medicijnen te betalen' in dorpen zonder een bijstandscommissie, en ook om verpauperde ouden van dagen, gehandicapten en invaliden van welke leeftijd ook te helpen, met minstens vijf franc per maand. De gemeenteraad riep een commissie van twee leden in het leven om de gevallen van gratis medische bijstand te bezien, die vervolgens advies uitbracht aan de gemeenteraad.[74]

Hoewel de inkomsten minuscuul klein bleven, vergrootte de Derde Republiek de verantwoordelijkheid van de gemeenteraad. In maart 1878 had de raad voor het allereerst een kleine som toegekend, uit solidariteit met iemand uit de gemeente. Bij de 30 franc die de prefect had toegewezen, vanwege de 'moeilijke positie waarin x zich bevindt', deed de gemeenteraad van Balazuc er nog eens 60, zodat de man in een ziekenhuis in Lyon kon worden opgenomen.[75] Daarna kwam de gemeenteraad meer en meer onder druk te staan van bijstandsverzoeken van families die waren getroffen door invaliderende lichamelijke of geestelijke handicaps. Onvermijdelijk identificeerden zulke besluiten de gemeenteraad steeds meer met de republiek, waaraan hij verantwoording schuldig was.

Niettemin brachten zulke verzoeken, waarvan er elk jaar verscheidene waren, de raad in een moeilijk parket, omdat er gebrek aan geld was. In 1885 vroeg de familie van een achterlijk achttienjarig meisje om hulp, kennelijk voor opname, maar de gemeente had slechts honderd franc over en kon dus niets doen. Kennelijk uit protest weigerde een raadslid de notulen van de vergadering te tekenen en hij liep kwaad weg. In 1893 ontstond de kwestie of de raad geld moest bijdragen aan de opname van een jongen in Ste.-Marie, het grote gesticht in Privas, 'gezien het feit dat het algemeen bekend is dat x het slachtoffer is van geestesziekte, en dat hij zijn moeder verkracht en geslagen heeft, evenals zijn grootvader, en dat hij bij verscheidene gelegenheden op de spoorbaan werd aangetroffen, wat het risico met zich meebrengt dat hij overreden wordt'. Het gemeentebestuur weigerde te helpen, ondanks druk van de onderprefectuur, en bepaalde dat de familie voldoende inkomsten had. De raad noteerde, een beetje achterbaks, dat de jongen alleen zijn rechtstreekse familieleden had aangevallen, en zijn familie nog steeds bijstond in het veldwerk. Twee andere families waarvan de verzoeken waren verworpen verkeerden in nog ergere situaties.[76]

In 1895 droeg het gemeentebestuur bij aan de opname van een armlastige vrouw die geestelijk gehandicapt was, en in 1906 en 1911 aan die van mannen die werden omschreven als geestelijk gestoord. Een jaar later weigerde het hulp aan een man omdat hij een jaarinkomentje had, en zijn vrouw ook. Maar dat jaar kregen twintig mensen medische bijstand.[77] In 1907 besteedde het gemeentebestuur ruim 300 franc aan medische bijstand, waaronder ziekenhuisopname, vervoer, apothekers- en dokterskosten. Onvoorziene gebeurtenissen konden op het gemeentelijk budget drukken. In 1912 moest er een arts uit Ruoms naar Balazuc worden gehaald om de doodsoorzaak vast te stellen van de 'armlastige x, dood aangetroffen in les Costes'. 54 jaar oud, niet 'in het genot van al zijn capaciteiten', was hij bijna twee weken eerder van huis weggelopen, en nu was zijn lichaam gevonden. De gemeenteraad moest de arts betalen, die de doodsoorzaak vaststelde.[78]

De beschikbaarheid van artsen was op zich iets nieuws. Zoals de meeste mensen in de streek moesten de inwoners van Balazuc het nog steeds doen met vroedvrouwen bij geboortes, met huismiddeltjes en met genezers, die zieke mensen adviseerden mengsels als salie, tijm en eikenblad te gebruiken, en kruiden die gemengd werden met olijfolie en eidooiers. In 1914 beweerde een man in Labeaume genezen te zijn van pleuritis doordat hij een levende kip in tweeën had gehakt en de bloedige massa een heel lange dag op zijn hoofd had gehouden. Kinderen die problemen met lopen hadden werden op korte pelgrimstochten naar het nabijgelegen St.-Maurice-d'Ardèche gebracht.[79]

Een wet uit 1905 vereiste dat de gemeentebesturen bijstand zouden verlenen aan behoeftige ouden van dagen. Drie jaar later kende de raad 5 franc per maand toe aan een man, met de notitie dat hij altijd al in Balazuc had gewoond. Een vrouw die 45 jaar in het dorp had gewoond en die thuis kon worden verzorgd, en verscheidene andere mensen kregen bijstand, onveranderlijk met de indicatie van het aantal jaren dat de betreffende in het dorp had gewoond. Soms greep de prefectuur bij zulke verzoeken in, bijvoorbeeld in 1910, toen zij erop aandrong vijf mensen van de lijst van degenen die voor bijstand in aanmerking kwamen, te schrappen omdat hun kinderen ze konden helpen.[80]

Zodoende woog de raad de situatie van elke familie zorgvuldig. Bij één gelegenheid trok hij een franc af van de tien die gegeven moesten worden aan een aantal arme ouden van dagen opdat zij een onderkomen hadden, en in één geval trok hij 3 franc af van het geld dat werd toegekend aan Marie x, die terminaal ziek was, opdat zij ten minste kon rekenen op onderkomen, kleding en verwarming. De raad trok 6 franc af van de maandelijkse som van 10 franc die toegekend werd aan mevrouw X, die niet in Balazuc was geboren maar die daar ruim 50 jaar had gewoond, omdat een van haar kinderen enige financiële hulp verschafte en omdat een ander haar een plek bood om te leven. Als de raad zulke aftrekposten niet incalculeerde, zond de onderprefect de lijst terug ter verbetering.[81]

Harde winters waren aanleiding tot verzoeken om hulp. In 1893 verdeelde de gemeenteraad de helft van het geld dat hij overhield aan de verkoop van graven voor hulp aan 'verscheidene mensen van arme en behoeftige families' die in de extreem koude januarimaand om hulp hadden aangeklopt.

De raad beschouwde ook verzoeken om hulp van families die vrijstelling van militaire dienst probeerden te krijgen voor hun zoons, vanwege de problemen die zo'n afwezigheid ze zou bezorgen (hoewel zulke beslissingen natuurlijk altijd bij de militaire autoriteiten berustten). In april 1880 verzocht de raad om Pierre X vrij te stellen van dienst, omdat hij 'de enige zoon was en een onmisbare steun voor zijn familie', vanwege zijn zieke vader en vanwege het feit dat zijn zuster 'niet bij haar volle verstand was'. Jules X, die 'de schrale oogst waarmee de streek al enige tijd te kampen heeft' aanvoerde, 'die ons in een ellendige situatie heeft gebracht', vroeg om vrijstelling voor zijn zoon. Louis D. verzocht zijn zoon te ontzien, want vader had vier vingers verloren in de Krimoorlog, en zijn vrouw was ziekelijk. De raad steunde ook het verzoek van een voormalige soldaat die zes jaar in Algerije had gediend en vervolgens in het Loireleger in 1870. Nu kon hij niet werken omdat hij een been miste, waardoor zijn familie 'in ellendige omstandigheden' verkeerde.[82]

In 1898 vroeg Camille Jullian, wiens rechterhand verlamd was, om vrijstelling voor zijn zoon Jean (een afstammeling van een van de slachtoffers van de staatsgreep), als 'enige en onmisbare steun voor zijn familie'. Marius B. voerde aan dat hij de enige steun was van een moeder van tachtig, maar hij vroeg slechts vrijstelling van dertien dagen dienstplicht. In 1900 stemde de raad voor een verhoging met één centiem van de directe belastingen, om de families van degenen die 'onder de wapenen' lagen te helpen. Vijf jaar later kende hij 5 franc toe aan zes families van reservisten. Dergelijke uitkeringen waren een teken van patriottisme, en ook van republikeinse solidariteit, hoe klein ook. In september 1913 steunde de raad het verzoek om vrijstelling van militaire dienst van Joseph Fabregoule. Zijn vader was 76 en niet in staat de grond rond de mas te bewerken waarin de familie al vanaf de Middeleeuwen woonde. Het land van de Fabregoules 'ligt op een buitengewoon ruige locatie, waar al het boerenwerk met de hand moet worden gedaan, en het is momenteel vrijwel onmogelijk iemand te vinden die daar wil werken'.[83]

Schoolgebouwen

De wet Guizot van 1833 droeg ertoe bij dat de school van Jean-Mathieu Gilbert op de agenda van het gemeentebestuur kwam te staan. Tijdens de Revolutie had de Conventie bepaald dat lager onderwijs in Frankrijk gratis zou zijn, voor iedereen toegankelijk en seculier, en het Consulaat had de gemeenten het recht verleend voor dat lagere onderwijs te zorgen. Toch staat buiten kijf dat het onderwijs tijdens de Revolutie en het keizerrijk achteruitging.

Tijdens de Restauratie bleef het lager onderwijs in het grootste deel van landelijk Frankrijk sterk onder invloed van de kerk. Krachtens een ordonnantie van 1816 moest elke gemeente een lagere school hebben, waar armlastige kinderen voor niets onderwijs konden krijgen. In beginsel moest iedere onderwijzer minstens een machtiging hebben om te onderwijzen (*brevet de capacité*) van de rector van het regionale schooldistrict (*académie*) en moest hij zijn gezag ontlenen aan de laatste of de bisschop. Veel dorpsonderwijzers waren 'zelf amper geschoold, op een niveau dat ver onder de belangrijke functie ligt die hen wordt opgedragen' en onderwezen slechts bij tijd en wijlen. Veel dorpen legden de voorschriften gewoon naast zich neer omdat zij zich geen school konden permitteren of er geen wilden. Heel wat burgemeesters zagen een onderwijzer als iemand die kon helpen met het bijhouden van de registers van de burgerlijke stand, en sommige (hoewel niet alle) pastoors (en dominees in protestantse dorpen) beschouwden de betrekkelijk geschoolde nieuwkomer als iemand die hen kon helpen.[84] Maar de vooruitgang die door de Restauratie in het lager onderwijs werd geboekt is lang onderbelicht gebleven. Tussen 1821 en 1833 steeg in de Ardèche het percentage kinderen tussen vijf en twaalf jaar dat schoolging met vrijwel 10 procent tot 37 procent.[85]

In 1831 boog de orleanistische Julimonarchie, het jaar daarvoor aan de macht gekomen, zich over het lager onderwijs in Frankrijk. In de bergen van de Ardèche waren vrijwel geen scholen. Vrijwel geen enkele onderwijzer had iets meer dan het laagste diploma (een derde klasse brevet), wat betekende dat hij kon 'lezen, schrijven en rekenen', maar ook niet veel meer. De meeste onderwijzers verspilden nogal wat tijd door de leerlingen één voor één te onderwijzen, met de individuele methode. Bovendien bestonden er ongeautoriseerde en zelfs clandestiene scholen en waren die zelfs in aantal gestegen.[86]

In 1804 beschikte Balazuc over een school voor jongens en een voor meisjes. In 1817 had de jongensschool echter geen onderwijzer, en lijkt de meisjesschool niet langer te hebben bestaan. Het volgend jaar begon Jacques Mollier te onderwijzen, terwijl hij tegelijkertijd als gemeentesecretaris diende. Zodoende markeert 1818 het bestaan van een school in Balazuc. Mollier onderwees 25 van de 35 leerplichtige jongens, met de individuele methode die nu alras in onbruik raakte, door het enthousiasme voor de simultane onderwijsmethode, die toegepast werd door de broeders van de christelijke scholen. Een school voor meisjes werd toen 'gepland' voor 25 van de 30 leerplichtige meisjes. Vier jaar later gingen 25 van de 45 leerplichtige jongens naar school. Mollier onderwees nog zes jaar.[87]

De Julimonarchie bouwde voort op de bestaande structuur van lagere scholen in Frankrijk.[88] De wet Guizot beperkte enigszins de invloed van de kerk, wier steun aan de recent vertrokken Bourbonmonarchie onvoorwaardelijk was geweest, en riep op arrondissements- en kantonniveau comités in het leven, die moesten toezien op de oprichting van nieuwe scholen. Zij moesten de prestaties van de onderwijzers meten en het aantal kinderen tellen dat in aanmerking kwam voor gratis onderwijs. Een gemeente kon kiezen voor een privé-school, door de pastoor beheerd (of in protestantse streken de dominee). Prefecten hielden het gezag onderwijzers aan te stellen of te ontslaan, los van de wensen van de gemeenteraad. Dorpspastoors werkten echter altijd nauw met de burgemeester samen, waardoor zij in feite een soort surveillanten van de school werden.[89]

De wet Guizot noodzaakte vrijwel elke gemeenteraad in Frankrijk bijeen te komen. Krachtens die wet werd de gemeente verantwoordelijk voor het betalen van onderwijzers, althans voor 200 franc van het minimumsalaris van 600. De rest moest komen uit bijdragen betaald door de ouders van leerlingen, die niet door de gemeenteraad werden geclassificeerd als 'armlastig' (pas in 1889 nam de staat de hele verantwoordelijkheid voor het onderwijzerssalaris op zich). Dit salaris was echter op zich amper genoeg om te overleven en stelde beslist niet het jaarlijks inkomen van de onderwijzer voor, want veel – en in sommige jaren de meeste – families konden of wilden niet betalen. Veel onderwijzers verdienden iets bij als gemeentesecretaris, hoewel sommigen voor dit werk slechts 10 of 20 franc per jaar kregen. Enkele onderwijzers leerden volwassenen in de avonduren lezen, andere repareerden de klokken in het dorp, enkelen dienden als koorleiders. Sommigen werkten in de zomeroogst.

De minimale uitkering van 200 franc die elke gemeente aan het onderwijzerssalaris moest bijdragen leek voor de meeste dorpen erg hoog gegrepen. Slechts dankzij een kleine overheidssubsidie en door elk van de vier directe belastingen te verhogen met enkele centiemen konden veel dorpen zich überhaupt een school permitteren. Het aantal leerlingen in de Ardèche dat aangemerkt werd als 'armlastig' beliep vrijwel altijd een derde, en vaak de helft of nog meer. Sommige gemeentebesturen plaatsten echter kinderen op de lijst van armlastigen wier ouders de betaling best konden opbrengen. Klaagde de onderwijzer hierover tegenover het arrondissementscomité, dan liep hij het risico als verklikker te worden beschouwd, waardoor zijn positie in het dorp in het geding kwam.[90]

De wet Guizot eiste de instelling van kweekscholen in elk departement om onderwijzers te kunnen opleiden tijdens hun twee jaar intern. De kweekschool (*école normale*) in Privas was in 1832 in gebruik genomen. De eerste jaren waren moeilijk. In een rapport uit 1837 werd de middelmatigheid van de cursus bekritiseerd, en de afwezigheid van goede leiding. Inspecteurs klaagden dat de studenten Frans spraken met een 'zeer uitgesproken' accent. Zij leerden rekenen, en net zo goed als zij aan lezen en schrijven werkten, verwaarloosden ze geschiedenis en meetkunde. Straf voor slecht gedrag was ook heel streng: verlies van vrije tijd en wijn. Maar degenen die het diploma van de école normale behaalden, kregen de beste posten, waartoe Balazuc niet behoorde. De inspecteur die de staat van de lagere scholen in de Ardèche in 1836 versloeg, bezocht de scholen van alle naburige dorpen, maar vond het kennelijk te moeilijk om Balazuc te bereiken, en sloeg dat bezoek maar helemaal over.[91]

De indruk die de inspecteur gaf was vernietigend en pessimistisch. Van de 330 gemeenten in de Ardèche, hadden er 126 nog steeds geen school. Zelfs ongeveer de helft van alle kinderen ging naar school, en als het boerenwerk van de zomer begon, dan werd dat getal nog eens gehalveerd. De aanhoudende dominantie van de individuele methode van onderwijs schokte de inspecteur. Leerlingen brachten de meeste tijd door met in de ruimte te staren terwijl de onderwijzer de een na de ander overhoorde. Niettemin belette de onaangepaste afmeting van de meeste klassen de ontwikkeling van simultaan onderwijs.[92]

Om de slechte prestatie van de scholen te verklaren, wees de inspecteur op veronachtzaming door ouders. Veel families stuurden hun kinderen alleen naar school als ze daar zin in hadden, of helemaal niet, omdat zij er geen geld aan wilden besteden, het werk van de kinderen nodig hadden, of geloofden dat opleiding nergens toe diende. Bovendien stond de school in sommige plaatsen, waaronder Balazuc, ver van afgelegen gehuchten en boerderijen. De meeste kinderen kwamen maar vijf maanden per jaar naar school, en velen kwamen te laat. Tijdens de zomer vergaten de kinderen wat zij in de wintermaanden op school hadden geleerd. Zelfs die leerlingen die op school bleven tot zij elf waren, kregen in feite slechts drie jaar of nog minder onderwijs.

Van alle scholen in de Ardèche beschouwde de inspecteur er slechts zeven als 'goed' en minstens twee derde als 'slecht'. Hij had 'miserabele, rechte maar onregelmatige bankjes, op stenen en tegen vieze, vochtige muren geplaatst, met grote wankele tafels' aangetroffen, die 'in willekeurige slagorde midden in de klas stonden, met de ongelukkige kinderen op elkaar gepropt'. Het is dus ook niet verwonderlijk dat de onderwijzers het moeilijk vonden orde te houden en doeltreffend te onderwijzen. Of de scholen nu waren gehuurd of bezit van de gemeente waren, vrijwel geen enkele school in de Ardèche was voor dat doel gebouwd. In de meeste dorpen werd de schoolklas ook gebruikt voor raadsvergaderingen; de onderwijzer kon dan als secretaris dienen omdat hij als enige Frans kon schrijven. In St.-Marcel-d'Ardèche grensde de klas aan een winkel waarin de luide stem van de eigenaar voortdurend werd gehoord.[93]

De leefomstandigheden van Gibert en zijn collega's leken amper beter dan die van de vroegere rondtrekkende onderwijzers. Veel gemeenten beperkten het bedrag dat ouders maandelijks voor elk kind moesten betalen tot een belachelijk lage som, zoals 25, 40 of 60 centiemen ('een vaak gehoorde klacht' stond in de marge van het rapport). Sommige boeren waren beslist jaloers op 'de onafhankelijke positie en het inkomen dat wij hebben geprobeerd de onderwijzer te verschaffen' en 'hebben vreselijk hun best gedaan op de onderwijzer te beknotten en ervoor te zorgen dat hij niet slaagde in zijn opzet'. Tot een eind in het tweede keizerrijk van Napoleon III (van 1852 tot 1870) moesten gemeentelijke en departementale fondsen worden aangesproken om de onderwijzer van Balazuc zijn minimumsalaris van 600 franc te geven, en zelfs dan vaak nog alleen maar in beginsel.[94]

Ongeveer een derde van de onderwijzers was niet gekwalificeerd voor zijn werk. Velen waren 'incapabel', ondanks het feit dat de meesten omschreven werden als 'ijverig' (het grootste compliment dat kan volgen op 'capabel'). Toch gaven velen er gewoon de brui aan om andersoortig werk te gaan zoeken. De vrouwen die op de meisjesscholen onderwezen leken nog minder toegerust dan hun mannelijke tegenpolen. Veel minder dan de helft van de onderwijzeressen van meisjesscholen, meestal onder beheer van een religieuze congregatie, bezat enigerlei diploma. Slechts drie of vier van de jongensscholen werden omschreven als 'goed', de rest was in een 'vreselijke' staat. Had de wet Guizot meer scholen tot gevolg gehad, en enige vooruitgang daarin, een inspecteur uit 1849 somde de uitdagingen op waarvoor een onderwijzer in Balazuc en de Ardèche in het algemeen kwam te staan. Kinderen konden in de wintermaanden naar school gaan, maar dat hield op 'wanneer de lente aanbrak, als er uiteenlopende kudden op de heuvels verschijnen, die worden gehoed door de kinderen van het dorp; dit wordt gevolgd door de zijderupsenoogst, en dan komt de volgende grote zorg alweer om de hoek, de kastanjeoogst. Ongeveer zeven maanden staat de school leeg, en hij loopt slechts weer vol als het weer verslechtert'.[95]

Balazuc had nog steeds geen adequaat schoolgebouw, en de gehuurde ruimte was veel te klein. De gemeenteraad suggereerde dan ook dat dit een van de redenen was waarom kinderen niet naar school gingen. In de tussentijd hoopte het gemeentebestuur in staat te zijn een huis te bouwen of te verwerven dat zowel tot gemeentehuis als tot school kon dienen. Het plan om een bepaald huis te kopen en te herstellen ging niet door. Toen de opvolger van Gilbert zonder nadere verklaring vertrok, begon Firmin Lafont in 1839 in zijn betrekking van onderwijzer in Balazuc. De onderwijsinspectie omschreef deze school als 'goed beheerd', ondanks het gebrek aan boeken. Twee jaar later gingen 30 van de 62 leerplichtige jongens naar school. Meer dan eens werden de raad en de tien meest vooraanstaande belastingbetalers opgeroepen om drie centiemen meer belasting op te brengen, zodat Lafont 'genoeg kon krijgen om te leven'.[96] Toen Louis Fromentin, die met voorlopige machtiging onderwees, drie jaar huur schuldig was en dreigde uit zijn huis te worden gezet, staakte hij na zes jaar in oktober 1849 zijn onderwijs, en was 'het meubilair van de school tot vrijwel niets gereduceerd'. Bijna een jaar lang had Balazuc geen onderwijzer. De man die in 1850 in Balazuc werd aangesteld kwam nooit opdagen, ondanks verzoeken van de burgemeester, ongetwijfeld omdat hij had gehoord dat hij waarschijnlijk niet veel meer dan 200 franc zou verdienen.[97]

Vrijwel als bij wonder, na bijna twee jaar zonder onderwijzer, verscheen er een redder. Benoît Vital, 26 jaar oud, afgestudeerd aan de kweekschool in Privas, had een diploma en twee 'zedencertificaten', afgegeven door de burgemeesters van Pradelles, zijn geboortedorp, en nog een dorp waarin hij had onderwezen. De wet-Falloux van maart 1850 onderstreepte nog eens de verantwoordelijkheid van elke gemeente om de jongensschool te onderhouden en de situatie van de onderwijzer te verbeteren (de wet was een overwinning voor de kerk omdat daardoor godsdienstonderwijs op openbare scholen werd ingesteld). Vital moet zeker teleurgesteld zijn geweest, zo niet geschokt, bij het zien van de omstandigheden die hij aantrof bij zijn komst naar Balazuc, in augustus. Enkele van de beloften die hem door het gemeentebestuur waren gedaan, waren niet nagekomen. Hij moest onderwijzen in één klas, die bovendien dienst deed als kantoor van de burgemeester. Er was een deurtje, waardoor de smerige stank van vuilnis kwam, opgehoopt 'vrijwel voor de deur, wat de lucht verpestte'. Hij woonde in een klein appartement in hetzelfde gebouw, een schikking die de norm werd. Toch had de raad het geld gebruikt dat was bespaard toen er geen onderwijs meer was, om schoolmeubilair te kopen, waarbij hij er trots op wees dat in het belang van 'openbaar onderwijs, de raad alle mogelijke offers heeft gebracht'. Toen Vital zou worden overgeplaatst naar een ander dorp, protesteerde het gemeentebestuur dat deze kundige onderwijzer 'volstrekt noodzakelijk was [...] iedereen is heel gelukkig met de manier waarop hij is opgetreden en de kinderen hebben grote vooruitgang geboekt sinds hij hier is gekomen'. Maar in de wereld van de Franse bureaucratie was toen ook al beslist wat beslist was.[98]

De verbetering van de school van Balazuc echter bleek niet zo gemakkelijk, zeker niet tegen de achtergrond van de nosema en de drie achtereenvolgende jaren van echte meeldauw, die de wijngaard hadden getroffen. Hoewel de onderwijscomités van het district nu ijverig hun best deden en onderwijzers, gemeenteraden en dorpspastoors het eens leken omtrent het belang van onderwijs aan kinderen, bleef Balazuc behoren tot de duizenden Franse dorpen die klem zaten tussen overheidseisen om te zorgen voor lager onderwijs en de harde werkelijkheid dat zij over onvoldoende middelen beschikten om dat ook goed te doen. In het begin van de jaren vijftig van de negentiende eeuw werd er nog eens een poging gedaan een huis aan te kopen, maar dat ging weer niet door vanwege gebrek aan geld. De prefect weigerde hulp, beweerde dat de gemeente voldoende geld had en dat een schatting van de kosten voor herstel veel te hoog was geweest. Maar ook hier weer volhardde de gemeenteraad in zijn poging zo veel mogelijk voordeel uit overheidsbijstand te slepen, door een verzoek voor de school in te dienen. Het ministerie van openbaar onderwijs wees het verzoek van Balazuc om extra geld af, een van duizenden soortgelijke brieven uit dorpen die beweerden over te weinig geld te beschikken. De gemeente zat nog steeds in de schuld door de torenhoge kosten van het proces tegen Vinezac en Chauzon, dat ze verloren had. De bevolking was duidelijk 'niet in de positie om zo'n offer' te brengen, terwijl zij het belang erkende ervoor te zorgen dat de kinderen van het dorp 'burgerlijk en religieus onderwijs kregen gedurende vele komende jaren'. Een harde winter en hoge graanprijzen hadden ook hun tol geëist. Het pleidooi van de raad was zielig, dringend, en een beetje brutaal, toen hij waarschuwde dat de gemeente niet in staat zou zijn een onderwijzer te huisvesten of om een passend onderdak voor een van beide scholen te bieden. Laurac en de oude rivaal van Balazuc, Vinezac, 'veel rijker dan Balazuc' (een veel voorkomend en voorspelbaar refrein), hadden hulp gekregen terwijl Balazuc 'geen enkele bijstand heeft gekregen als compensatie voor het ongeluk, de offers en de beperkingen die de dorpen zo veel wanhoop hebben bezorgd'.[99]

Balazuc had in 1802 een meisjesschool en dat duurde tijdens Napoleons keizerrijk waarschijnlijk nog vele jaren. Bij het begin van de Restauratie gingen slechts vijftien van de veertig leerplichtige meisjes naar school.[100] Maar het gemeentebestuur droeg aanvankelijk niets bij aan de meisjesschool, in tegenstelling tot de jongensschool. In 1836 kreeg Marie Arnaud, een ongehuwde, onafhankelijke zuster – dus geen volledige non – van de ouders 300 franc. In die wintermaanden gingen 28 meisjes, onder wie drie armlastigen, naar school, in de zomer 18 meisjes. Arnaud onderwees uit de bijbel en een godsdienstig boek, maar ondanks haar goede gedrag werd de school aangemerkt als 'slecht beheerd'. In 1841 kwam Marie Raphanel uit het klooster van Sint-Jozef van Vesseaux om de meisjes in Balazuc te onderwijzen. Ook zij was een onafhankelijke zuster met een geloftebrief, wat betekende dat zij slechts enkele maanden in het klooster had doorgebracht. Marie Raphanel voerde dus niet de titel van zuster en droeg ook geen habijt over het eenvoudige kruis dat zij om haar hals droeg.

Meer en meer meisjes begonnen naar school te gaan, 25 (onder wie 15 armlastigen) verschenen van 1843 op 1844, en 40 in de zomer. Omdat een onderwijzeres niets van het gemeentebestuur kreeg, verdiende zij amper genoeg voor zichzelf en haar zuster, om te kunnen overleven.[101] Als blijk van de toegenomen belangstelling van het gemeentebestuur voor onderwijs, werd uiteindelijk in 1851 80 franc in het budget opgenomen voor het salaris van Marie Raphanel. In 1850 had ze waarschijnlijk slechts 10 franc van haar salaris ontvangen, en in 1852 bedroeg haar totale inkomen slechts 290 franc. In 1853 verving zij maandenlang Vital, de jongensonderwijzer, die ziek was geworden, en kreeg daarvoor een deel van zijn salaris. Ze had er echter moeite mee jongens en meisjes in dezelfde klas te moeten zetten, wat tegen de regels was. Vier jaar later omschreef een inspecteur haar als 'weinig vakkundig, maar bereid veel energie en devotie op te brengen, waardoor zij respect verdient en goede relaties heeft met een ieder'. Maar het huisje, 'in staat van volledig verval', bevatte slechts twee piepkleine ruimtes, waarvan er een de te kleine klas vormde waarin tot 60 meisjes op elkaar gepropt zaten, en de andere het onderkomen van de onderwijzeres. Een heel klein raam verschafte het enige daglicht, waardoor het in de winter moeilijk werd om te zien.[102]

De minister van openbaar onderwijs kende in 1854 geld toe voor herstel van de meisjesschool, maar evenzogoed had het dorp nog eens 400 franc daarbovenop nodig. In 1832 had de dorpspastoor, Hyacinthe Baille, het dorp een huis nagelaten waarvan hij wilde dat het zou dienen tot school voor arme meisjes, en ook als onderkomen voor de vrouwen die hen zouden onderwijzen. Ook liet hij een som geld na die ongeveer 100 franc jaarlijks zou kunnen opbrengen, om de onderwijzeres te betalen. Helaas weigerde de neef van de pastoor zijn testament ten uitvoer te leggen, en moest het gemeentebestuur hem daarvoor in 1835 een proces aandoen. Ruim twintig jaar later, na 60 franc aan proceskosten te hebben besteed, gaf de raad toe dat hij niet langer geld kon uittrekken om het recalcitrante familielid van de overleden priester gerechtelijk te vervolgen.[103]

De zoektocht naar een bruikbare locatie voor de meisjesschool leidde in 1853 tot een klein gebouw achter de pastorie. Het was eigendom van de kerkenraad, was in gebruik geweest door de broederschap van Sint-Antonius en vervolgens door een kortstondige religieuze broederschap (De Witte Penitenten). In 1860 zakte, net toen de hoogmis werd opgediend, een deel van het dak van de parochie in, inclusief de schoorsteen en delen van de muur. Ondertussen had Marie Raphanel haar werk goed gedaan. Slechts vier leerplichtige meisjes in Balazuc gingen helemaal niet naar school. De burgemeester ging van deur tot deur, collecteerde om geld en toezeggingen van geld of hulp, en de raad ging nog een lening aan. Tot de belastingbetalers telden Jean Jullian en Joseph Exbrayat, voormalige politieke ballingen. Niettemin werd het plan opgegeven vanwege de locatie van het huis, de kleine afmetingen, en vanwege problemen bij het vinden van een bruikbare plaats voor toiletten en ruimte voor een speelplein. Intussen had de kerkenraad bezwaar gemaakt tegen de verhuizing, die de relaties tussen abbé Martin (die bijna twintig jaar in Balazuc had gediend) en de gemeenteraad onder druk zette. Nog meer aanleiding voor toekomstig conflict.[104]

In 1857 kocht het gemeentebestuur een huis aan het Portail d'Été, dat veertig jaar eerder in de donkere stenen stadswallen gebouwd was. Het verenigde 'alle mogelijke gemakken in een dorp zo arm als Balazuc'. Na het daaropvolgende noodzakelijke herstel van de wallen, de vergroting van de ingang, de toevoeging van drie buitentoiletten en een nieuwe grenen vloer, had Balazuc een geschikte meisjesschool. Twee jaar later nam het klooster van Sint-Jozef van Vesseaux op verzoek van de gemeenteraad de verantwoordelijkheid voor de school over. Het gemeentebestuur stemde ermee in 'een geschikt onderkomen' voor de onderwijzeres te verschaffen, en de families van haar leerlingen zouden een maandelijkse bijdrage betalen.[105]

Veel van de kinderen werden echter als armlastig aangemerkt. Bij de jongensschool rechtvaardigde Augustin Huond – de jongensonderwijzer, die in het dorp respect genoot omdat zijn leerlingen vooruitgang boekten – in 1855 de aanwezigheid van twaalf kinderen die de burgemeester en de pastoor op de lijst van armlastigen hadden gezet aan de hand van de situatie van hun ouders, onder wie Henri Boiron ('armlastig'), Louis Boyer ('uit zijn huis gezet'), Jean Breysse ('bijzonder armlastig'), Antoine Fromentin ('arm en met talrijke kinderen'), Basile Granier ('een weduwnaar, arm met verscheidene kinderen'), Calixte Mirabel ('gebukt gaand onder familieproblemen'), Baptiste Maurel ('uitermate armlastig en met familiezorgen'), Philippe Pays ('armlastig'), Jean Thibon (een 'weduwnaar wiens schulden hem nooddruftig maken'), en Auguste Boyer ('heel arm').[106]

Niettemin droegen de meeste armlastige families iets bij, in één jaar betaalden slechts drie van de twaalf helemaal niets. De familie van Jean Breysse betaalde elf centiemen. Af en toe noteerden de burgemeester en de pastoor dat zij een verzoek van een familie om op de lijst te worden geplaatst, hadden afgewezen, met als kanttekening daarbij: 'misbruik van gunsten'. Uit korte opmerkingen blijkt de rest van het verhaal: 'ze is er slecht aan toe', 'bijzonder armlastig', en, een wreed teken van de zijdecrisis, 'is uit zijn huis gezet'. Soortgelijke lijsten geven soortgelijke informatie over de armste meisjes. In 1862 lieten de zusters van Sint-Jozef van Vesseaux acht meisjes toe als armlastig, sommige met broertjes op de andere lijst. In een arm dorp behoorden zij tot de armsten der armen.[107]

De kerkelijke invloed op het onderwijs bleef aanzienlijk. Tijdens het Tweede Keizerrijk wilden veel leden van het conseil général, de burgemeesters en het grootste deel van de bevolking, zowel de jongens- als de meisjesscholen overdragen aan een religieuze orde (waardoor de maandelijkse bijdragen van families die zich die konden veroorloven zouden vervallen). In de nadagen van de Tweede Republiek was de rector het hiermee eens, omdat hij het beschouwde als 'de beste en veiligste wijze om de massa zedekundig op te voeden en vrede en geluk te waarborgen'. Eén onderwijzer gaf uiting aan de mening dat scholen zo dicht mogelijk bij de pastorie moesten worden gezet, zodat de dorpspastoor gemakkelijker de zedelijke ontwikkeling van de leerlingen zou kunnen volgen. Hij vergeleek de 'nobele' en 'waardige' status van 'openbaar functionaris' met een 'tweede roeping'. In 1853 schreef de rector van de Ardèche dat hij studenten aan de école normale wilde oproepen om te werken aan hun zingen, zodat 'elke school vier of vijf jonge zangers zou kunnen leveren die in staat zouden zijn de mis te zingen'. Nadat in de Ardèche in datzelfde decennium, in 1859, 35 nieuwe openbare scholen, beheerd door onderwijzende broeders, waren geopend, onderwezen de religieuze orden, die in 1847 al de helft van de kinderen onder hun vleugels hadden, nu 65 procent van alle leerlingen. Hoewel het aantal openbare scholen dat van de door religieuze orden beheerde overtrof, onderwezen de laatste meer leerlingen, omdat sommige van die scholen in steden stonden.[108]

Vrijwel alle lekenonderwijzers hadden een of andere vorm van onderwijsbevoegdheid, en zelfs een diploma, hoewel sommigen 'van krasse onwetendheid' blijk gaven. De onderwijzers van de religieuze orden (*congréganistes*) waren nog veel erger. Feitelijk machtigde de wet Falloux uit 1850 hen zonder enig diploma te onderwijzen. Veel van de vrouwen hadden slechts drie of vier maanden in een klooster doorgebracht, en verlieten dat met de titel van onafhankelijke zuster met geloftebrief, afgegeven door een van de religieuze congregaties en routinematig jaarlijks vernieuwd. Dit gaf deze 'zusters van het platteland' het recht privé-scholen te openen, hoewel zij in feite lekenonderwijzeressen waren.[109]

In toenemende mate kreeg het lekenstempel van de kweekschool, dat de reputatie ervan juist verbeterd had, gewicht. Dat zat de geestelijkheid dwars, waarvan sommigen openlijk vijandig tegenover lekenscholen stonden. Pastoors zetten gemeenteraden onder druk om te verzoeken om godsdienstige onderwijzers. Sommige gemeenteraden, die krenterig waren als het ging om geld voor verbetering van lekenscholen, waren vrijgeviger als het ging om scholen waar broeders of zusters onderwijs gaven. In elk geval onderwezen tijdens het Tweede Keizerrijk vrijwel alle lekenonderwijzers nog steeds de catechismus en gingen zij met hun leerlingen naar de mis, overeenkomstig de aanwijzingen van de dorpspastoor. Hier zou verandering in komen. De meeste mensen in Balazuc verwelkomden nu de komst van de zusters van Sint-Jozef.[110]

Toch lag de Ardèche ver achter op een groot deel van Frankrijk. Ongeveer 4000 van de leerplichtige kinderen in de Ardèche gingen helemaal niet naar school. Sommige gemeenten met meer dan 800 inwoners hadden bij gebrek aan geld, of omdat er geen onderwijzeres kon worden gevonden, nog steeds geen meisjesschool, zoals verplicht. In de bergen waren de meeste, zo niet alle scholen, nog driekwart van het jaar dicht. Daar stonden nog enkele clandestiene scholen, beheerd door 'nomadische' onderwijzers die meisjes en jongens in dezelfde klas onderwijs gaven, waarbij sommigen in de zomermaanden tevens als schaapherder werkten, net als onder het Ancien Régime. Voor vrouwen bestond nog geen kweekschool.[111]

Hoewel in 1855 alle gemeenten minstens één openbare school hadden, waren de meeste er slecht aan toe, vele hadden onvoldoende stoelen of banken voor alle leerlingen. Een onderwijzer in een gehucht gaf les in een oude schaapskooi, een ander in een ander dorp in een stal, die ook dienst deed als zijn onderkomen. Tot de openbare scholen van de Ardèche waren de helft van de leerlingen nu gratis toegelaten omdat hun families de bescheiden maandelijkse bijdragen niet eens konden opbrengen.[112]

De streek kende nog steeds een beschamend hoog aantal rekruten dat analfabeet bleek te zijn. In 1859 klaagde een ambtenaar 'dat er hele dorpen waren waarin niemand ook maar het meest elementaire lagere onderwijs heeft genoten. Een groot aantal van hen zegt naïef genoeg dat ze kunnen lezen, maar dat is alleen het geval onder de mis, in het misboek'. In 1864 was de Ardèche het zevenendertigste van op een lijst van 85 departementen waarvan de inwoners konden lezen, dat wil zeggen dat meer dan de helft van de bevolking nog analfabeet was.[113]

In 1860 vroeg het ministerie van openbaar onderwijs dorpsonderwijzers wat zij voor hun scholen, hun leerlingen en zichzelf voor elkaar hadden gekregen. Sommige antwoorden waren voorspelbaar plichtmatig, enkele staken de loftrompet op de keizer, zijn zorg voor het volk, enzovoort, alsof hun betrekking ervan afhing (wat het geval kan zijn geweest). De meesten probeerden zichzelf in het best mogelijke daglicht te stellen, heldhaftig strijdend tegen alle moeilijkheden die hun missie in de weg lagen. De onderwijzers gaven blijk van nogal wat trots op hun verkozen beroep, en allen wezen uitgebreid op het feit dat het minimumsalaris van 600 franc 'weinig van de waardigheid' opleverde 'die respect afdwingt, en de afhankelijkheid tegenover de ouders van de leerlingen, zonder wie wij niet kunnen'.[114] Sommige ouders stuurden hun kinderen liever niet naar school omdat zij anders moesten toegeven dat zij in de categorie van de 'armlastigen' vielen. De instelling van een minimumsalaris had echter het voorspelbare resultaat dat het nog meer families ontmoedigde om wat dan ook te betalen, in de hoop dat de ambtenaren op een of andere manier wel met het geld op de proppen zouden komen.[115]

De onderwijzer uit Antraigues vroeg: 'Hoe kunnen wij de kinderen het respect bijbrengen dat zij voor de school zouden moeten hebben?' terwijl zij moesten onderwijzen in 'schoolgebouwen die voor een ander doel zijn neergezet, vaak te klein, onhygiënisch, altijd slecht verlicht, geventileerd, ingericht en geplaatst. Gisteren nog was er iemand aan het dansen en aan het vloeken in het gebouw, vandaag dient het als school'. In het nabijgelegen Vogüé omvatte de school een kleine (vier bij negen meter), muffe ruimte voor vijftig leerlingen, met slechts drie raampjes, en het was er zo donker, gedeeltelijk vanwege het feit dat het kasteel van de familie Vogüé zon wegnam, dat de onderwijzer in de vroege ochtend een olielamp moest ontsteken, en in de middag nog eens. De temperatuur binnen kon in de zomer oplopen tot zoiets als lichaamswarmte. Veel onderwijzers wezen op het gebrek aan kaarten, nodig om 'de kinderen bekend te maken met de streek waarin ze wonen'. Eén onderwijzer vroeg hoe hij in de gemeente waarin hij was aangesteld respect kon afdwingen, als hij onder zulke ellendige omstandigheden moest leven. Tenslotte waren, als in de meeste dorpen de meest onderwezen persoon onder zulke omstandigheden moest leven, de voordelen van lezen en schrijven voor een ieder amper evident.[116]

Onderwijzers waren afhankelijk van de welwillendheid van de burgemeester en de gemeenteraad, en ook van die van de dorpspastoor. Eén onderwijzer sprak namens vele collega's, die werden geconfronteerd met 'vaak uiteenlopende verwachtingen, met name nukken van de burgemeester, de dorpspastoor, kantonnale afgevaardigden voor onderwijs, waarbij wij afhankelijk zijn van het vrij willekeurige gezag van de lageronderwijsinspecteur en de prefect [...] Vrijwel overal verkeert de onderwijzer in open of heimelijke strijd met de ene of de andere gemeentelijke gezagsdrager, is hij bang voor het departementaal bestuur dat hem elk moment kan aanpakken zonder zelfs een waarschuwing en zonder mogelijkheid van beroep, omdat iemand een of andere roddel heeft bedacht'. Hoe het ook zij, ondanks dorpsintriges konden lekenonderwijzers in het Tweede Keizerrijk vrij goed met de burgemeester opschieten. Velen dienden als gemeentesecretaris en kopieerden heel gewetensvol de notulen van vergaderingen met die duidelijke, ja elegante schrijfwijze, die nog steeds een bron van trots is in het Franse lagere onderwijs.[117]

In Balazuc begonnen beide scholen net als elders iets uit te maken. De enorme toename van het percentage bruidegoms dat tegen het midden van de jaren veertig van de negentiende eeuw kon lezen vormt een afspiegeling van dat succes. Maar er moest nog een lange weg worden afgelegd. In 1857 zetten 34 van de 107 volwassenen die een lijst ondertekenen waarbij zij hulp beloofden aan verbetering van de meisjesschool, een x (32 procent). In 1872 kon van de 817 inwoners van Balazuc vrijwel de helft lezen noch schrijven. In 1874 waren 8 van de 9 bruiden analfabeet, en als zij tekende, kon de bruidegom dat weer niet. Veel van de nog levende ouders konden niet tekenen, maar alle getuigen van de negen huwelijken wel.[118] In elk geval weerspiegelde de vastberadenheid waarmee de gemeenteraad een betere locatie voor beide scholen trachtte te vinden, Balazucs toegenomen identificatie met, trots op, en groeiende erkenning van het belang van zijn scholen, die een normale opleiding van de dorpskinderen moesten verzorgen. De school werd in veel opzichten de voornaamste insteek van de staat en de natie in het dorp. De toenemende toewijding van de gemeenteraad om voor geld te zorgen, hoe weinig ook, en daartoe verzoeken in te dienen bij de overheid, weerspiegelde iets van een eigen integratie in het kader van de natiestaat.

De strijd over de omgangstaal

In *La Tour de France par Deux Enfants*, dat populaire boekje dat in 1877 uitkwam, komen André en Julien bij een boerderijtje aan de Rhône, waar zij een deel van de zijdeoogst meemaken. Zij voelen zich apart gezet en eenzaam, want ze begrijpen niets van wat er onder volwassenen wordt besproken. Als de kinderen uit school komen, roept Julien tegen André: 'Deze kinderen moeten toch Frans kennen, want ze gaan naar school. Hebben wij even geluk! Nu kunnen we tenminste met ze praten.' Als de kleine Julien zijn broer vraagt waarom al die mensen in de streek geen Frans spreken, antwoordt André: 'Dat komt omdat ze niet allemaal naar school gaan. Maar over een paar jaar is dat voorbij, want dan zal iedereen in Frankrijk de taal van de natie spreken.'[119] Dit was zeker nog niet het geval in Balazuc, waar het Occitaans de taal van het dagelijks leven bleef. In 1801 schakelde de departementale *Annuaire* de volkstaal gelijk aan verzet (inclusief dat van veel dorpspastoors) tegen 'de nieuwe institutie'. In die optie zou het brengen van 'beschaving' aan een groot deel van de Ardèche van de onderwijzers afhangen.[120]

In 1855 had de pastoor in het dorp geklaagd dat zijn parochianen hem in de kerk niet verstonden omdat 'men in de volkstaal met ze moet praten'.[121] Brachten Jean-Mathieu Gibert en zijn onmiddellijke opvolgers het Frans naar Balazuc? Tijdens de Revolutie hadden de Jakobijnen het Frans gelijkgesteld met vooruitgang. Het *Annuaire* had geklaagd: 'Het is pijnlijk om te zien dat zelfs in de grootste gemeenten kinderen overgeleverd zijn aan ondeskundige onderwijzers, van wie de meerderheid niets weet van de meest elementaire regels van de Franse taal'.[122] Pastoors gaven preken en rechters ondervroegen in het Occitaans, anders werden ze helemaal niet verstaan. Verreweg de meerderheid van de bevolking sprak nog altijd Occitaans, hoewel dat geen reden was om zichzelf als achterlijk te beschouwen. Onderwijzers brachten in het gunstigste geval tweetaligheid met zich mee.

Zelfs als het door de overheid betaalde lagere onderwijs, dat in beginsel in de Franse taal moest worden gegeven, in toenemende mate beperkingen van overheidswege met zich meebracht, maar geleidelijk aan ook kansen bood, was het Frans niet noodzakelijkerwijze de taal van het onderwijs.[123] De meeste Ardéchois die Frans kenden gebruikten dat alleen als zij met buitenstaanders te maken kregen. Een bezoeker merkte dat 'vrouwen nog meer afkeer aan de dag leggen dan mannen om deze taal te gebruiken'. In het officiële rapport over het lager onderwijs in de Ardèche van 1855 staat onomwonden dat op het platteland 'de volkstaal helaas nog steeds de taal is van het dagelijks leven. Frans wordt wel verstaan, door de hele bevolking, maar een groot deel is niet in staat om het te spreken, behalve de nieuwe generatie die de afgelopen 25 jaar getrouw lager onderwijs heeft gevolgd'. De parochiale geestelijkheid heeft wellicht hier en daar catechisatie in het Frans gegeven, maar liet de kinderen de teksten in het Occitaans opzeggen.[124] Dit veroordeelde ze duidelijk niet tot eeuwige achterstand, ondanks de inzichten van veel ambtenaren. Zelfs in Aubenas, een van de grootste steden in de Ardèche, met een hele grote markt, was Occitaans in 1849 nog helemaal in zwang. Veel boeren beweerden dat zij het Frans niet konden verstaan, wat logisch genoeg was, want dan hoefden zij geen verdere vragen te beantwoorden. Vanzelfsprekend klaagde de buitenstaander dat hij heel goed moest opletten om het Frans dat in de streek gesproken werd te kunnen verstaan, 'want ze schijnen zich erop toe te leggen de uitspraak en het accent van de Midi te bewaren'. Toch kwam de 'vooruitgang' zoals de Franse staat die zag slechts heel geleidelijk. Halverwege de eeuw schatte de prefect dat het percentage mannen en vrouwen dat Frans kon lezen en schrijven ongeveer 40 bedroeg (hoewel amper 8 in de bergen). Vrijwel alle onderwijzers in de Bas-Vivarais kwamen uit de Ardèche, en de meesten uit het zuidelijke gedeelte. Er is geen reden om te denken dat zij, al onderwezen zij in het Frans, net als hun voorgangers heel vaak de volkstaal gebruikten om te kunnen worden begrepen. De strijd tussen het Frans en het Occitaans ging door.[125]

Laatdunkendheid van de stedelijke bovenlaag over de volkstaal, die beschouwd werd als 'een onbegrijpelijke en vulgaire taal' bleek al in de dertiende eeuw. Zo ook in de zestiende eeuw: 'De wijze van spreken, als minderwaardig beschouwd, van een lokaliteit op het platteland'. Het woord *patte* (poot) behoort tot de etymologie van het woord *patois* (volkstaal), waardoor een dierlijke ondertoon wordt verondersteld. Zelfs in de *Dictionnaire languedocien-français*, uit 1820 werd volkstaal gedefinieerd als 'een algemene term die toegepast wordt op de diverse grove en rustieke jargons waarvan de onderste bevolkingslagen zich bedienen'. Zelfs tegenwoordig wordt de volkstaal beschouwd als 'een voornamelijk oraal linguïstisch systeem, in zwang in een betrekkelijk klein en nauw omschreven gebied (over het algemeen platteland), en ook door de gebruikers gezien als inferieur aan de officiële taal'.[126]

Pastoor Chareyre, die heel lang pastoor in Balazuc was, was zoals veel andere priesters in de streek, afkomstig uit de bergen. Hij hoefde de volkstaal van de Bas-Vivarais niet te leren om te kunnen worden begrepen. Hij kon die gemakkelijk spreken. Veel geestelijken leken al blij als de leerlingen Frans leerden lezen, terwijl zij volkstaal bleven spreken.[127]

Er is wel beweerd dat een taal een dialect is met een krachtig leven. Ten tijde van de Franse Revolutie sprak wellicht de helft van de bevolking van Frankrijk in het dagelijks leven geen Frans. Ze spraken Catalaans, Baskisch, Duits, Bretons, Vlaams en Occitaans, naast een aantal streektalen. Tijdens de Franse Revolutie stond de voormalige pastoor Grégoire erop dat een Frans burger Frans moest kunnen spreken, en hij diende in juni 1794 een rapport in met een omineuze titel: 'Over de noodzaak en de middelen van het uitroeien van volkstaal en de veralgemenisering van de Franse taal.'[128] De komst van de Derde Republiek, die ernaar zou streven de invloed van de geestelijkheid terug te dringen en de scholen te seculariseren, zou de kerk een reden geven zich niet noodzakelijkerwijze al te zeer te beijveren de gelovigen de volkstaal laten opgeven voor het Frans, de taal van de in toenemende mate antiklerikale overheid. Voor veel geestelijken leken Franse lekenonderwijzers op het platteland gedwongen vertegenwoordigers van de overheid, die via de Franse taal nationalisme probeerden op te leggen. In zekere zin leken scholen voor de dorpsbewoners toen van buitenaf opgelegd en te staan voor kansen, maar ook de invloed van de kerk te tarten.

Toch hebben de onderwijzers op de lagere scholen in dorpen als Balazuc in de praktijk geen genadeloze oorlog tegen het plaatselijk dialect gevoerd. Onderwijzers kwamen uit streken waarin zij onderwezen – dat gaat zeker op voor de Ardèche – en waren vaak verplicht om de volkstaal of het plaatselijk dialect te spreken om zich verstaanbaar te maken (en bovendien konden zij zich er uitstekend in redden). Bovendien bleven zij ook wijzen op het eminente belang van plaatselijke geografie, en dus onvermijdelijk op de gebruiken, waardoor zij hun leerlingen het dorp en de streek in een Franse context konden laten plaatsen.[129]

De onderwijzers van de Ardèche die reageerden op de nationale enquête (of van wie wij nog rapporten hebben) onderstreepten het belang van het onderwijs in het Frans aan de leerlingen, wat een verwachte, routineuze respons is. Een onderwijzer uit Désaignes zette zodoende op zijn verlanglijstje 'een overdekte speelplaats waar de onderwijzers de kinderen in de gaten kunnen houden en ze kunnen verplichten netjes te spreken. Mettertijd zullen zij leren hun gedachten in het Frans te formuleren en hun volkstaal op te geven, die vaak zo grof is'. Zij die zulke rapporten lazen hebben zich wellicht voorgesteld dat het laatste kind dat nog volkstaal sprak echt werd verplicht in het speelkwartier een geblutste munt te dragen, die het dan moest overdragen aan het volgende kind dat in de volkstaal verviel. Natuurlijk kon een onderwijzer amper hebben toegegeven dat zijn leerlingen waar hij bij stond 'vergleden' in hun eigen taal, dat hijzelf al te vaak overging tot de volkstaal en dat vele ouders er moeite mee hadden hem in het Frans aan te spreken, en in elk geval geen enkele dwingende reden zagen om dat te doen. Het Frans boekte geleidelijk aan voortgang, maar op veel plekken slechts heel langzaam. Een lokaal schrijver schreef in 1906: 'Wij zijn momenteel getuige van een schouwspel dat ongekend is in de geschiedenis van de mensheid: de geleidelijke vervanging door het Frans van de taal van de Midi.'[130] Maar dit zou een langdurig proces worden, dat tot een eind in de twintigste eeuw nog zou voortduren.

In de tussentijd ging ook de strijd om kinderen op school te krijgen door. Onderwijzers werden geacht het aantal leerlingen op een school te tellen op 18 juni, enkele weken voor de zomervakantie, en jaarlijks nog eens op 18 december – wat tegenwoordig nog gebeurt – en het aantal dat dan op school was, was beduidend hoger bij de komst van de donkere winterdagen dan op de drempel van de zomer. Veel families vonden dat hun kinderen genoeg hadden geleerd tegen de tijd dat zij voor het eerst ter communie gingen, en zagen onderwijs daarna als tijdverlies. Een onderwijzer klaagde: 'De meeste kinderen komen naar school zonder iets wat ze nodig zullen hebben – schriften, papier, inkt, of een pen. En als we ze zeggen dat ze dat moeten gaan halen, dat ze het moeten kopen, dan kijken ze heel verward en antwoorden: "Papa en mama hebben geen cent voor mij over!"'

Boerenfamilies in Balazuc rekenden op de arbeidskracht van zelfs de kleinsten, om op de dieren te passen, stenen te verslepen, te wieden en talloze andere klusjes te doen. De zijderupsenoogst in het voorjaar vereiste grote en kleine handen, en tegen die tijd liep de school in Balazuc gewoon leeg. De graan- en druivenoogst hielden ook kinderen van school. Van verscheidene onderwijzers werd twee maanden salaris ingehouden omdat ze in die periode eenvoudigweg hun scholen hadden gesloten, als erkenning van het *fait accompli*. Bovendien bleef de *école buissionnière* – spijbelende kinderen, die weliswaar van huis vertrokken om naar school te gaan maar in plaats daarvan gingen spelen – in Balazuc schering en inslag, zeker voor kinderen die in Audon en Servière woonden, op de rechteroever van de Ardèche, als er zware regen viel en de rivier steeg. In 1853 beweerde de onderprefect zelfs dat een van de doelen van de jongensschool van Balazuc was 'de kinderen van de straat te houden'.[131]

Geleidelijk aan daalde het aantal absenties op de scholen van Balazuc en die van andere dorpen. Zo omvatte in oktober 1882 de lijst van leerlingen die langer dan vier dagen absent waren geweest: Louis Cardinal, die gewoon nooit kwam; Simon Lango, 'die de hele maand absent is geweest – hij zwerft'; Louis Marcel, die de hele maand 'thuis wordt gehouden om te werken'; en Prosper Constant, die oktober in een fabriek elders doorbracht. Jules Fromentin miste een dag doordat de rivier te hoog stond en nog eens twaalf dagen omdat hij thuis bleef werken. Als de rivier niet veilig kon worden overgestoken, bleven de kinderen van Servière en Audon thuis, op 19 oktober waren dat er zeven, op 27 en 28 oktober vijf (nog twee anderen bleven ook thuis, maar gaven werk als reden voor hun absentie op). Rapporten uit de eerste jaren van de twintigste eeuw laten hetzelfde patroon zien. Sommige kinderen bleven vaak thuis om op de dieren te passen of te helpen met de oogst (of, als het tijd daarvoor was, zich op hun eerste communie voor te bereiden).[132]

Sommige ouders bleven wellicht van mening dat het niet zo noodzakelijk was kinderen naar school te sturen, overeenkomstig een boerengezegde: 'woorden zaaien wind, maar de hak trekt een voor'.[133] Hoe het ook zij, het inkomen van onderwijzers in Balazuc had in het begin van de jaren tachtig van de negentiende eeuw een respectabel niveau bereikt. Een aantekening in het dossier van Duchier liet doorschemeren dat men moeilijkheden verwachtte: de onderwijzer werd gemarkeerd als 'geconfronteerd met de wrok van de pastoor'.[134] Maar het ergste was zonder meer achter de rug. Voor de eerste keer ging ieder kind ten minste een paar jaar naar school, terwijl Balazucs lekenschool in toenemende mate tot het dorpseigene ging behoren.

Scholen voor de republiek

Met de komst van de Derde Republiek (1870-1940), werden de republikeinse politieke instellingen geleidelijk aan bevestigd, want het merendeel van de bevolking wilde, zoals de verkiezingen bewezen, toch een republiek. Dat was echter niet het geval in Balazuc en een groot deel van de Ardèche, zoals we dat in het volgende hoofdstuk zullen zien. Lekenonderwijzers kregen daardoor de verantwoordelijkheid voor het opleiden tot goed Republikeins burger. Voor de komende vier decennia werden de Franse scholen een slagveld in de strijd tussen republikeinse antiklerikalen en de kerk, waarvan sommigen trouwste aanhangers de lekenscholen bestreden omdat zij die gelijkschakelden met republikeinse goddeloosheid. In dit opzicht was een pas aangewezen inspecteur nogal snel met de bewering dat hij de Ardèche niet beschouwde als 'een ballingsoord of een gevolg van ongenade', maar eerder als een uitdaging. Zijn voorgangers, 'hadden voor het merendeel maar één zorg, zo snel mogelijk weer verdwijnen'.[135]

Inspecteurs vonden 'hun werk op de scholen altijd weer belemmerd door het overwicht van religieuze orden'. Bovendien ontsnapten sommige lekenonderwijzers ('en dan heb ik het nog niet over de onderwijzers van congregaties die vrijwel overal onbereikbaar zijn voor ons gezag') aan het toezicht van de onderwijsinspecteur. Een nieuwe generatie gediplomeerde onderwijzers echter betrok nu de scholen van de Ardèche. Daaronder vielen afgestudeerden van de école normale, die waren opgeleid in geschiedenis en geografie van Frankrijk, beide republikeinse noodzakelijkheden. Subsidies om scholen te bouwen, te kopen of te herstellen werden nu vaker toegekend. Betalende leerlingen waren in 25 procent van de gevallen nergens te vinden, en die gratis naar school gingen besloegen 30 procent van alle gevallen. De eerste jaren van de republiek gingen in de Ardèche zes van de zeven leerplichtige kinderen naar school.[136]

De wetten-Ferry (een aantal wetten dat tussen 1879 en 1886 door de Kamer van Afgevaardigden werd aangenomen, vernoemd naar de antiklerikale politicus Jules Ferry, die er de geestelijke vader van was) maakten het lager onderwijs kosteloos en verplicht. Het moeizame proces van secularisatie van openbare scholen begon, en het doel was het godsdienstonderwijs daarin weg te werken. In de tussentijd beheerden onderwijzers van religieuze orden nog meer dan de helft (54 procent) van de scholen in de Ardèche, vormden ze 71 procent van het onderwijzend personeel, en onderwezen ze 62 procent van de kinderen op school. De scheiding van betalende leerlingen van armlastigen bracht sommigen, met name in de steden, ertoe dat deel van de school waarin de laatstgenoemden zaten de gemeenteschool of de armenschool te noemen. Omdat zij onderwezen op de manier waarop ze dat altijd hadden gedaan, gebruikten zij de bijbel en de heiligenlevens om lezen en schrijven te onderwijzen. De religieuze orden probeerden de lekenscholen te ondermijnen, en sommige dorpen verzochten nog steeds om vervanging van een lekenonderwijzer door iemand uit een religieuze orde.[137]

In 1881 leende Balazuc geld om een huis niet ver van de Tour Carrée te kunnen kopen, naast de jongensschool, om die te kunnen uitbouwen. Alleen een moerbeiboom stond midden op het stukje grond dat erbij hoorde. De twee kleinere gebouwen verschaften bij combinatie een gedeeltelijk overdekte speelplaats en een put. Het klaslokaal was klein, ongeveer 7,5 bij 4,5 meter, met een plafond van nog geen 3 meter hoog. Maar voor het eerst had de school in Balazuc voldoende ventilatie en belichting. Het eigen onderkomen van Jacques Ozil, dat de verdieping boven de school besloeg, omvatte vier kamers en een keuken, maar geen tuin. Ozil kreeg algauw overplaatsing naar een school bij zijn huis voor elkaar, maar Fournet, 'van een ongelukkige en zure dispositie', bezag de dorpskinderen meestal met een scheef oog.[138]

In de tussentijd telde de meisjesschool bij het Portail d'Été 51 leerlingen. Weer was de kloof tussen het aantal dat in december werd geteld en dat in juni kleiner geworden. Het ene klaslokaal op de bovenverdieping was nog kleiner dan dat van de jongens en was onvoldoende geventileerd en belicht. Er waren geen toiletten, geen overdekte speelplaats, en geen andere boeken dan die rechtstreeks voor het onderwijs werden gebruikt.[139]

Twee jaren later, terwijl de openbare scholen in toenemende mate werden geseculariseerd, werd de meisjesschool van Balazuc op de lijst gezet om dat lot ook te ondergaan. Met dit in het hoofd waren 'de voorstanders van religieus onderwijs' begonnen geld in te zamelen om een privé-school in het dorp op te zetten. De gemeenteraad onderstreepte zijnerzijds dat secularisatie zo lang mogelijk moest worden uitgesteld omdat 'het geloof in Balazuc zeer levendig is'. Voor veel katholieken leek het een anathema de scholen te seculariseren, want dan moesten zij de crucifix van de muur halen en de beelden van de Maagd Maria vervangen door bustes van Marianne, het vrouwelijk symbool van de republiek, die door haar tegenstanders werd beschouwd als een hoer.[140]

Elvina Mathevet, die was begonnen met de meisjes in Balazuc te onderwijzen, had het recht zolang te blijven onderwijzen als zij 'neutraal' bleef op het gebied van het onderwijs. Toen zij dertien jaar later overleed, in 1898, werd de meisjesschool geseculariseerd, ondanks het verzet van veel ouders. De eerste lekenonderwijzeres, Marie Augustine Bérard, kreeg aan het eind van het jaar een nationale onderscheiding, omdat zij nogal wat weerstand tegen het lekenonderwijs had moeten overwinnen.[141]

De meisjesschool telde 35 leerlingen ten tijde van de secularisatie, maar begin 1899 waren er daar nog maar 16 van over. Er was dan ook een privé-school door nonnen begonnen, om de katholieke zaak te dienen, en daar zaten in het schooljaar van 1899 op 1900 25 meisjes op. Het volgend jaar daalde dat tot 17 (12 in de zomermaanden). Toen de conservatieve Marius Mouraret in 1900 tot burgemeester werd verkozen, stemde de raad voor toestemming aan het klooster St. Joseph van Aubenas om de privé-school over te nemen, met verwijzing naar de diensten die waren verleend door de zusters in Balazuc (wellicht het geven van catechisatie sinds de secularisering van de meisjesschool). De raad stond erop dat families de vrijheid moesten hebben hun kinderen de opvoeding van hun keuze te laten volgen. Maar in de ogen van de onderprefect vertegenwoordigde de privé-school 'een permanent gevaar [...] de meisjesschool die al twee jaar is geseculariseerd moet het opnemen tegen een goed uitgeruste privé-school' beheerd door een non.[142]

Vooruitlopend op de secularisatie van de meisjesschool had de gemeenteraad in 1887 besloten een schoolgebouw te laten optrekken dat aanzienlijk meer klas- en speelruimte zou verschaffen voor beide scholen, en een vast onderkomen voor de onderwijzers. Het gemeentebestuur kocht daartoe bouwland, waar moerbeibomen op stonden, ten oosten van het dorpscentrum.[143]

In 1903 ging de nieuwe school van Balazuc open, hoewel het gebouw pas twee jaar later helemaal af was. Twee jaar later zaten daar 33 jongens en 25 meisjes op, de jongensschool aan een kant, de meisjesschool aan de andere kant, met gescheiden speelruimten achter. Twee appartementen van elk vier kamers voor de onderwijzers besloegen de bovenverdieping. Met 'Republiek Française' boven de deur, belichaamde de nieuwe school de hoogtijdagen van de vooroorlogse Derde Republiek.[144] De privéschool beleefde de scheiding van kerk en staat in 1905 niet meer.

Zeventig jaar na de wet Guizot had Balazuc eindelijk een eigen school, voor dat doel gebouwd. Een kachel, die alleen de oudere leerlingen mochten aansteken, verschafte een minimale verwarming, waarbij de leerlingen zelf voor hout zorgden. De onderwijzer, de vertegenwoordiger van de republiek, werd gevreesd maar ook gerespecteerd. Sommige onderwijzers wonnen zelfs aanhankelijkheid. Slechts weinigen trokken de noodzaak van lager onderwijs, om verder te komen in het leven, nog in twijfel. 'Ga naar school, beste Paul,' zei een van de vaders, 'doe je best en werk hard en later zul je iemand worden, luiwammesen komen nergens.'[145] De instelling van een certificaat van lager onderwijs dat werd toegekend aan de leerlingen die de school afrondden en de test haalden, vormden voor kinderen en hun ouders een doel.

Onderwijzers van Balazuc stonden voor hun leerlingen, naast het bord, kaarten en afbeeldingen van verscheidene dieren, waarbij de tafels of de bureautjes waren gerangschikt overeenkomstig het jaar van onderwijs. De lekenonderwijzer stampte er bij zijn leerlingen de regels van de Franse grammatica in, die toen net als nu uit het hoofd moesten worden geleerd en vervolgens toegepast. Een leerling die een oefening slecht deed riskeerde de oneer een stoffen sliepuitmuts te moeten dragen waarop het woord 'ezel' stond. Eén man herinnert zich dat hij 'een gedicteerde tekst moest opschrijven onder de ongenadige blik van de onderwijzer die met een dreigende houten liniaal tussen de leerlingen door liep,' en dan blafte: 'De zeven woorden met een x in het meervoud: *bijou, caillou, chou, genou, hibou, joujou, pou.*' Het laatste woord – luis – was toepasselijk. De leerlingen moesten hun haar kort geknipt houden, als uit bescherming tegen de ergerlijke aanwezigheid van dat beestje (toepasselijk heette de arts die de scholen in het kanton Vallon in 1881 moest inspecteren dokter Dupoux).[146] De strijd tegen de volkstaal en de platte uitspraak ging waarschijnlijk nog door, althans volgens de rapporten van de onderwijzers. We kunnen ons gemakkelijk de problemen voorstellen bij pogingen kinderen in Balazuc aan het einde van de negentiende eeuw niet alleen te leren het Occitaans op te geven, maar ook de uitdrukkelijke *g* aan het einde van *vin* (wijn) of *vent* (wind), twee woorden die om voor de hand liggende reden de hele tijd opduiken, of aan het eind van het getal *vingt* (twintig). Kinderen schreven steeds maar weer letters, volgens de enige regel van het Franse lager onderwijs die nog steeds zorgt voor een mooi handschrift (wat soms van meer waarde wordt geacht dan het feitelijk geschrevene). Hard werken en gehoorzaamheid waren morele noodzaak, naast waarschuwingen tegen nietsdoen en dronkenschap (in een tijd dat Frankrijk zich leek dood te drinken). Verhalen die in de klas werden voorgelezen behelsden voorbeelden van de vreselijke gevolgen die ongehoorzaamheid met zich meebracht, vandaar het belang van *bonne action*. Deze motto's waren te vinden in alle handboeken die de republikeinse onderwijzers ter hand namen. Een onderwijzer werd gemaand 'het lawaaiig vermaak van de dorpsbevolking' te vermijden, ervoor te zorgen dat 'zijn gezag, zijn waardigheid en zijn achting' niet op de tocht kwamen te staan. Naar de plaatselijke markt gaan was in orde, 'maar hij moet vermijden zich te gedragen als een plattelandsbewoner, die zich vermaakt met grappen en grollen, of wordt gelokt door trompetten, bellen en trommels van rondtrekkende muzikanten, of de dorpsklokken, of die het slachtoffer worden van de grove grollen van clowns'. De onderwijzer moest een model zijn van de republikeinse deugd, zijn appartement moest simpel en schoon zijn, en de echtgenote van de onderwijzer moest hem 'altijd waardig zijn'. [147]

Met behulp van kaarten, aan het eind van de jaren tachtig van de negentiende eeuw aan de jongensschool van Balazuc geleverd, leerden kinderen die vrijwel allemaal nog nooit buiten hun kanton waren geweest de namen van departementen en hun belangrijkste producten of kenmerken: de Nord, met kolenmijnen en suikerbieten, de Gironde en de Côte d'Or met hun fijne wijnen, de Bouches-du-Rhône en de Var, met Marseille en Toulon, de havens voor Noord-Afrika, en de afgescheiden departementen Elzas en Lotharingen, die op bevrijding wachtten. De kinderen moesten uit hun hoofd de namen van vreemde landen leren, en tijdens de hoogtijdagen van het 'nieuwe imperialisme' in stille bewondering genieten bij het toenemende aantal verafgelegen, schijnbaar exotische locaties op de wereldkaart die nu de Franse driekleur droegen. Met patriottistische beelden van de alom aanwezige republiek, terwijl Marianne langzaam Maria uit de openbare school verdrong, kregen de leerlingen te horen *la belle France* te vereren, en de namen en data van de Napoleontische overwinningen en de koloniale 'pacificaties' uit het hoofd te leren. Ernest Lavisse bepaalde de geschiedenis: 'Men moet van Frankrijk houden, want de natuur heeft haar schoon geschapen, en de geschiedenis heeft haar groot gemaakt.' De schoolbibliotheek van Balazuc bevatte 69 boeken, de meeste in 'goede staat'. Verscheidene voor de hand liggende thema's springen in het oog: patriottisme (*La Patrie, Onze vergeten helden, De oorlog van 1870-1871, De Franse vlag, De Revolutie* en *De maanden van Jeanne d'Arc*, die wellicht geen lang leven op de plank beschoren waren); verkenning van Frankrijk en de wereld (*De rijkdommen van Frankrijk, Syrië vandaag*, en Jules Vernes *Rond de wereld in tachtig dagen*); dagelijks leven (*De dagelijkse hygiëne, De rol van de vrouw in de landbouw* en *Discussies over landbouw*); lessen in goed gedrag (*Fabels van Fénelon, Praktische zedenleer* en *De deugden van het volk*); en het volgen van de veranderingen in Frankrijk (*Maatschappelijke verandering* en *Arbeiders thuis*). De meeste van die boeken waren niet te vinden op de planken van een school die door een religieuze orde werd beheerd.

De ideale leerstof op een Franse lagere school in de laatste decennia van de negentiende eeuw omvatte onderwijs in keuzevakken als tekenen, landmeten en elementaire noties van geschiedenis en aardrijkskunde, naast rekenen en enkele beginselen van de natuurkunde, toegepast op 'het dagelijks leven'. In de werkelijkheid ging dat anders. Net als Gallië, was het onderwijsprogramma in drieën verdeeld: lezen, schrijven en rekenen. De meisjes deden ook aan handwerken. De onderwijzers in de Ardèche onderstreepten de noodzaak van het onderwijs in de waarde van goede landbouw (een les die ze amper nodig hadden). Verscheidenen gaven de noodzaak van tuinieren op, waar de leerlingen in de praktijk konden brengen wat hun onderwijzers leerden, wellicht een uitbreiding van de tuintjes die onderwijzers voor zichzelf graag wilden, zodat ze hun eigen groenten konden telen. Eén betrok onderlinge hulp bij zijn onderwijs, omdat hij probeerde 'met succes het idee van onderlinge hulp in hun hoofd te stampen, dat de grondslag van de maatschappij is'. Tijdens een recente herdenking van de geschiedenis van de lagere scholen in St. Lys, bij Toulouse, was het veelzeggende leidende beginsel dat op het schoolbord stond geschreven: 'Als wij elkaar helpen, zal het gewicht van tegenslag lichter zijn'.

Kinderen leerden optellen en aftrekken door het tellen van dieren en groenten – dat was natuurlijk zonder meer logisch op het platteland – waarbij ingewikkelde berekeningen gebaseerd waren op min of meer levensechte situaties, zoals de maandelijkse uitgaven aan meststoffen of de verwachte beloning van een boerenarbeider: 'Een boerenarbeider verdient 2 franc per dag. Hoeveel franc zal hij verdienen in een maand en 26 dagen?' (zondag werd natuurlijk zorgvuldig afgetrokken als rustdag). Zij leerden het belang van hygiëne, wellicht kregen zij het advies hun voeten in de zomer eens per week te wassen en in de winter twee keer per maand. In het speelkwartier sprongen zij rond en speelden verstoppertje, spelletjes met knikkers en bikkels, plaagden de achterblijvers als slomen, zongen liedjes (wat meestal leuker was dan het verplichte zingen van deuntjes als 'Arbeid brengt vreugde' en fluisterden met elkaar of probeerden de geheimen van het leven te raden.) Bij dit alles fungeerde het dorp 'als vitaal middelpunt, een soort hart, in een meer of minder soepele betrekking tot andere locaties'.[148]

Balazucs nieuwe schoolgebouw, dat zowel de jongens- als de meisjesschool onderdak verschafte, droeg bij tot de definitie en de viering van de republiek. In Balazuc, in de Ardèche, en in vele andere plaatsen in Frankrijk was dat niet gemakkelijk geweest. De school hielp gewelddadige nationale politieke strijd naar het dorp te brengen, wat culmineerde in de scheiding van kerk en staat in 1905.

6 Conflictueuze dorpspolitiek

Albin Mazon, een vruchtbare geschiedkundige en verhalenverteller uit de Ardèche, had het in 1879 over een ongekende intensiteit in het politieke debat in de dorpen van de Vivarais. Hij vond dat maar niets. Hij was boos omdat men hem had verweten voor de geestelijkheid te zijn, en op het gevaar af 'onder vuur te worden genomen door onze moderne Jupiters', mopperde hij dat 'de paar laatste jaren overal sprake is van politiek, vooral op een eindeloos aantal plaatsen en bij mensen waar de politiek niet zou moeten zitten – wie had gedacht dat de Vivarais immuun zou kunnen blijven voor die besmetting? Vandaag de dag is er geen gehucht meer waar men niet een afvallige of bespottelijke factie vindt en niemand die niet tot op zekere hoogte door zulk contact besmet is'. In zijn geest was de republiek niet het bewind 'dat het best paste bij onze zeden, tradities en nationaal temperament [...] Een land leeft niet van politiek, maar van brood en vruchtbare activiteiten. De *Marseillaise* is oké, maar daar kan niemand van eten. Politiek is sterke drank waarmee voorzichtig moet worden omgesprongen, omdat je er anders ziek van wordt of zelfs dood aan gaat. Kijk maar naar de splijtzwammen die de politiek in onze steden en zelfs in de eenvoudigste dorpen heeft doen groeien'. Het verbeteren van de landbouw leek een beter tijdverdrijf dan het lezen over politiek in de krant, 'gevaarlijke' instrumenten 'die meestentijds de politieke schapen misleiden, en in elk geval een aanzienlijke hoeveelheid energie en nationale welstand verkwisten'. Hij, afkomstig uit de schone lucht en de kalme wateren van zijn geliefde bergen, vond de lagere delen van de Bas-Vivarais aangetast door 'de nosema, de druifluis en de politiek, die drie vraatzuchtige vijanden van de zijderups, de wijngaarden en het menselijk gezond verstand'.[1]

Ruzie met de pastoor

Na de Franse Revolutie was de kerk in wanorde, want er waren onvoldoende priesters en die waren minder capabel dan de pastoors onder het Ancien Régime. Velen waren amper opgeleid. Een hele generatie gelovigen had slechts onregelmatig of helemaal geen godsdienstonderwijs gevolgd. Tijdens de Restauratie stimuleerden de kerkelijke autoriteiten de lagere scholen, die zij beschouwden als middelen om kinderen de bijbel en de catechismus bij te brengen. Het aantal religieuze congregaties in de Vivarais nam snel toe (daarbij wees het bisdom Viviers in Frankrijk de weg). De streek onderging tijdens de Restauratie een bijzonder gemarkeerde terugkeer tot streng katholicisme. De nieuwe bisschop die in 1841 in Viviers kwam had gemerkt dat 'het geloof in het bisdom diep geworteld is, met slechts weinig uitzonderingen'. Hij was er trots op dat zijn nieuwe bisdom een van de gelovigste was van heel Frankrijk, omdat met Pasen meer dan 90 procent van het platteland ter kerke ging, tegen 64 procent in de stad.[2]

Hoewel de dorpspastoor Gods woord op aarde verklaarde, werd van hem toch ook verwacht dat hij zich zou aansluiten bij enkele tradities van de gemeente, omdat hij anders een buitenstaander werd.[3] Spanning tussen de dorpspastoor en de jongemannen in de gemeente was niets nieuws. De traditie dat de jonge mannen van het dorp feesten organiseerden was waarschijnlijk al eeuwen eerder ontstaan, net als de 'abdijen van jongelieden' in het begin van de huidige tijd (het *comité des fêtes*, dat voornamelijk bestaat uit jongemannen en vrouwen, zet die traditie tegenwoordig in het dorp voort). Balazucs viering van zijn schutspatroon (*fête votive*), de naamdag van Sinte-Magdalena, werd op een zondag in juli gehouden. Carnaval kon het geduld van een priester behoorlijk op de proef stellen.[4]

De zaak van pastoor Salel uit Balazuc toont aan dat een priester gemakkelijk een buitenstaander kon worden, al had hij nog zo veel invloed. Balazuc had een religieuze broederschap, die van Sint-Antonius, die wellicht al dateerde uit de vijftiende eeuw. Een van de activiteiten in het dorp bestond uit de inzameling van zo'n twintig zakken tarwe en 10 tot 12 hectoliter wijn. Acht dagen voor het feest van Sint-Antonius werd de tarwe vermalen, en werden er broden van zo'n 2 tot 3 pond van gebakken. Voordat die werden verdeeld, moest de priester ze zegenen. Daarna werd er een rund geslacht, en hield de broederschap haar jaarlijkse banket. Om deze reden was de broederschap ook wel bekend komen te staan als de broederschap van de koe. De dorpspastoor zat de maaltijd echter voor, waarbij de wijn werd gedronken, en waarbij vervolgens het eten aan de armen werd uitgedeeld.[5]

In 1837 liep het allemaal niet op rolletjes. Al enkele jaren lang hadden de banketten geleid tot 'nogal wat uitspattingen'. Salel, een eenendertigjarige priester, was in 1834 naar Balazuc gekomen. Hij besloot hier een streep te trekken: 'In mijn hoedanigheid moet ik ingrijpen om een eind te maken aan deze toestanden.' Vanaf de kansel had hij, overeenkomstig aanwijzingen van zijn bisschop, zijn parochianen bij het naderen van carnaval gewaarschuwd dat hij, als deze 'uitspattingen' niet zouden ophouden, zou weigeren het brood te zegenen.[6]

Een dergelijke dreiging schoot de dorpsbewoners in het verkeerde keelgat. Een paar parochianen hielden de priester voor dat zijn voorgangers altijd met de broederschap hadden samengewerkt. Daarop gingen twee parochianen – 'namens de anderen' – naar de pastorie en eisten dat de priester enkele kandelaars zou teruggeven die de broederschap aan de kerk had geschonken. Het gesprek tussen de pastoor en zijn twee late bezoekers verliep nogal verhit. Ze beledigden de pastoor. Later op die avond gooide iemand stenen naar de pastorie, en tegen een uur of vier, vijf in de ochtend werden er twee schoten op het huis gelost, die sporen van lood achterlieten. Vijf dagen later werden er 's nachts weer stenen naar het huis van de bange maar standvastige pastoor gegooid. Iemand trok het hek uit het tuintje van de pastorie achter de kerk en smeet dat naar beneden, in de Ardèche. De pastoor trok zich haastig terug en vluchtte naar zijn familie in een ander dorp, 'volgens het advies van mijn superieuren, met het oog op de haat die verscheidene gemene mensen jegens mij koesteren, wat blijkt uit verscheidene vandalistische daden'.

He rechterlijk gezag hield een onderzoek. De onderprefect gaf de burgemeester van Balazuc opdracht verdere bijeenkomsten van de broederschap te verbieden. Père Salel kwam later terug.[7] De onderprefect, die geloofde dat de dreiging jegens de priester overschat was, had de aanklachten tegen de onbekende overtreders met tact teruggebracht tot 'het breken van een hek' en 'nachtelijke ordeverstoring'. Hij besloot dat de schoten voornamelijk waren gericht op een raam en een gang om de priester angst aan te jagen (wat ook was gebeurd). De mensen van Balazuc besloten gezamenlijk het incident verder te verzwijgen. De broederschap hield haar jaarlijkse feest. Niettemin ontsloeg de prefect Dours als burgemeester in 1840 en ontbond de bisschop het volgend jaar de broederschap. Het huis van de broederschap achter de pastorie werd eigendom van de gemeente. Het was een kleine, ongemerkte stap in de richting van een langdurig conflict rond de kerk, in Balazuc en in Frankrijk.[8]

De republiek komt naar het dorp

Bij de Franse Revolutie werd het doel van gebiedsgebonden trouw verschoven van de parochie naar de gemeente. Die verschuiving was op zichzelf al een aantasting van de invloed van de pastoor. En ook al was de Bourbonse Restauratie van 1814-1830 gebaseerd op het bondgenootschap tussen altaar en troon, de gerestaureerde monarchie behield veel wijzigingen van de Revolutie, waaronder de gebiedsafbakening (departementen, arrondissementen, kantons, gemeenten). De rol van de dorpspriester echter werd tijdens opeenvolgende regimes geminimaliseerd. Met een toenemende verantwoordelijkheid op de schouders van de burgemeester en het groeiend belang van een door de overheid geleide school, meende de katholieke kerk zelf te zijn aangetast door het plaatselijke lekengezag.

Tekenen van politieke tweespalt, of zelfs maar belangstelling, waren in Balazuc tussen het eind van de Revolutie en de revolutie van 1848 ver te zoeken. Maar na de revolutie van 1830 nam Alexandre Tastevin, getrouw aan de Restauratie, ontslag als burgemeester, en de nieuwe Orleanistische prefect ontsloeg zijn loco Mollier, die bij recente vergaderingen had geschitterd door afwezigheid. Hij verving beiden door twee mannen wier vaders tijdens de Revolutie als burgemeester en als officieren van de Nationale Garde hadden gediend. Twee andere leden van de gemeenteraad namen ontslag, omdat zij de eed van trouw aan het nieuwe regime niet wilden afleggen.[9]

De Julimonarchie (1830-1848) verleende de burger die een minimaal bedrag aan belasting betaalde stemrecht. Gemeentelijke kiesgerechtigden (die de gemeenteraad konden kiezen) liepen in Balazuc uiteen van de rijkste mannen van het dorp, zoals Tastevin en Antoine Auzas, die respectievelijk 360 en 213 franc belasting betaalden, tot Joseph Auzas, die ongeveer 21 franc belasting betaalde. In 1840 waren vijftig mannen gemeentelijk stemgerechtigd in Balazuc, maar slechts vijf hadden het recht om te stemmen bij parlementsverkiezingen, omdat zij 200 franc of meer belasting betaalden. Daartoe behoorden Auzas en Teyssier, wiens vader tijdens de Revolutie de molen had gekocht als bien national.[10]

In 1832 benoemde de prefect Teyssier tot burgemeester. Ook hier weer kunnen banden worden vermoed tussen steun aan de Revolutie en de Julimonarchie in de context van het gemeentelijk politieke leven. Dat dit alles wellicht begon te drukken op de raad kan worden afgeleid, maar niet meer dan dat, uit de verwijdering van drie leden uit de raad door de prefect, omdat zij drie vergaderingen achter elkaar hadden overgeslagen 'zonder legitieme motieven'.[11] Dours kwam in 1838 in plaats van Teyssier, maar hij hield het maar twee jaar vol, zoals we hebben gezien. De prefect benoemde daarop Jean-Antoine Tastevin, de zoon van Alexandre, tot burgemeester. Maar Tastevin nam onmiddellijk ontslag, waarbij hij 'ernstige persoonlijke omstandigheden' aanvoerde. Dours wilde niet meer dienen. De gemeenteraad schreef daarop een brief aan de prefect waarin hij zijn vertrouwen uitsprak in Tastevin, 'die de algehele achting van al zijn medeburgers geniet'. Ondanks het feit dat zijn vader zich achter de Bourbonse Restauratie had geschaard, leek de jongere Tastevin nog steeds de meest voor de hand liggende kandidaat. Het feit echter dat hij ontslag had genomen en dat zijn opvolger dat ook had gedaan, veroorzaakte de herbenoeming van Teyssier in 1844, die toen 68 was.[12] Zo kwamen en gingen de burgemeesters, en zij lieten weinig sporen achter in de geschiedboeken, behalve hun handtekeningen onder de notulen van de gemeenteraad.

Met de revolutie van 1848 kwam de republikeinse politiek massaal naar het dorp Balazuc. Het begon als een politieke revolutie in Parijs, maar moet toch wel worden gezien in de context van de 'hongerige jaren veertig'.[13] De aardappelziekte, met de misoogst van 1846-1847, bracht ontbering aan de Ardèche (wat de zoveelste overstroming in september 1846 ook deed). De dalende vraag naar Lyonse zijde trof de Bas-Vivarais in het bijzonder (net als de economisch crisis in de Verenigde Staten in 1836-1837). Veel boeren hadden zich in de schulden gestoken in de hoop die terug te kunnen betalen met de zijdeoogst, wat ze niet konden. Vanuit diverse kantons kwamen verzoeken om hypotheekbanken, die redelijke rentepercentages zouden hanteren, met het oog op de onderdrukking door 'de plaatselijke woekeraar die dat niet deed, en verder weg, de kapitalistische woekeraar, de makelaar' in de zijde-industrie. De eigenaren van de fabriekjes voor zijdeverwerking langs de rivieren in de streek leenden geld van kooplieden in Lyon tegen 9 à 10 procent, terwijl terugbetaling ervan elk moment kon worden geëist.

In de zijde-industrie waren onbillijke praktijken en kunstmatig gedrukte prijzen aan de orde van de dag. Makelaars zetten eigenaren van de zijdeverwerkende fabrieken onder druk, die op hun beurt de spinners onder druk zetten (gemechaniseerd of familiaal). Onder aan de ladder stond het boerenhuishouden dat de ruwe zijde produceerde, en dat door de omstandigheden werd gedwongen te verkopen tegen wat een onbillijk lage prijs leek, door de makelaar opgelegd. Inbeslagname van eigendom nam met de helft toe in het arrondissement Largentière. De haat tegen degenen die geld hadden uitgeleend en bovenal tegen de woekeraars en de *fisc* (de fiscus) deed denken aan de stemming waarin een eeuw daarvoor de rebellie van de Gewapende Maskers was ontstaan. Begin 1848 heerste er 'betreurenswaardige ellende' in de Bas-Vivarais, terwijl de markt voor cocons en ruwe zijde instabiel werd. De oogst van zijderupsen was overvloedig, maar de prijzen voor de cocons daalden met de helft. De bisschop van Viviers klaagde 'dat armlastigheid ons van alle kanten overvalt' en riep elke parochie op een liefdadigheidscomité op te richten.[14]

In deze context bracht de februarirevolutie van 1848 algemeen kiesrecht voor mannen en enige hoop in de Ardèche, ondanks de problemen. De mannen uit Balazuc die bij de parlementsverkiezingen in april van dat jaar wilden stemmen moesten daarvoor naar Ruoms, een tocht van een paar uur heen en terug. Veel burgemeesters echter reageerden gewoonweg niet op dringende brieven waarin hen werd verzocht de verplichte lijst met stemgerechtigden op te stellen. Hoe het ook zij, brieven uit veel gemeenten deden er tien tot twaalf dagen over om aan te komen, in plaats van drie of vier onder normale omstandigheden.[15]

Net als Frankrijk over het algemeen, koos de Ardèche in april 1848 gematigde figuren in de Assemblée Nationale. De antiklerikale Eerste Republiek van de Revolutie lag niet goed in het collectieve geheugen van de Vivarais. Het grootste deel van de bevolking leek eropuit de Tweede Republiek 'geruststellend' te maken, met garanties voor eigendom en religieuze vrijheid, en anders hoefde het niet. Het jaar 1848 markeerde ook de terugkeer van de katholieke kerk als politieke macht, erop gespitst haar invloed onder de boeren te gebruiken om haar terrein te vergroten.[16] De daaropvolgende strijd tussen het conservatieve katholicisme en de in toenemende mate antiklerikale republikeinen bepaalde de politiek van de Derde Republiek. In die tussentijd zond de Ardèche conservatieven en gematigden en slechts één toegewijde republikein naar de Assemblée. Bij de presidentsverkiezingen van december 1848, met gemak door Lodewijk Napoleon Bonaparte (een neef van Napoleon) gewonnen, namen slechts 67 van de 232 kiesgerechtigden in de Balazuc de moeite ook te gaan stemmen.[17]

De eerste gemeenteraad van de Tweede Republiek in Balazuc werd gekozen op 30 juli 1848, waarbij de volgende dag een tweede ronde nodig was om de verkiezing van twaalf leden rond te krijgen.[18] Vijf heren van de laatste gemeenteraad van de Julimonarchie werden in de jonge republiek herkozen. Eind augustus kwam de nieuwe gemeenteraad bijeen om de burgemeester en de loco-burgemeester te kiezen. 'Burger' André Teyssier werd met zeven stemmen bij een tweede ronde tot burgemeester verkozen, waarbij hij Jean Charousset met twee stemmen versloeg. Aangezien de familie Charousset later bekend kwam te staan om haar steile republikeinse en antiklerikale instelling tijdens de Derde Republiek, had de nationale politiek mogelijk iets met de uitslag te maken. Claude Mollier, wiens aanhankelijkheid aan de republiek later duidelijk werd, werd tot loco-burgemeester verkozen, ook met zeven stemmen. Toen Teyssier enkele maanden later stierf, benoemde de prefect de jonge Mollier tot dienstdoend burgemeester.[19]

In scherp contrast met de eerste parlementsverkiezingen van de republiek, vaardigde de Ardèche in mei 1849 zeven uitgesproken republikeinen af onder de acht vertegenwoordigers. De rol van protestantse kiezers droeg zeker bij tot het linkse succes in de Ardèche. Dat deden ook de politieke organisatie en de propaganda van de Montagnards (democratische socialisten, ter linkerzijde). In de afgelopen decennia had de uitbreiding van de zijde-industrie naar het platteland dorpen als Balazuc op doen gaan in de grotere economie, en ondanks Balazucs betrekkelijk isolement werden de dorpsbewoners zich zeker bewust van de eerste republikeinse en daarna sociaal-democratische idealen.[20] De Montagnards eisten afschaffing van een rampzalige belasting van 45 centiemen die de jonge republikeinse regering stom genoeg had opgelegd. Verzet tegen de politieke invloed van de geestelijkheid vond ook weerklank. Bovendien bevorderde de scheiding van rechts in republikeinse conservatieven en monarchisten de zaak van links. Toch stemden Balazuc, Ruoms en Pradons conservatiever dan het grootste deel van de Ardèche. Bovendien mislukte de poging van de Montagnards de lagereschoolonderwijzers tot speerpunt te maken van de seculiere vooruitgang ten koste van de klerikale invloed, doordat Lodewijk Napoleon systematisch alle instellingen van de republiek ontmantelde waarvan hij president was.[21] De kieswet van 21 mei 1850 beperkte het aantal kiezers in Frankrijk met ongeveer een derde en schoof al diegenen terzijde die niet twee jaar lang in dezelfde gemeente hadden gewoond. Het aantal stemgerechtigden in Balazuc daalde in juli 1850 van 255 tot 158 en in januari 1851 waren er nog maar 143 over.[22]

Als reactie op de toenemende onderdrukking werden er door de Montagnards in de

Ardèche in de zomer van 1851 demonstraties uit solidariteit gehouden. Op dorpsfeesten vonden confrontaties plaats tussen pierewaaiers met rode dassen en gordels (verboden, want die kleur deed denken aan de Jakobijnen van de Revolutie) en gendarmes, vooral in Salavas, Laurac, Orgnac en Grospierres. Dit gaf de prefect aanleiding te geloven dat in de Ardèche de staat van beleg moest worden afgekondigd.[23]

Die zomer leek Balazuc een ruk naar links te maken. In de verkiezingen van maart 1850 gaf het dorp de republikeinse kandidaat een comfortabele meerderheid, hoewel de Ardèche als geheel juist monarchistisch stemde. Toen de onderprefect in maart 1851 probeerde de mogelijke uitslag te voorspellen als er een verkiezing werd gehouden in het kanton van Balazuc, Lagorce, Salavas en Vallon: een meerderheid van stemmen voor de 'democratische kandidaten'. In die vier gemeentes woonden sterke protestantse minderheden, met uitzondering van Balazuc.[24]

Vigier, een politiespion die naar het arrondissement werd gestuurd (met nog twee anderen, een voor elk district) beweerde dat een radicale geheime sociëteit in Balazuc wel honderd leden telde, samen met nog zeven andere gemeenten in het kanton. Joseph Leyris, de veldwachter, getuigde later dat er in Balazuc inderdaad enige tijd een geheim genootschap had bestaan, met zo'n vijftig leden, iets realistischer, waarbij de vergaderingen georganiseerd werden door Victor Queyroche (of Cayroche), Antoine Dumas en Joseph Exbrayat. Geruchten dat er geheime tekens waren om mee te communiceren, en wapenvoorraden, waren altijd afkomstig uit bronnen die verondersteld werden 'alle vertrouwen waard' te zijn.[25]

Wij kunnen ons wel punten voorstellen die althans enkele mensen van een arm geisoleerd dorp in het midden van de negentiende eeuw zouden radicaliseren. De boerenideologie was in hoge mate een mengeling van lokale trekken, bredere politieke zorg en overtuiging, en een vage hoop op een bewind dat sociale rechtvaardigheid zou brengen. Heerlijkheid, verplichtingen die een onder het Ancien Régime jegens edelen golden, sommige boeren die slachtoffer waren geworden van hun 'rechtspraak', het leefde nog in het collectieve geheugen. Michelet herinnerde zich dat hij in de Vivarais 'die vreselijke zwarte torens had gezien die zo lange tijd hun bijdrage van een arm volk hadden geëist'. Op sommige plekken verwezen de boeren nog naar de overheidsbelasting als naar de taille, en naar geld dat door de kerk werd geëist als de dîme, en sommigen waren bang voor een terugkeer van de echte belasting onder die naam.[26] Toenemende alfabetisering kan ook een rol hebben gespeeld. Verscheidene Montagnards uit Balazuc waren leningen geweest van Jean-Mathieu Gibert en zijn opvolgers.

Er waren nog andere tekenen van militante Montagnards in Balazuc. In april 1851 citeerde de raad bij het bespreken van problemen met het vinden van een geschikte plek voor de jongensschool, 'de voor de hand liggende beperkingen waarmee de school te maken krijgt, omdat zij vaak wordt gestoord door onzedelijke en opruiende liederen, gezongen door mensen die het etablissement bezoeken'. De propaganda van de Montagnards was er vooral op gericht dat de opleidingskansen op het platteland moesten toenemen. Balazuc had ten slotte in 1849 en 1850 helemaal geen school, omdat er geen onderwijzer kon worden aangetrokken.[27]

Vissen was een ander punt. De boeren van de Vivarais mochten graag jagen en vissen.[28] De meeste boeren en vissers waren zo arm dat alles wat zij schoten, vingen of visten meteen daarna werd opgegeten (recentelijk nog herinnerde een man in Balazuc die het over zijn bruiloft had zich dat dat de eerste dag van het visseizoen was geweest, en dat hij die had verpest door erop te trouwen). In oktober 1851 gaf de gemeenteraad van Balazuc unaniem uiting aan zijn mening dat de Ardèche tussen de Pont d'Aubenas en Ruoms moest worden vrijgesteld voor vissers. Hij verzocht een prefectoraal decreet, diverse koninklijke ordonnanties en een wet uit 1829 die de visserij betrof, ongeldig te verklaren in het belang van 'gerechtigheid', wat aardig leek op de dorpsbewoners die in 1789 in de kerk waren bijeengekomen om de cahiers de doléances op te stellen. De visrechten konden bijdragen aan 'de verlichting van de arme stand, die in deze streek zo talrijk is. Zonder andere middelen van bestaan zijn zij blij als ze hun kinderen wat vis kunnen geven, die verder niets krijgen'.[29]

Die herfst haalden de geheime genootschappen van de Montagnards hun banden in de Bas-Vivarais aan, en de gemeenteraad van Balazuc hield zich bezig met een onderwerp dat voor de armen van La Belle zinvol was, of het nu werd uitgedrukt in de volkstaal of, wat zelden voorkwam, in het Frans, de 'Democratische en Socialistische Republiek'. Een boer uit Salavas formuleerde het waarschijnlijk het beste. Hij beweerde dat met de overwinning van La Belle, 'wij helemaal geen boswachter nodig zouden hebben, geen visserijopziener, en ook geen pastoor. De belastingen zouden omlaaggaan, en we zouden de gemeentegrond kunnen verdelen'.[30]

Antoine Daumas, een voormalige tabakshandelaar, was in de zomer van 1851 officieel verdacht. De politie van Vallon deed navraag naar Daumas en moest toegeven dat het voor iemand die niet uit Balazuc kwam moeilijk was iets tegen hem in te brengen. Hier hielp Balazucs betrekkelijk isolement de Montagnards. Iemand die met vragen kwam over iemand uit Balazuc zou naar alle waarschijnlijkheid gewoon worden genegeerd als bemoeial van buiten, of hij nu bij de politie werkte of niet.[31]

Lodewijk Napoleon Bonaparte gaf begin oktober opdracht in de Ardèche de staat van beleg af te kondigen. De goed georganiseerde (en alom voorspelde) staatsgreep volgde ten slotte op 2 december 1851. Groot verzet volgde in Parijs, maar bovenal in de Midi en delen van het centrum, de grootste nationale opstand in het negentiendeeeuwse Frankrijk, waaraan ruim 100.000 mensen deelnamen. De geheime genootschappen van de Bas-Vivarais, met voet aan de grond in wellicht vijftig gemeenten, waren de speerpunt van de lokale opstand ter verdediging van de republiek.[32]

In de nacht van 6 – 7 december vormde zich een colonne Montagnards in dorpen van

Balazuc, gezien van de overkant van de rivier, op een ansichtkaart van circa 1910.

Portelas met Tour Carrée, de middeleeuwse donjon.
Let op het missiekruis op de voorgrond
en de overblijfselen van de dorpswallen.

De nieuwe kerk omstreeks 1905, met de toren die er in 1911 werd aangebouwd.

Philippe Charousset, burgemeester van Balazuc,
1892-1900, 1904-1910,
en zijn vrouw.

Balazuc. Overzicht.

Let op de overblijfselen van het oorspronkelijke kasteel op het klif, bij de *église romane*,
het 'nieuwe' kasteel links bovenaan, de overblijfselen (thans verdwenen) van de wallen
die tot aan de rivier lopen, en het grote huis op de voorgrond, dat gedeeltelijk
tot herberg diende.

La Gare: Station van Balazuc omstreeks 1906.

De aanleg van de
brug, 1884.

BALAZUC. – Pont sur l'Ardèche

Brug van Balazuc omstreeks 1905.
Tijdens het onweer van 1890
bereikte de stijgende rivier de
bovenkant van de brug.

Herbouw van de brug
na de verwoesting
in augustus 1944.

Dal van de Ardèche onder Balazuc.

'La Maria', Maria Tastevin.
Foto van Guy Boyer.

Een voormalige zijderupsenkwekerij.
Let op de moerbeiboom vooraan.
Foto van Carol Merriman.

Een nog levende
moerbeiboom.

Groeiende zijderupsen.

Wijngaarden buiten het dorp.

De Romaanse kerk (*église romane*).

De *gras*, het Jurassische tafelland.

Steegje in het dorp met bogen.

'Popaul' Gamel. Familiefoto.

Voetpad naar de rivier.

De recentelijk benoemde
Allée du Théâtre ('Theaterlaan').

Een *couradou*, overdekt balkon.

Balazucs school omstreeks 1910.

Chez Paulette.

Jacques Imbertèche, onderwijzer van Balazuc, met zijn
voormalige leerlingen Laura en Christopher Merriman,
Mathieu Fruleux en zijn vader Eric.

het kanton Vallon, waarbij hun manschappen afkomstig waren uit Vallon zelf, uit Lagorce, Ruoms, Salavas, Labastide-de-Virac en andere dorpen. De bende uit Vallon (wellicht opgezweept door geruchten dat in Chomérac een kamp van 5000 opstandelingen zich opmaakte om naar Privas te marcheren en dat Nîmes in handen van de Montagnards was gevallen) nam onderweg mannen mee. Soortgelijke groepjes vormden zich in de buurt van Les Vans. Rond drie uur in de ochtend kwamen de opstandelingen, naar verluidt uit het gehucht Lagorce en wellicht uit Pradons, in Balazuc aan. Joseph Leyris, Balazucs veldwachter, hoorde lawaai op straat: 'Ze bonkten overal op deuren. Ik stond op en ging kijken wat er aan de hand was, en een regen stenen raakte mijn huis, dat omsingeld was door een aantal mannen die ik in het donker niet kon herkennen.' Om een uur of vijf vuurde iemand een geweer af, en verdwenen de mannen. Minstens zes mannen gingen mee, met jachtgeweren en hooivorken. Zij voegden zich bij enkele duizenden andere mannen uit Lagorce en nabuurdorpen, in een slecht geplande poging naar de onderprefectuur in Largentière op te rukken, een fikse twaalf kilometer verderop.[33]

De colonne van enkele duizenden opstandelingen kwam dan ook rond vijf uur in de ochtend bij de eerste brug van Largentière aan. De onderprefect was al op hun komst attent gemaakt doordat er 'te wapen!' werd geroepen, wat in de heuvels boven de stad weergalmde. De Montagnards stuitten dus op 40 gewapende soldaten die de brug bewaakten, keerden om en werden door de troepen achterna gezeten. De soldaten beweerden later dat het vuur op hen geopend was toen zij de vluchtende mannen achternazaten: 'Kogels floten om onze oren, maar niemand aarzelde.' De troepen kwamen terug met 43 gevangenen, van wie twee gewond. 'Wij hebben de oproerkraaiers 9 kilometer ver achtervolgd, altijd maar in hoog tempo, wij met zijn veertigen, die zijn vertrokken om 3000 van hen vóór ons aan te vatten!' Zij namen hun jachtgeweren, houwen en hooivorken in beslag 'waarop bloedvlekken zaten'.[34]

Op het punt waar de weg naar Largentière samenkomt met de weg naar Joyeuse en verderop, beweerde een man die uit dit dorp op weg was om een vroedvrouw te gaan halen achteraf een 'menigte, gewapend met geweren, hooivorken en stokken, met zakken om te gaan plunderen' te zijn tegengekomen, die in de volkstaal zong.[35] Zo'n tweehonderd opstandelingen renden over de gras. Toen zij op de rivier stuitten, bezorgden zij Mollier met zijn bootje flinke klandizie – wellicht was het zijn grootste dag. Zowel Paul als Napoléon Eldin, broers en Montagnards, werden waargenomen toen zij de rivier overstaken in Molliers pontje. Daarna liepen de Eldins en vele anderen het pad naar het dorp op, door de Porte de la Sablière. Vervolgens hielden zij halt bij de herberg van Vianès, een plek die zij naar alle waarschijnlijkheid goed kenden. Meer waarschijnlijk was het daar dat de politieke banden tussen het gehucht Leyris (en andere delen van de grote gemeente Lagorce) en de Montagnards van Balazuc waren gesmeed en onderhouden.

In de tussentijd bezetten troepen Vallon. Halverwege de maand hielden mobiele colonnes, net als die onder het Directoire, een krachtsvertoon in de Bas-Vivarais, dit keer op zoek naar mannen van links, niet van rechts. Binnen een dag of twee nadat het verzet was gestaakt, kreeg de burgemeester van Balazuc en andere dorpen een brief, opgesteld in ongezouten bewoordingen, waarin onvoorwaardelijke gehoorzaamheid werd geëist. Wat de Montagnards betrof, 'bedreig ze namens mij met vreselijke straffen als zij op een of andere manier proberen zich tegen de vrije uitdrukking van publieke opinie te verzetten [sic]'.[36] Zo zou het ook gaan.

Gesteund door Parijs en het schijnbaar allesoverheersende mandaat van het Napoleontische politieke apparaat dat plebisciet heet, werd het officiële verslag van het verzet door 'drieduizend barbaren', georganiseerd in een 'uitgebreid netwerk van geheime genootschappen' dat een opstand aan het voorbereiden was geweest, steeds sensationeler. De politieagent uit Vallon betreurde het niet in staat te zijn 'al die schoften te executeren, die wij vandaag kennen en die tot de verwerpelijkste bevolkingslagen in het kanton Vallon behoren'. Hij beweerde dat Balazuc, Salavas, Labastide-de-Virac, Orgnac en andere dorpen ongeveer 700 man hadden geleverd. De kantons Les Vans, Largentière en Joyeuse '1500 tot 2000 opstandelingen'. Op de weg naar Largentière 'liepen de opstandelingen in rijen van drie, waardoor zij letterlijk de weg versperden [...] bijna 6 kilometer vol met hen, versperd door hen [...] deze mannen waren georganiseerd in brigades, compleet met officieren en onderofficieren [...]. Er waren overvloedig wapenen onder hun gelederen, hooivorken, houwen, zwaarden en slachtmessen. 'Zij waren gekomen met trommels, trompetten en vlaggen, hadden treuzelaars gedwongen hen te volgen, onder de belofte dat zij Largentière zouden kunnen plunderen en brandschatten.' Interessant genoeg weerspiegelde het verslag van de onderprefect over de rol van de veertig soldaten aan wie het neerslaan van de opstand werd toegeschreven, de evoluerende mythe van het Saraceense Balazuc: 'Die dappere soldaten beweren dat hun expeditie een echte expeditie tegen Arabieren was!'[37]

Gemeenten met grote protestantse minderheden speelden een aanzienlijke rol in het verzet. Om die reden heeft de schaduw van de godsdiensttoorlogen die drie eeuwen daarvoor waren ontbrand, een grote rol gespeeld bij de interpretaties van het verzet. Gemeenten met een hoog percentage participatie in het verzet telden tussen de 40 en de 50 procent protestantse inwoners, waaronder Vallon, Lagorce, Labastide-de-Virac en Salavas, waar de dominee beschuldigd werd van aanzetten tot het opnemen van de wapenen. In de Ardèche kwam 40 procent van de arrestanten uit gemeenten met veel protestanten. In 1851 maakten de protestanten zo'n 12 procent van de bevolking van de Ardèche uit (47.000 van de 386.000 inwoners).[38] Maar in Balazuc, waar geen protestanten woonden, slaagden de Montagnards in het mobiliseren van gewone katholieken, met een programma van praktische maatschappelijke hervorming.

Op 2 januari 1852 ontbond de prefect de gemeenteraad van Balazuc en verving hem door een tijdelijke gemeentelijke commissie.[39] Op de achttiende om vijf uur in de ochtend reden vier geüniformeerde gendarmes van Vallon naar Balazuc, om Jean Jullian en zijn gelijknamige neef te arresteren. Ze kregen te horen dat de neef, een voormalig soldaat, op bezoek was bij zijn tante in een ander dorp. Het werd echter onmiddellijk duidelijk dat de jongere Jullian 'over de daken van de buren was ontkomen met gebruikmaking van een touw'. Jean Mollier alias de Prior, de broer van de voormalige burgemeester, werd vroeg in de ochtend van 30 januari gearresteerd. Jean Vallier en Auguste Gamel werden op 14 maart gearresteerd. Beiden werden aangetroffen in het café van Vianès.[40]

In februari hoorde de Gemengde Commissie van de Ardèche, samengesteld uit de drie hoogste administratieve, juridische en militaire autoriteiten, de gevallen van honderden mannen, beschuldigd van deelname aan de opstand, of beschouwd als politiek gevaarlijk. Dit waren allemaal straatarme mensen, routineus omschreven als 'zonder enig bezit'. Op 18 februari 1852 boog de Commissie zich over de zaak van de negen mannen uit Balazuc die zich achter de opstand hadden geschaard. Zeven van hen waren in Balazuc geboren. Victor Queyroche werd beschuldigd 'een van de leiders van de beweging' te zijn 'evenals van de geheime genootschappen van zijn gemeente, intelligent en gevaarlijk'. De dertigjarige ongehuwde boer beweerde onschuldig te zijn, hij wees erop dat hij van Vianès' schoonzuster had gehoord over de mars op Largentière, toen hij om halfnegen of negen uur zaterdagochtend in het café kwam. Toch zeiden verscheidene mensen dat hij zondagochtend rond tien uur naar Balazuc was teruggekeerd, in het gezelschap van verscheidene mannen die geweren droegen, met een rode sjaal om zijn nek, terwijl hij een fles in zijn hand had en riep: 'Lang leve de vrijheid!' Hij had zitten drinken met Claude Mollier, de burgemeester, toen er rond negen uur in de ochtend een man of acht, voor het merendeel met geweren gewapend, was aangekomen. Eldin uit Leyris, die hij had herkend aan de pokkenlittekens op zijn wang, maar wiens voornaam hij niet goed kende, was er daar een van. Eldin had hem gevraagd een glas wijn met hen te drinken. Hij had wonden op zijn kaak en oor en zei dat soldaten op hem hadden gevuurd en dat hij was gevallen toen hij probeerde te vluchten. Eldin was met anderen teruggegaan naar Lagorce. Queyroche, die ze had begeleid tot het *bureau de tabac* boven in het dorp, gaf te kennen niemand anders in het groepje te kennen, wat onwaarschijnlijk was, of te weten dat zij naar Largentière waren vertrokken. Hij ontkende tot het geheime genootschap te behoren of te hebben gevraagd zich erbij te mogen voegen. De Gemengde Commissie veroordeelde hem tot gevangenschap in Algerije.

Jean Jullian, de oom, ontkende ook enige rol bij de gebeurtenissen. Hij had de hele dag op zijn land gewerkt – eigendom van Mollier, de veerman – in Louanes, en was om acht uur 's avonds naar het dorp teruggekeerd. Hij en zijn vrouw en zijn kind waren naar een veillée gegaan ten huize van zijn zwager. Op zondagochtend had Mollier ze overgezet. Hij was naar Audon gegaan, waar hij een lapje grond had, had sommige op-standelingen zich naar Balazuc zien begeven, maar beweerde dat hij geen van hen had herkend. Toen Mollier naar de rivier terugkeerde, gingen sommige mensen in Balazuc naar de mis, en namen daartoe ook de bac. Hij gaf toe dat hij had gehoord van het geheime genootschap maar hij ontkende ertoe te behoren of te hebben gevraagd zich erbij te mogen voegen.[41] Als 'niet erg gevaarlijk' beschouwd, werd hij onder toezicht gesteld en begin maart 1852 vrijgelaten.

Antoine Fromentin verscheen op 23 januari voor de Gemengde Commissie in Privas. Hij was getrouwd, had vier kinderen en kon lezen, 'zij het onvolledig'. Hij was rond middernacht met zijn buurman teruggekeerd uit Aubenas, had de volgende ochtend geruchten gehoord van de 'mars op Largentière', toen hij mannen met geweren, hooi-vorken en zwaarden in de hand had zien vluchten. Hij beweerde thuis te zijn gebleven: 'Ik hoorde iemand zeggen dat er mannen uit Balazuc bij betrokken waren, samen met anderen, maar ik heb niemand in het bijzonder gehoord of gezien' (wat kon hij anders zeggen?). Hij werd onder toezicht gesteld omdat hij 'meegetroond was' door de leiders en omdat hij beschouwd werd als weinig intelligent en 'ongevaarlijk'.[42]

Claude Mollier, die als burgemeester was vervangen, ontkende ook de beschuldi-gingen die tegen hem werden ingebracht. Hij zat op de ochtend van 7 december in het café, zoals in het hedendaagse Balazuc nog een heleboel mensen bij Chez Paulette binnenwippen. Toen hij zich naar de rivier begaf om te gaan vissen, zag hij een grote groep mannen, van wie sommigen gewapend, uit de richting Largentière komen. Toen hij terugkeerde van de rivier, zat het café nog bomvol met mensen die kwamen en gin-gen. Hij zat er nog toen hij schoten hoorde die elders in het dorp werden gelost. De vre-derechter beval Claude Mollier vrij te laten.[43]

Er waren betrekkelijk weinig estrangers (elders geborenen) in Balazuc. Joseph Ex-brayat uit de Haute-Loire was een van de weinigen die niet in de Ardèche geboren waren. Hij was in 1819 naar het dorp gekomen en had twee jaar lang als boerenknecht gewerkt. Daarna had hij het metselaarsvak geleerd. Toen hij in 1835 trouwde met Mar-guerite Mollier, kon hij het huwelijkscertificaat niet ondertekenen. Nu, met een vrouw en vijf kinderen, van wie de oudste twaalf was, werkte hij hier en daar voor opdracht-gevers als er werk was, ook in Balazuc. Hij was in staat geweest voldoende geld te spa-ren om wat grond te kopen (hij had zelfs een stuk daarvan in 1847 aan het dorp te koop aangeboden). Hij had niet slecht geboerd en bezat nu ongeveer 3000 franc. Exbrayat en Queyroche hadden vanaf de vierde januari in het gevang gezeten. Exbrayat, 52 jaar oud, had grijs haar en een baard, 'rode' ogen, een kuiltje in zijn wang, was blind aan één oog en getrouwd, met drie kinderen. Hij luisterde toe hoe hij werd omschreven als 'een be-kende, fikse herrieschopper, maar zonder hersens', die zich bij de mars op Largentière had gevoegd. De Gemengde Commissie veroordeelde hem tot 'een proeftijd en toe-zicht door het ministerie van algemene politie'.[44] Zijn vonnis en alle andere die door de

Gemengde Commissie werden uitgesproken, werden uitgebreid gepubliceerd op grote, intimiderende plakkaten.

Jean Jullian, de neef die tijdelijk aan de gendarmen was ontsnapt met behulp van een touw, was een ongehuwde boerenarbeider van 28, met 'wat geld maar niet veel', betrekkelijk lang, met donkerbruin haar, een zwarte baard, een rond, gebruind gezicht, met een litteken rechts op zijn voorhoofd. Zijn status als voormalige soldaat bezorgde hem een gevangenisstraf gevolgd door toezicht. Jean Mollier alias de Prior werd beschuldigd van lidmaatschap van een geheim genootschap en deelname aan de mars, maar op 2 maart vrijgelaten. Auguste Gamel, 32, ook voormalig soldaat en dagloner 'zonder enig geld', was de andere beschuldigde van Balazuc die voor de Gemengde Commissie moest verschijnen en die er niet was geboren. Hij was vanuit Ucel achter Aubenas naar Balazuc gekomen, getrouwd met de dochter van Joseph Lapierre, de bakker, en had een kindje. Hij werd diezelfde dag nog vrijgelaten omdat hij 'de opstandige bende had gevolgd, maar niet gevaarlijk en ook niet intelligent' was.[45]

Het gewicht van de onderdrukking kwam uiteindelijk op Antoine Daumas te wegen. Deze negenendertigjarige boer, in 1813 in Balazuc geboren, getrouwd en kinderloos, had enige tijd dienst gedaan als tabakshandelaar van het dorp. Dankzij een paspoort dat hij had aangevraagd om in 1845 naar Nîmes te kunnen, kende men zijn bleke, ronde, pokdalige gezicht, verlengd door een zwarte baard. In april 1852 wendde Daumas, die bang was gearresteerd te worden, zich tot burgemeester Tastevin, tegenover wie hij ontkende ooit tot een geheim genootschap te hebben gehoord. Tastevin schreef de onderprefect dat hij Daumas' 'boetedoening' oprecht vond. Tegenover de burgemeester zwoer Daumas gehoorzaamheid aan de president van de republiek, en ook zich nooit 'te zullen mengen met een andere opstand'. Niettemin werd hij vroeg in de middag van de 14de mei door twee geüniformeerde gendarmes gearresteerd. Hij werd beschouwd 'als een van de voortrekkers van de opstand, een actief en gevaarlijk leider van geheime genootschappen', en vijftien maanden in een Parijse gevangenis gestopt, om daarna te worden overgebracht naar Algerije, waar hij een jaar lang koorts leed in de gevangenis van Fouka. Hij profiteerde van een gratie in februari 1853 en werd daarna onder toezicht geplaatst.[46]

Jean Jullian de neef en Joseph Exbrayat moesten de vernedering ondergaan gedwongen te worden tot een aanvraag en het dragen van een 'armenpaspoort', om onderweg bijstand te kunnen krijgen, zodat zij in Marseille konden worden gevangengezet. Beiden moesten een verplichte route volgen, eerst naar Villeneuve-de-Berg, vervolgens naar Orange, Avignon, Aix en ten slotte Marseille. Jullian (en waarschijnlijk Exbrayat ook), kreeg 60 centiemen om hen van Largentière naar Aubenas te helpen, maar er zouden geen herbergen zijn voor Jullian of iemand anders met een armenpaspoort.[47] Toen zij later gratie kregen, werden beiden onder officieel toezicht geplaatst. Dit betekende dat zij zich om de acht dagen bij de burgemeester moesten melden en twee keer per maand bij de kantonnale vrederechter. Aangezien geen van beide een paard bezat, moesten zij naar Vallon lopen, vierendertig kilometer uit en thuis.[48]

Victor Queyroche, die de bijnaam Cayenne had gekregen (naar Frans Guyana, de muskietenrijke noordkust van Zuid-Amerika waarheen zij die de ergste straf kregen werden verbannen), lijkt niet rustig te zijn vertrokken. Hij werd in november 1852 gearresteerd omdat hij zich niet in Vallon had gemeld en werd daar kort gevangengezet. Vijf jaar later zat Queyroche, omschreven als een man die 'op een bepaald ogenblik' gevaarlijk kon worden, in Épinal in de gevangenis.[49]

Pas in 1857 spaarden de autoriteiten eindelijk Exbrayat en de beide Jean Jullians de tweemaandelijkse reis naar Vallon om voor de vrederechter te verschijnen. Burgemeester Tastevin onderschreef hun verzoek. Niettemin was er een gendarme naar Balazuc gekomen om informatie over hen in te winnen. Nu leken de burgemeester en de andere raadsleden en dorpsgenoten bereid de vier mannen te helpen. Mensen in Balazuc wezen op 'hun volslagen ellende', en ook op het feit dat het vijftien uur kostte om naar Vallon heen en terug te lopen. Allevier waren gezinshoofd en vielen in de categorie van 'blinde instrumenten van verscheidene fanatici', die nu spijt hadden over wat ze hadden gedaan. Auguste Gamel stierf op zesendertigjarige leeftijd in 1866 in Balazuc, Joseph Exbrayat twee jaar later.[50]

Officiële interpretaties van de opstand schilderden de Montagnards af als opstandelingen die 'onwetendheid paarden aan woestheid, en dus gemakkelijk konden worden misleid'. Veel burgmeesters begrepen hun verantwoordelijkheden nog steeds niet. De cafés zoals dat van Vianès kregen de schuld.[51] De Tweede Republiek had conflictueuze politiek in het dorp Balazuc gebracht, en daardoor het gezag van de kerk ondermijnd. Napoleon III probeerde het Keizerrijk (1852-1870) synoniem te laten zijn aan economische vooruitgang, maar in hoge mate berustte het op een alliantie met de katholieke kerk, om politieke steun te behouden. Ondertussen omschreef de onderprefect 'het openbare leven' in de Bas-Vivarais als 'vrijwel niet bestaand'.[52] Meer dan de helft van de mannen stemde niet bij de gemeenteraadsverkiezingen. In heel moeilijke tijden bleef economisch overleven de voornaamste zorg.

Maar ook al was dat zo, de gemeenteraadsverkiezingen van Balazuc waren in 1855 fel omstreden. André Mollier was drie jaar daarvoor tot burgemeester benoemd, maar was een jaar later boos opgestapt, nadat Joseph Leyris zijn oude baan als veldwachter weer had mogen opnemen. Hij had 'gedonder in het dorp veroorzaakt en doet dat nog steeds'. Leyris had getuigd tegen sommigen van hen die vlak na het verzet tegen de staatsgreep in december 1851 waren gearresteerd, en een waarschijnlijk overdreven aantal leden genoemd van het geheim genootschap in Balazuc. Antoine Tastevin was in 1854 tot burgemeester benoemd, hij was de enige keus in Balazuc, 'dat echt in alle opzichten straatarm is'.[53] Een jaar later behaalde geen enkele kandidaat de noodzakelijke absolute meerderheid van stemmen voor een tweede verkiezing, en kon de raad slechts worden bezet bij een derde ronde, toen de prefect toestemming gaf de laatste twee mannen te laten verkiezen met eenvoudige meerderheid van stemmen. De prefect benoemde daarop Tastevin weer tot burgemeester. Het verkiezingsbureau echter weigerde het verslag van die verkiezing te ondertekenen. Loco-burgemeester Constant klaagde dat roddels tegen de voormalige raad 'uit de koker van verscheidene mensen die graag verkozen willen worden', de ronde deden. Toen Constant een brief stuurde waarin hij lucht gaf aan zijn ergernis, werd die door iemand bedekt met afval. Hij verdacht sommigen van de pas verkozenen in de raad. In elk geval speelden het erfgoed van de staatsgreep en Tastevins rol als burgemeester bij het aangeven van degenen die tot toezicht waren veroordeeld, waarschijnlijk een rol bij de aanhoudende kwade gevoelens.[54]

En toen werd het moeilijk om iemand te vinden die nog burgemeester wilde zijn. Tastevin nam twee keer ontslag, evenals een van zijn vervangers, Constant, die aan 'geestesziekte' leed. Bij twee verkiezingen stemde slechts een derde van de stemgerechtigden. Naast een komen en gaan van burgemeesters, was er een ander teken van de moeilijke tijden en wellicht ook onverschilligheid, namelijk het probleem raadsleden en vooraanstaande belastingbetalers te krijgen, om aan bijeenkomsten deel te nemen (aan vergaderingen waarop over belastingverhoging moest worden gestemd). In 1864 citeerde de burgemeester 'de onwil van de leden van de gemeenteraad en de vooraanstaande belastingbetalers'. De onderprefect leverde daarop, zoals te voorzien was, het bittere commentaar dat in Balazuc alles nog moest worden gedaan. In 1865 werd de gemeenteraad bij een tweede verkiezingsronde samengesteld, en uit de verkiezing van Claude Mollier, Philippe Charousset (een ontluikende radicale republikein uit Servière) en herbergier Vianès kan de terugkomst van links in de uitslagen blijken.[55]

In de zomer van 1870 verklaarde Frankrijk dwaas genoeg de oorlog aan Pruisen en haar bondgenoten onder de andere Duitse staten. Toen dat slecht afliep (drie mannen uit Balazuc behoorden tot de 400 uit de Ardèche die omkwamen),[56] werden er begin augustus 1870 nieuwe gemeenteraadsverkiezingen in Balazuc gehouden. Jean Jullian, een van de wegens verzet tegen de staatsgreep van december 1851 gearresteerden, nu 46 jaar oud, werd verkozen, naast Philippe Charousset. Beiden waren overtuigde republikeinen. Firmin Vincent echter, die een toegewijd aanhanger van het Keizerrijk was, werd ook in de raad gekozen, naast nog enkele andere bekende gezichten.

Op 4 september brak de oorlog uit en werd Frankrijk nominaal een republiek toen een enthousiaste menigte haar in Parijs uitriep. In het decennium volgend op de Commune van 1871 (die opstand van gewone Parijzenaars tegen de conservatieve voorlopige regering) bevestigde de republiek slechts heel geleidelijk haar bestaan. De strijd om het platteland begon.[57] De leden van de gemeenteraad legden hun eed van trouw aan het Keizerrijk af op de dag waarop de menigte in Parijs de republiek uitriep. De raad kwam niet meer samen tot juni 1871.[58]

Frankrijk begon aan de republiek van de Zedelijke Orde, zoals het nominale republikeinse bewind van de eerste zeven jaren van de jaren zeventig van de negentiende eeuw bekendstaat, met een conservatieve regering die allesbehalve republikeins was. Op 16 mei 1877 lukte het president-maarschalk Patrice de MacMahon niet de eerste stadia van de restauratie van de monarchie te orkestreren door de republikeinse eerste minister te vervangen door een monarchist. Daarop ontbond hij de kamer van afgevaardigden, die hem had verkozen, maar verkiezingen brachten weer een republikeinse meerderheid. De 'coup van 16 mei' veroorzaakte grote politieke commotie in Balazuc, doordat burgemeester Vincent en andere conservatieven MacMahon steunden.

In Balazuc was er niemand die méér treurde over het einde van het Tweede Keizerrijk dan Firmin Vincent. Hij was uit berekening conservatief, en in 1874 door de regering herbenoemd tot burgemeester. Twee jaar later raakte hij verstrikt in een strijd met drie leden van de raad over het plan de begraafplaats te verplaatsen naar een locatie verder uit het dorp. Toen de raadsleden Vincent beschuldigden van een poging ze beet te nemen door de kosten te onderschatten, stuurde de burgemeester een van hen de kamer uit. Daarop stormden twee anderen ook weg. De meerderheid van de raad keurde daarop de aankoop van de noodzakelijke grond goed. De tegenstanders van de burgemeester gingen toen de eigenaars opzoeken om ze op het hart te drukken geen 'iota land' te verkopen. Vincent, die niet uitblonk door subtiliteit, en die officiële reprimandes naast zich neerlegde, bleef op de officiële correspondentie het keizerlijk stempel gebruiken, compleet met adelaar, trouw gediend door loco-burgemeester en veldwachter Victor Boiron.[59]

Bij de verkiezingen kon Vincent zijn afkeer van de republiek niet langer voor zich houden. Balazuc ondersteunde in overgrote meerderheid de monarchistische kandidaat voor de Kamer van Afgevaardigden, gaf hem 222 stemmen met slechts 20 aan de republikeinse kandidaat, een protestant.[60] Toen de stemgerechtigden in 1877 op de *mairie* verschenen om te stemmen, snauwde Vincent dat de republiek de streek te gronde zou richten. Jean Jullian *neveu* getuigde dat Vincent iemand had lastiggevallen onder het stemmen, omdat hij wilde weten of die het republikeinse *canaille* zou steunen. Toen Jullian vroeg waarom de republikeinen canaille waren, antwoordde de burgemeester dat ze de aartsbisschop van Parijs tijdens de Commune hadden vermoord, en dat 'de kleinste arend van de keizer meer waard is dan alles wat de republikeinen hebben gedaan, en dat het allemaal rapaille was'. De veldwachter overhandigde stembiljetten waarop de antirepublikeinse kandidaat genoemd stond en stimuleerde sommige inwoners om de affiches van de republikeinse kandidaat weg te halen. Vincent werd geschorst en in oktober 1878 bracht de gendarme hem het nieuws dat hij was ontslagen, samen met zijn rechterhand, de veldwachter. Jean Mollier, gearresteerd na de staatsgreep in 1851, werd tot veldwachter benoemd. Het ontslag door de prefect van burgemeester Vincent maakte deel uit van de zuivering van gemeentelijke ambtenaren die campagne hadden gevoerd tegen republikeinse kandidaten.[61]

Drie maanden later veroordeelde een hof in Largentière twee bekende republikeinen uit Balazuc, Joseph Mollier, *cultivateur*, en Charbonnier, tot ieder zes dagen gevangenisstraf wegens 'gewelddaden' jegens Vincent toen hij burgemeester was. Toch waren de hoven van Largentière notoir antirepublikeins en in de ogen van de onderprefect stamde dit allemaal uit Vincents antirepublikeinse vendetta. Charbonnier had Vincent gevraagd niet meer in zijn wijngaarden te jagen, omdat de hond van de burgemeester zijn druiven opvrat. Wat Mollier betreft, hij had de burgemeester gevraagd om een handtekening op een legaal document te verifiëren, en de burgemeester had hem daarbij omvergeduwd, 'waarbij hij hem een schoft noemde'. Charbonnier was daarop de voormalige veldwachter Boiron tegen het lijf gelopen, die hem nog wat geld schuldig was. De veldwachter beledigde Charbonnier, en slingerde hem toen ook nog eens op de bon.[62] Dit soort dingen had vroeger ook kunnen gebeuren, maar de politieke connotatie was nu toch wel duidelijk merkbaar. Het jaar na de ongeldigverklaring van de verkiezingen van 1877 (vanwege beschuldigingen van plaatselijke officiële druk, zoals in veel andere streken, om de monarchisten te steunen), steunde Balazuc weer in overweldigende meerderheid de conservatieven, waardoor de prefect reden zag de gemeenteraad van Balazuc te beschouwen als 'volslagen reactionair'. Nu de inzet verhoogd was, stemden 230 van de 280 stemgerechtigden bij de verkiezingen.[63]

Weliswaar was Vincent Firmin een minder belangrijke figuur in de strijd tegen de republiek, verscheidene invloedrijke figuren op hoge posten orkestreerden de verkiezingscampagne. In 1879 werkte bisschop Bonnet uit Viviers aan het mobiliseren van de publieke opinie tegen de republikeinen en hun verwachte secularisatie van openbare scholen door petities in Balazuc en andere dorpen de ronde te laten doen. Bonnet, die drie jaar daarvoor op eenenveertigjarige leeftijd was benoemd, kwam uit een arbeidersfamilie in de Lozère, 'jong, in goede gezondheid, gewend aan de manier van leven in de bergen'. Hij zag neer op zowel protestanten als republikeinen, en reisde door zijn bisdom, predikend tegen beiden en de loftrompet stekend over de encycliek *Syllabus Errorum* van paus Pius IX uit 1864, die de vooruitgang en het modernisme veroordeelde. Aldus geïnspireerd dreigden sommige pastoors gelovigen met het hellevuur als zij op de republikeinen zouden stemmen.[64]

Hoewel de geleidelijke overwinning van de republiek in dorpen als Balazuc nationale politieke onderwerpen ter tafel bracht, bleven familiale en persoonlijke rivaliteiten een belangrijke rol spelen in de gemeentepolitiek. Dat doen ze trouwens nog. De Tastevins, Molliers, Mourarets, Constants, Boyers en andere families hadden samengeleefd, waren onderling getrouwd, verdeeld geraakt, hadden bondgenootschappen gesloten, en in sommige gevallen eeuwenlang gevochten (om de zaak ingewikkeld te maken waren er uiteenlopende Tastevins, Molliers en Constants, die allemaal althans in de verte verwant waren). De solidariteit binnen en de rivaliteit tussen de gehuchten telden mee, naast 'seculaire ideologie die stof tot discussie leverde'.[65]

Zo beschuldigde Vincent, nog in de gemeenteraad maar niet langer burgemeester, in 1881 Tastevin, toen loco-burgemeester maar later dat jaar door de raad tot burgemeester verkozen (een omslag die in 1876 was begonnen) ervan kleinere arbeidscontracten voor de dorpspaden aan zijn zoon met een van zijn dieren toe te spelen, 'om helemaal niks te doen'. Bovendien moest iemand die informatie wenste, toen op een gegeven moment het gemeentebestuur geen secretariaat had, de burgemeester gaan opzoeken, die altijd op zijn land zat. Dat was en is de wereld van dorpsklachten over de burgemeester.[66]

Het volgend jaar beschuldigde Cyprien Brun, de schoenmaker, uitdrukkelijk burgemeester Tastevin, met de bewering dat hij geweigerd had hem het kadaster te laten raadplegen, toen water van de grond van de buren zijn huis had laten onderlopen. Tastevin zag de hand van Fromentin, zijn vijand, in het protest van Brun, die niet kon lezen en schrijven, en beweerde dat hij, de burgemeester, royalist was genoemd. Tastevin bestreed deze omschrijving en toont ons daardoor iets van de aantrekkingskracht van de republiek: 'Ik ben geen royalist om de reden dat ik kinderen heb en dat ik heel goed de voordelen die de republiek ons biedt op prijs weet te stellen, op het punt van opleiding en militaire dienst'. Tastevin verklaarde dat het kadaster bij hem thuis lag, omdat het slechte weer het moeilijk maakte überhaupt veel te lezen in het gehuurde gemeentehuis, en dat Brun bovendien dronken was geweest. Maar de toon bij dit kleine dispuut weerspiegelde de politisering van routineuze dorpsaangelegenheden. André Mollier, vanaf wiens land het water het huis van Brun was binnengestroomd, werd afgeschilderd als een royalist, net als Tastevin. Brun tekende zijn protestbrief waarin hij Tastevin 'een wispelturig man, net zo'n royalist als Mollier' noemde, 'terwijl ik de burger van de republiek ben'.[67]

De politiek van republikeinse begunstiging

De republiek stond in de Ardèche voor een grote uitdaging. De komst ervan plaatste Marianne, het uit de Revolutie voortgekomen symbool, tegenover de maagd Maria. In een streek waarvan de kwetsbare economie verwoest werd door de nosema en de druifluis, bleef religie 'het houvast in deze maatschappij die op zichzelf wordt teruggeworpen door een reeks economische crises die haar treffen'.[68] Het bisdom Viviers telde naar verhouding meer geestelijkheid dan enig ander bisdom in Frankrijk. In de periode 1853 tot 1862 werd 60 procent van de pasgeboren meisjes in Balazuc Marie genoemd. In 1870 onderwezen in 70 procent van de gemeenten in de Ardèche nonnen, ook weer meer dan overal elders in Frankrijk. De invloed van de geestelijkheid op het dorpsleven bleef geweldig groot, wellicht groter dan in West-Frankrijk. Gebrek aan invloedrijke edelen heeft waarschijnlijk meer dan iets anders de geestelijke overheersing doen groeien. De religieuze opleving van de jaren zeventig van de negentiende eeuw, gemarkeerd door de verering van en pelgrimstochten naar Lourdes en elders, onderstreept de kerkelijke invloed. De integrerende functie van de kerk bleef sterk geworteld in de volkscultuur.[69] De aanhankelijkheid aan de volkstaal, waarbij onderscheid werd gemaakt tussen die van de Cevennen, die van de hoogvlakte, en die van het karstgebied, 'getint door het Provençaals', kan wel eens zijn opgevat als verdediging van de godsdienst. Frans behield de reputatie als de taal van de bovenlaag, met name in de stad, 'de referenties lagen meestal buiten de agrarische gemeenschap'.[70]

Waar de collectieve herinnering aan het agressieve antiklerikalisme van de radicale Jakobijnse republiek na de Revolutie en van de Montagnards van links onder de Tweede Republiek nog sterk leefde, zagen veel katholieken het bestaan van de republiek als de poort naar vernietiging van hun leefwijze. Het erfgoed van de godsdiensttoorlogen, tegen de protestanten gevochten (en hun rol onder het Tweede Keizerrijk) viel voor militante katholieken moeilijk te ontkennen. De onderprefect noteerde in 1881 dat 'ondanks de toegenomen algemene acceptatie van politieke denkbeelden bij gemeenteraadsverkiezingen, vrijwel overal de politiek als kapstok diende voor persoonlijke rivaliteiten'. Toch werden net als in de Tweede Republiek zelfs in Balazuc en andere dorpen zonder protestanten de nationale politieke debatten steeds meer bepaald door lokale strijd. Hier stond 'de klerikale kwestie voorop'. Politieke pamfletten en kranten gingen deel uitmaken van het dorpsleven. Zelfs al was het arrondissement over het algemeen 'niet erg republikeins', enkele gemeentelijke kandidaten hadden 'het republikeinse stempel' aangenomen, al verplichtte ze dat tot niets specifieks.[71] In een streek waarin het marxisme en de Socialistische Partij betrekkelijk weinig invloed hadden, bleef rechts zich zien als verdediger van de kerk tegen de seculiere republikeinen. De landelijke democratie (hoezeer ook beperkt tot algemeen kiesrecht voor mannen) was een uitdaging voor het geestelijk gezag. De Derde Republiek riep de invloed van de kerk een halt toe en ondermijnde haar in het lokale politieke leven, met de begunstiging van de gecentraliseerde staat.[72]

Scholen bleven de inzet van strijd en er werd zelfs gesproken over terugkeer tot de godsdiensttoorlogen. Het Tweede Keizerrijk had de invloed van de kerk op de scholing bevorderd. Kerk en staat dienden in de republiek niet langer hetzelfde doel, dorpen werden opengesteld voor seculaire, republikeinse ideologie. Deze werd op de openbare scholen onderwezen en ondermijnde de positie van de kerk in de gemeenschap.[73] Pastoors vochten tegen burgemeesters en lekenonderwijzers, in een strijd om aanhang, en vormden zodoende de politiek van de klokkentoren (la politique du clocher) om. Lekenscholen waren een alternatieve bron van solidariteit, ondermijnden de eeuwenoude rol van de parochie en haar pastoor in het bepalen van de waarden van de plattelandsgemeenschap en boden ook in toenemende mate gelegenheid voor sociale interactie.[74] Bovendien boden de scholen van de republiek, te midden van de op gang zijnde landelijke leegloop, bescheiden getuigbrieven voor het vinden van een baan in de stad. De droom van maatschappelijk hogerop komen, hoe bescheiden ook, was niet langer met de kerk verbonden. Het republikeinse doel om de geestelijkheid uit de openbare school te bannen werd een steeds conflictueuzer mikpunt van de conservatieve oppositie. Aan het eind van de jaren tachtig van de negentiende eeuw hadden enkele honderden leden van religieuze orden die zowel op openbare als op privé-scholen onderwijs gaven, nog steeds geen enkel soort van diploma of officiële kwalificatie.[75]

De graaf van Vogüé, wiens familie tijdens de Revolutie een heel imperium had verloren, plaatste de nieuwe strijd in zijn context. De oorlog stelde nu de republikeinse regering tegenover de geestelijkheid, 'het enige zedelijke gezag, het enige wat voor de opinie in de meeste parochies echt van belang is'. Met bijna twee keer zo veel leerlingen op privé-scholen ten tijde van de honderdjarige verjaardag van de Revolutie in 1889, vond hij dat de helft van de mensen in de Ardèche de republiek nog steeds niet aanvaardden.[76]

Dorpen als Balazuc vielen in facties uiteen. Sommige pastoors weigerden leerlingen die op de openbare school zaten, en ook hun ouders, de communie. Hun tegenstanders bespotten de religieuze onderwijzers en noemden de onderwijsmethodes van de Frères Ignorantins 'ignorantisme'. Zo ontstond het front tussen de toekomstige strijders van de *Belle Époque*, de geestelijken (*calotins*) tegen de 'socialisten' en de 'anarchisten'. Bisschop Bonnet en de Union Catholique beschuldigden de antiklerikalen ervan buitenechtelijk samenwonen voor te staan en het spugen op crucifixen te bevorderen. Ter rechter zijde waren de conservatieve kandidaten en de dorpspastoors de enigen die de overheid konden beschermen tegen overname door de vrijmetselaarsloges, de protestanten of beiden. In Coucouron verkondigde de pastoor dat het een doodzonde was om op een republikein te stemmen. Zijn evenknie in Uzer werd ervan beschuldigd de sacramenten te weigeren aan iemand die stemde op de kieslijst die 'Christus uit onze scholen wilde bannen', terwijl die van St.-Etienne-de-Lugdarès (in de bergen) ervan beschuldigd werd ervoor te waarschuwen dat 'dochters naar lekenscholen te sturen hetzelfde is als ze in een bordeel plaatsen'. Tijdens de verbitterde verkiezingscampagne van 1885 klampte een pastoor een man aan, waar de burgemeester bij was, en zei tegen hem: 'U hebt een nogal duister gezicht, u ziet eruit als een hugenoot,' alvorens het stembiljet uit zijn hand te grissen, wat de burgemeester zag.[77]

Pastoors werden ervan beschuldigd met weigering van absolutie te dreigen tegen moeders wier kinderen naar de lekenschool gingen. De onderprefect beweerde dat pastoors die zich niet met politiek bemoeiden, zich blootstelden aan kerkelijke ongenade, zelfs in Lagorce. In Lavilledieu, waar het gemeentebestuur om secularisatie van de school had verzocht, viel de dorpspastoor de beslissing vanaf de kansel aan. In Annonay waren 25 gevallen van brandstichting, waarvan aangenomen werd dat zij het werk waren van tegenstanders van de secularisatie.[78]

In oktober 1890 trok de regering de salarissen van 37 priesters in (die sinds de schepping van de Nationale kerk aan het begin van de Franse Revolutie werden uitbetaald) wegens hun felle aanvallen op de republiek, in het verlengde van strenge, provocerende officiële maatregelen waar tijdens de verkiezingscampagne van vijf jaar eerder een begin mee was gemaakt. De regering trok in 1892 het salaris van de bisschop in. In de buurt van Laurac, een bescheiden haard van contrarevolutionaire activiteit in de jaren negentig van de achttiende eeuw, had de pastoor een clandestiene school geopend, 'onder het voorwendsel dat hij een dagopvang beheerde'. De onderwijsinspecteur trof 34 kinderen aan in een huis dat eigendom was van de dorpspastoor. Sommigen hadden catechismussen of boeken over heiligen, maar er waren geen andere boeken of schriften.[79] Tot de pastoors over wie geklaagd werd behoorde Casimir Tastevin, die in Balazuc was geboren en die nu als vicaris in Antraigues diende. Hij werd in 1892 aangemerkt als 'vijandig jegens het republikeins bestuur'.[80]

In deze context boekten de republikeinen niet snel verkiezingsoverwinningen. Rechts, dat de verkiezingen van 1877 moeiteloos gewonnen had, boekte een volslagen overwinning in de zwaar omstreden parlementsverkiezing van 1885, waarbij het vooral dreef op het verzet tegen de wetten Ferry. De Kamer van Afgevaardigden, overheerst door republikeinen, annuleerde de resultaten van deze verkiezingen vanwege een 'onaanvaardbare' klerikale inmenging, op zijn zachtst gezegd een twijfelachtige maatregel. Het volgend jaar waarschuwde een verkiezingsaffiche de boeren van de Ardèche: 'Vóór 1789 was een duiventil een privilege en hadden we niet eens het recht duiven te eten, laat staan konijnen te slachten'. In tegenstelling hiertoe bleef de herinnering aan de 'rode petten' van de Tweede Republiek in het collectieve geheugen van de kerkelijken hangen. Links won de herhalingsronde. Drie jaar later echter deed een nieuwe campagne door de kerk in de Ardèche de republikeinse winst keren.[81]

In het begin van de jaren negentig van de negentiende eeuw begonnen veel kerkelijken in Frankrijk de republiek te accepteren als een gegeven feit, en schaarden ze zich erachter (het *ralliement*). Conservatieven in de Ardèche en elders temperden hun antirepublikeinse instelling en identificeerden zich met wat zij beschouwden als de verdediging van de maatschappelijke orde.[82] De retoriek rond de verkiezingen was bij de verkiezingscampagnes van 1893 en 1898 iets minder gewelddadig, gedeeltelijk vanwege het ralliement, en gedeeltelijk vanwege geschillen binnen links. De parlementsverkiezing van 1893 luidde in de Ardèche een periode van republikeinse dominantie in (met uitzondering van de verkiezingen van 1902). De verkiezing van Odilon Barrot tot afgevaardigde betekende toegenomen steun aan de republiek, naast het feit dat hij persoonlijk erg populair was. Bovendien was de regering een jaar eerder begonnen subsidies uit te keren aan producenten van ruwe zijde, waardoor haar popularity toenam. Republikeinse leiders grepen elke gelegenheid aan om zich te identificeren met materiële vooruitgang en de strijd van de kleine boer.

Weliswaar hielp het ralliement de verbittering van de katholieke oppositie te temperen, tijdens de affaire Dreyfus werd het menens. In een departement waarin maar drie joden woonden, doodverfde de katholieke krant *L'Echo de Largentière* in 1895 Dreyfus als verrader, met een antisemitische ondertoon, en de vermelding dat er bij Dreyfus' oneervol ontslag uit het leger aan de École Militaire in Parijs, kreten hadden geklonken als 'Judas!'.[83]

Toen de radicalen in 1899 aan de macht kwamen (sociaal conservatief en fel antiklerikaal) verzandde het debat weer rond de kwestie van de scholen en de status van de kerk. Een krant dat jaar waarschuwde dat als de 'klerikale partij' aan de macht zou komen, elke gemeente weer zelf mocht kiezen wat voor onderwijzer zij wilde. Dit zou weer 'volslagen incompetente mensen' voor de klas brengen, 'vaak gemanipuleerd door kleine dorpstirannen'. Het resultaat zou 'terugval van de natie in onwetendheid' zijn. In een antwoord en in navolging van de bisschop, wees een dorpspastoor vanaf de kansel op 'de scholen van de duivel'. Veel lekenonderwijzers waren inderdaad antiklerikaal en bijna allemaal waren ze gehecht aan de republiek waarvoor zij stonden.[84]

Naarmate meer scholen werden geseculariseerd, werden er tussen 1886 en 1901 194 privé-scholen (ook wel vrije scholen genoemd) gesticht. In 1897 stonden daar 314 van in de Ardèche, terwijl slechts 163 scholen waren geseculariseerd. In 1904 waren er 345 vrije scholen, door de kerk beheerd, en 299 lekenscholen. Veel katholieke ouders bleven hun kinderen van de geseculariseerde scholen halen. Verscheidene openbare scholen hadden maar één leerling. In 1898 had de lekenonderwijzeres van de meisjesschool in Ste.-Eulalie er helemaal geen.[85]

Concurrerende symbolen: Balazucs nieuwe brug en nieuwe kerk

Kon in 1881 slechts ongeveer de helft van alle gemeenten worden beschouwd als in republikeinse handen, in Balazuc was dat nog niet het geval.[86] Daarop liet de begunstiging van de republikeinse overheid blijken dat zoiets in Balazuc een verschil kon maken. Generaties lang hadden de mensen van Balazuc gedroomd dat op een dag een brug de Ardèche zou overspannen. De wet van 1882 stelde lager onderwijs verplicht, en gaf een stimulans aan het project, omdat de brug de dagelijkse tocht van kinderen van de overzijde van de rivier aanzienlijk zou vergemakkelijken. Dat zou een einde maken aan het bootje dat de dorpelingen eeuwenlang over de Ardèche had gezet, en ook aan ongelukken die bijna elk jaar plaatsgrepen. Om voor dit project te betalen, moest de gemeente meer geld lenen. Hier zou de staat een cruciale rol gaan spelen. Ernest Hugon, een onwankelbaar republikein en lid van het departementale Conseil Général, die het kanton van Vallon vertegenwoordigde, schoot Balazuc te hulp, en gebruikte zijn invloed om een grote subsidie los te krijgen die voor het project noodzakelijk was.[87]

Balazucs brug over de Ardèche werd op 29 september 1884 in gebruik genomen. De veldwachter liep met zijn trommel door het dorp en riep de mensen op Hugon te gaan verwelkomen. De republikeinse politicus hoopte dat de nieuwe brug steun voor de republiek in het religieuze, conservatieve dorp zou teweegbrengen. Ten slotte was het de republiek dan toch maar gelukt. De onderprefect feliciteerde Balazuc 'met de ommezwaai naar de republiek'. Een plaat op de brug herdenkt dit kleine, maar veelzeggende gebeuren.[88]

Bijna zes jaar later kwam de grootste onweersbui in de geschiedenis van Balazuc. Op 22 september 1890 zweepte die het stijgende water van de Ardèche op tot de bovenkant van de brug. De overstroming kostte 37 mensen in het arrondissement het leven, en veroorzaakte zware schade in Balazuc, die mogelijk alle honderd families trof, op tien na. De brug, een metafoor voor de republiek zelf, hield stand.

Momenteel stond die brug daar zonder een goede weg die aan beide zijden toegang verleende, zelfs niet eens stevige paden die ervandaan naar de rivier voerden. In 1892 begon het werk om deze situatie te verhelpen, met steun van een overheidssubsidie en nog een lening. Het werk sleepte jarenlang aan. Pas toen konden de dorpsbewoners gemakkelijker water en zand krijgen. Met behulp van dynamiet werd de rots opgeblazen waardoor een weg door het dorp kon worden getrokken, die in 1897 werd geopend met een processie van de brug naar café Roudil. Weer was Hugon aanwezig om dit gebeuren voor de republiek op te eisen, waarbij hij uitgebreid wees 'op het werk dat Balazuc in contact heeft gebracht met de rest van de wereld'.[89]

De brug, een gift van de republiek, leidde ironisch genoeg tot de bouw van een nieuwe kerk, symbool van hoe het altijd was geweest. De inwoners van Servière en Audon konden nu in het dorp ter kerke gaan, in plaats van naar de gemakkelijker bereikbare naburige dorpen Lanas of Uzer, waardoor de aantallen mensen die de mis bijwoonden de capaciteit van de oude Romaanse kerk verre te buiten gingen. Maar de nieuwe kerk werd gebouwd zonder een cent hulp van de republiek.

De oude kerk was door een door de bisschop gestuurde priester omschreven als 'heel klein, nogal onregelmatig van vorm, op een locatie die toegang moeilijk en niet erg aangenaam maakt'. Terwijl een groot deel van Frankrijk in 1871 toekeek – althans uit de verte – bij de smeulende ruïnes van de Parijse Commune, gaf Balazucs gemeenteraad toe dat er geen grote herstelwerkzaamheden konden worden overwogen 'omdat we geen geld en geen reserves hebben'. De burgemeester drukte tegenover bisschop Bonnet zijn 'spijt uit te worden genoopt hem in een kerk te ontvangen die ongetwijfeld eerbiedwaardig is qua leeftijd en nagedachtenis, maar de God die er huist niet onwaardig'.[90]

In 1883 zwoer Régis Chareyre, die net pastoor van Balazuc was geworden, dat hij, als Balazuc werd gespaard voor de cholera-epidemie, een nieuwe kapel zou bouwen. Voor het ogenblik moest een nieuwe kerk nog even wachten. De gelovigen brachten geld bijeen om een kapelletje te bouwen, Notre-Dame-de-Lourdes, waarvan de naam de snelle opkomst van religieuze pelgrimstochten in Frankrijk tijdens het begin van de Derde Republiek weerspiegelt. Het staat op de kruising van de twee wegen die naar Balazuc voeren, vanaf de weg naar Ruoms.[91] De gelovigen hadden nog steeds een nieuwe kerk nodig, een groter en veel zichtbaarder gebouw dat zou oprijzen in een veranderend politiek landschap.

De parochianen droegen ongeveer 2000 werkdagen bij om een nieuwe kerk op te trekken, die ten zuidoosten van de oude stadsmuren verrees. Sommige donaties kwamen zeker van voormalige inwoners van Balazuc die in welstand waren gekomen. Het altaar was een gift. Kleinere bijdragen maakten de aankoop van 18000 stenen mogelijk. Alleen de keus van de locatie van de kerk zorgde al voor wat materiaal, want steen uit de rotsformatie die in een esplanade veranderd werd kon worden gebruikt om het gebouw op te trekken. In november 1891 droegen 70 man 299 dagen werk bij. Waterputten en de rivier zorgden voor water. Er vormde zich een bassin achter het koor om water uit een spleet in de helling op te vangen. Muildieren haalden het zand van de rivieroever, waarbij de klokken van de oude kerk aangaven als er meer trekdieren nodig waren om tochtjes naar de rivier te maken. Een bedrijf aan de Rhône zorgde voor de kalk en liet die gratis met een wagen naar de kerk vervoeren.[92]

Toen secularisatie een steeds heikeler onderwerp werd, zwoer pastoor Chareyre dat de kerk klaar zou zijn vóór de aanstaande 'geloofsvervolging'. Hij had eraan kunnen toevoegen 'en vóór mijn eigen dood', omdat hij terminaal ziek was toen de kerk werd gebouwd. Chareyre ontwierp de plannen voor de kerk, baseerde ze op de vorm van het gebouw in zijn voormalige parochie, leidde de werkzaamheden en hield een 'aantekenschrift van de bouw' bij.[93]

Eind 1895 was de bouw van de kerk bijna voltooid, hoewel er aan het interieur nog bijna niets was gedaan. Het schamele meubilair van de gedesacraliseerde Romaanse kerk, inclusief het altaar, enkele schilderingen, verscheidene maagdenbeelden, een processiekruis, kandelaars, stoelen en de priestergewaden, werden toen overgebracht. Het grote metalen kruis dat op het plein onder de oude kerk had gestaan, staat nu op een voetstuk achter in de kerk. Een loterij maakte de aanschaf van een orgeltje mogelijk. Maar de nieuwe kerk had nog geen klokkentoren. De parochianen waren 'aan het eind van hun krachten door alle dagen werk en het geschonken geld' en de klokken hingen nog steeds in de inzakkende toren van de twaalfde-eeuwse kerk in het oudste deel van het dorp. Zij bleven daar tot vijftien jaar later de nieuwe klokkentoren werd gebouwd, met collectegeld.[94]

Op 17 oktober 1895 kwam bisschop Bonnet, de eeuwige vijand van de republiek, om zeven uur 's morgens met de trein, en werd bij het kapelletje op de toegangsweg van Balazuc begroet door een 'cavalcade van jongemannen, vrijwel allemaal voormalige soldaten in galatenue'. Hij werd vergezeld door twintig priesters uit de streek, vijf afkomstig uit Balazuc, en vijfentwintig nonnen van het klooster van Sint-Jozef in Aubenas.

Charousset en de gemeenteraad voegden zich bij Chareyre en zijn parochianen voor een processie naar de nieuwe kerk, die ingezegend werd door bisschop Bonnet.[95] Chareyre en de beide andere priesters voerden toen een tweede processie aan naar de oude kerk, vanwaaruit zij het heilig sacrament naar de nieuwe kerk brachten, onder gezang van de parochianen. Een plechtige hoogmis en inzegening volgden. Chareyre stierf op 11 december op zesenzestigjarige leeftijd. Een week later verbond zijn opvolger het eerste paar in de nieuwe kerk in de echt.

Verscheidene families droegen bij aan de gebrandschilderde ramen in het schip en de twee kleine zijkapellen van de kerk: Pays, Mouraret en Tastevin (waarvan twee priester), namen die prominent waren bij de politieke veldslagen die een paar jaar later losbarstten over de rol van de katholieke kerk.[96] De grootste van de drie klokken die in 1911 uit de oude kerk werden gehaald, woog ruim 150 kilogram en was in december 1851 gegoten, als een uitdaging voor de mobilisatie van de Montagnards, waarbij burgemeester Tastevin genoemd werd als haar *parrain* (peetvader).[97]

Balazucs nieuwe kerk was hoog, ook zonder de toren. In de tussentijd was het dorp geleidelijk aan begonnen de republiek te omhelzen, ook al heerste de agrarische kalender nog (het gemeentesecretariaat omschreef in 1885 de locatie van de nieuwe begraafplaats en gebruikte daarbij nog steeds de traditionele landelijke termen *levant* voor het oosten en *au couchant* voor het westen). Aan het begin van de jaren tachtig van de negentiende eeuw werd de verjaardag van de republiek op 14 juli niet op die dag gevierd, maar op de dichtsbijliggende zondag, vanwege 'het werk in het veld'. Alle leden van de gemeenteraad bewerkten land. Balazuc had nu een tastbare reden om de republiek te vieren, schonk de armen enkele francs ter gelegenheid van dat feest, en om het dorp in 1885 te verlichten.[98]

Burgemeester Tastevin had begin 1884 zijn ontslag ingediend, het jaar waarop de brug klaar en in gebruik genomen was. Hij verwees naar wat moeilijkheden die hij het jaar daarvoor had gehad (ze hadden bisschop Bonnet in maart op pastoraal bezoek naar Balazuc gehaald, een gebeurtenis die de politieke oppositie tegen de republiek zeker zou doen oplaaien), beweerde nu dat hij het vertrouwen van het bestuur had verspeeld en algemeen werd beschouwd als socialistisch sympathisant, ondanks zijn beweringen van het tegendeel, dus had hij waarschijnlijk gelijk.[99] De 'republikeinse lijst', onder aanvoering van Louis Pays en Philippe Charousset, werd in haar geheel verkozen. Jean Jullian neveu, die voor zijn aandeel in het verzet tegen de staatsgreep van 1851 was gearresteerd en gevangengezet, werd nu in de raad verkozen. Er valt meer aan te voeren als verklaring voor de overwinning van links dan de verdeeldheid onder de conservatieven. Je hoefde niet zo ver te kijken om te zien wat de republiek houvast en wellicht de overwinning had bezorgd: dat overspande nu de Ardèche. Hugon, het invloedrijke lid van het Conseil Général, formuleerde het met onfeilbare precisie: 'De republiek heeft het geld dat zij aan de brug van Balazuc heeft besteed niet verloren.' Fondsen van departement en staat om te helpen de dorpspaden te herstellen, te onderhouden of te verbeteren (zoals de 30.000 franc die in 1885 werd toegekend, een jaar nadat de republikeinen de mairie in handen hadden gekregen), poetsten de reputatie van de republiek in Balazuc op.[100]

In 1885 werd de keuze van een plek voor de nieuwe begraafplaats een politieke splijtzwam. Burgemeester Pays dreigde meer graven op de oude, volle begraafplaats te verbieden. Hij stelde een nieuwe locatie voor, buiten de dorpskern. De grond daarvoor was van zijn vrouw. Twee leden van de gemeenteraad, Benjamin Boyer en Louis Constant begonnen te vloeken en te tieren, maar de locatie van de nieuwe begraafplaats werd door de raad goedgekeurd. Boyer en Constant voerden aan dat de rotsgrond (in Balazuc was er eigenlijk niets anders) te veel graafwerk zou vergen, en gaven daarom de voorkeur aan andere mogelijke locaties, onder andere een bij de rivier, die het merendeel van de raad te ver van het dorp vond. 98 van de 75 families tekenden een petitie van protest (waarvan 22 met een x).

De burgemeester beweerde dat nationale politieke debatten de oorzaak waren van hun verzet, en dat 90 procent van degenen die hadden getekend tot de 'reactionaire partij' behoorden, in een jaar waarin de kerk een fanatieke en niet aflatende strijd tegen secularisatie en de republiek zelf was gaan voeren. De opening van de nieuwe begraafplaats in 1887 werd door sommigen beschouwd als de zoveelste kleine overwinning voor de republiek.[101]

Een ander veelzeggend aspect van staatsbegunstiging en vestiging van de republiek was het feit dat de 'opstandelingen van 1851' de 'slachtoffers van de staatsgreep' werden. Mannen die enige tijd hadden vastgezeten na het massale verzet tegen de staatsgreep van Lodewijk Napoleon Bonaparte, konden nu schadevergoeding van de staat krijgen. In 1881 vroeg de prefect de overlevenden drie leden van de departementale commissie te kiezen om de eisen tot schadevergoeding te herzien. In de commissie zaten ook drie leden van het departementale Conseil Général, onder wie Hugon. De commissie kende Antoine Daumas 1200 franc toe. De weduwe van Joseph Exbrayat kreeg 400 franc, ondanks de aantekening in haar dossier dat haar politiek gedrag momenteel 'enigszins twijfelachtig was'. De doorslag werd gegeven dankzij steun (gekenmerkt als 'van harte') door Hugon, zoals vaak daarvoor ook al.

De weduwe van August Gamel was hertrouwd met vier kinderen, had er nog twee bijgekregen, en was toen voor de tweede keer weduwe geworden. De commissie kende haar een kleine som toe voor de tien dagen dat haar man begin 1852 had vastgezeten. Haar brief (voor haar geschreven want zij was analfabete) wees erop dat wijlen haar man gedwongen was geweest zich ruim drie maanden schuil te houden voor de politie. Niet onvermeld bleef natuurlijk dat haar opgegroeide kinderen thans republikeinen waren. Jean Jullian en zijn gelijknamige neef stonden ook nog op de lijst voor wat geld.[102]

Natuurlijk was de vrijgevigheid van de regering ingegeven door meer dan de wens een vroegere misstap recht te zetten. Met name de prefect vestigde de aandacht van het ministerie op Balazuc, Vallon, Salavas en Lagorce, 'waar de maatregel een dubbele betekenis zal hebben, als volslagen gerechtvaardigd, en bovendien een weldadige indruk zal maken in een milieu waarin reactionaire elementen nog altijd leven en niet hebben afgezien van de strijd'.[103] Ongetwijfeld speelde ook Claude Mollier zijn troeven uit. Hij was burgemeester ten tijde van de staatsgreep, thans 76 jaar oud en 'kinderloos weduwnaar en invalide [...] in Balazuc waar ik altijd heb gewoond [...] zonder middelen van bestaan, niet in staat enig geld te verdienen vanwege mijn leeftijd en mijn handicap'. In zijn goed geschreven brief voegde hij eraan toe: 'Ik hoef u niet te vertellen wat ik te verduren kreeg toen ik terugkwam midden in een nest van monarchisten. Ze hielden niet in het minst rekening met mij, zochten de hele tijd ruzie met me, tot ze me dwongen het weinige dat ik bezat te verkopen of het mij afpakten'. Hij kreeg 300 franc, niet veel, maar toch wat.[104]

In 1892 klaagde Henri Jullian, boer, na de dood van zijn vader bij de prefect dat hij zonder gevolg had geprobeerd 'het gedeelte van het pensioen waarop ik recht heb' te verkrijgen. Nu, met het begin van 'het slechte seizoen, daar ik recht heb op zorg van de overheid van de republiek waarvan ik altijd vurig aanhanger ben geweest, zou ik graag een gunstig antwoord op mijn verzoek hebben, omdat ik echt in grote nood verkeer'.[105]

Toch stemde Balazuc bij de parlementsverkiezingen in 1885, 1886 en 1888 in meerderheid op conservatieve kandidaten. De laatste verkiezingen vonden plaats tegen de achtergrond van de fenomenale nationale populariteit van Georges Boulanger, een nationalistische generaal wiens onstuimig optreden een bedreiging voor de republiek had gevormd.[106] De gemeenteraadsverkiezing van 1888 resulteerde in Balazuc in het zoveelste conservatieve gemeentebestuur, onder leiding van Philippe Tastevin. Toch zou Tastevin 'gedwee meelopen met het bestuur [...] je hoeft hem maar een teken te geven', volgens de mening van de onderprefect. Hij zorgde ervoor dat enkele conservatieven zich op dorpsniveau achter de republiek schaarden.[107]

Midden in de affaire Boulanger, terwijl de republikeinen de gelederen sloten om de republiek te verdedigen, kreeg de onderwijzer van de jongensschool in Balazuc het aan de stok met het 'reactionaire gemeentebestuur'. Bovendien solliciteerde hij in een gemeente waar hij iets meer kon verdienen door te werken als secretaris van de mairie, wat niet mogelijk was onder de huidige burgemeester. Weer steunde Hugon, de invloedrijke *conseiller général*, zijn verzoek. Binnen een maand was de onderwijzer overgeplaatst naar Veyras, en verhuisde de onderwijzer van dat dorp naar Balazuc. Binnen een jaar was ook die weer verdwenen, waarbij Hugons patronage weer de doorslag had gegeven.[108]

De verkiezingen van 1892 markeerden een keerpunt in de Ardèche. De kiesgerechtigden van Balazuc kozen te midden van felgekleurde verkiezingsaffiches een volledig republikeinse gemeenteraad, al beschouwde de onderprefect sommige leden ervan slechts als 'bondgenoten'. De raad koos op zijn beurt Philippe Charousset tot burgemeester. De onderprefect kraaide dat het resultaat van Balazuc 'al enige tijd op zich had laten wachten. De burgemeester is republikein en zal dat ook blijven'. Bovendien waren er in het arrondissement dat vier jaar eerder nog 55 gemeenteraden had gekozen die over de hele linie vijandig tegenover de republiek stonden en 51 die als republikeins werden beschouwd, nu 54 republikeinse en 51 'reactionaire' raden uit de bus gekomen.[109]

Overtuigde republikeinen en conservatieven streden om de macht in het gemeentebestuur tegen de achtergrond van de debatten over secularisatie en de rol van de kerk. Beide partijen werden aangevoerd door de in toenemende mate antiklerikale Philippe Charousset en zijn conservatieve rivaal Marius Mouraret, uit het gehucht Louanes. Charousset, die een voorsprong kreeg door aanzienlijke overheidssubsidies voor verbetering van de weg naar Uzer, losgepraat door Odilon Barrot, werd in 1896 opnieuw raadslid, weer met het hoogste aantal stemmen, en vervolgens tot burgemeester verkozen.[110]

Een van de tekenen van politisering van het gemeenteleven was de instelling aan het einde van de jaren tachtig van de negentiende eeuw, van een Republikeins Comité in Balazuc, dat soms bij elkaar kwam in het café van het stationnetje. Dat was een symbool van de veranderende tijden. Zo'n organisatie had banden met overheidsambtenaren, die niet bepaald neutraal waren als het ging om steun aan de republiek. In 1889 wilde Louis Romanet, een grondbezitter die in Les Costes woonde, als politieagent in Lyon gaan werken, een typerende verhuizing uit de Bas-Vivarais. Hij verkeerde in goede gezondheid en had enige opleiding genoten, eerder had hij in het leger gediend en daarna vier jaar als gendarme. Drie van zijn ooms hadden een militaire carrière gevolgd, onder wie een in Algerije. De prefect van de Ardèche, die Romanet omschreef als republikein, wendde zich vervolgens tot het Republikeinse Comité van Balazuc voor extra informatie hem aangaande. Het comité stond er positief tegenover en vroeg de prefect van de Ardèche die door te geven aan zijn collega in Lyon. Op deze manier werd de lokale politiek dan ook in toenemende mate verweven met overheidsbegunstiging.[111]

De verhitte politieke strijd van de eerste decennia van de Derde Republiek bombardeerde een heleboel mensen tot politici, in bijna elk dorp van de Ardèche. In oktober 1895 ging Odilon Barrot het 'oude dorp' Balazuc bezoeken. Hij werd ontvangen met een receptie in café Roudil en een lunch in restaurant Boyer, allebei in het dorp, gevolgd door de onvermijdelijke toasts en een korte speech. Op een banket in Chauzon kwam natuurlijk het onderwerp van de mogelijkheid de trein in Pradons te laten stoppen ter tafel. Toen het in september 1897 tijd werd om de nieuwe verbeterde weg te openen die dwars door het dorp liep, was Hugon weer aanwezig om de lof op de regering te innen, samen met de onderprefect, afgevaardigde Barrot en verscheidene 'republikeinse burgemeesters'.[112]

Twee jaar na de secularisatie van de meisjesschool bepaalden de nationale debatten de verkiezing van 1900. Barrot, die dat jaar ingreep zodat het ministerie van openbaar onderwijs wat boeken naar de jongensschool stuurde, volgde de gemeenteraadsverkiezing op de voet, in een dorp dat hem met een kleine meerderheid bij de parlementsverkiezingen had gesteund. Zijn patronage was ook doorslaggevend bij het verkrijgen van een afdoende overheidssubsidie om de school te bouwen waaraan het werk al begonnen was. Aan beide kanten klaar voor de verkiezingen, besefte Charousset dat slechts een paar stemmen beide lijsten zouden scheiden en nam hij een berekend risico. Geruchten deden de ronde dat hij betalingen had doorgesluisd naar politieke bondgenoten, die bedoeld waren om dorpsgenoten te compenseren die verlies hadden geleden bij de oogst, door de lage temperaturen van het voorafgaande jaar, en dus zocht hij steun onder gematigde conservatieven. Deze zet joeg enkele republikeinen in het harnas en was in het voordeel, niet alleen van Mouraret, maar ook van de dorpspastoor, abbé Sablet. Maar er was veel meer aan de hand. Al enige tijd heerste er spanning tussen Charousset en Benjamin Boyer, tabakshandelaar (die had geleid tot het ontslag van de laatste als loco-burgemeester, vlak voor de verkiezingen, vanwege de onverenigbaarheid van die betrekking en de functie van loco-burgemeester), die een illegaal bureau de tabac schijnt te hebben gedreven. Boyer wilde van geen compromis weten jegens politieke tegenstanders met 'klerikale tendensen'. Hij beschuldigde Charousset, die destijds nog steeds naar de kerk ging, ervan dat hij te vaak naar die slimme pastoor luisterde, door de prefect omschreven als 'een man die veel intelligenter is dan Charousset, Boyer en de rest'.[113]

In 1900 kreeg Boyer een enthousiaste bondgenoot in de persoon van Jean Mollier, zoon van de oudere veldwachter, voormalig slachtoffer van de staatsgreep van 1851. De jonge Mollier kreeg er niet genoeg van zijn antiklerikalisme uit te dragen en de dorpspastoor met luider stem aan de kaak te stellen. Dit bezorgde hem in Balazuc nogal wat vijanden. Het was dan ook niet helemaal in de haak dat de zoon van de veldwachter, al was hij 45 jaar oud, nu de burgemeester begon te bekritiseren. Wat de zaak compliceerde, waren chronische klachten over het werk van de oudere Mollier als veldwachter, hoewel Charousset in het afgelopen jaar zijn diensten had geprezen in een rapport, waarbij hij zijn toewijding aan de republiek noemde. Mollier keek de andere kant op als de spoorwegmensen de heuvel van Balazuc beklommen om vrijwel elke zondag tot laat in de avond te gaan zitten drinken. Jagers en vissers vermaakten zich ongestraft wanneer zij maar wilden. Tot de laatsten behoorde ook de jonge Mollier, die er prat op ging dat hij vanwege de invloed van zijn vader niet bang was voor arrestatie door de gendarmes wegens overtredingen. Het grootste deel van de bevolking scheen een nieuwe veldwachter te willen. Na onderzoek door de gendarmerie bleef Mollier père echter aan.[114]

Daarop vormde Boyer een eigen kandidatenlijst met zes andere heren, onder wie verscheidene leden van de aftredende raad. Zodoende kwamen de republikeinen met twee lijsten, en verdeelden zij hun steun, zeer tot ergernis van Barrot en de prefect. Mourarets lijst op het thema 'voor God en vaderland!' behaalde de overwinning. Achter deze overwinning zat abbé Sablet, 'die [...] natuurlijk het nieuwe gemeentebestuur naar zijn hand wil zetten [...] Van een doortrapt en slim karakter, en een veel grotere intelligentie dan een doorsnee plattelandspastoor, weet hij hoe hij zich handig in de gemeentezaken moet wurmen, waarbij hij omzichtig handelt, en zich een republikein noemt'. Zoals mensen in Balazuc het formuleerden, 'gedroeg hij zich gluiperig' (il avait bien serpenté). De 'liberalen' – dat wil zeggen de gematigde conservatieven – onder leiding van Marius Mouraret (die met acht tegen vier stemmen voor Charousset tot burgemeester werd verkozen) kwamen aan de macht. Mouraret vertegenwoordigde Balazuc op het beroemde banket voor burgemeesters (bijgewoond door bijna 23.000 burgemeesters), in Parijs, gehouden ter gelegenheid van de wereldtentoonstelling van 1900. Als om de overwinning van Mouraret te vieren, preekten de Broeders Redemptoristen een missie in Balazuc, afgesloten met een processie onder triomfbogen. De pastoor organiseerde daarop een nieuwe (en naar het schijnt kortstondige) broederschap, waarbij zich zo'n veertig mannen aansloten.[115]

Na Mourarets overwinning in 1900 worden de tekenen van een toenemend politiek conflict duidelijk uit de notulen van de opeenvolgende gemeenteraadsvergaderingen. Mouraret hield vol dat Charousset geen goed financieel verslag over het afgelopen jaar had ingediend, en de belastingontvanger moest een en ander uitzoeken. Charoussets boekhouding was wat creatief geweest, en hij was de gemeente nog geld schuldig dat over was van de aankoop van zakken kalk om de muur rond de begraafplaats af te bouwen. 45 franc was op het gemeentelijk budget blijven staan om de dorpsklok te onderhouden, hoewel die het al geen zes jaar meer deed. Het geld was gebruikt om bescheiden verbeteringen aan de scholen te betalen. Nu er in beide kampen in toenemende mate sprake was van een vijandige houding, werd het moeilijker een quorum voor gemeentelijke bijeenkomsten te vinden. In 1903 moesten er twee worden geschrapt en bij een derde was onvoldoende quorum.[116]

De conservatieven hadden in 1900 gewonnen vanwege de dubbele republikeinse lijst. Bij de parlementsverkiezingen twee jaar later zat Charousset het banket voor ter ere van Barrot. Zijn vijand Mouraret zat aan het hoofd van de tafel toen het de beurt was van de conservatieve kandidaat Duclaux-Monteil om naar het dorp te komen. Barrot won de meerderheid van de stemmen in Balazuc.[117] Toen het dak van de nieuwe school eind 1902 klaar was, hield de aannemer een banket voor de arbeiders, die de *Marseillaise* en de *Internationale* zongen, waardoor de tegenstanders van lekenonderwijs woest werden. In 1904 kwam François Vincent, een antiklerikaal politicus en vrijmetselaar, bij twee gelegenheden naar Balazuc: bij de verkiezingen voor het Conseil Général en later dat jaar bij de fel omstreden gemeenteraadsverkiezingen, waarbij Charousset voorzat.

Bij het tweede bezoek van Vincent richtten 'de republikeinse stemgerechtigden van Balazuc' na zijn toespraak een radicaal socialistisch comité op. Zestig mensen meldden zich meteen aan, en Vincent werd erevoorzitter. De bijeenkomst eindigde met kreten als 'lang leve de democratische en socialistische republiek!', wat, gezien de dorpstraditie en ondanks de Tweede Republiek, meer op zijn plaats leek in Robeke of Limoges, grote arbeiderssteden waar de socialisten de gemeentelijke politiek domineerden, eerder dan in Balazuc.[118]

De nieuwe openbare school die in 1903 geopend werd, was een klein eindje lopen van de nieuwe kerk die pas zeven jaar daarvoor was gebouwd, twee concurrerende symbolen van politiek schisma, naast banden van solidariteit. Het gedrag van de nieuwe dorpspastoor, Albert Blachère, was koren op de molen van de antiklerikalen. In 1902 had het gemeentebestuur besloten de pastorie te verkopen, tegenover de stenen trappen en het pad van de Romaanse kerk. Het huis, dat er nog staat, bestond uit een benedenverdieping met vier kamers, met daarboven nog vijf kamers, een cave en een terras. Bij het huis hoorde een tuin achter de kerk, en een stal onder de kerk zelf, en hogerop nog een huis dat ooit in de jaren vijftig van de negentiende eeuw was bedoeld als meisjesschool, maar nu geen dak had. Niettemin protesteerden 33 'grondbezitters en republikeinse kiesgerechtigden in Balazuc' tegen de voorgestelde verkoop, 'een besluit dat genomen is door een reactionaire groep binnen de gemeenteraad', om een huis te verkopen dat nuttig kon zijn voor het dorp. Bovendien zou de gemeenteraad dan een andere pastorie moeten vinden voor de dorpspastoor, of hem schadeloos moeten stellen tot hij een huis vond. De raad stemde ervoor de pastorie bij opbod te verkopen, terwijl Charousset en zijn bondgenoten de vergadering boycotten. Mouraret voerde aan dat herstel om het huis bewoonbaar te maken te duur zou zijn en dat het geld van de verloop gebruikt kon worden om een brug op een van de paden te herstellen.[119]

Daarop kwam pastoor Blachère in actie. Hij eiste dat het gemeentebestuur hem schadeloos zou stellen voor zijn behuizing. In de tussentijd woonde hij in een ander huis en verhuurde hij het nieuwe huis dat als pastorie dienst moest doen, samen met de put. Charousset protesteerde bij de onderprefect, voerde aan dat het geld dat de priester sinds zijn komst in Balazuc in 1901 had geëist het herstel gemakkelijk mogelijk had gemaakt. Sommige leden van de raad, door de onderprefect bevolen om voor schadeloosstelling te stemmen, verlieten het vertrek uit protest.[120]

Terwijl abbé Blachère en het gemeentebestuur met elkaar lagen te bakkeleien, weerspiegelden de gemeenteraadsverkiezingen van 1904 in de Ardèche de nationale strijd tussen antiklerikalen en de kerk. De staat had de scholen van Sint-Jozef en Saint-Régis in Aubenas gesloten en de religieuze orde van Notre-Dame-de-Bon-Secours in Lablachère het jaar daarvoor eruit gezet. Duizenden mensen protesteerden. L'Echo de Largentière beschreef hoe 'de bijlen van het Franse leger de sloten van ons klooster stuk sloegen [...] op 2 juni 1903, een zwarte datum in de geschiedenis van de religieuze strijd in de Ardèche'.[121]

In Balazuc werd de nieuwe school afgebouwd, en de kleine privé-school voor meisjes moest haar deuren sluiten wegens gebrek aan leerlingen, waarop de verkiezingen van 1904 plaatsvonden in een geladen atmosfeer, door een (republikeins) commentaar als volgt omschreven: 'Sinds 16 mei 1877 hebben wij in Balazuc niet zo veel verhitte gemoederen gezien.' Geruchten van bedreigingen en steekpenningen deden de ronde, ook van beledigingen van Victor Giry, de jongensonderwijzer, bekend om zijn grote snor, die republikeinse eenheid predikte. Een 'lijst van republikeinse saamhorigheid' werd gesteld tegenover wat departementale autoriteiten noemden de 'reactionaire lijst van de burgemeester', Marius Mouraret. Het resultaat weerspiegelde de vrijwel gelijke splitsing in Balazuc tussen overtuigde republikeinen, die zeven raadsleden verkozen (zes in de eerste ronde) en conservatieven (twee bij de eerste ronde), met vijf raadsleden. Twee of drie stemmen konden het verschil maken tussen overwinning en nederlaag. Mouraret kwam bij de eerste ronde met 113 stemmen op kop te liggen, gevolgd door Charousset met één stem minder. Bovendien kon de invloed van nationale politieke banden zelfs binnen de republikeinse lijst worden bespeurd, waarop succesvolle kandidaten (naast anderen) prijkten onder Charoussets rubriek 'radicaal socialist' of gewoon 'radicaal'. De onderprefect doodverfde de tegenlijst eenvoudigweg als 'reactionair'. De verkiezingen van burgemeester en loco-burgemeester waren een weerspiegeling van scherpe politieke splitsing: Charousset werd met zeven stemmen tot burgemeester gekozen, waarbij er twee voor Mouraret waren en drie blanco stemden. Het allereerste onderwerp, hoe onbeduidend ook, was een teken van een splitsing: de burgemeester beweerde dat het voorgaande bestuur geen fondsen had gecreëerd om een brievenbus bij het station in stand te houden. De raad stemde ervoor de brievenbus te herstellen.[122] Niet verbazend verwierp de nieuw samengestelde gemeenteraad voor de zoveelste maal Blachères eis tot schadevergoeding. Nu was de beurt aan Mouraret en drie andere conservatieven om stampvoetend de vergadering te verlaten.[123]

De scheiding van kerk en staat in 1905, en vooral de prangende kerkinventaris die het volgend jaar door overheidsambtenaren uitgevoerd werd, deden de religieuze politieke strijd weer ten volle oplaaien. Duclaux-Monteil keerde in januari 1905 terug naar Balazuc voor een toespraak en een banket te zijner ere. Hetzelfde jaar zond een Republikeins Radicaal-Socialistisch Comité, waarvan Charousset voorzitter was, een brief aan de regering, waarin het zijn toewijding verklaarde aan de scheiding van kerk en staat. L'Echo de Largentière deed een beroep op katholieken om 'godsdienst, vaderland en familie te verdedigen [...] De plicht van katholieken en ware Fransen is om uit alle macht en met alle middelen die tot hun beschikking staan te protesteren'.[124]

Dat jaar stookte père Blachère het vuurtje nog eens op nadat een oudere vrouw, die bekendstond om haar vroomheid, was gestorven. Toen haar familie de pastoor ging opzoeken weigerde hij – als zijn woedende critici moeten worden geloofd – de begrafenis te leiden tot hij was betaald. De familie had weinig geld. Boos organiseerden zij een burgerlijke begrafenis, een bijzonder zeldzame gebeurtenis in de streek, die onmiddellijk een politieke bijbetekenis kreeg.[125] In 1906 voerde bisschop Bonnet de aanval aan tegen Vincent. Hij waarschuwde zijn kudde, 'dat het God ernstig zou grieven om slecht te stemmen, dat wil zeggen [...] om het lot van het land in handen te leggen van mannen die vijandig staan tegenover de religie en die gevaarlijk zijn voor de samenleving [...] Er is geen excuus om niet te stemmen door veronachtzaming, luiheid, willekeur of welke andere oorzaak dan ook, want de strijd opgeven zonder goede reden maakt iemand schuldig aan een doodzonde', in de ogen van de kerk strafbaar met eeuwige verdoemenis. In tegenstelling daartoe gingen Vincent en andere overtuigd republikeinse kandidaten er prat op dat zij kleine boeren iets te bieden hadden. Vincent ('boerenzoon, ik heb mijn hele leven met de kleine en nederige man geleefd!'), lid van het Conseil Général, beloofde zijn best te zullen doen voor het hernieuwen van subsidies voor producenten van ruwe zijde (het zou ook politieke zelfmoord geweest zijn om dat niet te doen) en om het onderwijs 'te coördineren', waarbij hij zorgvuldig elke verwijzing naar de pijnlijke scheiding van kerk en staat vermeed. Duclaux-Monteil werd in de Kamer van Afgevaardigden gekozen.[126] Balazuc en veel andere dorpen waren in tweeën gespleten. Vincent kreeg 105 stemmen, zijn conservatieve tegenstander 99. De smalle marges van overwinning of nederlaag maakten de politieke strijd alleen maar verhitter.

In 1906 leidde de door de staat ondernomen inventarissen van kerken tot boze en soms gewelddadige confrontaties in de Ardèche. In Beaulieu riep in maart het luiden van de noodklok de gelovigen op, die vastbesloten waren de seculiere autoriteiten de toegang tot de kerk te ontzeggen. In Chandolas moesten troepen de deur forceren. Onder andere bij de kerken van Banne en Vinezac moesten er slotenmakers worden bij gehaald. Aanvankelijke pogingen de inventaris op te maken faalden in Pradons, Chauzon, Lanas, St.-Maurice-d'Ibie, Vesseaux, Jaujac en Sampzon.[127] Er braken onlusten uit in Berrias, St.-Sauvent-de-Cruzières en Laurac. Koppen in *L'Echo de Largentière* meldden: *Inventaris van de kerk van Laurac!* en *Beleg van de kathedraal van Viviers. Le Républicain des Cévennes* bracht uitgebreide verslagen over de standpunten van de oppositie, en begon bijvoorbeeld met het feit dat de inventaris in Rosières niet kon plaatsvinden 'vanwege de vijandschap van een handvol fanatiekelingen die de fiscale autoriteiten hadden verhinderd de kerk te betreden' of dat de inventaris in Salavas was uitgevoerd ondanks het feit dat de dorpspastoor de deur had gebarricadeerd, of dat hij in Cros de Géorand niet had plaatsgevonden vanwege de gewelddadige tegenstand van 1500 'struikrovers', waarbij een term uit de contrarevolutie in de jaren van het Directoire opdook.[128]

In Balazuc wil het collectieve geheugen dat Blachère, die al 27 jaar in het dorp woonde, en sommige van zijn parochianen zichzelf in de kerk barricadeerden. Een detachement soldaten en enkele gendarmes sloegen een kamp op in het veld naast de school, en 'troepen moesten ingrijpen in aanwezigheid van de bevolking. Een moeder nam haar zoontje mee om dit te bekijken, zodat hij zich altijd de daad zou herinneren die zij als goddeloos beschouwde'. Bijlslagen openden de zware houten deur, en de agenten van de fiscus gingen naar binnen om de inventaris op te maken. Iedereen was het erover eens dat de deur enige tijd niet hersteld zou mogen worden, als protest tegen de inventaris.[129]

Moed vattend vanwege de geslaagde inventaris, namen de *blocards* van Charousset, zoals zijn vijanden hen noemden, een meer openlijk antiklerikale houding aan. Charousset had de leiding, en tot zijn luitenants behoorden Louis Boyer, de jonge secretaris van de mairie, Chareyron, de stationschef, die toen hij in Balazuc te werk werd gesteld de enige protestant in het dorp werd, en Joseph-Socrate Redon, de schoenmaker die, nadat hij in Lyon voor verscheidene religieuze gemeenschappen had gewerkt, als 'fel antiklerikaal' naar Balazuc was teruggekeerd en in 1907 het café bij het stationnetje overnam. Boyer, 24 jaar oud, was een welbespraakt, zij het onopgeleid, mannetje, zoon van een arme boer (dat bestempelde hem amper tot uitzondering). Er waren er ook anderen, zoals Adrien Fromentin, afstammeling van een man die na het verzet tegen de staatsgreep van 1851 was veroordeeld, en de gebroeders Rieu, beiden steenhouwers.

De klassieke confrontatie tussen de lekenonderwijzer en de pastoor verergerde de slechte stemming. Giry, de jongensonderwijzer, bevriend met Vincent, steunde Charousset en zijn antiklerikale lijst actief. Tot de militanten behoorden de postbode, die in Ruoms woonde maar die bij de dagelijkse ronde in Balazuc kwam. Zijn zoon was de radicaal-socialistische kandidaat voor het Conseil de l'Arrondissement. Op deze manier profiteerden de blocards ter linkerzijde van de steun van mannen wier beroepen hen vrijwel overal in Balazuc brachten.[130]

In zijn verslag van het politieke leven 'op primitieve plekken als Balazuc', wees 'Sylvestre', een journalist uit Aubenas (Paul Gouy) die de gebeurtenissen in Balazuc volgde, op belangrijke tradities in de Bas-Vivarais, en vooral 'op die welke onze buren de strikte plicht van wederzijdse hulp opleggen, compromissen tussen boeren en burgers, een gematigde toon bij particuliere en lokale debatten, en vormen van agrarische beleefdheid, zelfs in geval van conflict'. Hij beschuldigde Charousset en zijn bondgenoten met deze tradities te breken. Bovendien, zo beweerde hij, hadden de antiklerikale autoriteiten in Largentière en Privas gebruikgemaakt van 'het wat schuchtere respect voor de regering, de hogere administratie en justitie, wat natuurlijk is bij conservatieve bevolkingsgroepen', door Charousset en zijn vrienden te steunen. Zodoende legde hij zijn vinger op de mogelijkheid van de gecentraliseerde republikeinse overheid om dorpen als Balazuc te begunstigen. 'Sylvestre' stelde 'het nieuwe revolutionaire feodalisme, dat onderdrukt en exploiteert, onder het mom van de gecentraliseerde regering, ontrouw aan haar eigen missie' aan de kaak.[131]

De gemeenteraadsverkiezingen van 1908 dreigden bijzonder smeuïg te worden. Zij bieden een zeldzaam kijkje in de wereld van dorpspolitiek, tussen goede vrienden en gezworen vijanden. Charoussets nu openlijke antiklerikalisme stuitte veel praktiserende katholieken tegen de borst, evenals de identificatie van de burgemeester met Vincent, conseiller général en officier van de vrijmetselaarsloge van Aubenas. Charousset genoot de steun van de regionale Radicaal-Socialistische Federatie. Toen de verkiezingen op 3 mei begonnen, kregen beide facties ruzie over de benoeming van de leden van het kiesbureau, dat de stemming zou controleren en slecht ingevulde stembiljetten ongeldig moest verklaren (totdat in 1913 geheime stemming werd doorgevoerd, kwamen stemgerechtigden met kiesbiljetten naar de tafel die duidelijk voor de ene of de andere kandidaat of voor een hele lijst waren, waarbij de verscheidene leden van het kiesbureau dat allemaal konden zien). Traditiegetrouw omvatte het bureau twee balies waaraan de oudste en de jongste stemgerechtigden zaten. Charousset probeerde de oudere Daumas uit te sluiten, een 'liberaal' (voor Franse begrippen dus conservatief), omdat het niet duidelijk was dat hij kon lezen en schrijven, hoewel de 'liberalen' beweerden dat hij gelletterd was. De stemming zelf vormde aanleiding tot beschuldigingen van de kant van de 'liberalen' van onregelmatigheden, omdat zij beweerden dat het aantal stemmen in de stembus, 197, niet overeenkwam met de 211 kiezers die opgevoerd waren als gestemd hebbend, een cijfer dat werd herzien tot 208, en dat er enkele extra 'stemmen' waren toegevoegd. Toen Charousset aankondigde dat zijn lijst verkozen was, en wel met een marge van een stem of drie, dienden de conservatieven een formeel protest in bij de prefectuur. In juni verklaarde het administratieve hof in Largentière de verkiezingen in Balazuc ongeldig, erop wijzend dat de oudste stemgerechtigde geen toestemming had gekregen als *assesseur* te dienen. In de tussentijd bleef Charousset burgemeester, terwijl een nieuwe verkiezing voor het volgende jaar werd uitgeschreven, een besluit dat na hoger beroep door Charousset en zijn vrienden bij het Conseil d'État in maart 1909 werd bevestigd.[132]

Hoewel veel mensen praktiserend godsdienstig waren, vonden er in 1908 nog twee burgerlijke begrafenissen plaats in Balazuc. De eerste was die van 'burger' Bourret, een 'militant democraat' en vrijdenker, die delegaties uit andere dorpen trok. Aan het einde van het jaar vond de begrafenis plaats van Ferdinand Pays, wiens broer in de gemeenteraad had gezeten. Bij het hoogtepunt van de stormachtige debatten over de scheiding bleven veel van degenen die de laatste steunden schijnbaar toch naar de kerk gaan. 'Sylvestre' wees er uitdrukkelijk op dat Charousset pas omstreeks 1900 was opgehouden met naar de mis te gaan. Hij suggereerde dat dit op instigatie was geweest van de onderprefect in Largentière en dat veel 'blocards qua stemmen, qua gevoel en gewoonte praktiserend katholiek blijven'.[133]

Charousset ging tot de aanval over. Op 28 augustus 1908 verbood hij op provocerende wijze alle 'religieuze ceremonies [...] op de openbare weg in het hele gebied van de gemeente Balazuc', met uitzondering van begrafenissen.[134] Dergelijke maatregelen waren destijds algemeen in steden die in handen van de socialisten waren, ze waren echter zeldzaam in dorpen. De antiklerikalen van Balazuc bleef de processie onder triomfbogen bij de afsluiting van de religieuze missie (een paar dagen waarin hel en verdoemenis werd gepreekt en werd gebeden), in december 1900 dwarszitten. In de tussentijd beschuldigde Mouraret zijn rivaal te kort te zijn geschoten in de boekhouding van het gebruik van fondsen.

In januari 1909 wees Charousset als veldwachter Jean Mollier aan, een voormalige postbode en zoon van de controversiële voorganger, die na de staatsgreep was gearresteerd en onder het bewind van Mouraret in 1901 zijn ontslag had genomen. Zes mannen die eigen grond bezaten op de gras hadden in 1906 een klacht tegen de ambtsdrager Gamel ingediend, bewerend dat hun oogst vrijwel geheel door schapen was 'verwoest' vanwege de onachtzaamheid van herders. Antoine Mouraret beweerde dat de dieren honderden kilo's druiven en moerbeibladeren hadden opgegeten. Gamel verloor zijn baan als veldwachter.[135]

Op de verkiezingsdag, 20 juni 1909, organiseerde de burgemeester op de benedenverdieping van de kleine feodale donjon het verkiezingsbureau en benoemde drie van zijn bondgenoten onder wie de jonge secretaris Boyer en een oudere conservatief tot stemmentellers. Omdat burgemeester Charousset zou voorzitten, beweerden Mouraret en zijn bondgenoten later dat het bureau zo was opgezet dat het onmogelijk werd de telling te volgen. Voor de zekerheid waren twee gendarmes aanwezig, hoewel het onduidelijk is wie aanvankelijk om hun aanwezigheid had verzocht. Dat kunnen de conservatieven zijn geweest, met de bewering dat intimidatie en wellicht geweld zouden worden gebruikt tegen hun aanhangers. Toch had de burgemeester tegenover de onderprefect uitdrukking gegeven aan zijn angst dat 'opruiende bijeenkomsten' en zelfs 'relletjes van deze bende zeer te vrezen zijn'.[136] De gendarmes waren vroeg die ochtend waargenomen in het cafeetje van Redon bij het station, waar zij met enkele vrienden van de burgemeester stonden te drinken.

Charousset schreef een kort decreet uit, waarin hij verwees naar 'obstakels in de ruimte [...] waardoor moeilijkheden dreigden te ontstaan bij het begin van het stemmen'. Later bewerend dat hij moeilijkheden had verwacht van 'een bende partizanen van de lijst Mouraret', verbood hij eenieder langer dan een kwartier in de ruimte te verblijven en vroeg hij iedereen minstens anderhalve meter van de tafel vandaan te blijven.[137] In de ogen van zijn tegenstanders leek een dergelijk decreet in een dorp van 576 inwoners met slechts 241 kiesgerechtigden, die zes uur zouden hebben om hun stembiljetten in te leveren, erop gericht elke doeltreffende controle van het tellen van de stembiljetten te voorkomen. Mourarets bondgenoten, ervan overtuigd dat Charousset voor niets zou terugdeinzen om maar te kunnen winnen, probeerden dan ook inderdaad de stemming te controleren.

Daarop kwam Mollier binnen, die zwaar verplicht was aan Charousset. Mouraret beweerde dat de veldwachter met twee stembiljetten naar de tafel was gekomen, omdat hij twee keer had gestemd. Een andere Mollier, Marius, had dit ook gemerkt en zei tegen Charousset, in het Occitaans: 'Oqui l'y o dous bulletins' (hij heeft twee stembiljetten), waarop Charousset antwoordde: 'N'en sabé pas rien, sé pouo bé' (daar weet ik niks van, het kan best), terwijl hij de biljetten in de stembus stopte. Toen Marius Mollier en Guibourdenche daar hevig tegen protesteerden, gaf Charousset de gendarmes opdracht ze uit het bureau te zetten.

Het werd vier uur. Het stemmen was voorbij en de bewoners dromden samen in de kleine, vochtige zaal. Charousset kondigde aan dat er door 218 stemmers 215 stembiljetten waren ingeleverd, waarbij er drie ongeldig waren verklaard (ondanks beweringen van de oppositie dat zij geldig waren). Aangezien het begin van de telling ongunstig was voor de lijst van de blocards, begonnen conservatieven te beweren dat Charousset, die de stembiljetten voorlas en ze dan in de doos deed, stembiljetten voor zijn lijst telde die waren uitgebracht op de tegenpartij. Boyer verklaarde dat een stembiljet, uit het handschrift waarvan hij kon opmaken dat het was ingediend door een vooraanstaande conservatieve stemmer, bij de andere partij was geteld. Aan het eind van de telling kondigde Charousset aan dat van de 215 stemmen er 118 naar zijn lijst waren gegaan, en 97 naar zijn tegenstanders, vrijwel precies de overwinning met twintig stemmen die hij had voorspeld.

Het meningsverschil dat volgde kreeg veel grotere politieke proporties in de context van de verhitte politiek uit die tijd. De conservatieven, ervan overtuigd dat zij de verkiezingen door fraude hadden verloren, dienden formeel protest in. Zij beweerden dat van de 241 kiesgerechtigden er slechts 197 hadden gestemd en dat de andere stemmen denkbeeldig waren geweest. Zij telden de kiesgerechtigden van wie zij beweerden dat zij niet hadden gestemd omdat zij dood waren (3 gevallen), absent (13 soldaten in dienst en 18 man die op de verkiezingsdag niet in Balazuc waren), ziek (3 bedlegerig) of onverschillig (6), een totaal van 43. Bovendien wezen zij erop dat het percentage feitelijke stemmen dat de tegenpartij claimde onwaarschijnlijk hoog was (90 procent, zeker aangezien er in 1908 maar 197 stemmen waren uitgebracht). VERKIEZINGSSCHANDAAL IN BALAZUC! kopte L'Echo de Largentière. De politiek was zo conflictueus geworden dat toen de stationschef van Balazuc in 1909 werd overgeplaatst, La République des Cévennes schreef: 'Helaas, de heer Chareyron kon de vette klerikale kakkerlakken van Balazuc geen genoegen doen,' waarbij de krant erop wees dat hij zijn post had gekregen door hard werken, niet door de gunst van 'onze Jezuïeten' en dat hij zou vertrekken 'met de felicitaties van de republikeinse bevolking van Balazuc'.[138]

De volgende maand verwierp het Conseil de Préfecture echter de beweringen van de conservatieven vanwege de verwarring die in de kleine hal had geheerst, en die de actie van de burgemeester schijnbaar rechtvaardigde. Bovendien was het voor de conservatieven niet erg gunstig dat de officiële teller die de 'liberale' zaak was toegedaan, de tweeëntachtigjarige Georges, het zogenaamd officiële verslag van de telling had getekend. Het hof van beroep in Nîmes verwierp een hoger beroep.

Balazuc bleef politiek bitter verdeeld.[139] Maar Charoussets ster taande, zelfs onder zijn politieke aanhang. De gemeenteraad koos hem niet als afgevaardigde voor de senaatsverkiezingen, een zeker teken van afkeuring, omdat de burgemeester voor deze bijna eervolle taak meestal zonder debat werd verkozen. Hij trok zich in augustus 1910 terug, na sinds 1892 als burgemeester te hebben gediend, een periode die slechts onderbroken werd door het interval van 1900 tot 1904. Verbitterd vertrok hij: 'Het is voor mij onmogelijk te blijven dienen als burgemeester, geconfronteerd met een aantal idioten en jaloerse mensen in de gemeenteraad'. Hij kon niet langer de raad leiden, waarvan de leden zijn oproep tot vergadering gewoon negeerden. Charoussets echtgenote schreef van haar man: 'Hij is niet gemeen, hij is gewoon te goed, hij zou geen vlieg kwaad doen [...] Het gebrek aan overeenstemming met de raad betekent dat hij niet veel meer kan doen.' Zij smeekte de onderprefect zijn ontslag te accepteren, dat 'eenheid in de raad zal brengen, en vrede in mijn familie. Doet u dit alstublieft voor mij en mijn kinderen. Dit heeft bij ons allemaal kwaad bloed gezet'. Toen, begin 1911, verwierp het Conseil d'État de eerdere beslissing van het Conseil de Préfecture, en dat betekende dat de omstreden verkiezingen van juni 1909 in Balazuc ook waren geannuleerd.[140]

Marius Mouraret won in maart 1911 met zijn hele lijst de mairie terug. Hij verplaatste die van de Tour Carrée, waar hij sinds 1896 gehuisvest was geweest, naar de benedenverdieping van de jongensschool, daar vlakbij.[141] Al vrij gauw na de verkiezingen, op 25 mei, schroefde de burgemeester het verbod op religieuze processies terug, die in het katholieke dorp hadden plaatsgevonden 'sinds onheuglijke tijden en die nooit aanleiding hebben gegeven tot enige ordeverstoring'. De raad schrapte de post van veldwachter. Vincent, nu senator, probeerde ten gunste van Mollier in te grijpen, 'zonder inkomsten en de hoogste achting waardig,' terwijl zijn vader na de staatsgreep van 1851 vervolgd was geweest. Mouraret huurde in mei 1911 Damien Gamel in, met de nieuwe, nog goedkopere titel van *appariteur*.[142]

Balazucs linkse republikeinen waren in alle staten. In 1912 won Mourarets hele lijst weer. Bij de parlementsverkiezingen twee jaar later kwam Duclaux-Monteil als overwinnaar uit de bus.[143] De aanhoudende emigratie uit Balazuc kan ertoe hebben bijgedragen het aantal stemmen voor links te beperken. In de tussentijd werden van beide zijden scherpe retorische en pijnlijke beschuldigingen waargenomen. In april 1914 beschuldigde *L'Echo de Largentière* 'burger Thomas' opzettelijk vlees te hebben gegeten op Stille Donderdag en Goede Vrijdag, en van het verwijzen naar praktiserende katholieken als een 'blatende kudde'. *L'Echo Paroissial de Balazuc* (een uitgave die ook voor andere dorpen werd gedrukt), waarin artikelen verschenen als 'Eén heilige per maand', 'Eén macht: heiligmakende genade,' 'Ja zeker jongen, word toch priester!', 'Frankrijk dat aan het sterven is' [doordat er te weinig kinderen werden geboren], enzovoort, ging er in mei 1912 prat op dat er 79 lekenscholen waren met tussen de 0 en 5 leerlingen en dat in dezelfde gemeenten hetzelfde aantal *écoles libres* 3520 kinderen herbergden.

Niettemin was het bestaan van de Republiek zelf niet langer echt omstreden. *L'Echo de Largentière* juichte de overwinning van Duclaux-Monteil bij de verkiezingen van april 1914 toe, en nam daarbij met de afgevaardigde afstand van zijn politieke tegenstander ter linkerzijde, maar niet van de Republiek: 'Een prachtige overwinning voor de heer Duclaux-Monteil [...] Hij eist... [...] fundamentele vrijheden, waaronder de vrijheid van geweten. Lang leve Frankrijk! Lang leve de Republiek!'[144] Voor velen aan de katholieke rechterzijde, zou dit een ondenkbare combinatie zijn geweest. In Balazuc was de brug die de Ardèche overspande een dagelijkse herinnering aan de overwinning van de republiek.

7 Twee oorlogen

Op 3 augustus 1914 brachten gendarmes uit Ruoms Balazuc het nieuws van de oorlog. Henri Duchamp, de dorpsomroeper, liep door de dorpen en de gehuchten, slaande op zijn trom, om de algehele mobilisatie af te kondigen. De mannen uit Balazuc, ervan overtuigd dat zij thuis zouden zijn 'voor het vallen van de bladeren', vertrokken al snel om te vechten. Enkele telegrammen die avond kondigden de Duitse campagne van 'nieuwsvervalsing' in Elzas-Lotharingen aan, verder een ophanden zijnde Russische voorbereiding op de oorlog, het nieuws dat Franse cavaleristen Duitse troepen hadden verrast in Torry-le-Sec, vijf soldaten hadden gedood en twee verwond, zonder verlies in eigen gelederen, en het dubieuze verhaal dat de Duitsers twee vijftienjarige jongens bij Longwy hadden neergeschoten, terwijl er vertrouwen werd uitgesproken dat er reservisten zouden worden achtergehouden om een goede oogst te verzekeren. Een commissie op de prefectuur overwoog de te nemen maatregelen om de bevoorrading van de bevolking te verzekeren. Drie dagen later werd met veel enthousiasme het nieuws ontvangen dat Franse troepen de Elzas waren binnengetrokken, waarbij de bevolking kennelijk niet op de hoogte werd gehouden van de snelle Duitse opmars door België en de bedreiging van Parijs. In de tussentijd was het overheidsdecreet dat het gebruik van absint verbood aan dovemansoren gericht. *L'Echo de Largentière* bracht een verslag van de begrafenis van de eerste Franse soldaat die in de oorlog was omgekomen.[1]

In de proclamatie die René Viviani namens de ministerraad uitsprak en waarbij Duitsland de schuld kreeg van het uitbreken van de oorlog, had hij erop gewezen dat het vechten begonnen was voordat de oogst kon worden binnengehaald. Hij onderstreepte het belang het werk af te maken, dat voedsel voor het komende jaar moest verzekeren, en deed een beroep op 'Franse vrouwen, kinderen, zoons en dochters van de republiek' om deze klus te klaren.

De oorlog bracht vluchtelingen uit de Elzas en Lotharingen in de Ardèche (ongeveer eenderde van hen sprak slechts zijn eigen dialect), onder wie meer dan 5600 Franse vluchtelingen uit de oorlogsgebieden in Noord-Frankrijk en 640 Belgen, die tijdelijk moesten worden gehuisvest. Slechts één familie van Belgische vluchtelingen werd tijdens de oorlog echter tijdelijk in Balazuc gehuisvest, en dat pas in 1918.

In maart 1915 waren er 43 mannen uit Balazuc onder de wapenen. Zij omvatten drie leden van de familie Tastevin, evenveel van de Molliers, de Fromentins, de Mourarets en de Duffauds, en twee van de Ranchins, de Mirabels, de Constants en de Charoussets. Antoine Charousset en Joseph Ranchin behoorden tot degenen die begin augustus vertrokken, zij beiden stonden aan het hoofd van grote gezinnen, en de kleine financiële bijstand die zij kregen werd onmiddellijk aan hun echtgenoten uitbetaald. Marie Moulin, een weduwe, vroeg om hulp, haar zoon was gemobiliseerd en ze had slechts 150 franc die afkomstig was van een familie die een lapje grond bewerkte dat van haar was. Philomène Ruissol, ook een weduwe, ontving een kleine maandelijkse toelage van de staat omdat haar zoon, Arsène, onder de wapenen was geroepen. Het gemeentebestuur van een arm dorp in een arme streek kon niet veel meer doen dan de jaarlijkse toelage van 30 franc die bestemd was voor nooddruftige families waarvan de zonen in het leger zaten, tot honderd franc verhogen, die moest worden verdeeld onder de families van de gewonden. In 1915 lag Henri Georges Duffaud gewond in hal nummer acht van het militair hospitaal in het Grand Palais te Parijs. Hij zond een brief met het verzoek zijn moeder het weinige geld dat hij nog tegoed had te doen toekomen. Duffaud sneuvelde in 1918 bij Abbeville.[2]

De oorlog vergrootte het gebrek aan arbeidskrachten, wat gedeeltelijk al het gevolg was van de massale emigratie van het platteland. Soldaten, en op sommige plekken krijgsgevangen, werden aangevoerd om te helpen met de oogst. Maar in het ruige terrein van de Bas-Vivarais, waar de boeren zich met de hand een bestaan moesten verwerven, en waar velen wat zij naar de markt brachten nog op hun schouders torsten of per muildier vervoerden, stonden de inwoners sceptisch tegenover het nut van werk van buiten. Oudere mannen, vrouwen en kinderen haalden de oogst binnen. Toch konden enkele bouwlanden en de wijngaarden gewoon niet worden geoogst, en de druiven bleven hangen om te verflensen, zelfs al was de situatie in 1916 beter dan het jaar daarvoor. Een van de directe gevolgen van het verlies van zo veel mannen door mobilisatie (nog afgezien van de doden en gewonden) was dat Balazucs wegen en paden in verval raakten.[3] Vorderingen van de overheid waren schering en inslag. Het leger vorderde muilezels, paarden (inclusief tuig), verscheidene voertuigen en andere dieren, plus een zesde van alle wijn van de oogst van 1916.[4]

Toen Casimir Roux begin augustus 1914 op zevenendertigjarige leeftijd naar de Grote Oorlog vertrok, liet hij Augusta Roux-Giry achter, zijn achtentwintig jarige zwangere vrouw, en twee kinderen, van drie en twee. Hij werd al snel gewond. Op 12 september richtte Augusta een verzoek tot de burgemeester van Balazuc om steun 'voor haar gezin' van het kantonnale comité dat kleine bijstandstoelagen toekende aan families waarvan de mannen onder de wapenen lagen. Op 4 november ging zij naar de burgemeester om hulp te krijgen, met als argument dat haar man haar 'enige steun en toeverlaat' is, en dat al hun beschikbare reserves al waren uitgeput. De kantonnale commissie verwierp echter unaniem haar verzoek, met als argument dat zij het met de burgemeester eens was dat Roux en zijn familie 'over voldoende middelen beschikten. Uit niets in het dossier blijkt het tegenovergestelde'.

Begin 1915 schreef Roux de prefect vanuit hal nummer 21 van het militair hospitaal in Marseille, om herziening van dit besluit. Hij wees erop dat 'mijn middelen van bestaan mij niet in staat stellen hierover te blijven zwijgen, omdat ik maar een eenvoudige boer ben, en alleen het werk van mijn vrouw ons erbovenop houdt, zeker waar zij bij mijn vertrek een derde kind verwachtte'.

Augusta Roux, getrouwd met een van de weinige pachters die in Balazuc woonden en dus nog armer dan vrijwel ieder ander, beschreef haar leven: 'Ik heb absoluut geen cent over om te kopen wat voor een familie van acht onontbeerlijk is'. De kruidenier en de bakker wilden haar niet langer krediet verlenen. 'Wij hebben dan ook bijna niets [...]. Dus is er voor ons slechts doffe ellende weggelegd. Het was voor ons al moeilijk genoeg de eindjes aan elkaar te knopen met het onophoudelijke werk van mijn man, maar wat gebeurt er nu en in de toekomst? Wilt u ons dan dwingen onze toevlucht te nemen tot de ergste hulpmiddelen? Wij moeten toch leven en ons kleden'. Zij verzocht de onderprefect 'menselijker' te zijn dan degenen die de kantonnale commissie van foute informatie hadden voorzien, en dat hij het besluit van de vrederechter zou annuleren en voor haar gunstig zou beslissen. Ze voegde het reçu bij van de belastingen die door haar familie in 1914 waren betaald, amper zevenenhalve franc.

De brief van Augusta Roux aan de voorzitter van de Commissie van Appèl in Largentière, met ferme hand geschreven, bevatte een sterk pleidooi waarin zij haar leven beschreef:

'Mijn man, Casimir Roux, ligt al enige tijd in de loopgraven. Voor de oorlog was hij slechts gewoon pachter'. Zij hadden sinds 1 september 1913 een lapje grond van Perbost, de voormalige burgemeester, bewerkt. Hij had hun belastingen ook betaald. Zodoende 'is niets op dit land van ons, het span ossen en de andere dieren, de landbouwwerktuigen en zelfs de mest zijn gekocht door de eigenaar en niet door ons, bij gebrek aan geld'.

Toch bezat Roux, zoals zo velen van de straatarme mensen in Balazuc, een piepklein lapje grond, dat op de een of andere manier de verbazingwekkend kleine som opbracht van 67 centiemen, daarnaast de helft van een lapje dat 8,84 franc opbracht, en dat hem nagelaten was door een oom, plus een huisje. 'Dat is ons hele fortuin'. Zijn moeder bewerkte een stuk grond dat toebehoord had aan de vader van haar man, maar dit bracht verder geen inkomsten. Niets werd weggelaten: 'Onze weinige spaarcenten, zo zorgvuldig bijeengegaard, zijn allang uitgegeven'. Zonder geld en zonder hulp, kon Augusta Roux het land niet bewerken, en moest zij het braak laten liggen. 'Al onze voorraad is ook al op. We hebben al een hele poos niets meer. Mijn beide meisjes en ik (die binnenkort een derde kind krijg) overleven slechts dankzij de liefdadigheid van onze goede buren'. (Weer bleek hier de lange traditie van onderlinge bijstand). Alleen de 'harde en wrede noodzaak' van bedelen om brood restte haar nog. Het kon echt niet veel slechter gaan.

De vrederechter, die vele van dergelijke verzoeken kreeg, wees dat van Augusta Roux af. Niettemin werd er een briefje aan haar schrijven gehecht, waarop stond dat zij 'vrijwel geen geld' had, en dat het meeste geld dat afkomstig was van de kleine familiale oogst van cocons al was uitgegeven aan afbetaling van de schulden. Het was duidelijk dat niemand in de familie het land van de gewonde soldaat kon bewerken. Zij zou 2,25 franc per maand hebben gekregen, iets minder dan een goed dagloon, waarmee zij dan haar twee en binnenkort drie kinderen had moeten voeden. Dat was tenminste iets geweest.[5]

Niemand wilde de man van het telegraafkantoor aan de deur zien. Léon Charousset, die het land van zijn familie had bewerkt, werd de eerste soldaat uit Balazuc die sneuvelde, op 22 september in de Meuse. Het is voorstelbaar wat er door het hoofd van Marie Granier in Balazuc ging, die een telegram kreeg met slecht nieuws betreffende een zekere Auguste Granier. Ze wist niet wat ze ervan moest denken, hoopte tegen beter weten in, stuurde een telegram retour waarin zij aangaf dat de naam van haar zoon Eugène Louis was, niet Auguste. Een nieuw telegram vroeg de burgemeester Monsieur (maar niet Madame) Jean Granier op de hoogte te stellen van het feit dat Eugène Louis Granier om 11.15 uur 's avonds aan schotwonden was bezweken in noodhospitaal nummer 4 in Verdun, op 17 april 1915. Het overlijdenscertificaat van de zoon volgde per post.[6]

Wreed genoeg werden sommige overlijdenscertificaten gevolgd door belastingaanslagen, opgelegd toen degenen aan wie ze waren gericht nog in leven waren. De vader van Léon Charousset schreef het belastingkantoor dat zijn zoon al was gesneuveld in de slag, en vroeg te worden verschoond van toekomstige belastingaanslagen, omdat hij dood was. Gustave Rigaud schreef dat zijn neef niet kon worden belast omdat hij op 24 oktober 1915 was gesneuveld. Jean-Baptiste Pascal wees er in zijn antwoord op dat zijn zoon zijn rechterarm en een oog had verloren, mevrouw Mirabel dat haar man in december 1916 door de vijand was gedood.[7]

24 mannen uit Balazuc kwamen in de oorlog om. Van hen hadden er zestien in 1914 in het dorp gewoond, de anderen waren vertrokken of getrouwd met vrouwen uit Balazuc.[8] De eerste gesneuvelden vielen in september 1914: Victorien Brun, 27 jaar oud, die de grond van zijn familie bewerkte, en Denis Brun, beiden bij Verdun gesneuveld. Marius Arsène Mollier verloor het leven kort na zijn achtentwintigste verjaardag bij het gevecht om de Crête d'Ormont in september 1914. Het nieuws dat Firmin Tastevin op vijfendertigjarige leeftijd was bezweken aan wonden die hij had opgelopen bij Roclincourt, ten noorden van Atrecht, bereikte zijn moeder in haar café in oktober 1915. Zijn

broer Paul was de voorgaande maand april al in de Meuse gesneuveld. De ene na de andere familie ontving het vreselijke nieuws uit Abbeville, Craonne en de Aisne, de Oise, de Marne, van de Somme, natuurlijk 'uit sector 40', en zelfs uit Tunesië. Joseph Redon, zoon van de voormalige *chef de gare*, sneuvelde in april 1916 in fort Souville (Meuse). Paul Mirabel sneuvelde vlak voor zijn vierenveertigste verjaardag in Hallivillers in de Somme, waarbij hij een vrouw en twee dochters achterliet; Frédéric Giry, de zoon van de onderwijzer van Balazuc, sneuvelde in Moulainville, bij Verdun in de Meuse. Het nieuws van de dood van Louis Gineys te Pontavert (in de Aisne, enkele kilometers vanwaar Marius Boyer de maand daarop sneuvelde) in april 1917 werd pas de maand oktober daarop aan zijn familie overgebracht, tegelijk met de informatie dat hij begraven lag in graf 616 op de begraafplaats van Beaumarais in Pontavert. De weduwe van een van de beide Charoussets die tijdens de oorlog sneuvelden en Lucie Brugière, weduwe van Jules Débard, kregen van toen af aan vijf franc per maand, evenals Joseph Dufaud, van wie een van de vijf kinderen aan het front was gesneuveld.[9]

Beter nieuws kwam soms in de vorm van zoons, broers en vaders die terugkeerden, ontslagen als ongeschikt voor de dienst (*mutilés de guerre*) of met kleinere verwondingen. In Parijs werd voor hen in de *métro* plaats gereserveerd. Balazuc had er geen. Damien Gamel kwam terug met een kapot been, waarvoor hij een pensioen van 300 franc kreeg, wegens een verwonding van de zesde categorie. Emile Salel, gewond door een granaatscherf, kon 100 franc minder verwachten voor een verwonding van de zevende categorie. Een ontploffende granaat in Metzeral (Haut-Rhin) in de Vogezen verlamde in april 1915 de rechterarm van Henri Rieu (een verwonding van de vijfde categorie). Hij kon zeker niet weer zijn vooroorlogse beroep van steenhouwer opnemen. Marius Duffaud verloor zijn linkeroog, waarvoor hij een jaarlijkse bijlage van 762 franc kreeg. Emile Mollier kwam terug met het *croix de guerre*, maar zonder zijn linkerarm. Veel andere soldaten uit Balazuc, evenals soldaten van overal in de Grote Oorlog, leden aan kleinere verwondingen (en mochten zich daarom gelukkig prijzen). Een van hen was Félix Brun, in september 1914 verwond en ter herstel naar St.-Brieuc gestuurd. Triest maar in bepaalde opzichten geruststellend nieuws bereikte zeven families, dat hun naaste verwanten gevangen waren genomen en vastzaten in kampen, uiteenlopend van Münsingen in Würtemberg tot Hammelburg in Beieren en tot de door de Duitser bezette Aisne.[10]

Het thuisfront in Balazuc hield zich goed, hoezeer de moraal op zich ook afhing van het ritme van het plattelandsleven en de mate van nooddruft. De rol van de geestelijkheid aan het militaire front en thuis verzachte de spanningen tussen klerikalen en antiklerikalen. Het nieuws van de oorlog kwam met de terugkeer van soldaten op verlof of door een uitstapje naar de markten van Aubenas of Joyeuse, waar kranten te koop waren. Ten slotte kwam dan, na dit alles, het nieuws van de wapenstilstand op 11 november, per telegram en met uitzinnig klokgelui.

Met het eind van de oorlog stemde het gemeentebestuur ervoor 'een monument op te richten ter nagedachtenis aan de glorieuze zonen van de gemeente, gevallen op het veld van eer tijdens de Grote Oorlog'. Een overheidssubsidie van 1000 franc en een openbare inschrijving vergrootten het beschikbare kapitaal. De aanvankelijk voorgestelde inscriptie: 'Aan de doden van Frankrijk', werd gewijzigd in: 'Balazuc aan zijn doden voor het vaderland, 1914 – 1919'.[12] Een wijnrank klimt langs een kruis naar boven, dat boven het monument uitsteekt, waarin de namen van 24 mannen uit Balazuc staan gegrift, die in de oorlog zijn gesneuveld.[13] De plaatsing van het monument, net onder en tussen de beide trappen die naar de ingang van de nieuwe kerk voerden, weerspiegelde de aanhoudend nauwe banden tussen kerk en gemeente, ondanks de politieke strijd in de vooroorlogse periode. Hoewel er enige spanning tussen klerikalen en antiklerikalen bleef bestaan, kan de afgenomen intensiteit ervan wellicht een reactie op de gruwelijkheden van de oorlog zijn geweest. Het monument werd op 25 september 1921 onthuld, maar niet zonder enige controverse. Marius Guibourdenche, de nieuwe burgemeester, die tijdens het hele interbellum aanbleef, was een conservatieve katholiek die Xavier Vallat voor de ceremonie had uitgenodigd, de afgevaardigde van de Ardèche, een rechts leider in de Kamer van Afgevaardigden, en een smerige antisemiet die tijdens de Vichy-jaren carrière zou maken. De vier wethouders protesteerden door hun weigering de ceremonie bij te wonen, die ook een plechtige hoogmis behelsde.[14]

Het was duidelijk dat de knagende pijn van het verlies overal voelbaar was. Het gemeentebestuur schoot geld voor, dat moest worden terugbetaald door de staat, zodat de familie van Jean Pérol zijn stoffelijke resten van een militaire begraafplaats in de buurt van waar hij was gesneuveld, naar Balazuc kon laten overbrengen.[15] Tijdens de oorlog sneuvelden 12.363 Ardéchois, een totaal dat vooral de Bas-Vivarais trof. In St.-Jean-de-Pourcharesse sneuvelden 29 van de 201 inwoners van de gemeente. Largorce telde 57 gesneuvelden. Balazucs doden vertegenwoordigden 4 procent van de vooroorlogse bevolking, iets meer dan het nationaal gemiddelde van 3,6 procent.[16] Het percentage gesneuvelden was natuurlijk veel hoger en beperkte het aantal toekomstige bruidegoms, waardoor het na de oorlog bijdroeg tot het aanhoudend lage geboortecijfer. Prijsstijgingen (met name van steenkolen om scholen te verwarmen) en werkeloosheid voegden moeilijke tijden toe aan aangrijpend verdriet.[17] Verzoeken om het weinige geld dat de gemeente kon uitkeren bevatten nu altijd vermeldingen van zonen die in de oorlog waren omgekomen, zoals die van een man wiens *famille nombreuse* (groot gezin) nu één persoon minder aan tafel telde.[18]

De Grote Oorlog benadrukte het verval van Balazuc. De wapenstilstand bracht vrede, maar maakte geen eind aan de uittocht: van 1911 tot 1921 verloor de Ardèche 37.500 inwoners, en in de vijf jaar daarop vertrokken er nog eens 7000.[19] Al met al daalde de bevolking van het departement van 331.808 in 1911 tot 273.000 in 1936, en vervolgens tot 249.077 in 1954.[20] Pas in de jaren zestig van de twintigste eeuw begon de Ardèche weer te groeien.[21]

De bevolking van Balazuc daalde van 605 in 1911 tot 456 in 1921, een verlies van bijna een kwart, aanzienlijk meer dan het verlies van het kanton Vallon (16 procent) en van de Ardèche als geheel (11,3 procent). Emigranten bleven vertrekken naar de regio Lyon, het Rhônedal en Marseille. Afgezien van de mannen die tijdens de oorlog waren omgekomen, bracht de periode van 1911 tot 1920 Balazuc een overschot van sterfgevallen boven geboorten (131 tegenover 57). In 1937 waren er weer meer sterfgevallen dan geboorten, wat het verouderen van de bevolking weerspiegelde. Sommige jongere vrouwen waren tijdens de oorlog vertrokken om werk te gaan zoeken in fabrieken en nooit teruggekomen. De aderlating van landelijk Frankrijk ging door en de bevolking vergrijsde. In 1931 was de bevolking van Balazuc gedaald tot 447. Vijf jaar later nog verder, tot 419.[22]

Hoewel het bevolkingsaantal bleef dalen en de zijde-industrie verder bleef vervallen, vonden er in Balazuc ingrijpende veranderingen plaats. Er verschenen radio's in de dorpshuishouding. Het gemeentebestuur had schijnbaar lang getalmd om elektriciteit naar het dorp te laten komen, terwijl de buurdorpen St.-Maurice-d'Ardèche en Lanas allang stappen daartoe hadden ondernomen. Het grootste deel van het interbellum bleef men zich verlichten met olielampen (waarbij oude sokken dienst deden als pit). In september 1930 stemde de raad voor fondsen om de staatssubsidie aan te vullen, teneinde een bedrijf te kunnen betalen om het werk te beginnen. Dat duurde vijf jaar. Stuk voor stuk werden de oude olielampen weggedaan en aan het einde van de jaren dertig hadden de meeste huizen elektriciteit. In 1928 stemde het gemeentebestuur in met het opzetten van een telefoonkantoor, dat verbonden zou worden met het dichtstbijzijnde telegraafkantoor. Twee mannen werden betaald om het kantoor te beheren, en een derde om telegrammen rond te brengen.[24] In 1937 riep Balazuc samen met Chauzon en Pradons de Intercommunale Maatschappij voor Drinkwater in het leven. Het bleek een enorme onderneming om water naar het dorp te krijgen, ten koste van ruim 1,1 miljoen franc, waarvoor subsidie moest worden aangevraagd. Het dorp moest daar nog vijftien jaar op wachten.[25]

De regelgeving in 1937 resulteerde in een nieuwe standaard voor huisvesting in een dorp met veel vervallen huizen. Stro mocht niet langer worden gebruikt om enig deel van huis of stal te overdekken, vloeren moesten minstens dertig centimeter boven de ruelle (straatniveau) liggen, om overstroming te voorkomen, aangestampte leemvloeren werden verboden. Keukens moesten voldoende licht hebben, goed geventileerd zijn en voorzien zijn van een aanrecht. Er kwamen minimale afmetingen voor slaapkamers en ramen. Schoorstenen moesten minstens 30 cm boven het dak uitsteken om brandgevaar te beperken. Waterleidingen, bronnen en putten moesten worden afgedekt, en op voldoende afstand van mesthopen en beerputten liggen. De regering verbood het deponeren van dode dieren in de rivier en andere waterbronnen.[26]

De Grote Oorlog onderstreepte het verval in de productie van ruwe zijde. Tijdens de oorlog zelf daalde de zijderupsenoogst met meer dan 50 procent, tot 776.000 kilogram cocons. De productie van cocons bleef dalen. Van 11 miljoen kilo cocons in 1875, daalde het totaal in de Ardèche tot 975.000 kilogram in 1934.[27]

Veranderingen in het land waren veelzeggend. Het aantal moerbeibomen in de Ardèche nam af met de bevolking, van minstens twee miljoen in 1853 tot 689.900 in 1929 tot 261.030 in 1940. Kort na de Eerste Wereldoorlog beweerde Élie Reynier, historicus van de zijde-industrie, zelfs dat het tijd werd 'de zijde-industrie een natuurlijke dood te laten sterven, die inherent lijkt aan de niet minder natuurlijke evolutie van de productie en onze industrie'. Hij vroeg zondermeer of er nog staatsinvloed moest worden aangewend om de productie van ruwe zijde en het spinnen ervan te stimuleren, of dat de agrarische component van die industrie uit zichzelf maar moest verdwijnen, wat zou gebeuren als de staat niet meer bijsprong.[28] De productie daalde tot enige duizenden tonnen cocons in 1925. De grotere verbreiding aan het eind van de jaren twintig van kunststoffen en synthetische vezels, schaadde de industrie. Van de 19.000 producenten van ruwe zijde in 1913 waren er in 1938 nog 4500 over, in 1954 2000 en in 1957 1000. Terwijl er in 1900 nog 50 kleine spinnerijen in de Ardèche stonden, waren daarvan in de jaren dertig nog maar een dozijn over, terwijl er verder nog 319 zijdeverwerkende fabriekjes opereerden.[29]

In 1921 was Balazuc een van de gemeenten geweest die formeel verzocht had de subsidies aan te houden als bemoediging en ook om 'de zorg van de overheid voor de bevolking van de meest misdeelde streken van Frankrijk te bewijzen [...] streken die hun agrarische economie volstrekt niet kunnen veranderen' en die bevolking zouden blijven verliezen. In 1919 produceerde het dorp nog slechts 100 ton moerbeibladeren, 'een negatieve oogst voor alle producten' vanwege de droogte. In 1929 konden er echter nog 74 magnaneries in Balazuc worden geteld, die dat jaar 5538 kilogram cocons produceerden. In 1933 vroeg het gemeentebestuur weer om handhaving van de subsidies, in een poging de ontvolking van het platteland tegen te gaan.[30]

In 1938 gaf de staat nog een subsidie van acht franc op een kilo cocons, die ook voor acht franc verkocht werden. Sommige glanzende, rijke bladeren van de moerbeibomen die nog over waren, werden gebruikt als geitenvoer.[31] Maar ook toen nog konden waarschuwingen worden aangetroffen, dat het verboden was 'een moerbeiboom te beklimmen met spijkerschoenen', uit angst dat de boom verwond werd, die, al was hij wellicht niet langer 'gulden', toch nog aanzienlijke waarde had. In 1941 werd het in 24 departementen bij wet verboden een moerbeiboom om te kappen.[32]

Wijn was nu het hoofdproduct van Balazuc. Er waren in 1919 slechts 37 ha wijngaard in Balazuc, voordat de wijngaarden zich weer begonnen uit te breiden, tot 71 ha in 1931 en 84 ha in 1940. In 1921 produceerde de Ardèche 441.000 hectoliter wijn. In 1935 waren er 16.000 ha in de Ardèche met wijnstokken beplant.[33] Afgezien van druiven en wat gerst, haver en rogge, produceerden de boeren kersen, perziken, peren, amandelen en kweeperen. In 1936 werd in Vallon een dagelijkse fruitmarkt met seizoensproducten opgezet. Muildieren zorgden nog steeds voor het transport, paarden trokken karren, en hier en daar trok een span ossen nog de ploeg. De mechanisering van het boerenbedrijf talmde om Balazuc te bereiken, in 1930 waren er slechts vijf tractoren en zes combines, een aantal dat aanzienlijk toenam in de laatste jaren van het decennium. Maar andere dingen bleven onveranderd. Geiten en schapen waren nog steeds talrijker dan de andere grote dieren – en waarschijnlijk ook dan de dorpsbewoners.[34]

Niettemin bleef de wijnprijs laag. Veel boeren waren woest toen de overheid in 1931, bezorgd om overproductie, drie variëteiten verbood, de Jaquez, de Herbemont en de Clinton (de nieuwe beperkingen leken in elk geval gunstig voor de wijnkopers). Clinton is een bijzonder krachtige druif die op sommige plaatsen verwildert en hier en daar nog wordt geteeld. De wijn ervan wordt als iets vreemds beschouwd, vanwege de uitwerking op de consument. In Balazuc wordt er een verhaal verteld van een drinker van flink wat glazen Clinton, die de ruim 30 treden naar zijn huis beklom. Hij moest er echter 38 beklimmen om de deur te bereiken, en viel de rest weer terug naar beneden. Alleen producenten van kwaliteitswijnen in het Rhônedal wilden meer dan alleen overleven. Hier en daar begonnen de eerste coöperatieve wijnkelders te draaien, de eerste in 1925 in Orgnac. Algauw waren er zeven.[35]

Zodoende was het slecht afgelopen met de hele agrarische triptiek van de Ardèche – ruwe zijde, wijn en kastanjes. Ondertussen bleef de prijs van het fruit, waarvan de productie enorm was toegenomen, te laag om iemand rijk te maken. Daarbij schaadde de depressie de weinige industrieën van de Ardèche. Veel mensen die het departement tussen 1931 en 1936 verlieten waren fabrieksarbeiders.[36]

Langzaam voltrok zich wat uiteindelijk een monumentale verandering bleek te zijn. Er begonnen toeristen in Balazuc te komen. In 1932 verzocht burgemeester Guibourdenche de weg van Uzer over de gras opnieuw te classificeren, zodat het gemeentebestuur hulp van het departement kon vragen. Hij wees daarbij op het feit dat 'deze kleine wegen tegenwoordig worden gebruikt door talloze automobielen, vooral die van het toerisme'. Het volgende jaar wees het gemeentebestuur enig geld toe om een VVV in de streek op te zetten, dat dorpen zou kunnen stimuleren wat meer uitnodigend voor bezoekers te worden. Aan het eind van de jaren dertig, nadat het Volksfront betaalde vakanties voor elkaar had gekregen, voeren kano's zomerse bezoekers over de Ardèche onder Vallon-Pont d'Arc. Een echtpaar dat nog steeds in Balazuc woont, kwam daar voor het eerst op een tandem tijdens het Volksfront. In 1837 beval de minister van Binnenlandse Zaken dat alle veldwachters een uniform moesten dragen, zodat buitenstaanders hun gezag niet in twijfel zouden kunnen trekken, hoe klein dat ook was: 'Voor de goede naam van Frankrijk in het buitenland, is het van belang dat toeristen niet naar huis gaan met de indruk dat bij ons het handhaven van de orde slecht is georganiseerd'.[37]

Het isolement van Balazuc, hoezeer ook gewild, was voorbij. Er verschenen bezoekers in de cafés. De dorpsbewoners die boules speelden op de weg door het dorp, moesten af en toe auto's voorbij laten gaan. Zelfs aan het eind van de jaren dertig waren de autobezitters in Balazuc nog heel zeldzaam. Enkele passagiers die bij het station uitstapten, reden op een ezel naar het hoger gelegen Balazuc, een vervoermiddel dat al eeuwenlang in gebruik was. Een man, die een kast had geërfd, droeg die op zijn rug van Valgorce naar Balazuc, vijfentwintig moeizame kilometers. Jonge mensen zagen er geen been in vele kilometers te lopen om naar feesten in andere dorpen te gaan.

Geleidelijk aan won het Frans het van het Occitaans. Veel oudere mensen herinneren zich tegenwoordig nog dat hun ouders in de jaren dertig nog Occitaans met elkaar en met vrienden van hun leeftijd spraken, maar geneigd waren met hun kinderen Frans te spreken, die die taal op school kregen. Het wijd verbreide gebruik van Occitaans begon aan het eind van de jaren dertig af te nemen.

De strijd voor handhaving van de infrastructuur in het dorp ging door als altijd. De paden naar de gehuchten moesten nog steeds worden gesubsidieerd. Volgend op 'meteorologische rampen' in 1928, kende het departement 3500 franc toe om de beschadigde paden te herstellen. Reparaties aan de school moesten vaak worden verricht.[38] De gemeenteraad verwierp aanvankelijk het idee de school op te delen naar klassen in plaats van naar geslacht. 'Alleen het feit al dat men jongens en meisjes in dezelfde klas bij elkaar zet, levert ernstig ongerief uit een oogpunt van zedelijkheid'. Aan het begin van de jaren dertig werd de school voor het eerst naar klassen opgedeeld en niet naar geslacht, hoewel jongens en meisjes nog steeds apart speelkwartier hadden.[39]

Een man die tussen de oorlog opgroeide gaf uitdrukking aan een algeheel gevoel dat jongere mensen niet op prijs stellen wat zij hebben, althans in vergelijking met hun ouders en grootouders in hun jeugd. En toch, hoewel de tijden zeker hard waren, ontkwamen plattelandsgemeenten als Balazuc waarschijnlijk aan de ergste ontberingen van de depressie doordat kleine boeren in staat waren terug te vallen op mengcultuur en autarkisch boeren. Toch bleven de meeste mensen in Balazuc buitengewoon arm.

In Balazuc stond na de oorlog een kruidenierswinkel, aan het einde van het jaren dertig waren er drie, evenals een bakker in het bovendorp. Het café van Vianès bij de Porte de la Sablière was allang weg, maar drie cafés, waarvan er een ook een kruidenierszaak beheerde, lokte klanten. Bij de Tour Carrée bood een kapper zijn diensten aan vóór de mis, hoewel het beter was, waar hij bekendstond als liefhebber van een slok, vroeg op de dag bij hem onder het mes te gaan. Er waren ook twee schoenmakers, drie metselaars, twee meubelmakers, een slager, een *commerçant de mode*, twee naaisters, en twee mobiele distillateurs van sterke drank. De huishoudens hadden meer contant geld en waren minder karig. Balazuciens deden andere nuttige inkopen die in het dorp niet mogelijk waren op de weekmarkten in Joyeuze, Aubenas en Largentière, in plaats van afhankelijk te zijn van marskramers. Bovendien begon, toen het Volksfront cultuur dichter bij veel Franse families bracht, de *bibliobus*, een reizende uitleenbibliotheek, eens per week naar Balazuc en andere dorpen te komen.

In naam van de solidariteit en binnen de grenzen van het beperkte budget, kende de gemeenteraad nog steeds kleine sommen geld aan families toe als de mensen bijzonder nooddruftig waren: moeders van pasgeborenen, oudere mensen, gehandicapten, ongeneeslijk zieken en grote gezinnen (in 1930 waren er zes van zulke gezinnen in Balazuc, die een kleine belastingverhoging noodzakelijk maakten). Zo verleende de raad in 1920 bijstand aan vier ouden van dagen, zes jonge moeders, een groot gezin, en moest hij een extra kredietje goedkeuren voor gratis medische hulp. Het volgend jaar verdeelde de raad de som van 427,50 franc, gedeeltelijk afkomstig van de verkoop van percelen op de begraafplaats, onder tien 'nooddruftig mensen die bijstand nodig hebben'. Een jaar later hielp hij een man die vrijwel geheel door een hersenbloeding was verlamd 'omdat hij thuis niet kan worden verzorgd, en geen geld heeft, moet hij om reden van menselijkheid worden opgenomen'. Op deze manier bleef de traditie van onderlinge bijstand bestaan, al werd hij nu verleend door de raad. In 1932 vermeldden de notulen dat 'de gemeenteraad in het geheim bijeenkwam' om een verzoek om hulp te overwegen. Hieruit bleek de druk die inherent is aan het toekennen van geld aan families, terwijl anderen worden geweerd.[40] In 1936 verwierp de raad een verzoek om hulp van een oude man. Hoewel hij volgens ieders schatting slechts 'weinig' geld had, had zijn dochter beloofd hem tien franc per maand te verschaffen. Dit was niet heel veel, maar de man had ook een zoon met enig inkomen, en dus 'leek zijn bestaan verzekerd'. Het dorp, dat zo vaak te lijden had gehad onder gewelddadige neerslag, stemde bij verscheidene gelegenheden voor kleine sommen om dorpen in Frankrijk of Noord-Afrika bij te staan, die onder natuurrampen te lijden hadden.[41]

De rol van de kerk bij de verdediging van Frankrijk tijdens de Eerste Wereldoorlog, de tijd die verstreken was sinds de secularisatie van het schoolsysteem, de scheiding van kerk en staat en de kerkinventarissen, zorgden er al met al voor dat de politieke spanning rond school en de openbare functie van de kerk aanzienlijk afnam. De opkomst van de Communistische Partij echter gaf rechts in de Ardèche weer een nieuwe impuls. Bij de eerste verkiezingen na de Grote Oorlog waren vier van de vijf gekozen afgevaardigden rechts. Onder hen bevond zich Gailhard-Bancel, die drie zoons in de oorlog had verloren, Duclaux-Monteil, de oude conservatieve voorvechter, die nu gematigd rechts was geworden, en de opkomende extreem rechtse leider Xavier Vallat, die de meeste stemmen kreeg. Bij de parlementsverkiezingen van 1924 (waarbij opmerkelijk genoeg alle 166 stemgerechtigden naar het stembureau gingen), stemde Balazuc met 82 stemmen op Duclaux-Monteil en met 76 op de lijst van het Cartel des Gauches, ter linkerzijde, een nek-aan-nek race, net als in de vooroorlogse jaren. De Ardèche had nu slechts vier afgevaardigden te verkiezen. Drie kwamen uit het Cartel, en alleen Duclaux-Monteil was rechts. Ondanks Vallat echter bleef de Ardèche grotendeels gevrijwaard van de invloed van de extreem rechtse partijen. De royalisten kwamen met slechts weinig volgelingen uit de oorlog. De katholieke krant *La Croix*, agressief vijandig tegenover de lekenrepubliek, behield nog aanzienlijke invloed in conservatief klerikale kring, vooral, en dat was niet onverwacht, in de bergen. In streken met weinig industrie sloegen de communisten kleine bruggenhoofden, zoals in Annonay, Aubenas en bovenal Le Teil, een stadje aan de Rhône.

Raadsleden die zich met rechts identificeerden wonnen in het interbellum de gemeenteraadsverkiezing in Balazuc, ook al bleven nationale verkiezingen qua stemmen het dorp ongeveer gelijkelijk verdelen, waardoor het belang van persoonlijkheden toch weer bleek. In Balazuc herleefde het katholieke politieke elan in de jaren twintig. In maart 1925 kwamen 150 mensen bijeen om twee sprekers te horen die 'de welsprekendheid van onze onvermoeibare apostelen van vrijheid van godsdienst' verdedigden. Balazucs pastoor sloot de vergadering af door de katholieken op te roepen zich aan te sluiten bij het Comité van de Katholieke Unie (*L'Ancien Combattant* bracht een iets minder enthousiast verslag van de vergadering en verwees naar de sprekers als 'twee fanatiekelingen' die 'een kliek uit de naburige gemeenten' hadden opgeroepen naar ze te komen luisteren als zij de godsdienstvervolging en de strijd tegen de religieuze orden te berde zouden brengen). Balazucs nieuwe pastoor, abbé Serre, zorgde ervoor dat de kerk een politiek punt bleef. Hij kwam met de reputatie door progressieve tendensen binnen de kerk beïnvloed te zijn en had de royalistische politiek van St.-Maurice-d'Ibie niet willen volgen, waar hij beroepen was geweest, maar in Balazuc werd hij ervan beschuldigd te hebben geweigerd een meisje uit Servière te begraven omdat haar familie verzuimd had regelmatige bijdragen aan de kerk te schenken. Tezelfdertijd behoorden 70 mensen in Balazuc tot de beweging van de radicaal-socialisten. Tegen de achtergrond van de gemeentelijke politiek bleven nationale partijstempels, die pas na de eeuwwisseling zichtbaar waren geworden, belangrijk, ook al hadden de onderwerpen die in de raad werden besproken eigenlijk vrij weinig met de nationale politiek van doen.[42]

Marius Guibourdenche had net als zijn loco-burgemeester Philippe Tastevin voor de oorlog op de lijst van Marius Mouraret gestaan. In 1919 werden er drie kandidaten van links in de raad verkozen. In 1925 werd slechts Hippolyte Freydier, een radicaal-socialistische voorstander van het Cartel des Gauches, voor links verkozen, en dan slechts nog als de laatste succesvolle kandidaat bij de tweede ronde. Hij diende met elf conservatieve republikeinen (URD, Union Républicaine Démocratique).[43] Nadat Balazuc eens temeer Duclaux-Monteil had gesteund, won de conservatieve lijst weer bij de gemeenteraadsverkiezingen van 1929, waarbij iedere kandidaat bij de eerste ronde al werd verkozen, en de radicaal-socialistische oppositie gemakkelijk werd verslagen, wat weer gebeurde in 1932. Zodoende bleef in zekere zin het oude klerikaal-antiklerikale schisma in de samenstelling van de kieslijsten bestaan, ook al was de kerk zelf minder een politiek strijdpunt in de gemeentepolitiek.[44] Beide kampen hadden hun eigen cafés aan de weg die nu het dorp doorkruiste.

De opkomst van het fascisme droeg net als elders bij tot de mobilisatie van links in de Ardèche. Op 1 juli 1934 hield Xavier Vallat, de rijzende ster in de Ardèche van xenofobisch antisemitisme, een toespraak in Les Vans voor driehonderd mensen. Tweehonderd kwamen tegen hem protesteren. Het antifascistisch comité, pas opgericht in de nadagen van de rechtse rellen in Parijs op 6 februari 1934, organiseerde een bijeenkomst in Vallon, bij de verjaardag van de moord op de grote socialistische leider Jean Jaurès, op 31 juli 1914. Secties van rechtse groeperingen als Solidarité Française bestonden in de steden en protesteerden tegen 'de affaire Staviski, de executies van 6 februari en de vrijmetselarij'. Voor het grootste deel volgde de bevolking van de Ardèche de nationale politieke gebeurtenissen met belangstelling, maar bleef vooral bezorgd om het agrarisch werk onder moeilijke omstandigheden, werkeloosheid in de zijdeverwerkende industrie, debatten over de wijnproductie, en lage prijzen voor boerenproducten, terwijl de mensen geduldig op betere tijden hoopten.[45]

In Balazuc (waar de dreiging van het fascisme ver weg leek) wonnen de conservatieven in 1935 met gemak de gemeenteraadsverkiezingen. De opkomst bij die verkiezingen overtrof dan ook meestal die voor de parlementsverkiezingen. De politieke opinie bleef gelijkelijk verdeeld, hoewel rechts enigszins de voorkeur genoot.[46] Bij de parlementsverkiezingen van 1936, de tweede verkiezing die volgde op de eliminatie van de communistische en de radicale kandidaten, kreeg Thibon, de voormalige voorzitter van de Katholieke Jongeren van de Bas-Vivarais, 64 stemmen en de socialistische Blanc 63. Weer waren de stemmen in de Ardèche gelijkelijk verdeeld. Toch steunden momenteel de afgevaardigden van de Ardèche de republiek, maar de rechtse lokale pers bleef conservatief katholiek, nationalistisch, xenofobisch en antisocialistisch, kortom, voorstandster van veel waarvoor ook Vichy zou staan, toen de republiek eenmaal van de baan was.[47]

Wat zeker is, is dat persoonlijkheid nog steeds de grootste rol speelde bij de verkiezingen. Niet lang na de gemeenteraadsverkiezingen van 1925, waarbij rechts bijna alle zetels op één na haalde, stemde Balazuc met 85 stemmen op een socialistische kandidaat als *conseiller d'arrondissement* (en met slechts 64 op zijn tegenstander). De winnende socialist was de zoon van de *facteur* die dagelijks de post in Balazuc bezorgde. In 1935 verdeelde Balazuc zijn stemmen in de kantonnale verkiezingen met 63 voor ieder, maar de overwinning van rechts bij de gemeenteraadsverkiezingen doet weer de rol van persoonlijkheid in de dorpspolitiek vermoeden.[48]

Op zondag 2 september 1939 luidden de kerkklokken voor veel meer dan de gebruikelijke oproep aan de gelovigen naar de mis te komen. De Duitse Blitzkrieg was begonnen in Polen en daarmee de Tweede Wereldoorlog. De meeste gemobiliseerde mannen uit Balazuc werden naar de Alpen gestuurd, om zich voor te bereiden op een mogelijk conflict met Italië. De *drôle de guerre*, de periode van wachten die voorafging aan de Duitse aanval op Frankrijk in het voorjaar van 1940, bracht sommigen van hen terug op verlof. Toen de Duitsers in het voorjaar binnenvielen, vielen er hier en daar bommen langs de Rhône. Belgische vluchtelingen kwamen in bussen aan. Enkelen zagen Balazuc en vroegen naar elders te worden vervoerd. Ongeveer 40 bleven, van wie sommigen op de vloer van verlaten huizen sliepen. Geleidelijk aan begonnen enkelen van hen de wilde schoonheid ter plekke te waarderen, een wereld verwijderd van Brussel, Antwerpen of Luik. In begin juni kwamen er Duitse troepen langs de Rhône in de Ardèche aan en bliezen de brug bij Le Teil op. De drôle de guerre leek niet langer zo erg *drôle*. De weg van Aubenas naar Vogüé en vervolgens die van Vallon of Alès zaten dicht met meer mensen uit België en nu ook uit het noorden van Frankrijk en Lyon, die voor de strijd op de vlucht waren. Vluchtelingen sliepen in en rond Balazucs stationnetje, enkelen droegen de gasmaskers die ze in Parijs hadden gekregen. Drie Duitse gevechtsvliegtuigen maakten een rondje boven Balazuc. Op de dag van de wapenstilstand, 17 juni, sloeg een Franse militaire eenheid haar kamp op in Lanas, waar mensen uit Balazuc naartoe waren gegaan om brood te halen nadat de bakker naar de oorlog was vertrokken. Al met al kwamen er in juni 1940 zo'n 150.000 vluchtelingen in de Ardèche aan. In september 1940 begonnen de meesten aan de lange, deprimerende tocht terug noordwaarts, een onzekere toekomst tegemoet.[49]

Zoals overal elders waren de mensen op het platteland er beter aan toe tijdens de oorlog dan stadsbewoners. Het was een tijd van tekorten, vorderingen en zwarte markt. Suiker, koffie en andere luxe artikelen waren moeilijk te vinden, net als vlees, vooral in 1943 en 1944, maar fruit, wijn en kaas (een vrouw herinnert zich nog dat zij geitenkaas ruilde voor een hemd) was er in overvloed, en ook graan. Kastanjes hielpen weer veel families door de moeilijke tijden te komen. Zelfs water leek kostbaar te worden, bij verscheidene gelegenheden moest de trein in het station van Balazuc stoppen, en moest de locomotief de wagons achterlaten om naar Vogüé of Ruoms te rijden om water in te nemen, om dan terug te komen en de wagons weer op te pikken. In februari 1941, als reactie op een verbod op verkoop van 'staldieren', kondigde de raad een weekmarkt af voor kooplui en veetelers, zodat die hun producten en hun dieren konden verkopen, op donderdag van acht tot twaalf, voor het oude Portail Neuf. De gemeenteraad kwam tijdens de oorlog minder vaak bijeen. In november 1942 schiep hij de baan van kerkwachter, en stemde voor een salaris van 1000 franc voor de pastoor.[50] In 1944 was de enige geregistreerde zaak de verkoop van een stuk grond op de begraafplaats.

De Ardèche kende zoals vrijwel overal elders, ijverige collaborateurs. De plaatselijke pro-Vichypers diste de lezers een voorspelbaar menu op van meningen over de oorlog en de Franse staat. De rechtse Légion Française des Combattants steunde Vichy van harte. Vallat, de algemeen secretaris van die club, organiseerde in juni 1941 een parade van 3000 man in Annonay, twee maanden nadat hij commissaris-generaal voor joodse zaken was geworden.[51] Ongeveer 500 mannen uit de Ardèche behoorden tot de *milice*. De militieleden van Vichy waren herkenbaar aan hun blauwe jassen en broeken, petten die leken op die van een alpenjager, kaki hemden en zwarte dassen. In Ruoms drongen *miliciens* hotel-restaurant Théodore binnen, en schoten daar verscheidene leden van het verzet dood. Jarenlang liet de eigenaar de versplinterde spiegel tegen de muur hangen uit herinnering aan wat er was gebeurd. 135 joden werden uit de Ardèche gedeporteerd, nadat velen op 30 september 1943 in Vals-les-Bains waren gearresteerd. Geen een kwam terug. In de tussentijd verdedigde *Le Réveil de Largentière* de Frans-Nazistische collaboratie 'tegen het wrede en barbaarse communisme' en begroette de Ardéchois die in fabrieken in Duitsland gingen werken als 'boeren die een speerpunt van nationale solidariteit vormden'. In 1943 stak de krant, die geen correspondent in Balazuc lijkt te hebben gehad, maar wel een in Vinezac en Laurac, de loftrompet over de milice – 'zij moeten als eersten bijdragen aan het handhaven van de interne orde en zich uit alle macht verzetten tegen de dreiging van het communisme' – terwijl zij getrouw de uitspraken en toespraken van maarschalk Pétain weergaf.[52] De rol van de geestelijkheid was als overal elders gemengd. Protestanten waren van meet af aan tegen Vichy gekant, gedeeltelijk vanwege het feit dat de rooms-katholieke kerk officieel het bewind omhelsde.

Enkele mensen in Balazuc, met name die voor de oorlog geïdentificeerd werden met katholiek rechts, hebben wellicht met Vichy gesympathiseerd. Naar aanleiding van de mening van één man, die lang daarna het woord voerde, 'waren de mensen die het dichtst bij de kerk stonden in meerdere of mindere mate collaborateurs,' volgden de politiek van de dorpspastoor, die vanuit St.-Maurice-d'Ibie naar Balazuc was overgeplaatst, wat destijds een soort broeinest van royalisme was. Toch waren er geen tekenen van regelrechte collaboratie, wellicht alleen klachten bij de milice, die af en toe in het dorp verscheen, over een paar families die naar de BBC luisterden. Aanvankelijk werden degenen die Vichy hadden gesteund in het dorp 'een beetje vergeten'. Beide partijen 'hadden na de oorlog elkaar niet veel te vertellen'. Geleidelijk aan werd alles grotendeels vergeten of althans welwillend in het dagelijks leven opgenomen.

Onder Vichy verschoof de toon naar exuberante en onophoudelijke propaganda, geassocieerd met de 'boerenfilosofie' van het bewind. Maarschalk Pétain begroette de vroeg-zeventiende-eeuwse agronoom Olivier de Serres in maart 1941, en riep op tot terugkeer naar het platteland. Het blad *Armagna du Père Menfouté*, gewijd aan het in leven houden van het Occitaans door er gedichten, korte artikelen en volksgezegden in te publiceren, met vertaling in het Frans (onder andere verscheen 'De Balazu en Alès' in 1938), steunde het bewind van harte en identificeerde het met de kerk.[53] *Armagna du Père Menfouté* bejubelde de waarden van de boerenfilosofie die Vichy zo voor stond. In 1941 publiceerde het blad *Les Paysan à la terre*, een lofzang in het Occitaans op 'de verpleegsters van rijk en arm [...]. Ons beroep is het enige wat waarlijk goud waard is'. Daaronder stond het gedicht: 'Beste Ardéchois, laat ons de grond beminnen en er op blijven wonen. Als we haar hebben verlaten, laat ons dan tot haar terugkeren. De maarschalk zegt ons dat we dat moeten doen. En de maarschalk heeft gelijk, zoals altijd. Eens temeer zal de grond Frankrijk redden'. In 1943 waarschuwde het blad arbeiders en boeren tegen de verleiding 'in opstand te komen, een slechte geest te zaaien of te oogsten. Wij moeten een halt toeriepen aan slechte adviezen en kwade geruchten, of alles zal instorten'. Getrouw tot het eind, bracht het laatste nummer in 1944 nog een foto van Pétain.

Armanga du Père Menfouté vierde de veertigste verjaardag van de Jeunesse Catholique, die in 1928 in 230 van de 372 parochies vertegenwoordigd was geweest, waaronder Balazuc. Een man herinnert zich dat vroeg in de oorlog, toen hij ongeveer vijftien was, de leden van de Jeunesse Catholique 's avonds bijeenkwamen in het huis dat ooit naar verluidt deel had uitgemaakt van het 'château', op het klif boven de oude kerk. Het huis had geen elektriciteit, maar een van de leden kwam van Aubenas per fiets, waarbij onder het rijden hij een kleine generator had opgeladen. Religie werd al snel aan de kant geschoven en vervangen door wijn drinken. Toen het weinige licht het begaf, zochten ze een weg naar beneden via de trap naar het pleintje.

Gilbert Serret en France Derouret-Serret begonnen in Balazuc in de herfst van 1943 te onderwijzen. Tijdens het interbellum waren beiden militante *syndicalistes* geweest. Gilbert Serret, lid van het nationaal organisatiecomité, vertegenwoordigde de stroming van het 'revolutionair pacifisme' binnen de Fédération de l'Eiseignement (in tegenstelling tot wat sentimenteel pacifisme werd genoemd). Serret had zich in 1923 bij de Communistische Partij aangesloten, maar was een jaar later weer uitgetreden. Daarna werd hij er door de partij van beschuldigd een contrarevolutionair lid van de beweging van de Trotskisten-Centristen te zijn. Toen Trotski in 1934 gedwongen werd de Sovjet-Unie te verlaten, verleenden Serret en zijn echtgenote hem onderdak in de Ardèche, nadat ze hem in de Isère hadden ontmoet. Zij deelden met Trotski het geloof in het belang van mobilisatie van boeren voor de revolutie, en de rol van onderwijzers bij die onderneming. In 1938 stelde Serret de 'politiek van compromissen' aan de kaak op het congres van de Confédération Général du Travail (de Algemene Confederatie van de Arbeid) en het Volksfront in Nantes, en riep op tot 'onafhankelijkheid van het syndicalisme' en terugkeer tot de klassenstrijd. Toen de oorlog begon gaf het echtpaar onderwijs in de Haute Loire. Zij werden naar Balazuc overgeplaatst (ondanks verzet van Vallat, tegen wie Serret in 1934 in Annonay een demonstratie had geleid), waarschijnlijk omdat de autoriteiten in Vichy hen op een lijst van politiek verdachten hadden gezet.

Op 28 juni 1943 laadden twee mannen in korte broek, vreemdelingen, de verdenking van verscheidene mensen in Balazuc op zich, onder anderen twee schaapherders. De volgende dag ging Serret, te herkennen aan zijn kreupele loop, naar de rivier om te vissen. Hij kwam nooit terug. Zijn lichaam werd stroomafwaarts bij Viel Audon gevonden, waarbij zijn voeten vast zaten in een visnet, en zijn handen uitgestrekt waren alsof hij naar de plek was gesleept waar hij werd gevonden. Tientallen jaren lang hielden de mensen de milice hiervoor verantwoordelijk. Hoewel deze organisatie zeer wel in staat en ook bereid was wie dan ook te vermoorden, kan Serret ook het slachtoffer zijn geweest van zijn aanhoudende strijd tegen de orthodoxie binnen de Communistische Partij.[54]

Op 11 november 1942 bezetten de Duitse troepen de 'vrije zone' die door Vichy was beheerd. Daarvóór echter al hadden ongeveer 200 mensen deel genomen aan verzetsdaden in de Ardèche. De *maquis* (wat de algemene naam werd voor het verzet, ontleend aan het struikgewas dat op het Corsicaanse platteland en in delen van Zuid-Frankrijk wordt aangetroffen en waarin men kon verdwijnen) begon zich eind 1942 te organiseren in de buurt van Tournon. De daarop volgende novembermaand van 1942 was de nazistische aanwezigheid in de Ardèche aanzienlijk, ook al bleef zij grotendeels beperkt tot de steden: concentratie van troepen in Privas, Aubenas, Annonay, kleine detachementen langs de Rhône, in totaal ongeveer 4000 man. Gewapende patrouilles reden tijdens de oorlog af en toe door Balazuc, maar niemand herinnert zich soldaten te voet door het dorp zelf te hebben zien trekken. Hier bleek Balazucs betrekkelijke isolement en gebrek aan strategisch belang van voordeel.

In de Ardèche bestond het verzet uit een fusie van communistische en niet-communistische groeperingen, die samen het Armée Secrète (AS, Geheime Leger) van de Verenigde Verzetsbewegingen vormden, een organisatie die met name gebaseerd was in de Cevennen en waarvan de leden verdeeld waren over de vraag of er al dan niet aanslagen moesten worden gepleegd met het oog op de verwachte nationale opstand tegen de nazi's en de Vichy-collaborateurs. De communicatieproblemen waren aanzienlijk, afgelegen boerderijen waren voor deze onderneming van wezenlijk belang. Al met al waren er ongeveer vijftien uiteenlopende verzetsgroepen. De Francs-Tireurs et Partisans Français (FTPF, de militaire vleugel van het door communisten overheerste Front National) concentreerden zich op sabotagedaden (139 daarvan vonden plaats aan het begin van 1943 tot D-Day), met name langs de Rhône. Deze aanslagen brachten Duitse commandanten ertoe Franse burgers, gewapend met jachtgeweren, voor op treinen te zetten. Het AS, dat voorzichtiger was, bleef aanvankelijk in de heuvels en de bergen. Eind 1943 begonnen beide groeperingen nauwer samen te werken, en nog meer na D-Day in juni 1944. Geallieerde vliegtuigen dropten af en toe wapens voor hen, zoals die bij Lanas neerkwamen (minstens 21 geallieerde vliegers kwamen in de Ardèche om).[55] Een paar verzetslieden verborgen zich in 1943 en begin 1944 van tijd tot tijd in Audon. Zij rekruteerden onder anderen enkele Spaanse vluchtelingen die voor en na de burgeroorlog over de Pyreneeën waren ontkomen. Anderen in Balazuc dienden als 'gelegenheidsverzetsstrijders,' zoals verscheidene mensen die gevraagd werd naar het spoor te gaan en het aantal Duitse treinen te tellen dat voorbijreed. Een vrouw herinnert zich dat een bepaalde groep steeds grote kruiken wijn meenam en aan het eind van haar plicht niet in staat was te zeggen wie er precies aanwezig was geweest of hoeveel treinen voorbij waren gekomen.

De door de Gestapo en Franse collaborateurs georganiseerde onderdrukking binnen de milice deed de rangen van de verzetsstrijders groeien. Duitse soldaten verrasten op 4 augustus 1943 *maquisards* van de FTPF en doodden er velen, onder wie een negentigjarige man, in het bergplaatsje Thines. De Duitse troepen moordden massaal de inwoners van het gehucht Labastide-de-Virac uit en executeerden tien mensen uit Le Teil in Sanilhac. Nog eens 150 werden wegens verzetsdaden uit de Ardèche gedeporteerd.

Het aantal verzetsstrijders groeide echter net als elders met de Duitse instelling van de Service du Travail Obligatoire, in februari 1943, die Franse arbeiders opeiste voor fabrieken in Duitsland. Het verzet hielp de *réfractaires* zich verstoppen. Bossen, spelonken, en het struikgewas in het *pays calcaire* boden schuilplaatsen, zoals dat in prehistorische tijden en tijdens de Revolutie onder het Directoire ook het geval was geweest. Van de 6650 gerekruteerde mannen werden 2200 om medische redenen uitgesloten en ongeveer 2330 verdwenen 'in de natuur', geholpen door het feit dat sommige politieagenten eenvoudigweg de andere kant opkeken. Onder hen waren twee mannen uit Balazuc, naast verscheidene, onder wie ook één uit Balazuc, die naar Duitsland gingen. In 1942 vertrokken er slechts 242 mannen om in Duitsland te gaan werken en tijdens de hele oorlog waren dat er 2100 (32 procent).[56]

Aanhoudende aanslagen door verzetsstrijders, met groot risico voor eigen leven en met toenemend zelfvertrouwen in 1943 en begin 1944 uitgevoerd, joegen de kosten van collaboratie op. Van 1942 tot 6 juni 1944 ondernam het verzet meer dan 250 sabotagedaden in de Ardèche, de meeste uitgevoerd door de FTPF. Aanslagen op bekende collaborateurs grepen hier en daar plaats. Deze omvatten de executie van een vrouw die de Gestapo informatie gaf over het verzet in de tweelingstadjes Tournon en Tain-l'Hermitage aan de Rhône, in mei 1944.[57] In november 1943 schoot een *maquisard* een politieagent in Tournon dood, en sabotagedaden aan de spoorweg in het Rhônedal werden algemener. Er werd een wapendepot gevonden in een verlaten cementfabriek in Le Teil. Al snel daarna explodeerde een bom voor de deur van een notaris, een bekende collaborateur, in Le Pouzin. In februari 1944 viel een milicien onder kogels in La Voulte, en blies een explosie een brug over de Doux op. De volgende maand leverden Vichy-milice en Duitse troepen de eerste geregelde veldslag met verzetsstrijders bij de *mas de Levret*, waarbij Duitse soldaten omkwamen. De represailles lieten niet op zich wachten. De nazi-troepen executeerden mannen, vrouwen en kinderen op een akker. Duitse troepen, gendarmes en de Gestapo doorkamden het gebied rond de Pont d'Arc bij Vallon op zoek naar verzetsstrijders, waarbij zij een bus met het Lotharingse kruis vooruit zonden in de hoop de verzetsstrijders uit hun schuilplaats te lokken. Een tweede bom explodeerde voor het huis van de broer van de voorzitter van het vroegere Légion des Anciens Combattants in Tournon. Vervolgens blies een bom op de rails een trein op, waarbij 25 Duitsers omkwamen. Marquisards openden begin april het vuur op miliciens in Labeaume, waarbij een commandant ernstig gewond raakte. Eind juli 1943 waarschuwde iemand de Duitse troepen dat er verzetsstrijders zaten te wachten op wapens die bij Thines in de Cevennen zouden worden gedropt. Op 4 augustus verscheen bij dageraad een hele compagnie van de Duitse infanterie om ze te omsingelen en af te slachten.[58] In Privas riep een boer in het Occitaans naar een colonne Duitse soldaten, die alleen begrepen dat het hier om een dapper gebaar ging: '*Podètz ben bramar, souvatgé, vos arras-taretz ben un jorn!*' (Jullie kunt schieten wat jullie willen, wilden, maar jullie zullen op een dag over jullie eigen benen struikelen').[59]

Ten tijde van de geallieerde invasie van Normandië op 6 juni 1944, waren er waarschijnlijk tot 4000 mannen in het verzet gegaan, dat in toenemende mate het plaateland beheerste en door vrouwen werd bevoorraad. Hun getal steeg tot 7000 in augustus. In de zomer werden de spoorlijnen regelmatig door sabotage beschadigd. De aanslagen van het verzet werden gedurfder en belangrijker, ondanks represailles door nazi-troepen, en leidden tot verscheidene regelrechte veldslagen, onder andere een bij Annonay en een andere bij Banne, eind juli. De geallieerde luchtaanvallen vernietigden verscheidene bruggen over de Rhône, maar slecht gerichte bommen vielen op 15 augustus 1944 op Bourg-St.-Andéol, waarbij 146 mensen omkwamen.

Terwijl het geallieerde leger vanuit het zuiden optrok, vluchtten duizenden Duitse soldaten in de richting van de Rhône. Zij trokken in twee grote colonnes door de Ardèche. De ene bereikte de Rhône via Bourg-St.-Andéol, de tweede probeerde te ontkomen via Vallon, Lagorce, Vogüé-Gare en Lavilledieu, waar zij veertien burgers executeerden. Ongeveer zevenduizend Duitse soldaten gaven zich over in de Ardèche, velen op de bergweg tussen Aubenas en Privas, toen ze werden aangevallen door Franse troepen van het binnenlands leger (FFI). Terwijl op 12 augustus een Duits konvooi Privas verliet in de richting van Chomérac, was het FFI in Privas aangekomen, waar het het Comité Départemental de Libération opzette. Privas werd dus de eerste prefectuur die door het verzet was bevrijd.

Ruim 1000 soldaten sneuvelden in de Ardèche en 7400 werden gevangengenomen. Al met al werden ongeveer 600 mensen door de nazi's of de milice gedood. Het is dan ook niet moeilijk te begrijpen dat er wat rekeningen te vereffenen waren bij de bevrijding, hoewel sommige, God weet hoeveel, weinig of niets uitstaande hadden met kwesties van collaboratie en verzet. Tijdens de *épuration* die op de bevrijding volgde, werden 570 mensen in de Ardèche berecht wegens enige vorm van collaboratie.[60]

In Balazuc verbraken geallieerde vliegtuigen in toenemende mate de stilte van de nacht. Toen de geallieerde troepen door het Rhônedal optrokken en de Duitsers verdwenen, blies het verzet op zondag 6 augustus de brug van Balazuc op.[61] Volgend op de explosie, die tien kilometer in de omtrek te horen was, barsten sommige mensen in huilen uit, toen ze de middelste boog van de brug verwoest zagen. De bruggen in Chauzon en Lanas werden ook opgeblazen, naast een bruggetje dat de Claduègne bij Villeneuve-de-Berg overspande, met als doel het de Duitsers nog veel moeilijker te maken aan de geallieerde achtervolging te ontsnappen, hoe onwaarschijnlijk het ook was dat ze de Ardèche bij Balazuc zouden oversteken.

Op 20 augustus, toen het nieuws van de opstand in Parijs bekend werd, werd er in Balazuc een Gemeentelijk Bevrijdingscomité opgericht, en daarin nam Marcel Evesque zitting, die Gilbert Serret op de jongensschool had vervangen.[62] Een vrouw, die destijds nog een meisje was, kon zich nog levendig herinneren hoe zij Canadese soldaten bij het *gare* van Balazuc had zien kamperen. Ondertussen terroriseerden een aantal *faux maquis* het *pays*, hoewel er geen uit Balazuc afkomstig was, met bedreigingen en vorderingen.

In Balazuc kwam op 24 augustus het Bevrijdingscomité bijeen 'om de macht in de gemeente over te nemen, ter vervanging van Marius Guibourdenche, burgemeester, en de gemeenteraad, die verklaren zich terug te trekken'. Guibourdenche had de hele Vichy-periode als burgemeester gediend. Hij werd door sommigen bekritiseerd als sympathisant van Vichy, maar had zijn zwager enige tijd tijdens de oorlog laten onderduiken, die door de milice werd gezocht. Er hebben in Balazuc geen represailles plaatsgevonden, hoewel er enkele maandenlang spanning heerste.[63] Ondertussen nam het Bevrijdingscomité nog zeven leden op, 'om de functies van burgemeester en ambtenaar van de burgerlijk stand te vervullen, onder verantwoordelijkheid van vier leden van het uitvoerend comité'. De groep, die zelfbewust als gemeenteraad functioneerde, verkoos unaniem Hippolyte Freydier, bestempeld als gematigd links, tot voorzitter.[64]

Op 10 oktober bevestigde de nieuwe prefect, Robert Pissère, de rol van het comité en noemde het een gemeentelijke delegatie. Daartoe behoorden Freydier, die gevraagd was zitting te nemen in het Bevrijdingscomité, met als rol verschillende meningen met elkaar te verzoenen; Evesque, die tot de Communistische Partij behoorde en zich had aangesloten bij het FFI; Noël Boyer, die sinds 1924 als wethouder had gefunctioneerd; en nog acht anderen. Geen van hen had tijdens Vichy-periode in de gemeenteraad gezeten. Twaalf dagen later riep deze groep een commissie in het leven om kieslijsten op te stellen en nam zij een voorlopig budget aan voor het volgend jaar. Ook nam zij de routineuze taken van de mairie waar, zoals de instelling van een commissie om de kieslijsten te herzien en de salarissen van de secretaris en de veldwachter te bepalen. De reconstructie van de brug vormde de allerhoogste prioriteit. Totdat de centrale boog voldoende kon worden hersteld, diende een houten loopplank, die bij de eerste drie pogingen de beide kanten te verbinden, in de rivier viel, als oversteek voor mannen, vrouwen, kinderen, geiten en zelfs ossen. Voordat die was aangelegd, konden de mensen met ladders van de oorspronkelijke *passerelle* naar de overgebleven bogen van de brug klimmen en aan de andere kant van de ontbrekende centrale boog weer naar boven. De brug werd op 31 augustus 1945 heropend, 'onder auspiciën van het Bevrijdingscomité'.

De eerste gemeenteraadsverkiezingen in de naoorlogse dagen vonden plaats in mei 1945, waarbij slechts één lijst beschikbaar was, 'in het teken van patriottische eenheid'.[65] Het werd een gemengde lijst van gematigden, praktiserend katholieken, socialisten en communisten, en er stonden vier leden van het Bevrijdingsomité op. Allen werden verkozen met tussen de 105 en 146 stemmen. De raad koos Freydier tot burgemeester met Gabriël Boyer als loco-burgemeester, en benoemde comités voor onderwijs en publieke bijstand. De volgende maand werd met behulp van overheidsfondsen en gemeentegeld de 'vrijheid' gevierd, compleet met een *goûter* (snack) voor de dorpskinderen, om een paar terugkerende krijgsgevangenen te verwelkomen. Een man herinnert zich dat het schoolhoofd de leerlingen opdracht gaf hun schriftje te pakken en de naam van Franklin D. Roosevelt op te schrijven, die 12 april 1945 was overleden.[66]

Het diskrediet van sommigen van rechts, door de ervaring met Vichy, hielp links na de oorlog te herleven. In de herfst van 1945 kregen de communisten, door het prestige van hun rol in het verzet, 70 stemmen, meer dan enige andere partij in Balazuc, tegen 60 voor 'onafhankelijken en boeren', 29 voor de socialisten, en 27 voor de gematigd-conservatieve, katholieke MRP. Bij de belangrijke parlementsverkiezingen van november 1946, de eerste van de Vierde Republiek, versloeg de lijst van 'onafhankelijken en boeren' de communisten met 80 tegen 71 stemmen, waarbij de socialisten 24 stemmen kregen en de MRP slechts 18. De verkiezingen van 1947 brachten weer een enkele lijst, onder aanvoering van Freydier, die in haar geheel werd gekozen.[67] De Ardèche zelf schoof tijdens de Vierde Republiek enigszins op naar rechts, waar zij bleef tot de parlementsverkiezingen van 1997.

Balazuc was aanzienlijk beschadigd, zo niet geruïneerd. Veel huizen waren leeg en hadden geen dak meer. Toch was de echte schade in Balazuc niet afkomstig van *faits de guerre*, maar van decennia aanhoudend verval.

8 De nieuwe gulden boom

Niet lang na het eind van de Tweede Wereldoorlog begon de communistische krant *Combat* een campagne 'ten bate van bedreigde dorpen'. Zij vestigde de aandacht op verscheidene dorpen in de Bas-Vivarais. De journalist die Balazuc bezocht vroeg zijn lezers zich een oud dorp voor te stellen, gebouwd op rotsen die verticaal boven de Ardèche uitstaken, 'die tussen kiezels en fijn zand door stroomt. Rotsen ontsluiten de prachtige rivier, van een schier dierlijke musculatuur, en de roeiers die met de stroom meevaren raken onder de indruk van zulke wanden, die volgens één theorie, door monsters werden opgetrokken'. In gezelschap van de heer Boyer, de loco-burgemeester, vond hij zijn rondleiding door het dorp 'bijzonder roerend'. Ze liepen van de rivier naar boven, door de Porte de la Sablière en kwamen langs een huis dat in de zestiende eeuw was gebouwd. 'Wij liepen de ruwe trap op, langs onbewoonde huizen, waarvan sommigen nog als stal of schuur worden gebruikt'. Het 'trieste bezoek' ging verder. Het pad stijgt, daalt, stijgt weer en splitst zich dan opeens. Verlaten portieken herbergen 'gesloten deuren en de talloze stenen die onder onze voeten wegglijden brengen slechts een enkele kip aan het schrikken'. Er komen geen kinderen spelen, 'zo verpletterend is de eenzaamheid daar'. Ze gaan een huis in, vrijwel zeker het oorspronkelijke *château* – 'het is nog te redden' – met prachtig uitzicht op de rivier beneden en een renaissanceschoorsteen die 'dit vervallen gebouwtje adelt, waarbij de gebleekte muren hier en daar nog resten behang uit de tijd van Lodewijk Filips dragen'. Van de place onder aan de Romaanse kerk, 'van een indrukwekkende schoonheid [...] omgrensd door verlaten deuropeningen,' liepen de journalist en zijn gids naar de klokkentoren, 'waarvan nog slechts een deel intact is'. Er liep een geit voor hen uit, die aan het gras knabbelde dat tussen de overgebleven dakpannen groeide: 'Het deprimeert me als ik denk aan het lot van dat gewelfde plafond daaronder [...]. Moeten we nu wachten tot er weer een ramp plaatsgrijpt om dit dak te beschermen?'

Wie kan zo'n prachtig dorp nog redden? De journalist wilde 'de aandacht vestigen op Balazuc van de helden die iets willen redden van wat wij nog aan oude huizen bezitten, en die wellicht vergeefs tussen de prachtigste en meest ontroerende bouwvallen lopen te zoeken'. Geen hotel wachtte de eventuele redder die geïnteresseerd was in restauratie, slechts een bed, 'een tafel in een herberg waar men zijn lunch kan gebruiken, bijvoorbeeld *chez* Monsieur Balazuc!' Anderzijds zou een ieder die geïnteresseerd was in een bezoek aan of in het redden van Balazuc, een burgemeester die graag wilde helpen en 'de aardigste gids', de loco-burgemeester, aantreffen. Hij sloot af met de vermelding dat Balazuc per spoor bereikbaar was, en lokaliseerde het voor zijn lezers op slechts 24 kilometer van Viviers, onwaarschijnlijk omschreven als 'een van de prachtigste steden van Frankrijk'.[1]

Eind jaren veertig drong André Lhôte, een kubistisch schilder en docent aan de École des Beaux-Arts in Parijs, er bij zijn studenten op aan mooie dorpen te gaan bezoeken die het gevaar liepen volledig in te storten, en te overwegen daar een huis te kopen. Balazuc, vol 'onbewoonde huizen met gescheurde muren en ingezakte daken' paste in dat beeld. Een student reageerde op die oproep, gevolgd door een schilder, een kunstcriticus, een Parijse arts, en een zanger uit Montmartre. In de paar volgende decennia kregen zij nog gezelschap van een handvol Marseillanen en Lyonezen. De mensen werden weer talrijker dan de schapen, om te komen drinken aan de waterkant.

Tekenen van ontvolking van landelijk Frankrijk waren echter alom zichtbaar. Een verslag uit 1947 was pessimistisch: in het karstgebied van de Bas-Vivarais hebben de boeren, 'moe van de onophoudende strijd tegen de natuur, de velden opgegeven die hun vaders ze hadden nagelaten [...] een menselijke leegloop', veroorzaakt door het lage Franse geboortecijfer. Grote gezinnen, ooit algemeen in de Bas-Vivarais, waren nu uitermate zeldzaam. Elk jaar verhuisden veel mannen en vrouwen, op zoek naar werk. In 1946 was meer dan 18 procent van de bevolking van de Ardèche boven de 60, bijna 16 procent in Frankrijk als geheel. Na de oorlog was in Balazuc meer dan een kwart van de mensen minstens 60. De dorpsbevolking bleef bij elke telling genadeloos dalen, 347 in 1946, 301 in 1954, 248 in 1962, 218 in 1968, met als laagste aantal 211 in 1975.[2]

Het gevoel van verval was onmiskenbaar. In 1952 protesteerde het dorp tegen de schorsing van de rechtbank die sinds het eerste jaar van de Franse Revolutie in Largentière had gestaan. Twee jaar later droeg Balazucs gemeentebestuur enthousiast wat geld bij in een poging het vliegveldje te behouden dat bij het naburige Lanas was aangelegd, op de plek waar Britse vliegtuigen voor verzetsstrijders in de Tweede Wereldoorlog voorraden hadden gedropt. Er was nooit een passagiersverbinding geweest. In 1959 bezaten 68 van de 338 gemeenten in de Ardèche helemaal geen scholen meer, een handvol bergdorpen had nog altijd geen elektriciteit. In 1975 was de bevolkingsdichtheid in de Ardèche gedaald tot de helft van het nationaal gemiddelde.[3]

Na de oorlog deden nog dagelijks twee treinen Balazuc aan, om arbeiders naar een fabriekje in Ruoms of naar een *moulinage* die nog in Lavilledieu stond te rijden.[4] In 1951 sloot de SNCF (de nationale spoorwegmaatschappij) Balazucs stationnetje, hoewel de trein nog wel stopte om passagiers te laten in- en uitstappen. De gemeenteraad protesteerde boos dat het sluiten van het station inwoners zou beroven van de mogelijkheid pakjes te sturen of te ontvangen op het station, of om hun bagage vooruit te zenden. Bovendien konden de reizigers aan de elementen worden blootgesteld bij het wachten op de trein. Verder leek, voorzover het dorp was geclassificeerd als 'pittoreske locatie,' de afwezigheid van een functionerend station onlogisch. Maar naarmate de bevolking in de streek afnam, verdwenen ook de treinen. In 1955 schorste de SNCF de winterdienst tussen Alès en Aubenas. Na een hele lange strijd om uit zijn verpletterende afzondering te raken, verloor Balazuc weer terrein. De passagiersdienst werd in 1969 geheel gestaakt.[5]

Met uitzondering van de goederentreinen die nog langs de Rhône, de laatste lijn, reden, werd de laatste tak van de spoorlijn, gebruikt voor het transport van fruit, eind jaren tachtig helemaal opgeheven. Thans is de Ardèche het enige departement van de 59 van Frankrijk waar geen passagiersdiensten meer rijden. Zelfs de aangrenzende Lozère, verreweg het minst bevolkte departement van Frankrijk, heeft nog een trein naar en van Mende. De Ardèche kent nog alleen goederentreinen die langs de rechter Rhône-oever rijden. Het verlaten station van Balazuc staat daar als een vreemd monument uit verre tijden. Het is veelzeggend genoeg dat slechts twee 'treinen' met passagiers in het zomerseizoen toeristen vervoeren: een stoomtreintje dat langzaam de heuvels opklimt vanuit Tournon aan de Rhône naar het stadje Lamastre, en een geblutst rood met geel treintje dat alleen op zondag de 'Picassoroute' rijdt (de oorsprong van deze benaming is onduidelijk), en dat bezoekers een paar kilometer uit Vogüé brengt. Af en toe dwingen werkzaamheden aan het spoor op de linker Rhône-oever of demonstraties tegen de uitbreiding van de TGV van Valence naar Marseille, de TGV en de Corailtreinen de Ardèchekant van de Rhône te 'lenen'. Een eeuw geleden was het nog mogelijk op het Gare de Lyon in Parijs op te stappen en uit te stappen in Balazuc.

Permanent vertrek vanuit het dorp liet veel lege huizen achter. Andere ontbeerden een dak, of vertoonden gapende openingen, waarbij sommige eigenaars aarzelden ze te herstellen, uit angst meer belasting te moeten betalen.[6] Sommige werden zodoende voor een appel en een ei verkocht. Iemand die in Lyon woonde maar een huis in Balazuc te koop had staan, vond uiteindelijk een koper. De dag dat het koopcontract moest worden getekend nam hij een vrij van zijn werk en reisde naar Balazuc. Naar verluidt verdiende hij minder aan de verkoop van het huis dan hij verloor door een enkele werkdag te missen!

Alleen muren zonder daken stonden nog langs het pad dat van de place voor de Romaanse kerk naar de rivier voerde. Een huis bij de oude kerk was in zo'n slechte toestand dat het letterlijk op het punt van instorten stond en dus gevaar voor voorbijgangers opleverde. In 1950 stemde de raad voor een bijdrage om dat huis te herstellen (na daartoe opdracht te hebben gekregen van de prefect), in afwachting ervoor terugbetaald te worden door de beide broers van wie het huis was, en tegen wie de gemeente een proces had aangespannen.

De naoorlogse periode bezorgde Balazuc, met een nog kleinere belastingvoet, geen verlichting van zijn financiële problemen. De gemeente moest leningen terugbetalen die nodig waren geweest om elektriciteit naar het dorp te halen en de dorpspaden te onderhouden. Toen het gemeentebestuur in 1948 de nieuwe prijs voor percelen op de begraafplaats bekend maakte, annuleerde de prefect deze bestuursmaatregel omdat de laatste rustplaats in Balazuc minder kostte dan het minimum dat door het departement was vastgesteld. In 1951 stemde het gemeentebestuur in met het herstel van dak en goten van de kerk. Maar er kwam algauw een nog vettere rekening voor het herstel van de gebrandschilderde ramen. Toen de gemeenteraad met meerderheid van stemmen besloot die toch maar te betalen, diende Freydier zijn ontslag in. Het noodzakelijk herstel aan de kerk volgde in 1952. De muren van de begraafplaats stortten in. De voormalige pastorie, waarvan het dak half was ingestort, was er vreselijk aan toe en het was dan ook begrijpelijk dat de gemeente niet in staat was geweest haar de afgelopen vijftien jaar te verhuren. Duur herstel zou nodig zijn geweest voordat ook maar aan verkoop kon worden gedacht. Enkele delen van het dorp bleven 's nachts pikkedonker, zoals ook het geval was geweest toen Léon Védel in 1883 zijn weg langs de rotspaden naar boven zocht. Pas in 1952 werden er lantaarns gezet op de place onder de oude kerk en het Portail d'Été. Zeven jaar later zwichtte het gemeentebestuur voor de noodzaak van meer elektrische stroom in het dorp, 'vanwege de huishoudelijke apparaten' en in het kader van een andere intercommunale vereniging voor elektrificatie samenwerkend met de buren Chauzon en Pradons, ging het begin jaren zestig een lening aan om deze verandering mogelijk te maken. Geleidelijk aan bereikte elektriciteit ook ver afgelegen huizen, waarbij er één pas eind jaren negentig stroom kreeg.[7]

Een overbestedingsbeleid was ondenkbaar. In de jaren veertig en vijftig behelsden de normale uitgaven het salaris voor de secretaris van de mairie en de veldwachter, en kleine sommen die werden toegekend aan de vrouw die de school schoonmaakte, de beheerder van de gemeentelijke telefoon, de man die de staat van de dorpspaden in het oog hield en voor de begraafplaats zorgde, de gemeentelijke belastinginner, die aangesteld was om de gemeentelijke boekhouding van het budget te controleren, en ook kleine bedragen om de burgemeester en loco-burgemeester schadeloos te stellen.[8]

Het gemeentebestuur verhuurde nog steeds de oude begraafplaats als tuin, tegen de belachelijke jaarlijkse som van 130 franc (destijds 45 centen!) en, door een aantal leerlingen op de school onder het noodzakelijke aantal voor twee klassen, een van de beide appartementen die voor de onderwijzers waren bestemd. De Tour Carrée werd voor een klein bedrag als garage aan een van de onderwijzers verhuurd, en later als opslagplaats. Het dorp had de grootste moeite de essentiële uitgaven te betalen, waaronder het onderhoud van de torenklok, die min of meer op tijd liep. In 1975 kon de gemeente zich niet veroorloven zich aan te sluiten bij een intercommunale organisatie die probeerde de vuilverwerking te vergemakkelijken. Totdat er uiteindelijk een contract met een bedrijf werd afgesloten, betaalde het gemeentebestuur iemand uit het dorp om de wekelijkse ophaal van vuilnis te verzekeren. Een tweede ronde werd in juli en augustus toegevoegd.[9]

Aan het begin van de Derde Republiek had de gemeenteraad de rol op zich genomen kleine sommen uit te keren aan families en personen in grote nood. Op deze manier nam de raad de rol van de kerk over bij het leveren van minimale bijstand. De hulp aan de bijzonder armlastigen (zoals vier mensen die in 1954 met een paar franc werden geholpen), gehandicapten, ouden van dagen en zieken of jonge moeders, ging door indien mogelijk. Vaak echter gingen de sommen die noodzakelijk waren voor ziekenhuisopname duidelijk de capaciteit van de dorpsfinanciën te boven. Sommige verzoeken om bijstand moesten steeds maar weer worden afgewezen. Wanneer mogelijk hielp het gemeentebestuur mensen die thuis konden worden verzorgd. De raad hield rekening met mogelijke hulp van familieleden. Bij het geval van een weduwe die in 1963 om hulp vroeg, besloot hij dat zij inderdaad invalide was, dat haar inkomen 'onbeduidend' was, en dat haar zoon, die elders woonde, niet in de positie was haar enige hulp te verlenen. Dergelijke bijstand kon worden hernieuwd, zoals in het geval van een vrouw in 1964, die erkend werd als 'voor 100 procent invalide'. Dit konden impopulaire maatregelen zijn, hoe geheim zij ook waren – althans in beginsel. Bovendien werd de raad soms gevraagd een verzoek van iemand om vrijstelling van militaire dienst te steunen (wat hij ook meestal deed) omdat zijn afwezigheid thuis algehele onttreddering zou veroorzaken.[10]

De strijd om het onderhouden van wegen en paden in Balazuc maakte leningen en subsidies nog steeds noodzakelijk. De staat van de paden die vanuit Audon, Servière en Louanes naar het dorp zelf voerden was van volstrekt levensbelang voor de inwoners daarvan, wier kinderen erover naar school gingen. In 1953 kwam er een eind aan de eeuwenoude traditie die wilde dat iedere volwassene de gemeente drie dagen werk aan de paden verschuldigd was, doordat dit omgezet werd in een nieuwe belasting.[11] Het volgend jaar vroeg de raad weer om hulp van de overheid om de belangrijke weg die naar de beide hoofdwegen voerde te onderhouden en naar hij hoopte te verbreden. In september 1960, na de zoveelste vreselijke onweersbui, wees de burgemeester op de 'deplorabele staat van onze paden die beschadigd en zelfs weggespoeld zijn door het water van de laatste bui [...]. Het wegdek van onze paden ligt vol losse stenen en is amper bruikbaar'. Hier en daar oplappen was volstrekt ontoereikend voor het verzekeren van een 'rationeel en duurzaam onderhoud'. Grote leningen en overheidssubsidie aan het begin van de jaren zestig brachten een aanzienlijke verbetering van de smalle weg die, door het dorp gaand, de beide hoofdwegen verbindt. In verzoeken om subsidies voor dorpswegen stond onvermijdelijk dat zij 'door vele toeristen werden gebruikt'.[12]

De jaren sinds de oorlog hadden het land aanzienlijk veranderd. Halverwege de eeuw waren er nog ossen en paarden. Vrijwel alle huizen bezaten een of meer geiten voor melk en kaas. De caves op de benedenverdieping, waarin de geiten waren gehuisvest, zijn nog steeds te zien. Het pad dat eens benoemd was als *chemin royal* was helemaal bruin geworden doordat geiten alles wat daarop groeide wegknabbelden. Geiten leken alom aanwezig, hele kuddes gingen naar de rivier om te drinken, en dan weer naar huis, of trokken op eigen houtje naar boven om te grazen op de allesoverheersende kliffen aan de overkant van de rivier, en kwamen dan pas thuis als het tijd werd. Zij die zich de eerste jaren na de oorlog nog herinneren hebben het over de afwezigheid van groen, doordat de geiten alles wat maar wilde groeien opaten. Foto's uit de jaren vijftig tonen een Balazuc dat er kaal uitziet, dat bij de kliffen aan de overkant van de rivier geheel van vegetatie ontdaan is. In het *vieux village* (oude dorp) klommen geiten via trappen het dak van de *église romane* op, om het onkruid te eten dat tussen de pannen opschoot. Geiten bleven alom tegenwoordig tot het begin van de jaren zestig. De paden werden opengehouden doordat die dieren alles aten wat erop groeide. De kleur van Balazuc is nu veranderd van bruin naar groen. Op de gras heeft de natuur volledig 'haar rechten herwonnen'. Afgezien van een paar koeien die hier en daar grazen, is dat gebied teruggekeerd naar de volledig natuurlijke staat, en dat is indrukwekkend.

Varkens, ooit de heren van de stal, waren ook verdwenen. De jaarlijkse slacht rond Kerstmis en de daarbij behorende feestelijkheden bestaan alleen nog in de herinnering. 'Père Balazuc', een van de laatste mannen die voor gezinnen in Balazuc de varkens slachtte in ruil voor wat wijn en een deel van elk varken, stierf twintig jaar geleden.

De jaren vijftig brachten blijvende veranderingen die het dorp een andere gedaante hebben bezorgd. De oorlog had het project uit 1937 lamgelegd om vers drinkwater naar Balazuc te brengen. In de jaren meteen na de oorlog wasten de meeste vrouwen hun kleren nog in de rivier, een paar haalden er in de zomermaanden nog hun drinkwater uit. Elke ochtend gingen er tien naar beneden vanuit het bovendorp naar La Fontaine, een bron, om water te halen. Regenwater van de daken in de regenputten voorzag in de waterbehoefte. Baden en douchen bleven luxe, en wasmachines waren een curiositeit. In 1950 sloot Balazuc zich aan bij Chauzon en Pradons om drinkwater naar deze dorpen te halen, en drie jaar later namen ze een lening. Met dynamiet werd de weg voor de buizen geëffend. In 1956 begonnen hier en daar kranen te verschijnen, zo'n twintig jaar nadat de gemeenteraad het project had goedgekeurd. Ten slotte, aan het eind van het decennium, was er water in alle huizen van het dorp zelf en stonden er ook toiletten.[13]

De telefoon werd algemener. In 1946 werd in het huis van de burgemeester een telefoon geplaatst omdat hij te ver van de openbare telefoon woonde. In 1978 kreeg het dorp de eerste telefooncel, als vervanging van degene die de telefonische berichten naar en van inwoners bracht die geen telefoon hadden.[14] Toen kwam de televisie, soms vóór het stromend water. Het eerste toestel in Balazuc verscheen rond 1958 in een huis in het bovendorp. Het stond in een kamer apart. De meesten van degenen die samenkwamen om de avondlijke series (*feuilletons*) te zien stonden tot in de patio. Maar aangezien er geen zendmast in de buurt stond konden de bezitters van een toestel in Balazuc maar slecht beeld krijgen, of helemaal niet, tot er in 1960 een zendmast in de Ardèche werd gezet. Het verzoek van de gemeenteraad om een mast dichterbij te plaatsen, droop van het (ongetwijfeld misplaatste) enthousiasme voor de nieuwe wereld van de televisie: 'Ervan uitgaande dat de televisie, een prachtig instrument voor cultuur en vermaak, ons van nut kan zijn om de plattelandsbevolking thuis te houden en de landelijke leegloop een halt toe te roepen!'[15] In de jaren zestig werden televisies algemener, hoewel men het op dat moment nog met één zender moest stellen. In elk geval konden de gebroken antennes bijna perfect worden gebruikt voor het meten van de afstand tussen de boules en de *cochenet* (het doelwit van kurk). De meeste mensen zijn het erover eens dat de televisie een eind maakte aan de veillée, de traditionele instelling van 's avonds bijeenkomen tussen Toussaint (Allerheiligen) en carnaval, rond het vuur in de keuken, waarbij vrienden en familieleden verhalen vertelden, geroosterde kastanjes aten en kaart speelden. Terwijl sommige oudere mensen de vervanging van de veillée door de televisie beklagen, heeft er een het lawaaiige kastje gerechtvaardigd door erop te wijzen dat programma's gezelschap betekenen voor heel wat alleenstaande mensen (een grappenmaker in Parijs had het misschien bij het goede eind toen hij na De Gaulles dood beweerde dat de generaal waarschijnlijk gestorven was van verveling bij het kijken naar de Franse televisie). Zo'n twintig jaar geleden begon een groep van een man of zeven vrijdagavond bij elkaar te komen om video te kijken, afwisselend in het ene en het andere huis. Dit duurde zo'n jaar of twee, maar nadat twee van de groep waren gestorven was er een definitief eind gekomen aan wat het equivalent van de veillée was geweest.

Een andere constante in het dorpsleven werd aan de kant gezet toen de gemeenteraad de post van veldwachter schrapte, toen de laatste in 1959 met pensioen ging, na 36 jaar nieuws naar elk deel van het dorp en elk gehucht te hebben gebracht, waarbij hij staande bij het Portail d'Éte of voor de église romane, zijn trommel roerde als herinnering aan een bijeenkomst. Het gemeentesecretariaat en de gemeenteambtenaar voeren enkele taken van de oude veldwachter uit.[16]

Tussen de beide oorlogen spraken de dorpsbewoners nog Occitaans. Dat is vrijwel verdwenen uit het dagelijks leven, behalve onder enkele hele oude inwoners die het nog met elkaar spreken. Er zijn er steeds minder.[17] 'La Maria', zoals iedereen haar kende, sprak Occitaans. Zij was een hele slimme vrouw, die haar jeugd en het grootste deel van haar volwassen leven heeft doorgebracht als geitenhoedster, terwijl zij de laatste jaren heerste over het pleintje – groot genoeg om zeven auto's te parkeren – voor haar dochters kruidenierswinkeltje (*libre-service*). De afgelopen twintig jaar hebben supermarkten – *grandes surfaces* of *hypermarchés* – de winkeltjes verdrongen.[18] Stuk voor stuk zijn ze dichtgegaan. Mensen in Balazuc stellen de winkel op prijs en velen van hen die de goedkopere supermarkten gebruiken kopen toch nog wel het een en ander in de kruidenierswinkel. Enkelen doen hun inkopen ook op woensdag op de markt in Joyeuse of in Aubenas op zaterdag. De winkel in Balazuc dient een echt doel, door flessen gas te verkopen, die vrijwel iedereen gebruikt, naast groente, blikgroente, lucifers, speelgoed, ansichtkaarten, koekjes en snoep. Het is een van de twee plekken waar je het nieuws kunt horen, en in de winter is dat nogal schaars. De andere plek is Chez Paulette, het café dat door Paulette Balazuc wordt gedreven, die enkele tientalen jaren geleden naar het dorp kwam.

Tien jaar voor haar dood kon je het magere lijf van La Maria in een van de twee gangpaden van het winkeltje aantreffen, waarbij zij in de gaten hield wie wat kocht, met de bewering dat ze ooit in de vakantie een kind op diefstal had betrapt. In de middag, en dat geldt ook voor de winter, nam La Maria altijd dezelfde positie in, gekleed in het zwart zoals oudere vrouwen vrijwel zonder uitzondering deden, leunend tegen een stenen muur achter een paar parkeervakken tegenover de winkel. Al breiend miste ze vrijwel niets van wat in de omgeving plaatsvond, terwijl ze verder gesprekken hield. Welwillend stond ze bekend als Radio Balazuc, omdat ze vrijwel alles wist van Balazuc, en van iedereen die er woonde.

Een van de dingen waarin ze het meest was geïnteresseerd, was natuurlijk tot in welke mate de dorpelingen zich bevoorraadden bij de hypermarché in plaats van bij haar winkeltje. Als wij een keer per week voorbij de winkel kwamen met de achterbak vol strotassen met verse groente, fruit en kaas van de markt in Joyeuse, Aubenas of Les Vans, of met zakken van Leclerc met melk en sap waarvan we grote hoeveelheden aanschaften, moesten we altijd goed oppassen of La Maria niet op de uitkijk stond, want bij het lossen van onze lading zouden we dan door haar worden waargenomen, althans een paar seconden. Haar oudere buurman achter de winkel vroeg zijn zoon zulke tassen gauw over het hek aan te geven, om niet het risico te lopen haar aandacht te trekken door het hek open te doen. 'Moet je voorstellen,' zei La Maria mij een keer, hardop fluisterend, 'zulke bewoners sparen graag een paar centiemen op bepaalde producten door naar de supermarkt te gaan in plaats van ze bij onze kruidenierswinkel te kopen! Beseffen zij dan niet dat ons winkeltje wellicht zou moeten sluiten, en wat gebeurt er dan met het dorp?' Daar had ze gelijk in. Maar wij en anderen bleven daar dagelijks toch genoeg kopen om onze trouw te tonen en een ritje te sparen.

Op La Maria konden we rekenen voor goed advies, bijvoorbeeld om te weten dat de beste en smakelijkste truffels díe zijn waarop een varken niet al te lang geleden heeft gepiest. De Ardèche staat niet bepaald bekend om zijn truffels, maar zij wist ze te vinden. Zij herinnerde zich nog de omelet met truffels die op haar trouwdag, een halve eeuw eerder, was gebakken. Zoals zo veel mensen van haar generatie, had ze andere ideeën over afstand dan die van de generaties die haar gevolgd waren. Een keer vroeg La

Maria ons of wij uit Amerika waren gekomen per vliegtuig, of met de trein. Toen ze zag dat wij ons opmaakten om Balazuc te verlaten in onze auto, vroeg ze waar wij naartoe gingen. 'Les Vans,' antwoordden wij, twintig minuten verderop, en op zaterdagochtend is daar markt. Ze waarschuwde ons dat we niet naar Les Vans moesten gaan. Een van haar oudere vriendinnen was daarheen gegaan en nooit teruggekomen. Ze scheen oprecht verrast toen wij toch in de auto stapten en wegreden. 'Au revoir!' riep zij ons op dramatische wijze na, alsof we naar Finland vertrokken, of alsof ze echt meende dat wij nooit meer terug zouden komen. Toch leek ze altijd heel blij ons te zien, met name de kinderen. Een keer, toen ze zat te breien tegen de stenen muur op het parkeerplaatsje tegenover de winkel, profiterend van een beetje winterse zon, zei ze tegen ons zoontje Christopher, die toen drie was, dat hij moest oppassen niet op haar wol te stappen toen hij een muur beklom. Hij stapte er natuurlijk prompt op, en toen ze hem berispte, antwoordde hij haar met wat hij recentelijk iemand op het speelplein had horen zeggen: 'Ta gueule!' (Houd je smoel!). Zij vond het een prachtig antwoord, en iedereen in Balazuc wist algauw van Christophers ontmoeting met La Maria. Zo verspreidde het nieuws zich. La Maria is niet meer.

Het land bewerken

Na de Tweede Wereldoorlog onderging de agrarische economie van de Bas-Vivarais aanzienlijke veranderingen. De aanhoudende landelijke leegloop, de verkoop en de verhuur van grond reduceerden het percentage eigen boeren. Maar de *remembrement*, de ruilverkaveling die door de regering werd opgezet om fragmentatie te beperken in het belang van doeltreffendheid en productiviteit, bereikte Balazuc niet.[19]

De Tweede Wereldoorlog was de genadeslag voor de zijde-industrie in de Ardèche. De regio produceerde nog maar 90.831 kilogram in 1950, een halfjaar later was dat nog minder, 16.000 kilogram. De 19.000 producenten van ruwe zijde uit 1913 waren geslonken tot 4500 in 1938, tot 2000 in 1954, en tot nog slechts een duizendtal in 1957. Tegenwoordig zijn er nog maar zes producenten van ruwe zijde in de Vivarais. Van een productie van ruim 10.000 kilogram in 1909, produceerde Balazuc in 1951 nog geen tiende daarvan meer. Cocons werden voor de laatste keer begin jaren vijftig gewogen aan de balans die boven de deur van de Tour Carrée hing.[20] Overheidssubsidie, die het leven van de industrie had helpen verlengen, hield in 1968 op. Het *royaume de la soie*, dat toen tot een vorstendommetje was gekrompen, bestaat niet meer.

Na de Tweede Wereldoorlog heeft het transport per trein en de afname van de productie van ruwe zijde in de Ardèche de productie van fruit in de hand gewerkt, met name perziken, maar ook appels, kersen en pruimen. Vivacoöp, een enorme fruitcoöperatie die in 1949 werd opgezet, stimuleerde de productie van nieuwe vruchten in de streek, vooral de kiwi. In 1987 leverden coöperaties de helft van het geteelde fruit. Logisch genoeg hadden de producenten hun strategieën aan overheidssubsidies aangepast.

Toch was in 1950 minder dan een kwart van de oppervlakte van Balazuc in gebruik, nog minder dan in de negentiende eeuw, hoewel ongeveer driekwart van de bevolking nog steeds het land bewerkte. Zij die dat deden hadden de grootste moeite de eindjes aan elkaar te knopen. Een man herinnert zich dat er eind jaren vijftig twee mensen nodig waren om in een halve dag werk voldoende aardappelen te rooien om een jutezak te vullen. De veldwachter keek de andere kant op als jongens naar de rivier slopen om er netten in te hangen om vis te vangen. Een vriend herinnert zich nog, toen hij een jaar of veertien was, en dat moet rond 1941 zijn geweest, dat zijn vader hem midden in de nacht wakker maakte. Hij ging dan naar beneden, naar de rivier, om de netten na te kijken, reed vervolgens op zijn fiets helemaal naar Vals-les-Bains en verkocht daar de forel aan de hotels. Dat was geen gemakkelijke manier om een inkomen te verwerven. De gras beslaat nog ongeveer de helft van het grondgebied van Balazuc. Tractoren en andere landbouwmachines werden echter in toenemende mate gemeengoed, hoewel de ligging van de grond gebruik ervan beperkte. Een foto die jarenlang in de *salle polyvalente* (het dorpshuis) hing, toonde père Balazuc aan het begin van de jaren zestig op een kar die door twee ossen werd getrokken.

Wijngaarden werden een steeds belangrijker bron van inkomen, vooral op de oosthellingen aan de overkant van de weg van Vogüé naar Ruoms. Polycultuur is vrijwel verdwenen, en de productie van graan en aardappelen behoort tot het verleden. In 1950 besloegen wijngaarden ongeveer een kwart van het land dat in Balazuc in gebruik was, hoewel het aantal producenten was afgenomen. Intercommunale coöperaties vermenigvuldigden zich in het wijnproducerend deel van de Ardèche, vooral na de Tweede Wereldoorlog. Hierdoor konden modernere productietechnieken worden ingezet, waardoor kleine producenten (dat waren ze bijna allemaal) werden geholpen zonder dat die zelf voldoende geld hadden om te kunnen profiteren van de verbeterde technologie. In de jaren zestig beseften de producenten dat zij de kwaliteit van de wijn uit de Ardèche moesten gaan verbeteren als ze wilden overleven. De coöperaties droegen ertoe bij ze te overtuigen de meest geschikte wijnstokken te selecteren. In 1987 produceerden de coöperaties in de Ardèche 750.000 hectoliter van het godennectar, 85 procent van het departementale totaal, het hoogste percentage in Frankrijk. De dagen dat men arbeiders die voor de oogst waren gehuurd 's middags nog bij Chez Paulette zag drinken zijn voorbij. Vrijwel alle wijngaarden worden nu mechanisch geoogst.

De kwaliteit van de wijnen is enorm gestegen door het succes van 'edele druiven' als de Chardonnay, de Merlot en de Gamay. De komst van Louis Latour naar de Bas-Vivarais signaleerde op zich de globalisering van de verkoop. In het midden van de jaren negentig begonnen foto's van Balazuc en Vogüé, en vervolgens van de schilderingen in de Chauvetgrot, de kisten Chardonnay uit de Ardèche te sieren, die tot in Connecticut te koop is, om maar eens wat te noemen. In Lagorce begonnen wijnboeren in de jaren tachtig de Viognier aan te planten, om een uitstekende witte wijn te produceren tegen een fractie van de prijs die Condrieu verderop aan de Rhône ervoor vraagt. De Viognier uit de Ardèche heeft afzet in de Verenigde Staten gevonden. Van een overlevingseconomie met worstelende polycultuur, is de Bas-Vivarais veel meer opgeschoven in de richting van monocultuur. Toch blijven gebrek aan arbeidskracht, versnippering van percelen en lage prijzen problematisch. Er zijn slechts vijftien boerenfamilies die nog in Balazuc wonen. Zij produceren op de eerste plaats wijn, op 80 hectare wijngaard.[21]

Behalve de kudde van één echtpaar dat (uitstekende) geitenkaas produceert en die van de gerestaureerde gehucht-boerderij in Viel-Audon aan de overkant van de rivier, zijn er nog maar een paar geiten in Balazuc, waarvan de inwoners ten opzichte van de geiten ooit in de minderheid waren, en allemaal bevinden zij zich op boerderijen die ver van het dorp zelf afstaan. De *transhumance* vindt nog steeds plaats, maar degenen die te voet de geiten naar de bergen brengen, moeten uit de buurt van de politie blijven, want de plaatselijke autoriteiten geloven dat zulks gevaarlijk is voor het verkeer. Het voer wordt nu aangevoerd per auto, niet per muildier of ezel. Zij die nog gaan, slapen een paar nachten in de openlucht, en dat tochtje heeft iets van de sfeer van een picknick.

De kerk

Ongetwijfeld is de rol van de kerk in Balazuc sinds de Tweede Wereldoorlog aanzienlijk afgenomen. Zoals een plaatselijk waarnemer het formuleerde: 'De klokkentoren heeft niet langer die machtige maatschappelijke en psychologische aantrekkingskracht'. Of zoals de priester die in Balazuc met pensioen is gegaan het formuleert: 'De samenleving is veranderd'. In een streek die nog als betrekkelijk gelovig wordt beschouwd als het gaat om religieuze praktijk, is de verbitterde strijd over de secularisatie van de school, de scheiding van kerk en staat in 1905 en de kerkinventarissen van 1906 allang vergeten.[22] De dorpspastoors hebben dus aanmerkelijk minder invloed, ook op het gemeentelijke politieke leven.

In etappes sinds de oorlog werd de hele kerk gerestaureerd, met behulp van de parochianen, de gemeente, het departementale Conseil Général of de overheid, waardoor er verwarming kon komen en later een gasverwarming en vervolgens elektrische klokken.[23] De gemeenteraad weigerde soms het herstel van de kerk te betalen, omdat de leden in hun achterhoofd de keer hadden dat de pastoor had geprobeerd de gemeenteraad de vervanging van de gebrandschilderde ramen te laten betalen. Door het feit dat de kerk als historisch moment is geclassificeerd, hebben overheidsfondsen het schilderwerk, hier en daar wat vernis en de aanleg van een nieuwe verwarming in 1994 mogelijk gemaakt.

De kerkelijke crisis in Frankrijk kon echter, naarmate de dorpsbevolking slonk, zelfs in de traditioneel religieuze Bas-Vivarais en in Balazuc worden gemerkt, met her en der zijn vele stenen kruisen of van wat ervan over is. Minder mensen hoorden de pastoors van Balazuc de mis opdragen (een hele poos na de Tweede Wereldoorlog bleven mannen en vrouwen aan tegenovergestelde kanten van de kerk zitten, een traditie die begon te slijten met de komst in de zomermaanden van Parijzenaars en andere bezoekers die zich een dergelijke scheiding niet bewust waren). Het verschijnsel, zoals een vrouw het formuleerde, van de *brassage* van de bevolking van Balazuc, de komst, door huwelijk of anderszins, van estrangers uit andere streken heeft de kerkgang na de Tweede Wereldoorlog zeker geschaad. Bovendien bevorderden sommige pastoors niet echt de zaak van de kerk door de parochianen regelrecht tegen de haren in te strijken. Een pastoor, die zeventien jaar in Balazuc stond, ook in de Vichy-jaren, toen hij bekendstond als aanhanger van het collaborateursbewind van maarschalk Pétain, kreeg een reputatie om zijn drift die bleek doordat hij vrijwel elke vrijetijdsbesteding vanaf de kansel bestreed. Hij bemoeide zich ook met de gelovigen door te weigeren een ongetrouwde vrouw te begraven die had samengewoond met een man. Een andere pastoor dronk veel, ging vanaf de kansel en ook in de biechtstoel tegen zijn kudde tekeer en werd nog verdacht van andere ondeugden. Een derde stond bekend als een vrouwengek, en de veelbesproken ontdekking – na zijn vertrek – van wat een geheime doorgang leek, die van zijn kamer door een kast naar de kamer van de dienstbode voerde, zette kwaad bloed. Sommige parochianen begonnen elders naar de mis te gaan. Toch leek één pastoor de zaak van de christen-democratie toegedaan (in tegenstelling tot de bisschop van Viviers, die altijd nog conservatief is), waardoor het politieke schisma werd gesust dat zo vaak de religie als mikpunt had gehad. Over een ander weten ze nog dat hij vanaf de kansel de kandidaten noemde op wie de parochianen bij departementale en nationale verkiezingen moesten stemmen, maar hij was wijs genoeg zich niet met de gemeentelijke te bemoeien.

In 1970 liet père Veyre rotsen bij de kerk opblazen om extra parkeerruimte mogelijk te maken. Door de explosie werd het plafond van de kerk beschadigd, zodat sommige gelovigen die naar de mis kwamen niet in rustig gebed naar de hemel schouwden, maar uit zorg dat het dak op hun hoofd zou kunnen neerkomen. Het gemeentebestuur weigerde bij te dragen aan de werkzaamheden die de pastoor in gang had gezet en zei tegen de aannemer die het plafond had hersteld dat hij de rekening maar naar de pastoor moest sturen. Toen de pastoor met die rekening naar het gemeentehuis kwam, zei de burgemeester, die sommige inwoners tegen de haren in had gestreken door een paar cipressen op de begraafplaats te laten kappen, tegen hem dat hij als burgemeester wellicht de doden had geërgerd, maar dat de pastoor de levenden woest had gemaakt. De gelovigen hielden een collecte om de rekening te betalen, maar die pastoor liet een schuld van 5000 franc achter.[24]

De kerk van Balazuc overleefde de meest explosieve pastoor, maar halverwege de jaren tachtig had het dorp niet langer een voltijds pastoor (het aantal pastoors in Frankrijk is sinds 1978 met ongeveer 30 procent gedaald). Sinds de jaren tachtig wordt de mis in het dorp slechts één keer per maand opgedragen, waarbij het schema voor missen in andere kerken in de streek op de kerkdeur hangt. Dit is nu een algemene regeling op het Franse platteland. Kerkgang laat in Balazuc te wensen over, zoals op de meeste plaatsen, en wie komt is over het algemeen oud (toen Laura een jaar of tien was, ging ze tijdens de mis achter in de kerk zitten en zei daarop hardop: 'Même les femmes sont chauves!' (Zelfs de vrouwen zijn kaal!). Maar toen een hevige storm de kerk zo aangreep dat het beeld van de Maagd Maria in stukken op de vloer viel, waren de collectebussen die in de winkel en bij Paulette werden geplaatst al snel vol en kon er een nieuw beeld worden aangeschaft. Veel (maar niet langer alle) huwelijken (en recentelijk een combinatie van huwelijk en doop) vinden nog in de kerk plaats, die op zulke momenten maar ook alleen dan vol zit, waarbij de onvermijdelijke rotjes worden afgestoken als bruid en bruidegom onder een regen van rijst de kerk verlaten. Voorgoed voorbij zijn de dagen dat de rol van de pastoor die van *Monsieur-le-curé-homme-ochestre* was. Een hele aardige, maatschappelijk betrokken en gepensioneerde pastoor woont in de pastorie van Balazuc. Hij doet mee aan de festiviteiten in het dorp en kan uitstekend met iedereen opschieten. Hij biedt hulp aan mensen die bijzondere noden hebben. In zijn ogen moet de kerk 'worden georganiseerd rondom dingen die kunnen worden gedaan' in de samenleving.[25] De kerk functioneert in Balazuc als een van de vele organisaties. Ongetwijfeld is haar rol als politiek baken allang uitgespeeld.

De politiek

Historici hebben zich soms afgevraagd of 'de moderne politiek' het Franse platteland ooit wel heeft bereikt. Eugen Weber beweert dat 'boeren' slechts 'Fransen' konden worden toen de drijfveren van de modernisering, die hij gelijkschakelt met scholing voor iedereen, dienstplicht en spoorwegen, de provinciale autarkie hadden doorbroken en de integratie van het landelijke Frankrijk in de natie hadden teweeggebracht.[26] In zijn ogen heeft de 'nationale' politiek geleidelijk aan de 'rechtstreekse' confrontatie door familiale rivaliteiten en traditionele wrok tussen dorpen of gehuchten en andere dorpen vervangen. De gemeentepolitiek in Balazuc heeft echter vrijwel niets te maken met politieke partijen, maar grotendeels met persoonlijkheden, waarbij langdurige familiale rivaliteiten vaak een belangrijke rol spelen.

De presentatie van twee rivaliserende kieslijsten bij de gemeenteraadsverkiezingen, zoals in de fel omstreden periode voor de Eerste Wereldoorlog, is altijd een teken van politiek schisma, ook al hebben persoonlijkheden en langdurige familiale en persoonlijke ruzies zulke scheidingen vaak veroorzaakt. In 1953 viel Balazuc terug in het vooroorlogse patroon door twee lijsten op bij de gemeenteraadsverkiezingen te stellen. Zes jaar later werd de uit Marseille afkomstige Berre verkozen met een gematigde lijst zonder concurrentie, en de kiezers kozen zo'n zes jaar later vrijwel dezelfde lijst weer.[27] In 1971 kwam Berre met weer een enkele lijst, waarbij enig afdrijven naar links kon worden geconstateerd (je vraagt je af of het opblazen door de pastoor van de rots bij de kerk er iets mee te maken had). In nationale politiek bleef Balazuc eerder rechts georiënteerd.[28]

Het gemeentebestuur viert de wapenstilstand op 11 november met een kleine ceremonie. In 1989 werd er een boom geplant ter ere van de Franse Revolutie (een aantal van ons viert liever de avond van 4 augustus, de afschaffing van het feodaal stelsel, in plaats van 14 juli, met een barbecue en het schminken van de kinderen in rood, wit en blauw).

De gemeentelijke notulen vermelden zeer zelden nationale politieke gebeurtenissen. In april 1961 hernieuwde het gemeentebestuur, met het oog op de 'ernstige gebeurtenissen' in Algerije, 'al zijn vertrouwen in en sympathie met generaal de Gaule [sic], president van de republiek'.[29] Maar het mandaat van de raad is beperkt – hij dient voor lokale zaken, om het dorp te vertegenwoordigen bij het hoger gezag en vice versa – en het risico op censuur door de onderprefect of de prefect is altijd aanwezig. De prefect of de onderprefect hebben dan ook altijd de macht om enig besluit te schrappen dat niet in overeenstemming blijkt met wat het hoger gezag wil. Het stempel van de onderprefectuur bovenaan links op elke pagina als teken van toestemming maakt de relatie tussen overheid en dorpsraad uitstekend duidelijk.

Het leek dus logisch dat het gemeentebestuur in 1963 zijn unanieme steun verklaarde aan de declaratie van een congres van burgemeesters dat zich verzette tegen 'enige aantasting van lokale vrijheden, met name door de beperking of de onderdrukking van de macht van de gemeentebesturen [...] als essentiële grondslag van de democratie'. De petitie klaagde over financiële verplichtingen die jaarlijks leken toe te nemen, waardoor de lokale belastingen te hoog werden. Datzelfde jaar gaf de raad uiting aan zijn woede bij een aanzienlijke verhoging van de directe belastingen die met name marginale grond van de derde categorie zwaar zou treffen. Veel grondbezitters in Balazuc bezaten zulke marginale grond, waarvan veel niet bebouwd werd of anders bezet was met wijnstokken. Het gemeentebestuur vroeg om de creatie van een vierde categorie, die lager belast zou worden.[30]

De debatten over de Franse toetreding tot Europa deden niet veel stof opwaaien, en het referendum daarover wekte in Balazuc op zijn best enige belangstelling, ondanks een overweldigende meerderheid van stemmen voor. Europese subsidies hebben enigszins de overgebleven agrarische producenten geholpen op ander gewas over te stappen, bijvoorbeeld van fruit op wijn of van wijn op kiwi's. Maar boeren weten niet, of het kan ze ook weinig schelen, of de subsidies die ze krijgen uit 'Europa' of uit

'Frankrijk' komen. In beide gevallen komen ze toch via het Franse ministerie van landbouw. Weinig mensen analyseren de gevolgen van de toenemende inmenging door de Europese Unie, wier steun cruciaal zou kunnen zijn bij het voltooien van een goede riolering. Vrijwel niemand weet dat een kleine subsidie uit Brussel grotendeels verantwoordelijk was voor het mooie bord dat de aantrekkelijkheden van Balazuc beschrijft. Mensen in Balazuc toonden weinig belangstelling voor de campagne van José Bové, een boerenleider die protesteert en vooral bekend is om het symbolisch dichtplakken van een McDonald's in Millau, een stad ongeveer drie uur ten westen, in de Aveyron. De enkele overgebleven boeren blijven over het algemeen conservatief (hoewel de kerk geen rol meer speelt bij deze continuïteit), en zien Bové als een *soixante-huitard* (een studentikoos activist uit de jaren zestig). Europese 'normen' hebben de producenten van geitenkaas en de kaashandelaren in steden en op de markt enigszins kopzorg gebaard.

In de naoorlogse periode waren de leden van Balazucs gemeenteraad altijd boer, en vrijwel altijd afkomstig uit families van eigen boeren die al tientallen jaren en nog veel vaker al eeuwen in het dorp hadden gewoond. De verkiezing van Jean-Baptiste Redon, die in 1953 het station beheerde, was een uitzondering in de decennia meteen na de oorlog. De in 1965 verkozen raad omvatte alleen boeren, de meesten afkomstig uit families met wortels in Balazuc, die zich nog uitstrekten tot een eind in het Ancien Régime, en van wie sommige voorouders nog in maart 1789 bijeen waren gekomen in de oude kerk om de klachtenbrief in dat jaar op te stellen.[31] In 1977 werd de eerste vrouw in de gemeenteraad verkozen.[32] Het verschijnen van nieuwe familienamen begon pas in de jaren zeventig, en in de meeste gevallen was de verkozene dan in een van de oude families van Balazuc getrouwd. Voorafgaand aan dit nieuwe tijdperk waren er slechts twee burgemeesters niet uit het dorp geboortig, maar beiden waren met vrouwen in Balazuc getrouwd en woonden lang genoeg in het dorp om als inwoners ervan door te gaan. Leden van de gemeenteraad die niet oorspronkelijk uit Balazuc kwamen zijn soms het mikpunt van kritiek geweest, ondanks het feit dat zij afkomstig waren uit de Bas-Vivarais. Maar vanwege de invoering van vers bloed en de beperking in omvang of zelfs het verdwijnen van sommige oude families, is het aantal mensen dat in Balazuc is geboren en getogen en graag lid wil worden van de gemeenteraad aanzienlijk verminderd.

De kloof tussen degenen die uit Balazuc afkomstig zijn en degenen die dat niet zijn blijft groot en is vaak merkbaar, vooral als het gaat om de gemeenteraadsverkiezingen. Natuurlijk zijn de dagen voorbij dat baby's echt geboren werden in het ouderlijk huis. Het ziekenhuis en de privé-kliniek in Aubenas zijn niet langer ver weg. Zij die niet uit Balazuc afkomstig zijn worden soms nog wel estrangers genoemd, zoals dat in het Occitaans heet, maar dat is niet vijandig bedoeld (hoewel sommige inwoners van het dorp er lang over hebben gedaan voordat zij zaken wilden doen met degenen die wel in het dorp woonden maar er niet waren geboren). Iemand die vroeg waar iemand die in Balazuc woonde vandaan kwam, kreeg als antwoord 'het platteland' en dacht logisch genoeg dat die, ondanks het gebrek aan een duidelijk accent, afkomstig was uit België of het noorden van Frankrijk. Het *plat pays* bleek het dorp St.-Germain te zijn, nog geen vijftien kilometer verderop. Een vriend vroeg een keer voor de grap aan een vrouw die vijftig jaar daarvoor met een man uit het dorp getrouwd was en die uit een naburig dorp kwam, wat ze na een halve eeuw van Balazuc vond. In alle ernst antwoordde zij: 'Ik heb nog wel eens heimwee'. Maar sinds de Tweede Wereldoorlog is het aantal uit Balazuc afkomstige echtparen aanzienlijk afgenomen.

Een oudere inwoner beweert dat er sinds de Tweede Wereldoorlog 'geen politiek schisma in Balazuc is geweest', ondanks het feit dat met name meteen na de oorlog partijverschillen toch wel van enig belang waren.[33] De laatste twee gemeenteraadsverkiezingen, van 1995 en 2001, toonden weer eens aan dat de gemeentelijke politiek in Balazuc en in duizenden andere dorpen weinig uitstaande heeft met de nationale (natuurlijk hebben hoge percentages werkeloosheid in dorpen of de aanwezigheid van etnische minderheden extreem rechts in de hand gewerkt, maar soms is daar ook helemaal geen sprake van). Het betekent zeker niet dat de gemeentelijke politiek geen schisma kan veroorzaken, zoals bij de verkiezingen van 1995 bleek. De burgemeester en andere raadsleden gaven aan dat zij geen tweede termijn wilden en dat zij dus er geen bezwaar tegen hadden als er een nieuwe kandidatenlijst werd opgesteld. Nadat de onderhandelingen tussen beide partijen – de vertrekkende lijst en de nieuwe – waren afgebroken, begon er een tweede lijst te circuleren, met andere namen, zij het niet openlijk. Zodoende stuitte de zogenaamd 'enige' lijst die de kiezers werd gepresenteerd (die op de hele lijst konden stemmen of een aantal namen konden schrappen en andere toevoegen) op weerstand. Op de dag van de eerste verkiezingsronde werden zeven name van de 'enige' lijst verkozen, waardoor een week later een tweede ronde nodig was, toen de overgeblevenen probleemloos werden verkozen. Beschuldigingen over en weer werden geuit. Sommige mensen spraken niet meer met elkaar, en bij de *feux de St. Jean* bleven de beide partijen gescheiden, waarbij de winnaars in de buurt van de bar waren te vinden, en de verliezers eerder op de stoelen bij de winkel zaten. Heel weinig mensen gingen beide kanten ook groeten.

De overgebleven kwade gevoelens zijn geleidelijk aan weggeëbd. Achteraf gezien hebben degenen die zich vreselijk druk hebben gemaakt bij die verkiezingen de grootste moeite om met specifieke punten te komen die de reden waren voor wat een omstreden verkiezing in 1995 kan worden genoemd. Het ging om persoonlijkheden. De lijst van Guy Boyer bevatte kandidaten wier nationale partijsympathieën liepen van links tot uiterst rechts. Onderwerpen in Balazuc – financiële beperkingen, het openhouden van de school, de rol van het toerisme, het verlenen van bouwvergunningen – hebben in principe weinig of niets te maken met de onderwerpen van de nationale politiek of met partijbindingen. Als er in een dorp in de Ardèche één groepering bijzonder goed is georganiseerd, dan zijn het de jagers (die op trekvogels schieten in de

Col d'Escrinet en onlangs een oud hotel-restaurant hebben opgekocht dat zij als hun hoofdkwartier gaan inrichten). Borden met 'Jagers, gaat stemmen!' verschenen bij de verkiezingen van 2001 langs de weg.

Het ambt van burgemeester blijft op zijn zachtst gezegd een uitdaging. Georges Clemenceau had misschien wel gelijk toen hij zei: 'Als je niet elke ochtend een kom vol padden wilt eten, dan kun je beter niet in de politiek gaan'.[34] Eén ding is zeker: de burgemeester heeft drie loco-burgemeesters die iets van zijn werk uit handen nemen. Loco-burgemeesters krijgen soms de schuld voor impopulaire beslissingen, maar veel krediet en lof gaat onvermijdelijk naar de burgemeester. In veel opzichten is het een hopeloze situatie. Een dorpsburgemeester is bijzonder kwetsbaar voor roddel (*les mauvaises langues*), die steunpilaar van het dorpsleven, waarmee geruchten worden verspreid en overdreven, en soms wat is gebeurd of gezegd wordt verdraaid. Je kunt het nooit iedereen naar de zin maken. Toen een oudere dame het dorp en iemand in het dorp waar ze ongeveer negentig jaar had gewoond geld naliet, gingen er geruchten over de oorsprong van het testament. Hoever moest de burgemeester gaan in een poging een aannemer te dwingen bouwmateriaal te verwijderen dat hij op gemeentegrond had achtergelaten? De burgemeester moet bereid zijn telefonische klachten van mensen over vrijwel alles te beantwoorden (opgebrande lampen, laat brandend licht, wagens die garages blokkeren en ga zomaar door) en altijd maar weer horen dat het zo niet ging als bij het laatste gemeentebestuur. Onvermijdelijk worden burgemeesters ervan beschuldigd dat zij oude families bevoordelen.

In de zomer van 2000 liepen rond middernacht een aantal boze boulesspelers naar het huis van de burgemeester om te klagen dat de lichten op de oude begraafplaats uit waren en dat zij niet tot drie uur in de ochtend konden doorspelen, zeer tot opluchting van de omwonenden, die zelf hadden gebeld om te klagen over het constante geklik en de luidruchtige conversaties. Het groepje boze nachtelijke protesteerders vroeg de burgemeester zijn boulespolitiek eens uiteen te zetten, waarop hij antwoordde dat hij die niet had. Hij vroeg ze vervolgens of ze niet bereid waren naar Lyon te gaan en Raymond Barre zo'n vraag te stellen, destijds burgemeester van die stad.

Volgens de mening van een inwoner zijn de burgemeesters van Balazuc wellicht te bereidwillig geweest om telefonische klachten te beantwoorden. Een ander vond dat het gemeentebestuur verzuimd had in elk café en restaurant iets te organiseren (terwijl er in feite maar heel weinig geld is om zoiets te doen). Nog een andere criticus klaagde dat het gemeentebestuur niet veel meer gedaan had dan wat bloembakken plaatsen om toeristen te behagen en wat assertiever had moeten zijn bij het aanvragen van departementale subsidies, bijvoorbeeld om de verlichting van de oude kerk te verbeteren. Kritiek hoort bij de baan, en dat alles voor 3800 franc per jaar als compensatie (thans ongeveer 580 euro). Burgemeesters moeten een bezigheid hebben die ze in staat stelt hun plicht te doen én beschikbaar te zijn (het is duidelijk dat een burgemeester in de gemeente moet wonen, hoewel een loco-burgemeester in Lyon heeft gewoond en elk weekend naar Balazuc kwam). Ze moeten ook van hun dorp houden en eindeloos geduld hebben.

Maar wat meer is, de bescheiden reserves van dorpen als Balazuc worden constant aangevreten door intercommunale samenwerking (heel elementair is het samengaan met andere dorpen om te betalen voor de brandweer in Ruoms, of voor drinkwater, of om de Ardèche schoon te houden). Slechts 20 procent van het budget blijft nog over voor het gemeentebestuur zelf, en in de toekomst kunnen er nog veel meer intercommunale samenwerkingsverbanden worden aangegaan, waardoor de opties nog beperkter worden.

De kwestie van waar iets kan worden gebouwd en wat, blijft cruciaal en onvermijdelijk controversieel in elk dorp. Tijdens de ambtstermijn van de laatste burgemeester heeft een expert van buiten met de gemeenteraad samengewerkt om een plan op te stellen dat alle gemeentegrond classificeert. Hij of zij neemt de uiteindelijke beslissing, maar de invloed van de raadsleden is aanzienlijk. Sommige grond wordt geclassificeerd als *non constructible* – bijvoorbeeld omdat bouwen erop natuurschoon zou schaden of omdat het doortrekken van een elektriciteitsleiding te duur zou worden. In verscheidene gevallen hebben mensen van binnen of buiten het dorp grond gekocht in de hoop daar een huis op te bouwen, hoewel het land daarna onbebouwbaar verklaard werd. Roddels hebben soms de ronde gedaan dat bepaalde raadsleden zulke beslissingen beïnvloeden met het oog op hun eigen familiebelangen. Een familie die in een ander dorp woont bezit grond in de gemeente, maar zou er dolgraag een huis op zetten en naar Balazuc verhuizen (waarbij het gemeentebestuur ook dolgraag de kinderen zou hebben voor de school), maar het plan heeft dat stuk land gebrandmerkt als non constructible. Verwijzend naar het probleem van waar huizen konden worden gebouwd, heeft een bepaalde criticus een nogal scherpe omschrijving van de dorpspolitiek gegeven: 'Le village, ce n'est que de la magouille' ('Het dorp is alleen maar gekonkel').

En dan is er nog de vraag van wat er kan worden gebouwd. Verscheidene grote betonnen opslagruimten zijn verrezen, die de horizon vervuilen. Hoewel boerenfamilies het recht hebben om op hun grond te bouwen als de optrekken iets te maken hebben met hun agrarische werkzaamheden, zijn sommige van zulke gebouwen niet conform de legaal vastgestelde standaard. Voor- en tegenstanders van zulke bouw zetten de burgemeester onder druk, die het nogmaals niet iedereen naar de zin kan maken.

In november 2000 nodigde Guy Boyer de mensen van Balazuc op een bijeenkomst in de mairie. Nadat de financiële situatie van het gemeentebestuur was besproken, de vragen waren beantwoord en er hartstochtelijke klachten waren aangehoord over de problemen in verband met de hinder van toeristenbussen in de zomermaanden, kondigde hij aan dat hij zich bij de verkiezingen van maart 2001 niet herkiesbaar zou stellen. Op hun beurt zeiden alle leden van de gemeenteraad die aanwezig waren, op één na, dat ook zij niet herkiesbaar zouden zijn. De burgemeester stelde toen een tweede vergadering voor vlak voor Kerstmis, om de problemen daaromtrent te bespreken. Hij gaf ook uitdrukking aan de hoop dat een enkele lijst kon worden opgesteld en in een brief aan elk huishouden omschreef hij zijn beslissing als 'definitief, onherroepelijk en vaststaand'.[35]

Met niet weinig discussie en zelfs ruzie, vormde zich uiteindelijk een tweede lijst. Die werd aangevoerd door een vrouw die uit het noorden van Frankrijk afkomstig was en recentelijk naar Balazuc was verhuisd. Zij bleek zowel competent als gepensioneerd, en zou in die hoedanigheid tijd hebben om te dienen. De kieslijst die 'Leefbaar Balazuc' heette bestond uit elf kandidaten, 'mannen en vrouwen die uiteenlopende perspectieven boden', die graag 'beter de belangen van de gemeente wilden dienen' en die 'ervaring en capaciteiten koppelden aan geloof, enthousiasme en werkelijkheidszin'. Het programma behelsde 'communicatie (luisteren, solidariteit en medemenselijkheid)'; 'bescherming', waaronder 'het bevorderen van de handel, de school, ambachtelijke activiteiten, verenigingsleven en pogingen om jonge boeren te trekken'; 'veiligheid', waaronder de verbetering van speelruimte voor kinderen en voor sport, bushaltes voor leerlingen, parkeerruimte, onderhoud van parkeerplaatsen en wegen vielen; 'toerisme' ('betere en zinvolle integratie in het dorpsleven'); 'ontwikkeling door actieve research bij de openbaarmaking van de nodige projecten', en met enige urgentie *assainissement*, de aanleg van een zuiveringsinstallatie voor het rioolwater uit het dorp. Er werd bij de kiezers op aangedrongen op de hele lijst te stemmen (ondanks het feit dat verscheidene kandidaten voor veel mensen onbekend waren), en het programma eindigde met de hoop 'dat Balazuc een van de mooiste en levendigste dorpen van Frankrijk zal blijven!'

Pogingen om een van de aftredende loco-burgemeesters op de nieuwe lijst te krijgen mislukten vanwege onenigheid en onverenigbare persoonlijkheden. De bewuste loco-burgemeester belegde een bijeenkomst om zijn eigen programma te presenteren, waarbij de urgentie van het voltooien van een goede riolering bovenaan stond, waardoor een eind zou komen aan het systeem van 'alles in het riool', dat voor sommige huizen in het lagere deel aan de rivier betekende: 'alles in de rivier'. Maar nadat er nadruk was gelegd op het belang van handhaving en aantrekken van middenstand, zoals de winkel en Chez Paulette ('Een dorp zonder winkels wordt al snel een dorp zonder leven') en van het bouwen van appartementen om families te trekken, kondigde hij aan dat hij zich niet verkiesbaar zou stellen.[36] Zodoende had niemand van de nieuwe lijst in de vorige raad gezeten (met uitzondering van een vrouw die in de raad van 1995 was verkozen maar zich al snel had teruggetrokken). De club van oudere burgers leek in facties uiteen te vallen. Sommige mensen die naar school kwamen om hun kinderen op te halen zeiden elkaar niet langer gedag. Er werden klachten gehoord dat er al snel niemand meer in de raad zou zitten die nog op zou komen voor de boeren (hoewel in feite een van de verkozen leden geiten fokt en de ander vrouw is van een boer). Er begonnen geruchten de ronde te doen over de reden waarom die en die op de lijst was gekomen (of geweigerd). Ondanks behoorlijk wat kritiek op de lijst en het feit dat slechts één persoon erop (niet de voorgestelde burgemeester) in Balazuc was geboren, kwam er geen tweede lijst. Zo'n twee weken voor de verkiezingen zond iemand een anonieme brief aan enkele mensen in het dorp. Daarin werd 'een linkse, speculatieve en zeer opportunistische clan' aan de kaak gesteld die 'uitsluiting en verwerping van enkele waardevolle en respectabele mensen voorstaat'. De brief riep kiezers op om 'te denken aan de vergeten mensen, zakenlieden, boeren, inwoners van de gehuchten, het dorp' door vier namen op het stembiljet door te schrappen en die te vervangen door vier andere. Afgezien van de volstrekte onsamenhangendheid van die brief, waren de anonimiteit ervan en het feit dat geen van de mensen die erin als verkiesbaar naar voren werden geschoven, waren geraadpleegd, een bron van nogal wat kritiek.

Tot de dag van de verkiezingen wist niemand of er nog kortere lijsten van verscheidene of individuele kandidaten zouden komen. Het duurde meer dan twee uur om de uitslag vast te stellen (80 procent van de stemgerechtigden hadden een stembiljet ingeleverd) vanwege zo veel 'gedeeltelijke' stembiljetten waarop een of meer namen waren doorgestreept, naast namen die op de lijst stonden.[37] Al met al kregen meer dan 60 mensen tenminste één stem (onder andere de grote Marseillaanse voetbalspeler Zidane). De vorige burgemeester en verscheidene leden van de voormalige gemeenteraad kregen er meer dan twintig.[38] Terwijl het telproces maar doorging en de mensen samengeperst zaten in de ruimte en buiten bijeen stonden voor de deur, werden er af en toe tekenen van ongenoegen of zelfs gejoel gehoord, als een naam werd afgeroepen die iemand niet zinde. Een vrouw die ongeveer tien stemmen kreeg begon van verrukking te schreeuwen bij elke keer dat dat gebeurde, hoewel ze 98 stemmen tekortkwam om verkozen te worden. Dit zorgde voor wat sfeer. De hele lijst, die nogmaals een breed scala van politieke inzichten als het ging om nationale politiek vertegenwoordigde, werd verkozen, en Balazuc had zijn eerste vrouwelijke burgemeester. Niettemin kent de *mairesse* maar een paar mensen in het dorp, een omstandigheid die volgens sommigen haar neutraliteit zal garanderen maar die nadelen heeft. Haar kandidatuur, als buitenstaandster die bij haar verkiezing heel weinig van Balazuc wist, was een tiental jaren eerder ondenkbaar geweest, en de verkiezing op zich laat zien hoezeer Balazuc is veranderd.

Het nieuwe gemeentebestuur komt voor verschillende grote uitdagingen te staan, maar de belangrijkste daarvan is het schoonhouden van de rivier. In 1980 is de Opération Ardèche Claire opgestart, met als doel via enorme investeringen de waterstroom tijdens het zomerseizoen te vergroten door dammen hogerop aan te leggen, verbetering van de waterkwaliteit, behandeling van afvalwater met een natuurlijk filtratieproces van alluviale terrassen en de aanleg van zuiveringsstations. 35 'solidaire Ardéchois gemeenten' hebben ervoor getekend de minimale normen van de Europese Commissie voor de kwaliteit van zwemwater ook te bereiken. In 1989 voegde Balazuc zich bij andere gemeenten langs de Ardèche met het doel 'het natuurlijk en toeristisch erfgoed dat wij met andere gemeenten delen te beschermen, evenals het milieu'. Daarop werd een lokaal initiatief opgezet, het Syndicat des Eaux de la Basse-Ardèche (SEBA).[39] Na twintig jaar plannen, vallen en opstaan, blijft Balazuc het enige dorp halverwege het dal van de Ardèche dat het afvalwater niet geheel verwerkt. Het resultaat is dat sommige rioleringen in de rivier uitkomen. Jaar na jaar (meest recentelijk vanwege de ongelukkige terugtreding van de voorzitter van de organisatie die de dure werkzaamheden moest ondernemen), is de bouw van een goed zuiveringsstation weer vooruitgeschoven. Het project moet nu in 2005 klaar zijn. Balazuc moet daarin 245.000 euro bijdragen, van de totale kosten van ongeveer 1,5 miljoen euro.[40] Met dit in het achterhoofd verkiezen jonge mensen in de zomer wijselijk om boven het dorp te gaan zwemmen, op een plek die bekendstaat als de Grand Moure, waar zij van rotsen hoog boven de rivier in het water springen. De gemeente is verplicht de resultaten van onderzoek van watermonsters te publiceren. Deze resultaten geven meestal tactvol aan dat op basis van de hoeveelheid fecaliën, de kwaliteit van het water 'middelmatig' is, of zelfs 'goed'. In jaren van droogte kan het water nogal ondiep worden en 'zanderig' of 'modderig', met andere woorden van verdachte kwaliteit.

De school

Balazucs slinkende bevolking heeft zorgelijke gevolgen voor de school. In 1946 moest het gemeentebestuur strijden tegen het sluiten van een van beide klassen in Balazuc, en tegen de opzet van een school met maar één klas (classe unique). Toch was er toen, met 40 kinderen op school, enige reden voor optimisme.[41]

De lagere school is altijd het voorwerp geweest van gezamenlijke inspanningen van het dorp en dus van zorgen van het gemeentebestuur. In de loop van de jaren hebben de raadsvergaderingen geld uitgetrokken voor herstel van het verouderend schoolgebouw (dat aan het begin van de twintigste eeuw was gezet), en ook om de kleine ommuurde *cour de récrétion* bruikbaarder te maken. Piepkleine departementale subsidies werden gestoken in schilderwerk, herstel van het houtwerk, reparaties van het plafond, de deuren en de buitentoiletten, witten en de aankoop van nieuwe tafels, stoelen, kaarten, een schoolbord en in toenemende mate ook boeken. Het gemeentebestuur trok geld uit voor onderwijsbenodigdheden voor arme kinderen.[42] Stukje bij beetje werden de appartementen van de onderwijzers, en vervolgens het enige appartement, leefbaarder gemaakt. De keukens werden verbeterd, en in 1958 werd er een wc aan toegevoegd. Maar toch was er in 1961, toen het tijd werd om zowel de jongens- als de meisjestoiletten te herstellen en te verbeteren, niet genoeg geld.[43] In 1979 vergde het dak urgente aandacht, en toen Balazuc (althans sommige mensen in het dorp) de tweehonderdjarige verjaardag van de Franse Revolutie vierde, bleek het plafond van de school weer op punt van instorten te staan. Nog eens 60.000 franc moest ergens worden gevonden.[44]

Belangrijke uitdagingen dienden zich aan. In 1961 vroeg de onderwijsinspecteur de departementale schoolautoriteiten Balazucs twee klassen – dat wil zeggen één voor jongens en één voor meisjes – om te vormen in een klas voor jongens én meisjes. Destijds was het aantal kinderen in beide klassen gedaald tot 32, het jaar daarop daalde het nog verder tot 25. Bedreigend was dat slechts vier kinderen die nog de leerplichtige leeftijd moesten bereiken in het dorp woonden. Er was weinig wat de gemeenteraad kon doen toen de inspecteur eenmaal een besluit had genomen.[45] In 1970 telde Balazucs classe unique acht kinderen, zonder dat er tekenen waren dat het aantal in de naaste toekomst zou toenemen. Voor de eerste keer scheen het overleven van de school van Balazuc op het spel te staan, voordat het aantal leerlingen weer enigszins toenam.[46] Van 1990 op 1991 zaten er nog maar negen leerlingen op school, acht meisjes en een jongen. Het volgende jaar, toen mijn dochtertje Laura aan de eerste klas begon, had de school nog geen kleuterschool voor ons zoontje Christopher. In 1996 noemde burgemeester Boyer de gemeenteschool een 'zorgenkind'.

Toen de 'deelname' van de overheid door betaling van enkele schoolactiviteiten afnam, moesten er nog belangrijke pogingen worden ondernomen om geld in te zamelen. In december organiseert de school op een zondagmiddag een bingo, waarvoor prijzen worden gedoneerd (sommige kun je maar beter niet winnen). Er is ook een tombola met nog meer prijzen. Je kunt daar lekkere cake en tarte krijgen, naast wijn, pastis en frisdrank. Het gebeuren trekt een groot aantal mensen uit het dorp, met name ouders van schoolkinderen, en twee zusters, die op de een of andere manier altijd alle prijzen winnen, en die van dorp tot dorp trekken. Bovendien bakt de restauranthouder, op een andere dag in de winter, pannenkoeken en wafels, die samen met de drankjes ook ten bate van de school worden verkocht.

Iedereen is het eens over het belang van de school als middelpunt van het gemeenteleven en de gemeentelijke identiteit. Het is nog steeds een veel gebruikt referentiepunt voor jongeren van alle leeftijden. Sinds onze onderwijzer, Jacques Imbertèche, in 1988 is aangesteld, is hij een hogelijk gerespecteerd lid van de gemeente geworden, onontbeerlijk voor het leven ervan.[47] In een dorp zonder een place om een natuurlijk ontmoetingspunt te creëren, horen ouders die hun kinderen om halfvijf komen ophalen wat er gaande is. Ook families en personen die het in het verleden over veel oneens zijn geweest, zijn het eens over de school.

Lagere-schoolonderwijzers in de streek gebruiken activiteiten en excursies om kinderen iets te leren over hun streek (zoals dat ook elders gebeurt). De kinderen in Balazuc zijn zodoende in het dorp op jacht geweest naar fossielen, hebben grotten bezocht (een paar maanden vóór de ontdekking van de Chauvetgrot waren ze in de buurt van Vallon geweest, niet ver van de plaats van ontdekking), en leren ze te kanoën of kajak te varen. Jacques' voorganger had cocons mee naar school genomen, om de kinderen te laten zien wat eens de voornaamste bron van levensonderhoud in de Bas-Vivarais was.

De scholen van St.-Maurice-d'Ardèche, Lanas en Vogüé werden 'gehergroepeerd' tot één enkele school, waarbij de voormalig onafhankelijke school van elk dorp nu twee van de zes jaar van het lagere onderwijs huisvest. Balazuc heeft zijn enige klas niet behouden, ook al zijn er andere in de Bas-Vivarais en heel Frankrijk helemaal opgeheven of 'gehergroepeerd'. In 1996 bleek uit een studie dat de leerlingen die in een classe unique hadden gezeten, van CP tot CM2 (van de derde tot de achtste klas met één onderwijzer, met verscheidene niveaus in dezelfde klas) enigszins betere resultaten boekten dan op scholen met een 'normale' organisatie van een onderwijzer voor elke klas. Toch waren in de jaren zeventig en tachtig in dorpen in heel Frankrijk duizenden enkele klassen gedwongen hun deuren te sluiten. St.-Maurice-d'Ibie is daar een mooi voorbeeld van. In 1856 telde het dorp 771 inwoners. In 1911 waren dat er 387, in 1931 290, en het is nu minder dan 100. Aan het eind van de jaren negentig moest de school sluiten. Toen de school gesloten werd, had de onderwijzer nog maar vijf leerlingen, waarvan drie zijn eigen kinderen waren. Zo heeft Labeaume, waar aan het begin van de jaren vijftig drie scholen waren (twee openbare en een particuliere) geen school meer. Voorstanders van enkele klassen voeren aan dat het sluiten ervan geen geld uitspaart vanwege de kosten van het transport van de kinderen naar scholen in andere dorpen, die erbij komen en die de gemeente moet betalen.[48] Bovendien, als dorpen hun lagere scholen verliezen, staat hun overleven op het spel.

Moet een dorp meer doen dan allen maar bestaan, dan is er een kerk nodig, een school, een café en een kruidenierszaak, naast enig verenigingsleven. In de negentiende eeuw vertegenwoordigde de school in Balazuc en in duizenden andere dorpen op een bepaalde manier zowel de inmenging van de staat in het lokale leven (het gebruik van Frans versus Occitaans, dialecten of andere talen, of Marianne versus Maria, zoals we hebben gezien) als de mogelijkheden die de staat bood (minimale opleiding die kon leiden tot een positie, vaak in de administratie, van een stad of ergens in de streek). Natuurlijk heeft de kerk, zoals we hebben gezien, zich fel tegen de lekenschool verzet, en hebben sommige gelovigen zich verzet tegen de lekenrepubliek. Zeker is dat in de loop van de negentiende eeuw de door de staat betaalde opleiding ertoe heeft bijgedragen het traditionele plattelandsleven in Frankrijk uit te hollen.

Nu lijkt het alsof in sommige opzichten deze relatie is omgekeerd. Balazucs poging om zijn school te handhaven staat tot op zekere hoogte voor de poging van het dorp zich te beschermen tegen overheidsbeslissingen die het bestaan van het dorp kunnen bedreigen. De enkele klas hielp het dorp zijn identiteit als plattelandsplaats behouden. Weliswaar heeft de televisie het gemeenschapsgevoel dat er altijd was geweest, uitgehold, maar tot op zekere hoogte was dat waarschijnlijk al aan het verdwijnen. Zodoende werd de school nog belangrijker. De classe unique is heel speciaal, niet alleen omdat Balazuc het geluk heeft gekend in de afgelopen dertien jaar (en zelfs daarvoor) een fantastische onderwijzer te hebben gehad, maar ook omdat de betrokkenheid van de ouders bij die enkele klas aanzienlijk is geweest. De oudere kinderen helpen de jongere kinderen onderwijzen. Af en toe komen honden en katten in de klas, die op hun manier deelnemen. De school heeft iets van een grote familie. Een bewijs daarvan is dat de leerlingen altijd de leraar hebben getutoyeerd, en zelfs bij zijn voornaam hebben genoemd, in plaats van *maître* te zeggen (dit is zeker verkiesbaarder, in Parijs heb ik mensen ontmoet die zo formeel waren dat ze zelfs hun katten vousvoyeerden). Deze familiariteit heeft Jacques nooit geschaad bij het handhaven van de discipline. Voor degenen die zich de onderwijzer van vroeger herinneren is dit nogal een verandering, maar wat ons betreft een goede. Bovendien heeft Jacques altijd gediend als informeel raadgever voor families in het dorp, waardoor hij een traditie heeft voortgezet die al generaties lang leefde. Sinds de afname van de invloed van de kerk – het vertrek van de laatste voltijds pastoor viel halverwege de jaren tachtig – is deze rol nog belangrijker geworden.[49]

Ontmoetingen van ouders met de onderwijzer liepen onveranderlijk af met de verschijning ter tafel van een fles Armagnac. Oorspronkelijk leerden wij onze beste vrienden in het dorp kennen door de school, door de vergaderingen en door het plannen en deelnemen aan de bingo en andere schoolactiviteiten. Eind juni of begin juli gaan de meeste families die bij de school betrokken zijn samen picknicken, met een hoop pastis, wijn, Fanta, eten en boules. Er kwamen altijd genoeg mensen, inclusief voormalige leerlingen en hun ouders, om een bus te kunnen huren. De laatste tijd zijn degenen die deze hele prettige middag mee willen maken geslonken in aantal en gaan ze individueel per auto ergens naartoe, meestal minder ambitieus dan vroeger. Jaarlijks komen er steeds minder mensen en les anciens (wij wier kinderen een tijdje geleden op school zaten) klagen dat ouders nu minder betrokken zijn dan vroeger.

Het overleven van de school op de lange termijn zal afhangen van het aantal kinderen dat er jaarlijks naartoe gaat. Om dat aantal te laten stijgen is de eerste stap ondernomen om de kleuterschool op te richten (in het verleden zijn een paar speciale verzoeken om een kind van kleuterleeftijd op school toe te laten toegestaan). Om iets te kunnen doen voor vier- en vijfjarigen, moest er een assistent in dienst worden genomen die in een andere ruimte op de kleintjes paste. Iedere onderwijzer in de classe unique moet zijn aandacht erg verdelen doordat hij leerlingen uit elke klas moet onderwijzen en vooral de zevende- en achtsteklassers moet voorbereiden op hun overgang naar het collège. De opname van kinderen van de kleuterleeftijd vergrootte het aantal leerlingen. In 1997-1998 liep dat op tot achttien kinderen. Het bereikte het jaar daarop 23, zakte toen weer tot twaalf van 1999 op 2000, en het volgend jaar tot elf.[50]

De *cantine scolaire* was in het begin van de jaren negentig allang verdwenen. Om die redenen kregen een paar moeders die in Aubenas of Joyeuse werkten toestemming hun kinderen daar op de lagere school te doen, waardoor het aantal kinderen op de school van Balazuc weer afnam. Daarop kondigde Jacques, de onderwijzer, aan dat de burgemeester op een avond aanwezig zou zijn bij een oudervergadering. Zijn aanwezigheid verleende een ander tintje aan de bijeenkomst. De onderwijzer stelde *monsieur le maire* voor, de heer Mouraret. Hij deed dat met ongebruikelijke vormelijkheid. Het onderwerp was een manier om aan een kantine te komen. De burgemeester brak de het ijs meteen door half schertsend te beweren dat we bij elkaar waren gekomen om te kijken hoe we het beste de staat een loer konden draaien! De relatie tussen staat, school en dorp was aantoonbaar omgekeerd. De school stond niet langer voor de staat, maar eerder voor de manier waarop het dorp probeerde een middelpunt van het plattelandsleven te handhaven door op wat voor manier dan ook een kantine op te richten, om althans tijdelijk de beperkingen van overheidsmaatregelen en regulering te omzeilen. Met dat in het achterhoofd begonnen ouders manieren te bedenken om voor leerlingen in Balazuc een lunch te organiseren. Enige tijd wisselden vijf moeders elkaar af in eten koken en op school of bij hen thuis opdienen aan leerlingen die niet thuis konden lunchen. Ten slotte hielp het gemeentebestuur, zich conformerend aan de officiële norm, te betalen voor het ombouwen van een ruimte in de kelder van de school tot kantine en betrok daarbij een cateringbedrijf uit Ruoms om dagelijks lunch te verzorgen, wat onvermijdelijk aardappelpuree met zich meebrengt. De lunchroom werd aan het eind van 1996 in dienst genomen. Het volgend jaar huurde het gemeentebestuur een jonge vrouw om een kinderopvang te leiden, zodat kinderen wier ouders werkten na schooltijd konden blijven spelen.[51]

In de herfst van 1996 werd onze onderwijzer ziek. Een vervangende onderwijzeres kwam uit een ander dorp naar Balazuc. Ongetwijfeld had zij een moeilijk start. Wellicht was ze verbaasd een grote dode vogel (een *grand duc*) in de klas aan te treffen, die was geëlektrocuteerd nadat hij op een elektriciteitsdraad was geland. De vogel moest die dag het onderwerp van gesprek zijn. Ze streek ouders die aan het begin van haar verblijf op een vergadering kwamen, tegen de haren in toen ze zei dat ze, toen ze op onze school kwam, de indruk had gekregen de negentiende eeuw te betreden. Dingen gaan nu veel beter (dat moest ook wel, want sommige kinderen verwezen naar haar achter haar rug als madame Con!) en ten slotte begon ze Balazuc op prijs te stellen.

In 1998 viel vrijwel onvermijdelijk het besluit Balazucs school te 'hergroeperen' met die van Uzer, aan de overzijde van de gras. Ouders werden uitgenodigd om de zaak met de onderwijsinspecteur te 'bespreken'. Een vertegenwoordiger van Uzer was ook aanwezig. Hij zette de situatie van Uzer nogal pathetisch uiteen, door te beweren dat zijn dorp niet slechts een 'corridor' wilde blijven op de weg tussen Aubenas en Joyeuse. In 1912 had de prefect de gemeenteraad van Uzer ontbonden, omdat die zo bitter in twee facties verdeeld was dat er vrijwel gaan zaken konden worden gedaan. Nu was de situatie min of meer hetzelfde. Het jaar daarvoor was er slechts één leerling, de zoon van de burgemeester, op de openbare school geweest. Bij de vergadering legde de inspecteur de redenen uit voor zo'n fusie, die natuurlijk voor ieders bestwil zou zijn. Er waren wat vragen, niet veel. Carol Merriman vroeg de persoon die naast haar zat of we niet moesten stemmen, een vraag die een blik van volslagen verbazing tot gevolg had. Dit was natuurlijk Frankrijk, het besluit was al gevallen. De zaak was beklonken.

De fusie met de school van Uzer, die onze *petits* naar hun school stuurde en hun *grands* naar Balazuc, was een gemengd succes. Het eerste jaar gingen vijf kinderen uit Balazuc van kleuterleeftijd met een busje over de gras naar Uzer. Beide scholen hadden fantastische onderwijzers, en de komst van enkele andere kinderen vergrootte het aantal leerlingen op de school van Balazuc. Maar verscheidene nieuwkomers brachten weer bijzondere problemen met zich mee. Onze onderwijzer, met ruim twintig jaar ervaring in moeilijke buurten in Parijs (hij kan zich nog ochtenden herinneren dat de leerlingen razendsnel naar school kwamen omdat zij achtervolgd werden door winkeliers van wie ze net iets gestolen hadden), noemde het eerste jaar van de fusie het moeilijkste van zijn carrière. In november 2000 verbeterde een ouderblaadje in Uzer de zaak niet door Balazucs school 'grijs en triest' van uiterlijk te noemen. Sommige ouders uit Uzer begonnen hun kinderen op privé-scholen te doen, wat ze ook al vóór de fusie hadden gedaan. Maar de burgemeester formuleerde het heel goed: 'Het belangrijkste is om de school te handhaven'. Aan het eind van het schooljaar beginnen de onderwijzer, de burgemeester en vrijwel iedereen elders het aantal leerlingen te tellen dat het volgend jaar naar Balazucs school zal terugkeren of erop zal komen, waarbij de aantallen die uit Uzer worden verwacht nu meespelen in de vergelijking. Het officiële rapport is natuurlijk dat 'de pedagogische fusie van de beide scholen uitstekend overeenkwam met de wensen van het ministerie van nationaal onderricht, en aan de wensen van de ouders', waarbij de 'wensen van het ministerie' veelzeggend bovenaan stonden. Balazuc heeft zijn school nog steeds. Maar de fusie lijkt de energie van de ouders te hebben uitgeput, wellicht doordat de school minder duidelijk met het dorp wordt geïdentificeerd. Jacques Imbertèche ging aan het eind van het schooljaar 2000-2001 met pensioen. Ondanks de fusie met de school van Uzer en de aanstelling van de nieuwe onderwijzer blijft de toekomst van de school onzeker.

Vlak voor het pensioen van Jacques organiseerden de ouders van zijn leerlingen en het gemeentebestuur een paar officiële gebeurtenissen. De laatste vond plaats op school, enkele dagen voor zijn pensionering op 2 juli 2001. De leerlingen hadden liedjes en gedichten te zijner ere ingestudeerd. Dat alles moest plaatsvinden in de *salle polyvalente*. Het was een gelukkig toeval dat het pas verkozen gemeentebestuur zo'n tweehonderd nieuwe plastic vuilnisbakken op wieltjes had besteld, voor degenen die dat wilden. Omdat dat zaaltje, dat voor alles en nog wat wordt gebruikt, de enige plek was om ze op te slaan, moesten de kinderen al die vuilnisbakken zien in te passen. Toen de ouders van de (voormalige) leerlingen zich in de zaal persten, waarbij sommigen achter de bar moesten blijven staan om te kunnen toekijken, deden de kinderen alsof de grijze vuilnisbakken een bos waren. De kinderen wuifden met hun handen van achter de bomen en sprongen te voorschijn als zij iets moesten zeggen. Dat ging allemaal goed. Er werd een aperitief geschonken ter ere van Jacques. Balazuc had zoals altijd weer gedaan wat het kon met wat voorhanden was.

De nieuwe gulden boom

Vóór de jaren vijftig kwamen er slechts in kleineren getale toeristen naar Balazuc, ondanks de wetgeving van het Volksfront, waardoor mensen recht kregen op een maand betaalde vakantie. Een vrouw die in 1949 een huis had gekocht in Balazuc herinnert zich nog dat iedereen die in de rivier zwom 'zou worden aangezien voor getikt'. De Duitse invasie bracht een Belgische vluchtelinge naar Balazuc, een dorp waarop ze onmiddellijk verliefd werd. Later kocht ze een aantal huisjes langs het pad van de Porte de la Sablière naar boven en verhuurde die aan landgenoten. Om die huisjes te meubileren overreedde zij enkele inwoners houten kasten en tafels in te ruilen voor formica keukens, die toen in de mode waren. Burgemeester Freydier stimuleerde de herbouw en de bescherming van dorpshuizen en de verkoop ervan aan mensen die ze goed zouden onderhouden. In de naoorlogse jaren kwamen er in groteren getale auto's naar het dorp, maar de cafétafels bleven evenzogoed op de weg staan. Zo hoefden *boulistes* slechts af en toe aan de kant om een auto door te laten. In 1947 merkte de gemeenteraad dat de dorpskern geen parkeerplaats voor automobielen had, en dat het daardoor dus ook niet mogelijk was om te keren, wat 'bijzondere moeilijkheden voor toeristen' met zich bracht 'die in steeds groteren getale ons oude dorp komen bezoeken'. Drie jaar later moest de burgemeester regels opstellen voor het parkeren van auto's in het dorp, waarbij hij verbood ze op openbare pleinen of aan straten te zetten, en de maximumsnelheid beperkte tot 18 kilometer per uur.[52]

In 1955 stemde het gemeentebestuur ten slotte voor geld om de église romane te herstellen, 'een getuige van het verleden'. De half vervallen toren is het symbool van Balazuc geworden. Twee jaar later schonken twee Parijzenaars geld om de oude kerk verder te restaureren.[53] In de jaren zestig zijn veel meer toeristen naar Balazuc gekomen, toen de *Guide Michelin* het een ster had verleend. In 1978 selecteerde de *Collection Sélection du Reader's Digest* Balazuc als een van de honderd 'mooiste dorpen van Frankrijk'. Verbazingwekkend genoeg karakteriseerde zij het dorp als verdeeld tussen protestant en katholiek, waarbij elke religieuze factie zijn eigen café en kruidenierszaak zou hebben! 'Gegeven de noodzaak tijdens het toeristenseizoen' volgde in 1979 de bouw van openbare toiletten.[54] In 1982 werd de Association Les Plus Beaux Villages de France opgericht, met 138 deelnemende dorpen ('de harmonie van hun silhouet, de kleuren en de façades van hun huizen en daken, en van het omgevende landschap wekken een bijzonder gevoel').[55] In de Ardèche werden Vogüé, Alba, (dat Alba-la-Romane werd), en St.-Montant aan de Rhône gevraagd tot de vereniging tot te treden.

In 1984 rondde burgemeester Mouraret, wiens grootvader de conservatieven had geleid in de conflictueuze politiek voor de Eerste Wereldoorlog en die twee keer burgemeester was geweest, een korte toespraak af ter gelegenheid van de viering van het honderdjarig bestaan van de brug, door bezoekers te verzekeren dat zij altijd welkom zouden zijn in Balazuc, waar zij 'rust, de menselijke rust van de inwoners en de resten van een altijd aanwezig verleden' zullen vinden. Meer en meer mensen zijn op deze uitnodiging ingegaan. Het aantal toeristen is aan het eind van de jaren tachtig en negentig haast verdubbeld. Een constant thema dat mensen in het gastenboek van de 'nieuwe' kerk aanroeren (naast een incidentele opmerking als 'een kerk is maar een kerk, een beeld is maar een beeld, de lucht is binnen gewoon koeler dan buiten') is de betrekkelijke rust van Balazuc. Een aantekening die achtergelaten werd onderstreepte de 'menselijke schaal' van het dorp, een ander ging over een 'charmant dorp, een goede plek om te leven', nog weer andere (een van een Belgische familie): 'Het dorp doet ons dromen [van] een onvergetelijke ontmoeting' en 'Er is nog een paradijs op aarde, en dat is gelukkig de Ardèche'.[56]

Het toerisme heeft de moerbeiboom vervangen als nieuwe gulden boom en in bepaalde opzichten de Ardèche gered. In de loop van de eeuwen al leek de natuur vaak het beste uit de inwoners van Balazuc te halen, en de dorpelingen hebben de speciale gaven van de Bas-Vivarais nu gebruikt om er een attractie van te maken die geld en bezoekers trekt. Het dal van de Ardèche is een favoriete locatie geworden. De verhuur van kano's werd een lucratieve business, zeker tussen Vallon-Pont-d'Arc en St.-Michel d'Ardèche, de eigenlijke 'Gorges de l'Ardèche'. Nu stappen in juli en augustus duizenden bezoekers bij Vallon in kano's om de 'afdaling' van de Ardèche te beginnen, en worden er gendarmes gestuurd om het verkeer te regelen op de rivier. Hotels, restaurants, cafés, *gîtes* (vakantiehuisjes) en bovenal kampeerterreinen zijn als paddestoelen uit de grond verrezen.[57] Nederlanders en Belgen komen in groten getale, laten hun plat pays achter om een paar weken of zelfs een maand door te brengen, kamperend op het ruige terrein van de Ardèche.[58] De meeste Belgen worden in de Ardèche op prijs gesteld omdat zij toeristen zijn met eerbied voor het land en gemakkelijk geld uitgeven (een van de Belgen verklaarde dat als volgt: 'Er zijn hier zo veel Belgen, maar er zijn er gelukkig maar een paar uit Luik!'). De Nederlandse bezoekers hebben de reputatie gekregen nogal krenterig te zijn. Volgens iedereen hier hadden zij hun caravans vol met vrijwel alles (vooral Hollands bier en kaas) dat tijdens de vakantie geconsumeerd moest worden (misschien is dat niet waar), zodat zij alleen sla, brood en niet veel meer plaatselijk hoefden aan te schaffen. Aan het eind van de jaren zeventig begonnen Nederlandse families huizen in de Cevennen te kopen, en je kunt af en toe nog gemene graffiti zien waarbij zij opgeroepen worden maar naar huis te gaan, maar dat duurde gelukkig niet lang en het is nu voorbij. Toepasselijk genoeg is zelfs het oude station van Balazuc opgeknapt om vakantiegangers te huisvesten, die stokdoof moeten zijn, met alle auto's die voorbij komen zoeven. Ook Duitsers komen naar Balazuc, vooral met Pasen, maar in aanzienlijk mindere mate.

Er waren in 1956 zeven *gîtes ruraux* in de Ardèche, in 1965 586 en in 1976 negenhonderd (waarvan driekwart eigendom van boeren of plattelandsgemeenten). Enkele zijderupsenkwekerijen werden omgebouwd tot gîtes, waardoor prachtig de overgang van de oude gulden boom naar de nieuwe werd bevestigd.[59] In Balazuc begon eind jaren zeventig een groep jonge mensen Viel Audon te herbouwen, het groepje huizen op de rechteroever van de rivier dat ruim een eeuw eerder was verlaten omdat de bewoners ervan zich wilden vestigen op de veiliger grond van Audon boven het massieve klif. Zij richtten een vereniging op, 'De Gek' geheten ('Le Mat' in Middelfrans), fokken geiten en produceren kaas, terwijl ze zomers een centrum voor jonge mensen opzetten. Viel Audon heeft nu een goede reputatie en verwelkomt schoolkinderen het hele jaar door. Bovendien draait het jaarlijks ruim 150.000 euro omzet.

Tegelijkertijd verdubbelde het aantal tweede huizen tussen 1962 en 1975 in de Ardèche. Zij blijven toenemen en zijn nu goed voor ongeveer 16 procent van het woningbestand in het departement. Niettemin is hun percentage in bijzonder aantrekkelijke dorpen veel hoger, en in Balazuc is ruim de helft van de huizen tweede huis. Natuurlijk komen sommige bewoners oorspronkelijk uit het dorp. Maar een toenemend aantal komt uit het buitenland, met name België, Nederland en Zwitserland. Verscheidene andere Belgische families hebben huizen gekocht, en het piepkleine *quartier* net boven het Portail d'Éte wordt soms voor de grap wel het *quartier belge* genoemd.[60]

Het landschap is nu zwaarder bebost dan vele eeuwen het geval is geweest, het staat ook voller met bebouwing dan ooit tevoren. Michel Carlat, een expert van de landelijke Vivarais en haar architectuur, betreurt 'de invasie van tweede huizen'. Hij klaagt dat de nieuwe bouwsels de originaliteit missen van de dorpshuizen en de geïsoleerde boerderijen, waarvan sommige eeuwenlang hebben bestaan. Van een 'werktuig' is het stenen huis van de Bas-Vivarais omgevormd tot een 'plezierobject'. Op deze manier is de *couradou*, dat overdekte balkon dat zo belangrijk was voor het samengaan van wonen en werken, vrijwel verdwenen of bijvoorbeeld door grote schuiframen afgesloten, die er totaal iets anders van hebben gemaakt. Carlat legt verband tussen plattelandsarchitectuur en het overleven van de boerenstand: 'Deze huizen waren een getuigenis van ons verleden, evenzeer als abdijen of kastelen'. Hij onderstreept dat de helling van de heuvels zoveel mogelijk moet worden bewaard, waarbij huizen zich aanpassen aan de structuur van het terrein, en niet andersom. Een ongeschikt huis dat als een zere duim uitsteekt kan 'de charme en de waarde van een locatie of een gehucht bederven'. Hij roept op tot soberheid, in harmonie met de tradities van de Bas-Vivarais. Een van zijn collega's vraagt: 'Bestaat er ergens een voorgeborchte voor hen die het verleden vernietigen, voor hen die het landschap verpesten?' Carlat roept op tot verdediging van het *patrimoine*: 'Het land is ziek. Het is ziek van toerisme, het is ziek van speculatie, het is ziek van de landelijke leegloop, het gaat eraan ten onder. En als een streek niet in staat is het probleem te bevatten en er iets aan te doen, gaat die streek ook ten onder'.[61] Het laatste hoofdstuk van een recent boek met herinneringen aan een ander dorp in de streek is dan ook getiteld: 'Een dorp zonder boeren'.[62]

Milieubeschermers hebben de strijd tegen elektriciteit en televisie al verloren.[63] Maar waar mogelijk zijn de elektriciteitsdraden ondergronds gelegd – bijvoorbeeld langs de weg over de gras en het adembenemende traject naar de rivier toe. Maar witte satellietschotels voor televisie (*parabols*) verschijnen als pepermuntjes en steken uit rode pannendaken, onder andere het onze. Toen de Association Les Plus Beaux Village recentelijk een afvaardiging naar Balazuc stuurde om de ontvangst te evalueren die toeristen bereid werd, vernieuwde zij Balazucs lidmaatschap maar gaf uitdrukking aan haar bedenkingen over het aantal schotels, dat van vrijwel overal zichtbaar is.

Het oude dorp Balazuc is beschermd als historisch monument (hoewel de staat daar niet voor betaalt), zodat veranderingen in het dorp zelf op departementaal niveau moeten worden goedgekeurd. Maar ook zijn sommige huizen min of meer intact gelaten, nadat zij door buitenstaanders waren gekocht, andere nieuwkomers hebben vreselijke tweede huizen gebouwd met totaal ongeschikt materiaal, en met volslagen veronachtzaming voor de manier waarop het dorp zich heeft ontwikkeld. Gelukkig staan de meeste hiervan (onder andere een huis dat gebouwd is in Duitse boerenstijl!) in welverdiende afzondering, een eind uit het dorp.

Als burgemeester is Guy Boyer, die van 1995 tot 2001 zat, een man van onuitputtelijke goede wil en een krachtig voorstander van het toerisme in Balazuc en omgeving. Hij heeft de aanzet gegeven tot artikelen over Balazuc die in de lokale krant, *Le Dauphiné*, in *Le Progres*, dat in Lyon veel lezers telt, *La Marseillaise*, *La Tribune de Genève*, en kranten in België en Luxemburg zijn verschenen. Ter gelegenheid van de nieuwjaarswensen aan het gemeentebestuur, eind december, gaf hij aan dat de burgemeester van een stadje in Luxemburg gelukwensen, en ook een paar stoelen naar Balazuc heeft gestuurd. Een afbeelding van Balazuc sierde in 1997 het omslag van het departementale telefoonboek. De nieuwe raad heeft zijn best gedaan 'het welkom dat toeristen en vakantiegangers bereid wordt te bevorderen!'[64]

Een van de prioriteiten van de nieuw verkozen raad was om 'de bevolking te wennen aan gîtes, pensions, en campings op de boerderij en haar te stimuleren ze op te zetten'.[65] De mairie heeft een lijst opgesteld van 27 beschikbare huurhuizen in het dorp ('Balazuc [...] zon, water, natuur, sport, vrijetijdsbesteding, ontdek het natuurlijke gevoel in een beschermde omgeving'), met prijzen verdeeld in 'hoog', 'gemiddeld' en 'laag seizoen' afhankelijk van het aantal mensen dat kan worden gehuisvest. De huurprijzen variëren van de betrekkelijk bescheiden som van 275 euro tot 825 euro per week, met een afschrikwekkend 'naar de prijs informeren' voor het grootst beschikbare huis, dat constant aan Duitse toeristen verhuurd wordt. De gemeentesecretaris heeft al veel telefoontjes gehad met verzoeken om informatie over huurhuizen.

Een *extra-municipale* commissie (dat wil zeggen dat er sommige mensen inzitten van buiten de raad) is bijeengekomen om manieren te overwegen 'nieuwe ontvangststructuren' voor toeristen te ontwikkelen en ook om het dorp schoner te houden. De verschrikkelijke 'autowrakken' en de 'willekeurige storting van afval op de gras' waren punten van discussie. Andere stappen omvatten het opzetten van informatieborden op de vier lokale campings en het plannen van een extra parkeerplaats, het programma 'meer bloemen in het dorp' om inwoners te stimuleren bloembakken uit hun ramen te hangen (onder het motto 'een bloem voor elk raam'), het schoonmaken van de ruïnes van de kapel van Sint-Jan-de-Doper bij het Portail de Éte, en het tuintje achter de église romane, en het toepassen van het verbod op *camping sauvage* (wild kamperen buiten de 'officiële' campings) dat in 1988 werd aangenomen. Het licht dat aan de hoek van ons huis over de ruelle hing had slechts een oude plastic Evianfles als bescherming, maar het gemeentebestuur heeft er nu een groene draadkooi aan bevestigd.[66]

De nieuwe raad heeft gekozen voor het opleggen van een toeristenbelasting (*taxe de séjour*), die betaald moet worden door degenen die aan toeristen verhuren (30 eurocent per volwassene per dag en 15 eurocent voor ieder kind boven de tien, 10 eurocent voor ieder kind onder die leeftijd, kinderen onder de vier, vakantiekolonies en gehandicapte oud-strijders uitgesloten). In drie jaar heeft deze belasting 5340 euro bijgedragen aan het bijzonder belaste gemeentelijke budget, twee keer de som die werd geïnd uit de onroerende-zaakbelasting in het dorp.

In Balazuc zoals ook in andere dorpen, hebben aannemers huurhuisjes gebouwd (onvermijdelijk ontsnappen sommige zaken aan elke controle: een bouwvergunning werd afgegeven voor een garage, die als bij toeval opeens een piepkleine gîte rural is geworden). In Balazuc heeft dit er waarschijnlijk toe bijgedragen dat families die er het hele jaar rond willen wonen moeilijk een onderkomen kunnen krijgen, omdat de inwoners veel liever de hele zomerse huur innen. De kosten van de huizen en vooral de huurprijzen zijn in Balazuc snel gestegen. Veel van de huizen die in Balazuc worden verkocht zijn te duur voor de plaatselijke bewoners. In het voorjaar van 2000 is er een prefab huis voor een miljoen franc op de markt gekomen. Zulke huizen worden onveranderlijk door buitenlanders weggekaapt, voor de meesten van wie de band met het dorp slechts een paar weken per jaar zal bestaan. Toen een Parijse dame besloot haar huis te verkopen, belde ze mij om te zien of ik geen rijke Parijzenaars of Amerikanen kende, en heeft daarna het huis tegen een astronomische som te koop gezet (die heeft ze later laten zakken, en het huis werd aan vrienden verkocht). Bovendien hebben pogingen van het gemeentebestuur om permanente bewoners aan te trekken, met name families met leerplichtige kinderen, soms schipbreuk geleden door gebrek aan bruikbare huurhuizen voor het jaar rond. De gemeente heeft nu twee sociale woningcomplexen, allebei in een prachtig oud gebouw, maar ze zijn betrekkelijk klein. Het gemeentebestuur bezit grond een eind buiten het dorp waarop zo'n complex zou kunnen worden gezet, maar de kosten voor aanleg van waterleiding zouden enorm zijn, en waarschijnlijk onmogelijk op te brengen. Maar ondanks de aantrekkelijkheid van het landleven, is het gebrek aan werk in de buurt een ander bezwaar bij het aantrekken van jonge families met kinderen.[67] Het gemeentebestuur heeft de hoop gekoesterd een of meer families aan te trekken die geïnteresseerd zouden zijn in schapenfok door degenen die grond op de gras bezitten ertoe over te halen nieuwkomers daar hun dieren te laten grazen.

Maar toch is de bevolking van Balazuc, voornamelijk vanwege het grote aantal gepensioneerden in het dorp, gestegen van 282 in 1995 tot 339 in 1999. Balazuc is gedeeltelijk een *village dortoir* (een slaapdorp) geworden. Sommige mensen gaan in Aubenas, of in andere kleine steden werken, of in een regionaal instituut voor gehandicapten. Dit heeft de bevolking geholpen ruim een eeuw voortdurende afname te boven te komen.[68] Bovendien blijft de arbeidsstructuur overwegend aan de dienstensector gebonden, met name het toerisme, nu de kleine industrieën die verbonden waren aan de zijde-industrie ingekrompen en vervolgens verdwenen zijn.[69]

Het zomerse toerisme doet de bevolking van het dorp aanzwellen tot ongeveer duizend, waardoor de beperkte financiën van het dorp zwaar onder druk komen te staan. Mensen die Balazuc binnenrijden zien borden waarop staat dat zij een van de mooiste dorpen van Frankrijk betreden. De Association Les Plus Beaux Villages geeft een gids uit voor die dorpen. Balazuc is geclassificeerd als een karaktervol dorp (*village de caractère*), samen met Vogüé en Alba.

Villages de caractère moeten straatnamen hebben, zodat toeristen de weg kunnen vinden aan de hand van een kaart. Dat lijkt raar, gegeven het feit dat in de hele geschiedenis verwijzing naar locatie van huizen voornamelijk werd gedaan door ruwweg het quartier (sectie) van het dorp aan te geven: Chazotte, Le Vieux Village, Frigoulet, enzovoort. Het is zeker dat het lange eind tussen de Porte de la Sablière en het Portail d'Été in het kadaster van 1846 verscheen als *Rue Principale*, omdat dit de langste was en het dorp doorkruiste. Bewoners hebben altijd verwezen naar de ruelle 'waar ooit een smidse was', of 'het pad waar die en die woont'. De kadasters van de negentiende en twintigste eeuw geven geen straatnamen aan, ook al bedroeg het bewonersaantal meer dan negenhonderd. Onze post wordt gericht aan 'Merriman, 07120 Balazuc'. Sommige quartiers hebben om te helpen namen in het telefoonboek gekregen, zoals 'Le Village', of 'Le Vieux Village' of 'Portail d'Été' maar meer ook niet. De postbode kent iedereen en redt zichzelf in de zomermaanden met veel verve (een vergeetachtige collega die mij een briefje uit Straatsburg stuurde, was begonnen de envelop te beschrijven toen hem kennelijk iets ontsnapte; de brief bereikte mij in een dag hoewel er alleen maar op-stond: 'John, Balazuc').

Het feit dat de vereniging van de villages de caractère erop staat dat haar trekpleisters straatnamen hebben, is weer een getuigenis van de mate waarin het bewaren van mooie plattelandsstadjes de opkomst weerspiegelt van wat de Fransen stedelijke beeldvorming zouden noemen, of het stedelijk idee van plattelandsleven. Tenslotte hebben ste-den straten met namen, en op het moment dat de plattelandsbevolking van Frankrijk begint te slinken, komen de meeste toeristen uit de stad. Een van de doelen van het be-noemen van ruelles en steegjes die heel lang hun functie hebben gehad, is het toeristen gemakkelijker maken aanbevolen routes op kaarten te volgen als ze het dorp bezoeken.

Het gemeentebestuur heeft straatnamen verzonnen die nooit bestonden, namen die verwijzen naar adellijke families die eeuwen geleden verdwenen zijn, of die een fysieke karaktertrek weergeven, zoals een heuvel, een helling, de nabijheid van de oude kerk. Maar in plaats van het stedelijke wit op blauw, zijn die van Balazuc lichtbruin, en de namen staan er in het groen op, kleuren die kennelijk gekozen zijn door een Parijse kunstenaar. En zo komt het dat toeristen kaarten kopen waarop namen van straten staan die volstrekt niets voorstellen. De straten van de diverse Disneylands hebben ook namen. In beide gevallen heeft het toerisme er duidelijk toe bijgedragen een vals cul-tureel erfgoed (patrimoine) in het leven te roepen.

Zodoende heeft Balazuc onder andere een 'Rue du Château', een 'Rue de la Tour Carrée', een 'Rue Guillaume Le Troubadour', een 'Allée des Remparts', een 'Rue de la Plage' (met een knipoogje in de richting van het toerisme), een 'Passage des Grottes', een 'Passage du Sarcophage' en een 'Rue du Bac'. Sommige inwoners die hun leven lang in Balazuc wonen, horen toeristen sommige van die namen noemen en zich af-vragen waar dat is. Sommigen uit het dorp die mokken over de tastbare toename van het zomers toerisme waren niet zo blij dat ze die straatnamen zagen verschijnen, waardoor straten namen kregen die ze nooit hadden gehad. Ze begonnen over wat dat moest kosten, het feit dat dat geld beter had kunnen worden besteed en dat de bord-jes toch alleen maar gejat zouden worden. Tenslotte kon de gemeentelijk ambtenaar maar een eindje in de rots boren, en op zijn best lijken ze op plakplaatjes. Zoals ie-mand zei, de eigenaar van het bedrijf dat de straatnaambordjes maakt moet in zijn handen wrijven, want ze kosten 45 tot 75 euro per stuk. Bovendien lijken oudere men-sen die in Balazuc geboren zijn (en juist zij) erdoor in de war te raken. De hoofdstraat is Grand' Rue Pons de Balazuc genoemd, naar de heer die negenhonderd jaar geleden bij de Eerste Kruistocht omkwam. Een inwoonster die niet goed kan zien dacht lo-gisch genoeg dat er stond Grande Rue du Pont de Balazuc, oftewel de Brug van Bala-zuc. De Allée du Théâtre leidt naar de oude begraafplaats (en dus naar de speeltuin en het boulodrome, afhankelijk van waar je naartoe wilt). Ik nam in september 2000 een foto van die aanduiding, en toen ik de volgende maand terugkwam, was ze gestolen.

Iedereen die in Balazuc woont is gewoon trots op de buitengewone schoonheid van het dorp, en de meesten zijn blij dat bezoekers het leuk vinden die ook te zien. Toch zijn er nu klachten over het aantal zomerse toeristen te horen, meer dan enkele jaren geleden. Een inwoner geeft de schuld aan de publiciteit in kranten en op televisie ('veel te veel publiciteit – *trop de pub*'). Voor het grootste deel trekt Balazuc slechts familiaal toerisme, waarbij vooral wandelaars met aangelijnde honden opvallen. De *commerçants* zijn het er echter over eens dat de toeristen in augustus anders zijn. 'Moet je kijken wat er de vorige zomer is gebeurd toen kinderen de openbare toiletten midden in een augustusnacht hebben vernield!' zei iemand. 'Het is anders in augustus'. Hij wees erop dat de dagen voorbij waren toen je de mensen die in de zomer op bezoek kwamen nog kende, 'dat was een veel gecultiveerder toerisme'. Hij denkt er nu over zijn huis maar te verkopen en naar een dorp in een ander departement te verhuizen, waar het het jaar rond rustig is. Een vrouw die in het dorp is geboren, klaagt ook over de 'stortvloed' van toerisme en het feit dat ze niet langer de mensen kent die in juli en augustus naar Balazuc komen, terwijl ze goede herinneringen heeft aan 'prettige ogenblikken', doorgebracht met regelmatige zomergasten.[70] Nog een andere vrouw geeft filosofisch aan: 'Je moet met je tijd mee' ('*Il faut vivre de son temps*').

Als reactie op de spectaculaire toename van het toerisme zijn er verscheidene cafés en restaurants opengegaan in de maanden dat bezoekers verwacht kunnen worden. Momenteel zijn er geen open buiten het toeristenseizoen. In 1994 telde Balazuc 23 middenstanders met een of andere activiteit. Aan het begin van de jaren negentig is er een eindje van de hoofdstraat een pizzeria/crêperie geopend. Daar kwam een restaurant bij dat zichtbaar is vanaf de hoofdstraat, L'Amourier. Een *amourier*, dat weet iedereen, is de Occitaanse naam voor een *mûrier*, een moerbeiboom. De naam verbindt dus de oude gulden boom met de nieuwe, het toerisme. Het neon uithangbord kan vanaf de weg beneden worden waargenomen, naast het grote geel met zwarte bord dat de midgetgolfbaan aangeeft. Naast de dorpswinkel biedt Lou Cigalou snacks, lichte maaltijden en karaoke. Verscheidene winkeltjes verkopen 'regionale' producten. Eentje aan de weg heeft prachtig gekleurde placemats en Provençaalse kruiden. Een echtpaar uit Parijs heeft het Maison des Artisans geopend, dat onder andere het door hen gefabriceerde aardewerk verkoopt. Een echtpaar uit de Nord, dat porselein, kleine edelstenen en juwelen verkocht op diverse markten in de streek, heeft een winkel geopend in een grot naast hun huis, bij het Portail d'Été. Zij noemen hun winkel Espace Minéral, en dat trekt wel eens toeristen. Een jaar of drie geleden hebben zij een 'ambachtelijke markt' in mei georganiseerd, waar sommige ambachtslieden, schilders en mensen met 'producten uit het land en de streek' naartoe kwamen, een nogal brede definitie. Er werd muziek gemaakt, de onvermijdelijk *buvette* verkocht drank en worst. Kinderen uit Balazuc hebben een rommelmarkt georganiseerd (*vide grenier*). Maar na een succesvolle markt, heeft het regenachtige weer de twee volgende jaarlijkse gebeurtenissen vrijwel weggespoeld, en de ambachtelijke markt is verdwenen.

Espace Minéral is niet erg lang open geweest, toen er sprake was van wat iemand gemene concurrente noemde (*concurrence méchante*). Een vrouw met een winkel in Ruoms haalde haar auto uit de garage en begon daar al snel een Espace Naturel. Toen begonnen de affiches van elke winkel beurtelings te verdwijnen. Twee gendarmes, die duidelijk wel wat beters te doen hadden, verschenen, deden navraag, toonden hun glimlach maar ook verveling. Daar en elders zijn goedkope edelstenen en sieraden te koop, producten die voor het merendeel weinig of niets te maken hebben met de Bas-Vivarais, en die in soortgelijke winkeltjes kunnen worden aangetroffen van Biarritz tot Charleville-Mezières. Sommige producten die in het dorp worden verkocht zijn 'Made in Indonesia'.

Plaatselijke middenstanders en andere ondernemers zijn het natuurlijk niet altijd met elkaar eens. Bovendien heeft de nieuwe gulden boom niet iedereen gediend die in het toerisme heeft geïnvesteerd. Sommige inwoners hebben wel gemerkt dat met een aantal opmerkelijke uitzonderingen de meeste winkeliers in Balazuc niet aan het dorpsleven deelnemen. Bovendien is de koek van het toerisme, naarmate er meer winkeltjes en restaurants opengaan, onvermijdelijk in steeds dunnere plakjes opgesneden. Balazuc werd het slachtoffer van de harde werkelijkheid dat toeristen kortere vakanties begonnen te nemen en minder uitgaven. Zij nemen tijd voor zonnebaden of zwemmen (en ongeveer eens per jaar verdrinkt er ook een daarbij), maar velen zo niet de meesten kopen weinig of niets, wellicht een paar ansichtkaarten, een biertje of een ijsje. Een tweede echtpaar dat aardewerk produceerde gaf het op, na een teleurstellende zomer in Balazuc. Eén winkeltje, Expression Textile à Balazuc, is net weer opengegaan.

Het toerisme verhoogt het inkomen van sommige families in Balazuc, maar lang niet van allemaal. Degenen die huizen te huur hebben profiteren ervan, die met een handeltje ook. Ook brengt het wat fundamentele problemen met zich mee. Met uitzondering van bussen met oudere bezoekers in voorjaar en herfst, komen vrijwel alle toeristen met de auto. Honderden auto's stromen in het zomerseizoen het dorp dagelijks binnen, waardoor de hoofdweg dicht komt te zitten, die op sommige plekken te smal is om twee auto's te laten passeren. Balazuc is dus overgestapt van een verpauperd isolement naar te veel mensen, maar dan alleen in de zomermaanden. Ondanks borden die bussen waarschuwen niet de steile slingerweg naar de brug te nemen, komt er elke zomer minstens één vast te zitten, waardoor het verkeer door het dorp, over de brug en op de heuvel aan de overkant van de rivier stagneert. Bussen parkeren vrijwel overal waar dat maar kan langs de weg tot aan de rivier, waardoor het voor anderen nog moeilijker wordt er voorbij te komen. De aanleg van een parkeerplaats bij de rivier, waarbij een kleine wijngaard moest worden opgeofferd, heeft het probleem slechts tijdelijk verholpen. Er zijn twee nieuwe aan toegevoegd. Bovendien, omdat er maar één auto tegelijk over de brug kan, ontstaan er confrontaties als van twee auto's de chauffeurs weigeren terug te gaan, en dat komt vaak voor. Bij één gelegenheid kwamen twee Belgische auto's halverwege de brug tegenover elkaar te staan, en beide chauffeurs (wellicht was het een Waal en een Vlaming, wie weet?) weigerden toe te geven. Twintig minuten later stond er aan beide zijden een rij zo ver als het oog kon reiken. De crisis werd pas opgelost toen voetgangers beide chauffeurs begonnen uit te schelden, en een ging er achteruit, toen een Belgische vrouw de dichtstbijzijnde chauffeur toeschreeuwde dat hij 'een schande voor België' was. Kano's voor de 'afdaling van de Ardèche' komen op aanhangers en vormen de zoveelste bedreiging, omdat ze door het dorp heen scheuren, en de aanhangers ze als een Chinese draak volgen, die alle kanten op springen, zonder te letten op de aanwezigheid van ouden van dagen, kinderen of mensen van de leeftijd daartussenin. Borden aan de weg vertellen reizigers dat Balazuc een 'jachthaven' bezit, en wekken de indruk dat de havens van Marseille of Toulon vlakbij zijn. De oude stenen boerderij in Les Salles, waar Romeinse legioenen eeuwen geleden langs marcheerden, heeft een camping en verhuurt kano's.

Balazuc heeft nog steeds geen goed centraal plein. De nieuwe kerk en in toenemende mate de bouw van meer huizen buiten het dorp hebben de rol van het pleintje voor de oude kerk nog verder geminimaliseerd. De weg die in 1897 door het dorp werd aangelegd, volgend op de aanleg van de brug, voert langs het kruidenierswinkeltje. Na de Tweede Wereldoorlog heeft een lening de verbreding ervan mogelijk gemaakt, waardoor iets ontstond wat een inadequaat pleintje is en ruimte biedt voor de jaarlijkse festiviteiten bij de *Feux de St.-Jean* eind juni, als kinderen en jonge volwassenen (en ook sommige ouderen) over het vuur springen – de traditionele vruchtbaarheidsrite en bovendien nodig om ervoor te zorgen dat je de rest van het jaar geen last van vlooien zult hebben – waar volwassenen bij de buvette staan of in stoelen aan de rand zitten van wat als pleintje dienst doet. De laatste jaren heeft een diskjockey muziek en conferences gegeven. In 1989 heeft de aankoop van grond tussen de nieuwe kerk en de mairie de aanleg mogelijk gemaakt van een wat stoffig pleintje waar auto's kunnen parkeren. Dit pleintje wordt gebruikt voor een of twee bals in de zomer en voor drankjes die aangeboden worden bij de inauguratie van een nieuw gekozen gemeenteraad.[71] Servière, dat zijn eigen viering van de Sint-Jansvuren kende, heeft een paar jaar geleden een broodfestival georganiseerd, waarbij de oude oven van het gehucht in gebruik werd gesteld. Maar in tegenstelling tot de meeste dorpen heeft Balazuc nog steeds geen plek waar mensen met elkaar kunnen kletsen, hoewel de kruidenierswinkel en het grote café iets van die functie vervullen, zolang die nog bestaan. Het gebrek aan enig rustiek forum blijft het dorpsleven versplinteren, en dat wordt nog erger door de aanval van het toerisme.

Het toerisme heeft nog andere problemen met zich meegebracht. Toeristen, en met name jonge toeristen, maken lawaai. Veel mensen beklimmen de klokkentoren van de église romane en staan daar 's nachts te kletsen. Chez Paulette is het enige café dat het jaar rond open is. Van Pasen tot september trekt het terras een aanzienlijk aantal bezoekers. De rest van het jaar dient een kleine ruimte als café, een barretje met een paar krukken en een aantal tafeltjes. Gevallen van vandalisme, hoewel gelukkig zeldzaam, worden frequenter met de toename van het toerisme. Zij lopen van neerhalen van borden die de locaties van de diverse ambachtslieden en winkels aangeven, midden in de nacht weghalen van de stoelen van Chez Paulette en die op straat zetten, tot 's nachts met ijzeren staven vernielen van de openbare toiletten. De algehele tendens is 'de jongeren' de schuld te geven, of volgens sommigen 'bendes uit Largentière'. Het jaarlijks zomerbulletin van 1998 van de burgemeester formuleerde het heel subtiel: 'Wil het toeristenseizoen goed aflopen, in harmonie tussen de permanente en de toeristische bevolking, dan is er aandacht, begrip en zelfs discipline nodig'.[72]

Bovendien blijft Balazuc kampen met een bijzondere gelimiteerd budget, waarbij jaarlijks 150.000 euro kan worden uitgegeven en leningen moeten worden terugbetaald (meer recentelijk was het nodig grond naast de school te kopen voor extra parkeerruimte, in de hoop – tegen beter weten in – dat die op een dag gebruikt zal kunnen worden om de school uit te breiden). Na al die eeuwen blijft Balazuc een van de armste dorpen in de streek, tenminste als het gaat om het budget.[73]

Balazuc betaalt belasting over gemeentegrond die niets opbrengt.[74] Het gemeentebestuur is nog steeds verantwoordelijk voor het onderhoud van Balazucs weggetjes en paden en hoopt, net als de voorbijgangers in de negentiende eeuw, dat de weg naar Uzer zal worden geherclassificeerd als departementale weg, zodat er geld voor kan worden vrijgemaakt. Ondertussen is de salle polyvalente, een clubruimte die ooit als halve school fungeerde totdat het aantal leerlingen afnam, veel te klein voor een dorp, ook van de afmeting van Balazuc, en is zij niet te vergelijken met die van het kleinere Pradons. Het voetbalveldje blijft rotsachtig, loopt onder water, en is van weinig nut. De dorpsklokken doen het soms niet vanwege problemen met de stroom. De klok blijft dan steken op drie uur 's middags.

Ondanks de uiterlijke schijn, vergroot het toerisme de inkomsten van Balazuc niet echt. Slechts degenen die huizen aan toeristen verhuren of campings beheren betalen toeristenbelasting. Er is nogal wat geld nodig om toeristen te ontvangen, en het dorp en de gemeente te onderhouden. Vanaf 1989 is het gemeentebestuur begonnen te betalen voor wat een voltijds ambtenaar werd, die zijn meeste aandacht moet besteden aan wegen en paden. Met betrekkelijk kleine kampeerterreinen en geen hotels, heeft Balazuc gewoon niet de financiële bronnen om meer dan het volstrekte minimum te bieden ter 'verwelkoming' van toeristen.[75] De vier kleine campings zijn vaak overvol (zodoende komt de vakantiebelasting niet noodzakelijkerwijs ten goede aan degenen die boven de officiële capaciteit worden geherbergd). Hoewel het plan dat locaties aangeeft waarop al dan niet kan worden gebouwd, voorrang heeft, zou Balazuc nog drie campings kunnen inrichten, die de inkomsten zouden vergroten. Momenteel verkeert er een 'viersterren' camping in een vroeg stadium van planning op de gras. In 1999 protesteerde de burgemeester bij de prefectuur en op het jaarlijks congres van burgemeesters van de Ardèche tegen de zielig kleine som van 7000 franc (nu ruim 1000 euro) die door de staat werd toegekend voor de ontwikkeling van het toerisme in Balazuc, een bedrag dat in 1993 was vastgesteld en vervolgens bevroren. Andere nabij gelegen gemeenten kregen tot twintig keer dat bedrag.[76] Bij een vergadering in december 2000 verklaarde de burgemeester waarom de invasie van de toeristen geen geld in de koffers van Balazuc deed vloeien, waarop iemand uitriep: 'Il faut trouver un truc pour les faire payer!' ('We moeten iets vinden om ze te laten betalen!')

Toerisme en vuilnis gaan in Balazuc als overal hand in hand. Het grootste deel van het jaar komt de vuilniswagen slechts eens per week door het dorp, laat op zondagavond of vroeg op maandagochtend, en in 'het seizoen' in juli en augustus komt hij nog een tweede keer. Maar toeristen die een uurtje, vier uur of een dag komen moeten hun ijscoverpakkingen en hun bierblikjes kwijt. Zij die een week, veertien dagen of een maand blijven verzamelen grote, lelijk zwarte plastic vuilniszakken die ergens naartoe moeten. In een stil protest tegen de hoge kosten van vuilniszakken in Frankrijk, begon ik rollen heel goedkope vuilniszakken in mijn koffer te stoppen als ik uit de Verenigde Staten kwam. Ik ben daarop nooit aangesproken door de douane, dus ik hoefde ook nooit te verklaren waarom ik hele rollen vuilniszakken meenam naar Frankrijk, en in elk geval betwijfel ik of de Franse regering zou reageren op de recente verdubbeling van de importheffing op vette ganzenlever en sjalotten uit Bretagne door een hoge belasting op vuilniszakken te gaan heffen.

In 1995 beschikte het gemeentebestuur hier en daar nog over verscheidene grote vuilniscontainers, met borden erop waarop uitdrukkelijk stond dat die waren 'gereserveerd voor voorbijkomende Toeristen' – let op de hoofdletter – en met de erkenning dat 'de hygiëne van een dorp een van de wezenlijke criteria is voor de kwaliteit van de ontvangst' die bezoekers bereid wordt. Sommige inwoners begonnen dus 's nachts of heel vroeg in de ochtend stiekem naar die containers te sluipen om hun zakken erin te stoppen, die in een kwestie van een paar uur overvol zaten, en wespen, vliegen en onvermijdelijk ook katten en honden trokken, ondanks de veelvuldige pogingen van de mairie ('onze oproepen worden niet gehoord!') om de eigenaren eraan te herinneren hun honden niet in het dorp los te laten rondlopen.

Het laatste wat ik wilde was betrapt te worden op de overtreding van een gemeentelijke verordening. Meer dan eens reed ik vroeg in de ochtend een paar grote zwarte zakken, het leken wel lijkenzakken, naar de groene container bij de brug, bang dat iemand onze rode Renault 19 zou zien waarmee de overtreding begaan werd. Maar ik was amper de enige die af en toe zondigde, en naarmate het aantal toeristen bleef stijgen, liet het gemeentebestuur de containers maar gewoon weer wegslepen. Daardoor staan er nog slechte een paar hele kleine vuilniscontainers discreet op sleutelplaatsen, en de openingen daarvan zijn te klein om meer dan plastic Oranginaflessen en ijscoverpakkingen door te laten. Dat betekent soms dat je met vuilniszakken in je wagen rondrijdt in de hoop ergens een container aan te treffen in een nabijgelegen gemeente voordat de geur de chauffeur of de familie te machtig wordt, of voordat de inhoud uit de koffer begint te lekken (een keer, nadat ik een container had gevonden, betrapte ik mijzelf erop tegen niemand in het bijzonder te roepen: 'In St.-Maurice staan vuilniscontainers!!' – dat was een niet onaanzienlijke ontdekking).

Het gemeentebestuur heeft zijn pogingen het toerisme te bevorderen voortgezet. Een spiksplinternieuwe telefooncel is bij de rivier geplaatst. Een stenen abri, in harmonie met de landelijke architectuur van de Bas-Vivarais, begroet degenen die Balazuc binnenkomen vanaf de weg van Vogüé naar Ruoms. Ziet er mooi uit, maar dient nergens toe. De oude donjon, die in de negentiende eeuw enkele tientallen jaren als gemeentehuis diende, is nu behangen met verscheidene informatieborden over de geschiedenis van Balazuc. In de zomer werken een paar jonge mensen in het 'Point I', met een korte expositie 'Duizend jaar geschiedenis in Balazuc', opgezet in de Tour Carrée, die nog steeds lekt. Zij verkopen kaarten van het dorp, nu compleet met straatnamen. Twee keer per week neemt een vrouw, bekend als *la conteuse* (de verhalenvertelster) bezoekers mee op een rondgang door het dorp, en vertelt dan hele verhalen over het middeleeuwse leven, waarvoor ze applaus krijgt. In 1997 werden er twee niet zo heel succesvolle cocktails (*apéros*) voor de mairie gehouden 'voor zomergasten', maar het idee werd opgegeven nadat er slechts een paar toeristen verschenen. In 1999 vierde het gemeentebestuur de voltooiing van een kopie, die buiten het dorpshuis is geplaatst, van de vijfde-eeuwse sarcofaag die in de zeventiende eeuw in de buurt van de oude Romeinse weg werd gevonden, en die nu in het Gallo-Romeins Museum in Lyon staat. In augustus 2001 stond de burgemeester erop de toeristen te bedanken die hadden deelgenomen aan het festival van brood en wijn.

De Association de la Roche Haute verzorgt in het zomerseizoen enige culturele *animation*. De meeste activiteiten vinden plaats in de église romane. Het uitzicht vanaf het dak van de oude kerk is prachtig, en de vervallen maar charmante toren, het symbool van Balazuc, lokt elke bezoeker om de glibberige stenen trap te beklimmen. Van begin tot medio juli maakt de Association de oude Romaanse kerk voor duizenden bezoekers toegankelijk (de 'nieuwe kerk' trekt ook veel bezoekers, en velen van hen denken als ze weggaan dat ze de église romane hebben gezien). Om bezoekers iets te zien te geven in de verdere helemaal kale kerk, organiseert de Association de la Roche Haute (in feite doen een of twee leden dat) een expositie in beide schepen. Een en ander begint medio juli met een korte introductie van de kunstenaars in de kerk, gevolgd door drankjes op de place daaronder. Over het algemeen zijn er twee delen van de expositie, een voor elk schip. Het eerste behelst schilderijen of beeldhouwwerken van een kunstenaar, meestal uit Parijs en naar Balazuc gebracht door een van de leden van de Association die in de hoofdstad wonen. De schilderijen, tekeningen of beeldhouwwerken zijn te koop, maar er wordt zelden iets verkocht. In het verleden was er in het tweede schip soms een thematische expositie, zoals 'De Eerste Wereldoorlog in de Ardèche', 'De zijde-industrie in de Ardèche', 'Van de tafel van gisteren naar het gastronomisch paleis van nu' (mijn favoriet), 'Hoeden en paraplu's van het begin van de eeuw tot nu', 'Les Objets de Toilette d'autrefois' (spullen die in het verleden werden gebruikt voor wassen of toiletteren, en door dorpelingen aangeleverd), en ga zo maar door. Omdat de vereniging een bescheiden subsidie krijgt van het departementale Conseil Général (naast een van de gemeenteraad), zit dagelijks een lid van de vereniging (die in 2001 60 leden telde) het aantal bezoekers te tellen dat de expositie komt bekijken. Tot de getelden behoren ook degenen die maar heel even binnenkomen, om uit de zon te zijn (mijn eigen regel is dat ze een halve meter binnen moeten staan om te worden geteld; honden mogen niet worden geteld, maar komen wel binnen, hoewel ze zelden worden geteld). In 1996 trok de expositie over eten in de Ardèche bijna 10.000 bezoekers. Zodoende lukt het de vereniging over het algemeen iets cultureels voor bezoekers te organiseren, al was het maar voor een paar minuten. Bovendien is de kerk een mooie locatie voor concerten, meestal met een klassiek thema, ondanks het feit dat er af en toe een vogel over de hoofden van het publiek vliegt. De vereniging organiseert elk jaar ook een 'cultureel bezoek' aan een belangrijke locatie, zoals de oude Romeinse toren in Vienne, Lyon of Marseille. Helaas tonen de meeste voltijds bewoners van Balazuc weinig of geen interesse in de jaarlijkse exposities, en zijn er maar een paar lid van de vereniging.

Aan het begin van de jaren negentig zette een onderwijzerspaar uit Normandië de Association Balazuc Caverne (ABC) op, met het doel de waardering voor Balazucs prehistorische verleden, de resten daarvan, en daardoor het cultureel toerisme te bevorderen. Zij brachten de locatie van prehistorische vindplaatsen in kaart en gaven een periodiek bulletin uit. Ook hadden zij een aantal mogelijke wandelingen of trektochten van uiteenlopende lengte uitgezet naar delen van Balazuc, voornamelijk op de gras, waar prehistorische grotten en hunebedden zijn, waaronder een 'reuzengraf'. Het 'grote circuit van de megalieten' behelst een tocht van negen kilometer, het 'botanische circuit rond Balazuc', aangegeven door groene merktekens, is zo'n twee kilometer lang en toont de bezoeker minstens 28 verschillende planten zien, waaronder wilde asperges, nieskruid en tijm. Niettemin zijn sommige borden met informatie langs de paden alweer doelwit geworden van vandalisme.

De organisatoren van ABC hebben zomerse activiteiten op touw gezet voor kinderen en ook voor volwassenen, waaronder middagen met grotbezoek (stages spéléo), en af en toe een lezing door een lokaal expert over de plaatselijke prehistorie. De verkoop van marquisette (een witte bowl van fruit, rum, spuitwater en mousserende wijn), bier en cola, op het jaarlijkse bal van de vereniging in juli brengt geld op voor het drukken van de trekroutes en de spullen voor het grotbezoek. Maar in de zomer van 2000 vond het bal van ABC niet plaats. De organisatoren klaagden dat er geen vereniging kon bestaan uit slechts twee personen, die vrijwel al het werk moesten doen. Zonder de toewijding van meer dan een paar voltijds inwoners van het dorp leek de vereniging op het punt te verdwijnen, een slag voor het cultureel toerisme in Balazuc. Toch heeft de vereniging in 2001 weer een jaarlijks bal gegeven in de hoop dat er van een nieuw gemeentebestuur wat meer aanmoediging zou komen, en de trouwe barkeepers verkochten vele liters marquisette.

Balazuc zal altijd blijven bestaan, geprivilegieerd als het is door de prachtige omgeving. Niettemin garandeert de nieuwe gulden boom niet noodzakelijkerwijs een zekere toekomst. Om weer met Michel Carlat te spreken: 'Het belangrijkste is dat de grond bewerkt blijft, dat er mensen van kunnen leven [...]. Nooit zal de komst van toeristen in de zomer de afwezigheid van mensen in de rest van het jaar goed kunnen maken'. Zelfs als het aanmoedigen van mensen om huizen op het platteland te kopen de enige manier is om het 'landelijk architectonische erfgoed' te redden, kan het gevolg daarvan best eens zijn dat 'onze streek in een gat valt, de prijs van het terugkeren tot woestenij'.[77]

Een ander risico is eenvoudig genoeg dat het landelijke erfgoed wordt bedreigd, en dat er een nieuw, vals erfgoed wordt geschapen. De *Guide Michelin* verleent natuurlijk aanzienlijke geloofwaardigheid aan locaties van het Franse nationaal erfgoed. Balazuc houdt zijn ster (en verdient er twee). Maar het is zeker dat de GM ook sterren toekent aan Euro Disney, dat heel weinig overeenkomsten vertoont met enig aspect van het cultureel erfgoed in het Franse hexagoon en het eigenlijk verdiende een tijdje terug door een minister te worden veroordeeld als 'cultureel Tsjernobyl'.

Bovendien kan het winstbejag door toerisme de prachtigste locaties van het erfgoed bedreigen. In de Provence aan de overkant van de Rhône en naar het zuiden toe ligt de prachtige locatie van Les Baux en Provence, dat aan het eind van de negentiende en het begin van de twintigste eeuw een centrum van Provençaalse revival werd, en nu is omgevormd tot het equivalent van Provençal-land. Avignon is in bepaalde opzichten gewoon ronduit verschrikkelijk. Recentelijk is iemand op het idee gekomen niet ver van de Chauvetgrot (die gesloten gaat worden behalve voor enkele specialisten) een 'Grotland' te stichten (het idee is misschien afkomstig uit een winkel in Ruoms die Cadeauland heet), compleet met rondritjes en kopieën van grotschilderingen.

Het drukke gedoe van het zomerse toerisme geeft een volslagen misleidende indruk van het dorp, zoals het zien van mooie stenen magnaneries een bezoeker zou kunnen doen geloven dat Balazuc en de naburige dorpen welvarend zijn. Het grootste deel van het jaar lijkt het dorp verlaten. Carlat gebruikt Balazuc zelfs als voorbeeld van de discontinuïteit tussen het zomerseizoen en de rest van het jaar: 'Er is niemand in het dorp. Het is een woestenij. Ga maar naar Balazuc tussen oktober en april'.[78]

Balazucs democratisch profiel is bemoedigend. Meer dan een derde (115) van de inwoners behoren tot de club Troisième Age (de seniorenclub). Die komt eens per jaar bijeen in de salle polyvalente. Ooit ging een groepje leden ervan in het voorjaar op reis naar Catalonië. Betrekkelijk weinig jonge mensen blijven in Balazuc. Niet zo lang geleden leerden maar heel weinig kinderen door na de lagere school, die zij met of zonder certificaat van lager onderwijs (*certificat d'études primaires*) op hun dertiende verlieten. Nu is het gewoonte dat iemand naar het *lycée* in Aubenas of naar een beroepsopleiding gaat. Meer jonge mensen halen het *baccalauréat*. Een handvol jonge mensen gaat naar de universiteit, waardoor de kansen worden vergroot dat zij Balazuc dan zullen verlaten om ergens anders te gaan werken. Voor het merendeel van hen is er in Balazuc niets te doen. Op een gegeven moment was Mathieu, die later een schooljaar bij ons in Connecticut doorbracht, de enige jongen in het dorp tussen de leeftijd van elf en achttien. Hij begreep mijn fascinatie voor Balazuc niet (hoewel hij daar, nu hij achttien is, anders over denkt en het zeer op prijs stelt). 'Er is niks te doen in Balazuc!' zei hij ooit. 'Er zijn 280 mensen: 200 ouwe wijven, 50 ouwe kerels, en ongeveer 30 mensen die min of meer jong zijn!' Het aantal adolescenten is de jaren negentig toegenomen, maar er is nergens een plek voor hen om een beetje rond te hangen. In 1999 was minstens 40 procent van de inwoners zestig jaar of ouder. Maar al te vaak luiden de klokken in Balazuc om te wijzen op het feit dat er weer een inwoner is gestorven.[79]

Buiten het toeristenseizoen is de kruidenierswinkel alleen 's morgens open. Sinds de bakker in de jaren zeventig zijn winkel heeft gesloten, levert de bakkerij van Vogüé 's morgens vroeg brood af bij de kruidenier. De winkel blijft in de winter open als iets van een openbare dienst, omdat oudere mensen geen middelen hebben om buiten Balazuc te gaan winkelen. Een slager komt met zijn wagen een of twee keer per week naar het dorp, gaat op twee of drie plaatsen staan en toetert daar om zijn aanwezigheid kenbaar te maken. Een paar keer per jaar doet een vrachtwagen met prullaria en manufacturen het dorp aan. De bibliobus, het boekenbusje dat begon te rijden tijdens het Volksfront, biedt een bescheiden selectie boeken die kunnen worden geleend, en komt nog een paar keer per maand telkens ongeveer een uur naar het dorp. Geen van de restaurants is tegenwoordig buiten het toeristenseizoen nog open.

Gedurende het grootste deel van het jaar gaat Chez Paulette 's morgens open voor dezelfde mensen die elke dag ongeveer op dezelfde tijd komen en voor een incidentele leverancier, maar sluit van rond de middag tot vijf uur. Dan komen de vaste klanten voor een potje *belote* en die spelen dan tot zeven uur, halfacht, misschien op vrijdag- of zaterdagavond wat later (een vaste klant vraagt zich nu zelfs af of er nog vier over zullen blijven om te spelen). Er worden verhalen verteld over degenen die in het verleden rond de tafels zaten. Eentje stond bekend als de prefect, omdat hij op de prefectuur in Marseille had gewerkt maar was ontslagen omdat hij illegaal vergunningen voor het een of ander verkocht. In de beginjaren van het presidentschap van François Mitterrand verkondigde hij af en toe dat hij die avond niet kon komen kaarten omdat er een vliegtuig zou komen dat hem mee zou nemen om te dineren met de president. Maar tot laat in de avond zat hij nog steeds aan tafel.

Zondag al rond de middag komen een paar mensen een drankje halen. Je kunt je geen vriendelijker plek voorstellen, maar het lijkt allemaal op afwachten tot de eerste toeristenbussen komen. De afgelopen paar jaar is het aantal mensen dat 's avonds nog komt afgenomen. Foto's van verscheidene vaste klanten, Paulettes vrienden die zijn gestorven, tooien nu de muren. In de zomer van 2001 stierf een man die een paar jaar na de Tweede Wereldoorlog naar Balazuc was gekomen. Hij had wat geld nagelaten zodat zijn vrienden na zijn begrafenis een paar pastis bij Chez Paulette konden gaan halen. Nu staat Paulette ook op het punt met pensioen te gaan. Wie zal de sleutel van al die huizen nu bewaren? De kruidenierswinkel is eind september 2001 gesloten. Er is momenteel geen opvolger. Een openbare bijeenkomst om het probleem te bespreken weerspiegelde de zorg van het dorp. Dat de winkel die lokale producten aanbiedt, bovenal wijn, en die het jaar rond open is, momenteel besloot brood te gaan verkopen uit een nabijgelegen bakkerij (waardoor dus aantoonbaar twee van de wezenlijke zaken van het leven, brood en wijn, worden gecombineerd) verlicht het probleem slechts gedeeltelijk.

De kalender biedt gelegenheden voor mensen in het dorp om samen te komen, maar ook hier vallen er een paar van in de zomer. Het fête votive, de feestdag van de beschermheilige van de kerk en dus van het dorp, valt in de derde week van juli. Er komt dan een bal, maar de minderheid van de mensen die daar komen zijn toerist. Er is een *light show*, er wordt muziek gespeeld door een diskjockey of met cassettes, er is een bar (*buvette*), die door heen en weer springende kinderen wordt bediend. Er wordt in het voorjaar een 'plattelandsmaaltijd' (*repas campagnard*) gehouden, soms met een entertainer, waarbij liedjes worden gezongen door verscheidene mensen uit het dorp, waarvan enkele in het Occitaans. Het is thans een veel bescheidener gebeuren dan de afgelopen jaren, omdat er minder jongeren aan deelnemen. In november wordt er een lichte maaltijd met geroosterde kastanjes opgediend, en de voetbalclub (die geen elftal heeft maar die een aantal korte wedstrijden organiseert op het rotsachtige veld in augustus) en de vereniging van liefhebbers van boules, waarvan de meeste leden niet langer spelen – organiseren een diner in een restaurant in een naburige stad. Incidentele versiering herinnert eraan als Kerstmis nadert, maar het dorp wordt er eigenlijk alleen maar desolater door, omdat een flink aantal families die niet afkomstig zijn uit Balazuc dan naar hun eigenlijke huis in Noord-Frankrijk gaan.

De meeste permanente inwoners leven nu in delen van het dorp die tot het eind van de negentiende of de twintigste eeuw eigenlijk geen of weinig huizen bevatten. Sommige inwoners hebben in de afgelopen paar tientallen jaren comfortabele, ruime, moderne huizen buiten het dorp gebouwd. Het oude dorp lijkt in de wintermaanden vrijwel verlaten, met nog maar twee huizen die in het gedeelte van het dorp bij de oude kerk bewoond zijn, in de buurt van het oude pleintje dat ooit de dorpskern vormde.

In de zomer van 2001 verkocht een inwoner, wiens voorouders zich nog verzet hadden tegen de staatsgreep van 1851, die zelf op de leeftijd van zes maanden voor het eerst in Balazuc was gekomen en die na jaren in Lyon te hebben gewerkt was teruggekeerd, zijn huis aan een Zwitserse familie. De winters waren te eenzaam geworden ('Je me trouve tout seul'). Het vertrek in de zomer van 2001 van Papaul Gamel, een van meest geliefde figuren in Balazuc, die met zijn lange haar en zijn wapperende baard 's winters en 's zomers een soort meubelstuk was van het café, heeft het dorp zwaar gedeprimeerd. Zijn verhuizing was voor veel mensen die hadden beweerd dat hij nooit zou weggaan, aanleiding tot uitdrukking van zorg, en zelfs van pessimisme, over Balazucs toekomst. Stond in de negentiende eeuw en de eerste helft van de twintigste de zijde-industrie, de productie van wijn en de kastanjes (met de kerk eventueel als vierde) voor het drieluik van het landsleven in de Bas-Vivarais, op een kleinere maar zeer menselijke schaal is het drieluik van Balazuc in de afgelopen paar decennia de school, het café en de winkel geweest. Het bestaan van geen van drieën lijkt voor de toekomst verzekerd. Denkend aan Popauls verhuizing, formuleerde een inwoner het trefzeker als: 'C'est un coup d'arrêt' ('Dit is een zware slag)', terwijl Paulette wanhopig zei: 'Balazuc, c'est fini', althans het Balazuc dat zij en vele anderen zich nog steeds herinneren. Helaas geldt dat voor een groot deel van het landelijke Frankrijk.

Een vaste bewoner van het dorp klaagde onlangs dat het nu 'tout le monde dans son coin' is ('ieder voor zich'). Je hoort vaak dat het dorpsleven minder intens is dan vroeger, wellicht doordat het grootste deel van de bevolking ver uit het centrum woont. Ook hier worden televisie en telefoon vaak als de schuldigen aangewezen. Dé afwezigheid van een echt dorpsplein zou er ook wel eens toe kunnen bijdragen dat mensen minder frequent bij elkaar komen dan vroeger. 'Er gebeurt niks meer,' klaagde een vrouw, met de bewering dat het verschil kan worden gevoeld, zelfs sinds een flink deel van ons in 1989 het tweehonderdjarig jubileum van de Revolutie heeft gevierd.

Hoe het ook zij, bij de constanten die het waard zijn te koesteren blijft de mogelijkheid om op buren, op vrienden, en op familie te rekenen. In het lange verleden heeft onderlinge bijstand altijd veel betekend. Zij die een auto hebben doen soms boodschappen voor hen die er geen hebben, of rijden de ouden van dagen naar het spreekuur van hun arts. De term entraide (wederzijdse hulp) wordt nog wel gehoord, omdat die ook nog iets inhoudt. Net als de rol van de school heeft dergelijke saamhorigheid mensen geholpen hun verschillen te overbruggen. In 1998 werd een vriend van velen ernstig ziek. Op een dag maakte iemand in het café bekend dat het tijd werd zijn wijngaard te snoeien. De volgende dag hadden verscheidene mensen eten bij elkaar gebracht voor de lunch, in de hoop dat er een paar mensen zouden komen helpen. De volgende ochtend waren er vijftig, en daaronder een paar die al enige tijd niet meer met elkaar spraken. Vlak na de middag was de hele klus geklaard. Recentelijk, toen een man ten val kwam bij de jacht, werd er een bericht opgehangen voor het café, waarin mensen gevraagd werd te komen helpen met de wijngaarden die hij niet zelf meer kon verzorgen.[80] Balazuc blijft een fantastische plek.

Een andere traditie overleeft wellicht tot ieders verrassing, maar bijna tot ieders geruststelling, terwijl Franse dorpen worstelen om te overleven. De Vivarais is zo'n streek waar genezers altijd in hoog aanzien hebben gestaan. Sommige mensen in Balazuc geloven nog in hun krachten. Een gezien genezer woonde tot zijn dood in het oude dorp. De eerste vrouw die onlangs tot loco-burgemeester werd verkozen, heeft een uitstekende reputatie als genezeres van brandwonden. Een paar jaar geleden weigerde een vriend die zichzelf flink met een machine had verwond, naar de dokter te gaan. In plaats daarvan ging hij naar een genezer in de bergen, een oudere man die zijn hand boven de wond hield zonder haar aan te raken, waarop zij genas. Recentelijker heeft Mathieu, die toen hij een jaar school volgde in de Verenigde Staten, nogal wat wratten kreeg, aldaar geen succes gehad met diverse tubetjes zalf. Maar toen hij naar Frankrijk terugkwam, verdwenen de wratten. Ik vroeg hem wat hij had gedaan, en half schertsend of hij wellicht een genezer was gaan opzoeken. Nee, zei hij, hij was geen genezer gaan opzoeken. Hij had hem gebeld met zijn mobieltje. Balazuc verandert.

Noten

Woord vooraf

1 Laurence Wylie, *Village in the Vaucluse* (Cambridge, Mass., 1974 [eerste druk 1954]). Onder anderen: Susan Carol Rogers, *Shaping Modern Times in Rural France: The Transformation and Reproduction of an Averyronais Community Village* (Princeton, 1991); Pierre-Jakes Hélias, *The Horse of Pride: Life in a Breton Village* (New Haven, 1978); Roger Thibault, *Mon village* (Paris, 1982); Thomas F. Sheppard, *Loumarin in the Eighteenth Century* (Baltimore, 1971); Harriet G. Rosenberg, *A Negotiated World: Three Centuries of Change in a French Alpine Community* (Toronto, 1988); Gérard Bouchard, *Le Village immobile* (Paris, 1972); Patrice Higonnet, *Pont-de-Montvert: Social Structure and Politics in a French Village, 1700–1914* (Cambridge, Mass., 1971); Liana Vardi, *The Land and the Loom: Peasants and Profit in Northern France, 1680–1800* (Durham, N.C., 1993); Gillian Tindall, *Celestine: Voices from a French Village* (New York, 1996); Deborah Reed-Danahay, *Education and Identity in Rural France: The Politics of Schooling* (Cambridge, Engeland, 1996).

2 Zie Christopher H. Johnson, *The Life and Death of Industrial Languedoc 1700–1920* (New York, 1995).

3 Peter Jones, 'Towards a Village History of the French Revolution: Some Problems of Method,' *French History*, 14, 1 (maart 2000), p. 80.

1 Een dorp in steen gevat

1 Geciteerd uit *Notre France* van Michel Carlat, *L'Ardèche traditionnelle* (Poët-Laval, 1982), p. 135. Een steen uit de groeve bij Ruoms vormt de sokkel van het Vrijheidsbeeld in New York.

2 Michel Carlat, *L'Ardèche: Les Chemins du coeur* (Voreppe, 1990).

3 Vicomte E.-M. de Vogüé, *Notes sur le Bas-Vivarais* (Paris, 1893).

4 Zie Jean Cottes, Jean-Marie Chauvet et al., 'Les Peintres paléolithiques de la Grotte

Chauvet, à Vallon-Pont-d'Arc (Ardèche, France): Datations directes et indirectes par la méthode du radiocarbone,' *C.R. Académie de sciences de Paris*, t. 30, series II (1995), p.1133–1140; Jean-Louis Roudil, *Préhistoire de l'Ardèche* (Soubès, 1995), p. 32.

5 Pierre Bozon, *La Vie rurale en Vivarais* (Valence, 1961), p. 254.

6 Maurice Allignol, *Balazuc et le Bas-Vivarais* (n.p., 1992), p. 16–19. De omgeving van de toren van 'koningin Jeanne en de Combes boven de gras, schijnen de voornaamste woonplaatsen te zijn geweest, naast Frigoulet, op de linkeroever.

7 Bozon, *La Vie rurale*, p. 56–70.

8 Vermeld in Paul Perrève, *La Burle* (Montferrat, 1994).

9 Elie Reynier, *Le Pays du Vivarais* (Vals-les-Bains, 1923), p. 47– 51.

10 Ongeveer 30 procent van de bevolking van de Ardèche woont daar, op slechts een tiende van het grondgebied. In het uiterste noorden van het departement vinden we Annonay, de grootste stad in de Ardèche, en Tournon, ten zuiden daarvan, aan de Rhône.

11 Paul Joanne, *Géographie du départment de l'Ardèche* (Paris, 1911), p. 20.

12 Carlat, *L'Ardèche: Les Chemins du Coeur*, p. 89.

13 Bozon, *La Vie rurale*, p. 48–49; Pierre Bozon, *L'Ardèche: La Terre et les hommes du Vivarais* (Poët-Laval, 1985), p. 43; Reynier, *Le Pays du Vivarais*, p. 90–91, 103–104.

14 Charles Forot en Michel Carlat, *Le Feu sous la cendre: Le paysan vivarois et sa maison* (St.-Félicien, 1979), p. 44.

15 Bozon, *L'Ardèche*, (Poët-Laval, 1985), p. 7.

16 Jean Volane, *L'Ardèche pittoresque* (St.-Etienne, 1989; eerste druk 1899), p. 5.

17 André Siegfried, *Géographie électorale de l'Ardèche sous la IIIe République* (Paris, 1949), p. 19–20; Carlat, *L'Ardèche traditionnelle*, p. 71.

18 Vogüe, *Notes*, p. 49.

19 Bozon, *L'Ardèche*, p. 49; BN, Collection Languedoc-Bénédictins, XIV–XVI (24), schrijft dat de regionale bossen niet werden gezien als 'een verwaarloosbaar goed, hoewel de Vivarais schrikbarend weinig bos bezit [...]. De bossen worden kostbaar en verdwijnen'.

20 Carlat, *Architecture rurale en Vivarais*, p. 60, 173; Alain Molinier, *Stagnations et croissance: Le Vivarais aux XVIIe–XVIIIe siècles* (Paris, 1985), p. 34, schrijft dat de Ardèche tijdens de julimonarchie op de eenentachtigste plaats stond, dat wil zeggen vrijwel onderaan, van de departementen als het ging om deuren en ramen, met slechts 68 per 100 inwoners.

21 Michel Carlat, *Architecture populaire de l'Ardèche* (Poët-Laval, 1984), p. 66.

22 Michel Carlat, *Architecture rurale en Vivarais* (Paris, 1982), p. 204–206; Reynier, *Le Pays de Vivarais*, p. 30. In 1876 viel er 78 centimeter regen in Joyeuse in 21 uur.

23 Zie Bozon, *La Vie rurale*, p. 183–186. Niettemin overdrijft Vogüe zeker als hij het 'een voorbeeld van landelijke democratie' noemde, een 'klein Frans Zwitserland' (*Notes,*

p. 145, n. 1). Zie Wylie, *Village in the Vaucluse* voor zijn analyse van de rol van de familie 'Peyrane' (Roussillon).

24 Carlat, *Architecture rurale*, p. 82, 129, citeert H. Gaudin: Het huis 'is ondergeschikt aan de natuurlijke lijnen van het landschap waaraan het zich met opmerkelijke souplesse aanpast [...]. Aangepast en omgevormd, past het bij de ligging van het land en wordt deel van het landschap, erin geïntegreerd, door een compromis te vormen met het milieu'.

25 De bouw van overwelfde stenen ruimtes (vaak steen op steen gestapeld zonder specie) weerspiegelt op zich het feit dat de boeren van de Bas-Vivarais weinig konden beschikken over hout voor huizenbouw (Carlat, *Architecture rurale en Vivarais*, p. 184).

26 Bozon, *La vie rurale*, p. 230–233.

27 Forot and Carlat, *Le Feu sous le cendre*, p. 40; Carlat, *Architecture populaire de l'Ardèche*, p. 74.

28 Régis Sahuc, *Le Fils du pauvre: Mémoires et portraits* (Le Puy, 1994), p. 23–24, 74; Carlot, *L'Ardèche: Les chemins du coeur.*

29 Carlat, *L'Ardèche traditionnelle*, p. 75–76.

30 Carlat, *Architecture populaire de l'Ardèche*, p. 71–72, 116; Carlat, *Architecture rurale en Vivarais*, p. 69, 76–81.

31 Forot en Carlat, *Le Feu sous le cendre*, p. 32.

32 Sahuc, *Le fils du pauvre*, p. 219.

33 Louis Bourdin, *Le Vivarais: Essai de géographie régionale* (Paris, 1898), p. 102.

34 Carlat, *Architecture rurale en Vivarais*, p. 160–168.

35 Reynier, *Le Pays de Vivarais*, p. 90–95. De omschrijving is grotendeels ontleend aan Bozon, *L'Ardèche*, p. 222–232. Bozon herleidt de term *gras* tot de wortel *kar=la pierre* (p. 223).

36 Fonds Mazon.

37 Michel Rouvière, *Paysages de pierre, paysages de vie* (Chirols, 1991), p. 4, 77.

38 Michel Rouvière, 'Le Gras de Balazuc, Vinezac, Lanas,' ongepubliceerd, 1998, p. 5–6.

39 BN, Collection Languedoc-Bénédictins, XIV–VI (24), (na 1766 geschreven).

40 Pierre Cornu, *Une Économie rurale dans la débacle: Cévenne vivaraise, 1852–1892* (Paris, 1993), p. 5–8, 35–36. Zie Jean-François Blanc, *Paysages et paysans des terrasses de l'Ardèche* (Annonay, 1984), p. 288–291; MR 1248, (militair rapport), 1846; Bozon, *La Vie rurale*, p. 38; Ovide de Valgorge, *Souvenirs de l'Ardèche* (Paris, 1846), p. 300.

41 Volane, *L'Ardèche pittoresque*, citerend uit Bourdin, *Le Vivarais*, p. 191.

42 Carlat, *L'Ardèche traditionnelle*, p. 5.

43 Volane, *L'Ardèche pittoresque*, p. 8, citerend uit Boiron, *Lettres Ardéchoises.*

44 Carlat, *Architecture rurale en Vivarais*, p. 33.

45 Forot en Carlat, *Le Feu sous la cendre*, p. 39–40.

46 Charles Ambroise Caffarelli, *Observations sur l'agriculture du département de l'Ardèche*

(Paris, [jaar IX]), p. 92. Zie Marie-Noël Bourguet, *Déchiffrer la France: La Statistique départementale à l'époque napoléonienne* (Paris, 1989).

2 Constanten

1 Staat nu in het Gallo-Romaanse museum in Lyon.
2 Volane, *L'Ardèche pittoresque*, p. 157–161; Jean Boyer, 'Historique de Balazuc,' onuitgegeven, verkrijgbaar voor bezoekers aan Balazuc, schrijft de grondvesting van Balazuc toe aan *des gens d'Emir Yousouf*. Een afgeleide van dit verhaal wil dat Karel Martel Balazuc koos als hoofdstad van een grote heerlijkheid, waarmee hij, samen met Largentière en haar mijnen, Willem van Hastafracta beloonde, de eerste heer van Balazuc. Allignol, *Balazuc et le Bas-Vivarais*, p. 157, laat Van Hastafracta een primitieve kapel herstellen die door de Saracenen was gevandaliseerd, en er een kalkstenen altaar aan toevoegen. Hij beweert ook, met bewijzen, dat de eerste christenen van Balazuc ter kerke gingen in de vierde en het begin van de vijfde eeuw.
3 De klavervorm van enkele ramen is soms toegeschreven aan Saraceense invloed. De ramen stellen waarschijnlijk een imitatie voor van een renaissancistische stijl, in de zestiende of zeventiende eeuw.
4 Zie Gérard Cholvy (red.), *Histoire du Vivarais* (Toulouse, 1988), p. 10–58.
5 Jean-Pierre Gutton, *La Sociabilité villageoise dans la France d'ancien régime* (Paris, 1979), p. 23; Cholvy (red.), p. 59–60, 66–67; Michel Noir, 1789, *Des faubourgs de Paris aux montagnes d'Ardèche* (Paris, 1988), p. 15–17; Monique Bourin-Derruau, *Villages médiévaux en Bas-Languedoc: Genèse d'une sociabilité (Xe–XIVe siècle)*, 2 delen (Paris, 1987), deel 2, p. 333–336.
6 Dat *zuc* als *soek* klinkt, wat markt betekent in het Arabisch sterkt wellicht degenen die Saraceense oorsprong voor Balazuc willen. Baladunum kan worden geschreven als *Balazunu* (*Balasu* in het Occitaans).
7 Bozon, *La Vie rurale*, p. 88.
8 Volane, *L'Ardèche pittoresque*, p. 157, zet de komst van de eerste heren op 1000 AD. Pons de Balazuc vertrok met zijn vrienden Raymond d'Aguylen (of d'Agiles), heer van St.-Gilles, graaf van Toulouse. Gezamenlijk begonnen zij aan een verslag van de verovering van Jeruzalem, *L'Histoire des français qui prirent Jérusalem*. Aan Gérard en Pons wordt soms het bevel tot het bouwen van de muren van Balazuc toegeschreven.
9 Boyer, 'Historique de Balazuc'.
10 Chauzon en Pradons werden in de zeventiende eeuw van Balazuc losgemaakt, al bleven ze deel uitmaken van wat het *mandement de Balazuc* werd.
11 Allignol, *Balazuc et les Bas Vivarais*, p. 147, 269; Boyer, 'Historique de Balazuc'. In 1367 werd Jean de Cacello, pastoor van Balazuc, benoemd voor Pierre de Balazuc, ridder (Vicomte L. de Montravel, 'Balazuc' [1902], n. 9, p. 440). De Balazucs waren suzereinen van Vogüé, Vinezac, St.-Maurice, Rochecolombe, en St.-Montant.

12 J. H. M. Salmon, 'Peasant Revolt in Vivarais, 1575–1580,' *French Historical Studies*, p. 5.

13 Noir, *Des faubourgs de Paris*, p. 18–19. Salmon, 'Peasant Revolt in Vivarais,' noten (p. 3): 'Het grootste deel van de Bas-Vivarais had onder tijdelijk bestuur gestaan van de bisschop van Viviers, wiens heerschappij voortdurend werd ondermijnd door de zuidelijke baronnen sinds zijn erkenning van de suzereiniteit van Philips de Schone'. In 1320–1322 werd de Vivarais een *bailliage*, met twee gerechtshoven onder de hofmaarschalk Beaucaire.

14 Cholvy (red.), *Histoire du Vivarais*, p. 82.

15 Ibid., p. 89. De États omvatten de heren van baronieën als Balazuc, en vertegenwoordigers van dertien steden (in latere eeuwen werd een aantal koninklijke ambtenaren toegevoegd en de bisschop ondergeschikt). De koning wees de *bailli* aan (hoogste juridisch ambtenaar), een van de edelen.

16 Noir, *Des faubourgs de Paris*, p. 21–22. The *estimes* kwamen overeen met het *terrier* in het noorden, een inventaris van eigendomsrechten, et cetera Zie Montravel, 'Balazuc,' p. 435–442. Dit is ontleend aan Maurice Allignol, in *Balazuc et le Bas Vivarais*, p. 507–551. De estimes behelsden 43 verklaringen van 50 families. Jean Régné, *La Vie économique et sociale et les classes sociales en Vivarais au lendemain de la guere de cent ans* (Aubenas, 1925), p. 8–9, noemt 62 belasting betalende families. De *estimes* hebben het over een kapel naast de oude Romeinse weg, mogelijk de plaats van het quartier Estrade, en nog een bij '*le territoire de Cham-Sant-Geli*', of Champ Gely. De verkoop of de verhuur aan andere edelen van deze verplichtingen kan op de lange duur boeren een harder heerlijk bewind hebben bezorgd, omdat de kopers zich konden beroepen op het heerlijke juridisch gezag.

17 Er waren (minstens) 30 ossen, 16 koeien, 33 stuks rundvee, 53 varkens, 13 muildieren (de gebroeders Yccard waren *maîtres muletiers*) en 26 ezels in Balazuc, naast 1290 geiten die melk, kaas en boter leverden.

18 Carlat, *L'Ardèche traditionnelle*, p. 61–62. In sommige gevallen, nam de herder dagelijks geiten of schapen mee en bracht ze 's avonds weer terug.

19 Allignol, *Balazuc et le Bas Vivarais*, p. 540–541.

20 Zie Régné, *La Vie économique et sociale*, p. 20.

21 In 1345 heeft Albert de Balazuc Montréal aan de familienaam toegevoegd door te trouwen met Pelette de Montréal, hoewel tegen die tijd de baronie van Balazuc slechts de parochies Balazuc, Chauzon, Pradons en St.-Maurice-d'Ibie omvatte.

22 Dit beweert Peter Jones, *Politics and Rural Society: The Southern Massif Central, 1750–1880* (Cambridge, 1985), over het lagere gedeelte van het Massif Central in het bijzonder.

23 Cholvy (ed.), *Histoire du Vivarais*, p. 77.

24 Zie Michel Joly, *L'Architecture des églises romanes du Vivarais* (Paris, 1966), p. 24, 51–55. Allignol beweert (*Balazuc et les Bas Vivarais*, p. 45, noot 8) dat de kerk van Balazuc 'naar alle waarschijnlijkheid de enige kerk van Frankrijk is met als fundament een hunebed'.

25 Allignol, *Balazuc et les Bas Vivarais*, p. 418-420.

26 C 1141 (2 Mi 547). Van hieraf (tenzij anders aangegeven) komt al het archiefmateriaal uit de Archives Départementales de l'Ardèche in Privas. Jean de Balazuc werd bekend als *le brave de Montréal* door zijn inspanningen.

27 Salmon, 'Peasant Revolt in Vivarais,': 'Toen de boeren in opstand kwamen tegen de garnizoenen en de heren waarmee zij die verbonden, deden zij dat vanuit een soort spontaan juridisch proces tegen degenen die zij als moordenaars, rovers en verbrekers van koninklijke vredesedicten zagen' (p. 27).

28 BN, Collection Languedoc-Bénédictins, I (103); Cholvy (red.), *Histoire du Vivarais*, p. 127. Daarentegen voerde 'une foule de petits seigneurs' de protestanten aan. Het naburige Uzer stond in 1562 op een lijst van dorpen met protestantse kerken.

29 C 1051, brieven van 30 mei en 9 juli 1628, en 'Comptes avec pièces justificatives des dépenses et avances faites par les communautés d'Antraigues, etc'. Joanne, *Géographie du département de l'Ardèche*; Cholvy (red.), *Histoire du Vivarais*, etc. Guillaume de Balazuc was een van de koninklijke luitenants op deze veldtocht.

30 Begin twintigste eeuw telde alleen de Gard meer protestanten dan de Ardèche.

31 Cholvy (red.), *Histoire du Vivarais*, p. 111.

32 Molinier, *Stagnations et croissance*, p. 281.

33 Gutton, *La Sociabilité villageoise*, p. 19, 112, 245; Molinier, *Stagnations et croissance*, p. 85.

34 Zie Carlat's discussion, *Architecture rurale en Vivarais*, p. 147-148. Een pas gebouwd huis werd ingezegend met een feestmaal (zo uitgebreid als de omstandigheden het toelieten) dat de *reboule* werd genoemd.

35 Molinier, *Stagnations et croissance*, p. 81. Cholvy schrijft (*Histoire du Vivarais*, p. 138) dat 55 procent van de *communautés* in de Vivarais twee *consuls* hadden. Een *communauté* was een kunstmatige administratieve eenheid die meestal overeenkwam met een dorp, zij het niet altijd met een parochie.

36 Een 'sol' (of 'sou') was een twintigste van een pond, en een denier was tweehonderd veertigste van een pond.

37 Instellingen als hospitia en religieuze orden, die hulp organiseerden voor armen of ze zelfs opvingen lagen ver van Balazuc. Zie 'Ardèche charitable (...) Ardèche solidaire,' *Mémoire d'Ardèche et Temps présent*, 70 (april 2001). De arme werd door sommigen als een *misérable honteux* beschouwd, door anderen als het levend beeld van Christus.

38 François Thomas and Marthe Thomas, *Le Vivarais* (Paris, 1947), p. 83-84.

39 Montravel, 'Balazuc,' p. 435, 441-442. Curés uit verschillende documenten als formele getuigen van ceremoniën of eedafleggingen omvatten Philippe Faget, 1460; Tristan Bechard, 1493; Pierre Pastelli, 1529; Thomas Bigoge, 1610; François Salel, 1647; Claude Roussel, 1651; Jacques Volo, 1687; François Champalbert, 1693. In 1651 was de edelman Jean de Montand kanunnik en prior van Chapelle sous Au-

benas, en aartsdiaken van Balazuc, Uzer en Chauzon. Sauvan, afkomstig uit de parochie Lablachère, tekende zijn testament op 13 December 1739, met het verzoek in Balazuc te worden begraven en benoeming van zijn neef tot erfgenaam.

40 Molinier, *Stagnations et croissance*, p. 317–318; Carlat, *L'Ardèche: Les Chemins du coeur*, p. 23.

41 Carlat, *L'Ardèche traditionnelle*, p. 128.

42 Gutton, *La Sociabilité villageoise*, p. 256. De *communauté* van Balazuc omvatte echter de dorpen Chauzon and Pradons. Tussen 1644 en 1801 woonde slechts ongeveer 8 procent van de bevolking van de Vivarais in steden (Cholvy (red.), *Histoire du Vivarais*, p. 141).

43 Molinier, *Stagnations et croissance*, p. 158–163. In de Vivarais als geheel werd 60,8 procent van de boerderijen gedreven door boeren die ze in eigendom hadden, vergeleken met 51 procent voor Frankrijk als geheel. Molinier heeft 35 parochies in de Bas-Vivarais bestudeerd (voornamelijk in het zuidelijkste deel van de Cevennen en de rand daarvan) in de vroegmoderne tijd. Daar was een gemiddeld perceel 1,89 hectare: 33,2 procent besloeg minder dan een hectare.

44 Molinier, *Stagnations et croissance*, p. 115. Volane (p. 120–121), beweert echter dat ongeveer 23 procent van de grond in het departement werd bebouwd (10 procent was weiland, 8 procent boomgaard, 3 procent wijngaard, 18 procent bos en 37 procent veenmoeras). Cholvy, (*Histoire du Vivarais*, p. 121) schrijft dat de gemiddelde boerderij in de Bas-Vivarais zo'n tien are groot was, en beschrijft de herleving van de landbouw in de jaren negentig van de zestiende eeuw, na de eerste golf van de godsdienstoorlogen.

45 Cholvy (red.), *Histoire du Vivarais*, p. 146.

46 Molinier, *Stagnations et croissance*, p. 58–59; Reynier, *Le Pays de Vivarais*, p. 210.

47 Molinier, *Stagnations et croissance*, p. 245. Vanaf 1648 begonnen de staten van de Bas-Vivarais van tijd tot tijd te bekijken hoeveel geld kon worden uitgekeerd als bijstand aan *communautés* die door rampen getroffen waren. Deze bedragen waren zeker verwaarloosbaar, en compenseerden zelden meer dan 2 of 3 procent van het verlies (Molinier, *Stagnations et croissance*, p. 12). Een derde van de 460 inwoners van de parochie Jaujac kwam in de winter van 1709–1710 om van de kou.

48 Zie Pierre Goubert, *Louis XIV and Twenty Million Frenchmen* (London, 1970) en Goubert, *Les Paysans français au XVIIIe siècle* (Paris, 1998); Molinier, *Stagnations et croissance*, p.11–27.

49 C 1511; Molinier, *Stagnations et croissance*, p. 40–41, 172–174; Jolivet, *La Révolution en Ardèche* p. 41.

50 Molinier, *Stagnations et croissance*, p. 22–25, 303; Reynier, *Le Pays de Vivarais*, p. 22, 52.

51 Molinier, *Stagnations et croissance*, p. 31–33.

52 C 1242. Het proces-verbaal was ondertekend door 'Gaunan *curé*; Auzas *consul*, Teissier *consul* en Constan [naar alle waarschijnlijkheid de klerk of *greffier*] '[...] en présence de nous soussigné, Jean Maurin collecteur de la comm.[té] de Bal-azuc,' 14 december 1728.

53 C 1254, schrijven aan *consuls*, 20 januari 1734, ondertekend door Tastevin, burgemeester; Teissier en Auzas, *consuls*; Pays, *greffier*; Vallier, Teissier en Auzas, Brun, Boy-
ron, Barthélemey Mollier, Roudil, François Roux, Antoine Rieu, Antoine Boyer,
Claude Leyris, Claude Boucher, Pierre Daumas en Jean Constant.

54 C 843, 17-18 december 1754, 18 september 1756, en 17 oktober 1762, verslag van
buitengewone herstelwerkzaamheden, 1 september 1763.

55 Na snel wassen in de rivier in 1824, zagen drie mannen een lijk in het water bij de
molen. De dode man, die zeker was verdronken door het plotseling stijgen van het
water, was een jaar of zestig, van normale lengte (dat wil zeggen ruim 1 meter 50),
met een rond gezicht en een grote neus, zwart haar en een grijze baard. Op zijn
laatste dag droeg de man, 'die bekend stond als bedelaar, een donkere jas met korte
broek, en had hij een zak bij zich met zijn spullen erin'. (26 oktober 1824, rapport
toegevoegd aan het register van de gemeenteraad).

56 Molinier, *Stagnations et croissance*, p. 55-56; Noir, *Des faubourgs de Paris*, p. 72.

57 Emmannuel Le Roy Ladurie, *The Peasants of Languedoc* (Urbana, Ill., 1976) (Franse titel:
Les paysans du Languedoc), p. 265-269; Cholvy (red.), *Histoire du Vivarais*, p. 135-136 en
154-155; Gérard Sabatier, 'De la révolte du Roure (1670) aux Masques armés (1783):
La mutation du phenomène contestataire en Vivarais', in Jean Nicolas (red.), *Mouvements populaires et conscience sociale, XVIe-XIXe siècles* (Paris, 1985), p. 121-147 (citaat
p. 128); Mémoire, BN, Collection Languedoc-Bénédictins XIV-XVI (24).

58 Salmon, 'Peasant Revolt in Vivarais,' p. 6, and Molinier, *Stagnations et croissance*,
p. 389, 141-142.

59 Cholvy (red.), *Histoire du Vivarais*, p. 143-155.

60 Albin Mazon, *Notice sur Vinezac* (Privas, 1897; herdrukt Villeneuve-de-Berg, 1987); AD
Hérault, C 4019, 29 juni 1752, met de mededeling dat het herstel voltooid was. Molinier, *Stagnations et croissance*, p. 168.

61 BN, Collection Languedoc-Bénédictins, XIV-XVI (24), *Mémoire sur le Vivarais*; Reynier,
Le Pays de Vivarais, p. 138.

62 C 1361, 27 oktober 1787. Zo kreeg Teyssier uit Balazuc in 1787 zestig pond 'voor het
bekronen van de steunmuur voor de haven van Balazuc'. Die liep van Ruoms door
Lagorce, bij het verre *hameau* Leyris, en vandaar naar Vogüé, en verder naar Villeneuve-de-Berg.

63 C 18, 27 juli 1763. In het rapport stond dat het kadaster 'in vrij goede staat verkeerde, dateerde uit 1615 en nog niet zo lang geleden verbonden was'.

64 André Chambon, *Paysans de Vivarais* (Vals-les-Bains, 1985), p. 143, toont de buitengewoon smalle geografische marge van de boerenhuwelijken in een dorp in de
Bas-Vivarais onder het Ancien Régime, waarbij er slechts drie van verder dan 18 kilometer kwamen, met de twee verste in Viviers.

65 C 81, lijst van inwoners van de Vivarais die de *capitation* betalen (1734). Balazuc, Pra-

dons, and Chauzon betaalden totaal 551 pond. Bij de telling werden 'ongeveer vier mensen' per familie gerekend (waarbij weduwen en ongehuwden werden meegeteld), met 166 huishoudens voor de drie dorpen. Balazuc had een notaris, maar die hoefde er niet gewoond te hebben. De positie van notaris was bijzonder belangrijk in de Languedoc, een *pays* van Romeinse en dus geschreven wet, en alle transacties moesten in het openbaar worden getekend in aanwezigheid van een notaris om kracht van wet te hebben. Allignol (*Balazuc et la Bas Vivarais*, p. 550) heeft het over een andere telling, de *estimes*, uit het begin van de zeventiende eeuw, waarbij 138 huishoudens en minsten 820 mensen werden geteld, maar dit is zeker voor alle drie de dorpen, evenals het getal van Alain Molinier, van 150 huishoudens in 1644. Molinier, *Paroisses et communes de France: Dictionnaire d'histoire adminstrative et démographique, Ardèche* (Paris, 1976), stelt het aantal huishoudens in Balazuc in 1687 op 72.

66 Marie-Hélène Balazuc, *Mémoires de soie* (Robiac-Rochessadoule, 1992), p. 132; Molinier, *Stagnations et croissance*, p. 346, 352; Jones, *Politics and Rural Society*, p. 95, 100, schrijft dat tot de revolutie, binnen de context van de Romeinse wet, de overdracht van eigendom kon worden geregeld 'door onmiddellijke en onherroepelijke donatie tijdens het leven van de donor; door testament; en door donatie aan een genoemde erfgenaam bij zijn huwelijk,' de meest algemene schikking. Het Romeinse recht legde geen primogenituur op. Jones merkt op dat de patriarchale families en stamfamilies in feite in de streek hetzelfde waren.

67 Het kadaster dat bekend stond als de *compoix*, werd van onschatbare waarde voor de belastingen en voor de geschiedkundigen. In het gemeentehuis van Balazuc berusten twee *compoix*: een register van 939 bladzijden, waarbij aan het eind vermeld staat dat dit een *compoix sans préambule ni répertoire*,' is, van rond 1677 en mogelijk al van 1617; naast een *compoix terrien* uit 1776, met aan het eind aantekeningen waarbij afmetingen worden gecorrigeerd (als gevolg van verkoop van grond, erfenis, taxaties 'à la décharge de' ['voor verantwoordelijkheid van'] et cetera) van de eigendom van ieder gezinshoofd, tot jaar IV van de Republiek.

68 Molinier, *Stagnations et croissance*, p. 144–145.

69 Mairie de Balazuc, register van de *taille*. Gezinshoofden die er betrekkelijk goed afkwamen waren Antoine Tastevin, Jean Boucher en André Auzas, die ieder meer dan drie ponden te betalen kregen. In mei 1789 hief het syndicaat van de Vivarais 26 pond 9 deniers op alle *négociants, marchands en gros et en détail, fabricans de toute espèce, hôtes, cabaretiers*, et cetera. [groot- en kleinhandelaren, fabrikanten van allerlei slag, herbergiers, caféhouders, et cetera], waardoor aangegeven werd dat er in Balazuc in elk geval zulke mensen waren.

70 1Z 532, '*Capitation* lijst van 1789'. Ik heb hier zeventien mensen uit Balazuc meegerekend, van wie vermeld staat dat zij *capitation* in Chauzon (en waarschijnlijk ook Pradons) betalen, onder wie de dorpspastoor. In 1776 waren elf Tastevins gezinshoofd en waren er acht Auzassen en zes Molliers in Balazuc.

71 C 42, ordonnantie van 27 juni 1740. In 1780 bedroeg de taille 76,8 procent van de directe belasting en 31,7 procent ven de deniers *royaux, provinçiaux et diocésains*. Om die te kunnen betalen staken veel dorpen zich in de schuld, waarbij sommigen gemeentegrond moesten verkopen. Cholvy (red.), (*Histoire du Vivarais*, p. 151) schrijft dat zulke indirecte belastingen in 1750 58 procent van de fiscale inkomsten van het bisdom Viviers uitmaakten.

72 Allignol, *Balazuc et le Bas Vivarais*, p. 543. In 1636 verkreeg Georges Tastevin middels een notariële akte het recht vlees te verkopen, waarbij zijn prijsmarges werden bepaald. Hij mocht beesten laten grazen op gemeentegrond. Niemand anders mocht beesten slachten of vlees verkopen. Wie dat deed, kon voor het hof van de maarschalk in Nîmes gedaagd worden.

73 Jones, *Politics and Rural Society*, p. 45. Zie ook Jones, 'Common Rights and Agrarian Individualism in the Southern Massif Central 1750-1880,' in Gwynn Lewis and Colin Lucas, eds., *Beyond the Terror* (Cambridge, 1983), p. 121-151, waar hij schrijft (p. 123) dat in het zuiden, waar het Romeinse recht had gegolden, regionaal collectieve agrarische praktijken konden worden aangetroffen. Jones voert aan dat de 'demografische druk binnen een gesloten economie er meer toe bijdroeg om de aandacht te vestigen op het gewone volk en de collectieve praktijken dan enig aantal wetgevende aankondigingen' (p. 127). Albert Soboul heeft lang geleden al de nadruk gelegd op de solidariteit binnen de *communauté* tijdens het Ancien Régime, en gesuggereerd dat de collectieve praktijken, vooral die betrekking hadden op gemeentegrond, de mogelijkheid tot verzet tegen de heer, de Kerk en de monarchie bevorderden. Een van zijn gevolgtrekkingen was dat de Revolutie, door het sanctioneren van privé-bezit, de solidariteit in het dorp om hals bracht, waardoor maatschappelijk onderscheid benadrukt werd (Gutton, *La Sociabilité villageoise*, p. 115, en Jones, 'Common Rights,' p. 121-122).

74 2 O 187 en C 991, 23 oktober 1768. Sommigen tekenden het stuk, de 'rest was analfabeet'. Toch was bij het overleg tussen de voornaamste inwoners van 25 april 1779, 'unaniem' verklaard dat Balazuc geen gemeentegrond bezat (C 991 and 2 O 187, overleg van 25 april 1779), Boyer and Leyris, *consuls*. De tegenspraak stamt waarschijnlijk uit het feit dat de *communauté* de heer het jaarlijkse bedrag betaalde voor gebruik van de *gras* en wilde vermijden enige grondbelasting te moeten betalen.

75 A. D. Hérault, C 3014. In 1644 betaalden de dorpelingen vier heren voor het recht in de rivier te vissen (8J 26/10 [Fonds Reynier]). Want sommige heren waren lakser dan anderen, maar het pachten van recht leidde soms tot hardere voorwaarden, doordat degenen die de pacht overnamen, er geld uit wilden halen.

76 C 17, procès-verbal, 16 november 1734.

77 Régné, *La Vie économique et les classes sociales en Vivarais*, p. 17; Molinier, *Stagnations et croissance*, p. 155-156, schrijft dat het jaarlijks inkomen van elke inwoner van Frankrijk

aan het eind van het Ancien Régime 126,95 franc bedroeg, terwijl het 104,45 franc bedroeg in de Vivarais. Waarschijnlijk ongeveer de helft van het land dat destijds in Balazuc bebouwd kon worden, was bezet met wijngaard.

78 Over problemen met de definitie van een dorp, zie Jones, 'Towards a Village History of the French Revolution,' *French History*, 14, 1 (maart 2000), p. 67–82. Hij definieert dorpen (p. 68–69) als 'kleine, geconcentreerde nederzettingen met mensen die een vast agrarisch gebied bewerken. De locatie, de fysieke ruimte en de gemeenschap lagen dus over elkaar heen. Ze waren dan ook samengebonden door de gemeenschappelijke discipline van de wisselteelt en de collectieve vigilantie tegen het optreden van stropende heren', een definitie die meer aansluit bij wat er in Noord-Frankrijk gebeurde.

79 Gutton, *La Sociabilité villageoise*, p. 86–90; Régné, *Histoire du Vivarais*, deel 3, p. 72–73, gebruikt als bron BN, Languedoc-Bénédictins, XIV–XVI (25). Het doel van het decreet van juni 1787 was de verantwoordelijkheid van de *communautés* te verhogen bij het volgen van aanwijzingen door de staat. De verkiezing van gemeenteraden werd erdoor opgelegd. In grote delen van Frankrijk werd het amper toegepast. Deze gemeentebesturen weken voor die in 1790 werden ingesteld door de wetgevende vergadering. Op sommige plekken benoemden de heren of zelfs de vertrekkende *consuls* ze.

80 Gutton, *La Sociabilité villageoise*, p. 69, 77; Cholvy (red.), *Histoire du Vivarais*, p. 138–139. Jones, 'Towards a Village History of the Revolution,' p. 77, wijst erop dat *la plus saine* deel van de bevolking niet het idee moet wekken dat een meerderheid noodzakelijkerwijs deelnam aan de besluitvorming, maar eerder stond voor betrekkelijk 'welgestelde gezinshoofden en eigen boeren'.

81 Zie Robert Schwartz, 'Tocqueville and Rural Politics in Eighteenth-Century France', onuitgegeven, waarin het gaat over Turgots gemene en waarschijnlijk verkeerde beschrijving van Franse dorpen als 'een samenraapsel van hutten en landlieden, even lui als hun hutten' (p. 2).

82 Gutton, *La Sociabilité villageoise*, p. 81–82; Jolivet, *La Révolution en Ardèche*, p. 45. Schwartz portretteert boeren uit het dorp dat hij in Bourgondië heeft bestudeerd, als verschillend van 'De ellendige lozers uit Tocquevilles verslag van de landelijke samenleving' (p. 21).

83 Mairie de Balazuc, raadsvergaderingen van 22 juli 1786 en 13 juli 1788. Zo besloot een dergelijke vergadering op 13 juli 1788, 'na de mis,' aan de inner Antoine Chabasset meer dan 11 pond te betalen. AD Hérault, B 1214 and B 1217, waarin documenten (welwillend geannoteerd door Peter McPhee) over een dispuut tussen Pierre Lapierre, *exacteur des tailles de la paroisse de Balazuc* in 1688, en Claude Daumas, *consul*, die kennelijk de taille niet had geïnd. De vrouwe van de baronie van Balazuc, weduwe van de *maréchal de camp*, die in Balazuc woonde, stelde in 1702 de opbrengst van de taille in het *mandement* van Balazuc op 3800 pond.

84 Molinier, *Stagnations et croissance*, p. 83–84; Gutton, *La Sociabilité villageoise*, p. 86–87, 95 tot 99 Franse franc.

85 C 43, *État des dépenses ordinaires de la communauté de Balazuc*, 19-10-1738. De montant des impositions wordt gesteld op 3079 pond, 3 deniers en 6 sols.

86 C 54, 1778, 'considerans bij de belasting geheven in de gemeenten B.P. en C., bisdom Viviers (...) beraad van de zittende gemeenteraad van 12 juli'.

87 C 1063, 'Staat van graan vervoerd naar Le Teil door de bewoners van Balazuc, 1695-1697,' ondertekend Tastevin, *maire*, 8 januari 1695. Wij mogen aannemen dat degenen van wie graan was gevorderd, schadeloos zijn gesteld. C 1239, brieven van 20 en 26 februari 1722.

88 Gutton, *La Sociabilité villageoise*, p. 102–106, schrijft dat in het bisdom Reims in 1774 slechts 10 procent van de communautés een school bezat; Molinier, *Stagnations et croissance*, p. 393–405; Cholvy (red.), *Histoire du Vivarais*, p. 155–157. In 1737 bezat 59 procent van de *communautés* in het bisdom Viviers scholen. Molinier, 'Les Difficultés de la scolarisation et de l'alphabétisation sous la Restauration: L'Exemple ardéchois,' *Annales du Midi* (1985), p. 129. Wellicht heeft Balazuc een meisjesschool gehad, maar dat weten we niet.

89 Molinier, *Stagnations et croissance*, p. 405; 'Les Difficultés de la scolarisation,' p. 129–130, merkt op dat de Bas-Vivarais, en met name de rand van de Cevennen en de Rhône-oevers het wat beter deden, vergeleken met het landelijk gemiddelde van ongeveer 27 procent bij de bruiden en 47 procent bij de bruidegoms tijdens de Revolutie (Isser Woloch, *The New Regime: Transformations of the French Civic Order, 1789-1820s* [New York, 1994], p. 174). Op 2 maart 1698, werd Suzanne Dalmas gedoopt, in aanwezigheid van haar petemoei, haar peetvader en haar ouders. Alleen pastoor Champalbert tekende.

90 B 138 (1787), 6MI 188, contract van 18 september 1787; 5MI 19. Toen het lijk van Jean Vernet uit Mercuer op 6 augustus 1752 door de rivier aangespoeld werd, tekenden Courtiol, Nogier en Louis Tastevin met hun namen, maar Louis Pinchon kon dat niet. In 1750, was Nogier, de pastoor, de enige van negen getuigen die dat jaar hun naam konden zetten onder de overlijdenscertificaten van vijf mensen.

91 Jones, *Politics and Rural Society*, p. 73, 123; Carlat, *L'Ardèche traditionnelle*, p. 136; Noir, *Des faubourgs de Paris*, p. 37. De spreektaal in de bergen vertoont daarentegen invloeden uit de Auvergne.

92 Allignol, *Balazuc et le Bas Vivarais*, p. 451–452, 622. De bankier was Bonnier de La Mosson.

93 Molinier, *Stagnations et croissance*, p. 141; Noir, *Des faubourgs de Paris*, p. 77–87; Jones, *Politics and Rural Society*, p. 75, 162–164. Ondanks de hernieuwde assertiviteit van de heren, was heerlijk gezag over de boerenstand in de Languedoc en de Provence minder dan in een groot deel van Noord-Frankrijk. Twee zegswijzen illustreren

fraai het verschil: werd er in Noord-Frankrijk gezegd 'Nulle terre sans seigneur,' in een groot deel van de Midi viel te horen 'Nul seigneur sans titre'(Gutton, La Sociabilité villageoise, p. 155).

94 Jolivet, La Révolution en Ardèche, p. 16–17; Schwartz, 'Tocqueville and Rural Politics,' p. 3; Mairie de Balazuc; Noir, Des faubourgs de Paris, p. 91–93.

95 Noir, Des faubourgs de Paris, p. 77–87; Gutton, La Sociabilité villageoise, p. 171.

96 BN, Collection Languedoc-Bénédictins, XIV–XVI (24); Jolivet, La Révolution en Ardèche, p. 18–19; Jones, Politics and Rural Society, p. 155, 158. De taille werd opgelegd volgens berekeningen van inkomsten en bevolkingsdichtheid die omstreeks 1530 waren gemaakt.

97 Geciteerd door Sabatier, 'De la révolte de Roure,' p. 122. Zie Cholvy (red.), Histoire du Vivarais, p. 135–136. Dit profetisch aspect werd in 1580 bij eerdere opstanden in Romans en in de Dauphiné aangetroffen, en in de Rouergue in 1627.

98 Michael Sonenscher, 'Royalists and Patriots: Nîmes and Its Hinterland in the Late Eighteenth Century,' dissertatie, University of Warwick, 1977, p. 387; Gutton, La Sociabilité villageoise, p. 18, 173–176; Cholvy (red.), Histoire du Vivarais, noemt de moord op signieur de Pierreplane in 1757.

99 BN, Collection Languedoc-Bénédictins XIV–XVI (24). Dat er in de Vivarais een geschreven wet gold kan tot gevolg hebben gehad dat boeren sneller gingen procederen.

100 Jolivet, La Révolution en Ardèche, p. 21–22; Noir, 1789, Des faubourgs de Paris, p. 7. Zie ook BN, Collection Languedoc-Bénédictins, XIV–XVI (24).

101 Noir, Des faubourgs de Paris, p. 126.

102 Sabatier, 'De la révolte de Roure, 1789, p. 134, die onder verwijzing naar 1670 schrijft: 'Het lijkt onmogelijk dat er in het collectieve geheugen geen trauma van vroegere opstanden zou leven' (p. 138). Zie ook Sonenscher, 'Royalists and Patriots,' p. 422 en 995 ff. Sonenscher plaatst de opstand in de context van de evolutie van het heerlijke systeem, dat werd omgevormd 'tot een parasitaire relatie met commercieel kapitalisme', wat bijdroeg aan 'de vergeldelijking van maatschappelijke relaties', een opstand die werd ondernomen door degenen die het slachtoffer waren van het netwerk van landelijk krediet. De rebellen streefden naar 'een herbevestiging van plaatselijke controle over een gebied dat voor traditionele middelen bij het opleggen van sancties ongevoelig was gebleven'. Zie John Merriman, 'The 'Demoiselles' of the Ariège, 1829–1831', in Merriman (red.), 1830 in France (New York, 1975).

103 Cholvy (red.), Histoire du Vivarais, p. 116–117, 152–154, en Maurice Boulle, Révoltes et espoirs en Vivarais 1780–1789 (Privas, 1988), p. 12; Sabatier, 'De la révolte de Roure,' p. 121–147. Sabatier schrijft (p. 124, 128) dat de masques armés gematigder waren dan de 'volgelingen' van Roure in 1670, die verscheidene kerken had geplunderd, een

pastoor hadden vermoord, en verscheidene lijken hadden 'geprofaneerd'. Hij concludeert dat rond de verschijning van de *masques* 'ordegenootschappen zich vermenigvuldigd hadden'. Rellen begonnen tot de spelregels te horen, een duizendjarige gezapigheid was verdwenen (p. 144).

104 Molinier, *Stagnations et croissance*, p. 202–205, 207–209, 233–240; Jones, *Politics and Rural Society*, p. 12–13, 54; *La Vie rurale*, p. 82–87; Cholvy (red.), *Histoire du Vivarais*, p. 147, schrijft dat de productie van graan langzaam steeg van 350 centenaren in 1690 tot ongeveer 385.000 in 1789. De bevolkingsgroei was in de periode 1644-1693 kleiner, in een tijd die afliep met mislukte oogst en waarschijnlijk ook het vertrek van de protestanten. Het geboortecijfer lag tussen 36,7 per 1000 en 40,1 per 1000 tegen het eind van het Ancien Régime, waarbij het sterftecijfer daalde tot ongeveer 32 per 1000. Er werd jonger getrouwd en er waren steviger kleren, wat ook een factor kan zijn geweest. Een 'broederschap van de kastanje' bestaat tegenwoordig nog in de Ardèche. Het verschil tussen recepten voor 'de *crique* (aardappelpannenkoek) van de armen' en 'de *crique* van de rijken' is dat er tegenwoordig *crème fraiche* in de laatste wordt gedaan. Kastanjes werden als marrons de Lyon verkocht, een specialiteit van Frankrijks tweede stad.

105 5MI 19.

106 Molinier, *Paroisses et communes de France*. Aan het begin van de jaren zestig van de achttiende eeuw geeft een volkstelling in de Languedoc Balazuc met 203 huishoudens en een bevolking van 903, maar deze getallen hebben zeker Pradons en Chauzon omvat en lijken veel te hoog: BN, Collection de Languedoc-Bénédictins, XIV–XVI (24), 'État de lieux qui forment le bas pays de Vivarais [Volkstelling in de Bas-Vivarais]'.

107 Molinier, *Stagnations et croissance*, p. 271, 320. In 1789 consumeerde de gemiddelde inwoner 137 kilo brood, 47 kilo aardappelen, 32 kilo kastanjes (in Balazuc aanzienlijk minder), 20 kilogram fruit, 2,8 kilo peulvruchten en 1 kilo suiker. In 1809 had vaccinatie de pokken uit Frankrijk verdreven.

108 Molinier, *Stagnations et croissance*, p. 212–217, 228; Jolivet, *La Révolution en Ardèche* p. 4. Aan het eind van de achttiende eeuw produceerde de Vivarais het equivalent van ongeveer 200.000 hectoliter wijn. In 1730 een normaal jaar, exporteerde zij 65.000 hectoliter wijn, en in 1780 bracht ze tweevijfde meer op dan lokaal kon worden geconsumeerd. In 1768 importeerde het bisdom Viviers ongeveer 4,5 miljoen pond goederen en het exporteerde iets meer dan één miljoen pond.

109 12M 81; Bozon, *La Vie rurale*, p. 131–133. Olivier de Serres geciteerd door Élie Reynier, *La Soie en Vivarais* (Largentière, 1921), p. 14, 12–21; Hervé Ozil, *Magnaneries et vers à soie: La Sériculture en pays vivarois et Cévenol* (Lavilledieu, 1986), p. 41. Een document uit 1361 vermeldt de aankoop door een koopman uit Anduze van iets meer dan twee centenaren cocons uit Privas.

110 Chambon, *Paysans de Vivarais*, p. 140; Bozon, *La Vie rurale*, p. 130; Molinier, *Stagnations et croissance*, p. 175.

111 Sonenscher, 'Royalists and Patriots,' p. 260–261, 315; Noir, *Des faubourgs de Paris*, p. 32.

112 Mairie de Balazuc, 'États de section, 1791'.

113 Molinier, *Stagnations et croissance*, p. 210;. Reynier, p. 44–57. Ozil, *Magnaneries et vers à soie*, p. 41–42; Jacques Schnetzler, 'Une économie fragile,' *Mémoire d'Ardèche et Temps présent*, 24 (november 1989), p. 7–14.

3 Het tijdperk van de revolutie

1 L 1637, District de Tanargue, bevolking van gemeenten, s.d (1793?); B 142 (2MI 76). Zie Jolivet, *La Révolution en Ardèche*, p. 80–90. Het was zeker zo dat de cahiers een soort formulier waren, want modellen ervan hadden de ronde gedaan.

2 In het nabijgelegen Largentière tekenden 116 mannen in 1787 een petitie waarin stond dat 'de mensen bitter klagen dat degene die meer dan de helft van de belasting betalen' slecht werden vertegenwoordigd, door slechts één persoon in het Conseil Politique de la Ville, terwijl de adel drie vertegenwoordigers had, en de burgerij twee. Of dit levendig debat enig invloed had op Balazuc weten we niet (zie Jolivet, *La Révolution en Ardèche*, p. 46–48).

3 Brun, *consul*; Thoulouze, consul; en Pays, Rieu, Tastevin, Lauriol, Auzas, Rieu, Mollier, Charousset, Fromentin, Boulle, Boyer, Teyssier, Fabregoulle, Constant, Auzas, Mollier, Courtiol, Mollier, Pays, Marcel, Tastevin, Guérin, Boyer, Laroche, Tarterrey en Boucher.

4 B 141, *Mémoire touchant les états généraux de France*, 1788, Vivarais. Jean Boyer beweert dat Tastevin en Boucher het *cahier de doléance* grotendeels volschreven. De vrouw van Antoine Tastevin was Thérèse Dubois-Maurin, de zuster van een afgevaardigde van de Bas-Vivarais bij de Staten-Generaal. Alleen de Tastevins uit Salles hadden het recht op een *pigeonnier* (duiventil).

5 Jolivet, p. 2.

6 Noir, *1789, Des faubourgs de Paris*, p. 134, citeert d'Antraigues: 'De Tiers-Etat is het volk en het volk vormt de grondlaag voor de staat. Het is de staat zelf'.

7 Jolivet, *La Révolution en Ardèche*, p. 133.

8 Pierre Ladet (red.), *Entre Coiron et Tanargue: Aubenas sous le vent de l'histoire* (Privas, 1991), p. 127, 205; Cholvy (red.), *Histoire du Vivarais*, p.165; Jolivet, *La Révolution en Ardèche*, p. 142.

9 Mairie de Balazuc, 'Liste des citoyens actifs de la communauté de Balazuc'; L 901, 'Listes des citoyens actifs et éligibles, 1790–91'; L 968, 'Liste civique de la garde nationale de Balazuc du 15 juillet 1790'; document ook aangetroffen in Balazuc.

10 Jolivet, *La Révolution en Ardèche*, p. 157–158.

11 Verscheidene dorpen die in de Vivarais hadden gelegen kwamen bij de Haute-

Loire, en verscheidene die bij de Gard hadden kunnen horen werden bij de Ardèche gestopt.

12 Molinier, *Stagnations et croissance*, p. 82. DeVivarais besloeg 320 communautés en 350 parochies. Zie Peter Jones, 'Towards a Village History of the French Revolution'.

13 Woloch, *The New Regime*, p. 35.

14 Chambon, *Paysans de Vivarais*, p. 164.

15 Mairie de Balazuc, 15 augustus 1790; L 968, burgemeester, 15 augustus 1790; Jolivet, *La Révolution en Ardèche*, p. 200-208.

16 L 897, lijst van gedeclareerd verlies, 1790. Die van Balazuc was ondertekend door *Teiyssier maire, Brun officier, Toulouze officier, Marcel notable, Scabaiter aussi notable Constant notable Boyé notable, Auzas notable, Auzas procureur de la commune, Tastevin, greffier-commis.*

17 Zie Jolivet, *La Révolution en Ardèche*, p. 209-311, en Cholvy (red.), *Histoire du Vivarais*, p. 168. De wet van 27 november 1790 eiste van pastoors een eed van trouw aan de grondwet.

18 Zie Timothy Tackett's definitieve studie *Religion, Revolution, and Regional Culture in Eighteenth-Century France: The Ecclesiastical Oath of 1791* (Princeton, 1986).

19 Zie Sonenscher, *Royalists and Patriots*, die de gebeurtenissen in Jalès ziet als 'product van een specifieke opvatting van de relatie met Nîmes', gebaseerd op het commerciële netwerk dat zich uitstrekte tot het achterland daarvan. De katholieken in Nîmes betaalden de protestanten in 1815 terug (p. 254).

20 Sonenscher, *Royalists and Patriots*, zet de verschillen tussen 'royalisten' en 'patriotten' in de context van 'de uiteenlopende posten, bezet door 'royalisten' en 'patriotten' binnen een opkomende structuur van ruilhandel' (p. 532-533).

21 Jones, *Politics and Rural Society*, p. 75, 172-173 ('Toen sommigen van hen daarop naar het veld trokken, was uit om de oude orde te verdedigen); Chambon, *Paysans de Vivarais*, p. 169.

22 Jolivet, *La Révolution en Ardèche*, p. 236, 269-278; Thierry Chailan, 'Les Réactions à la Constitution civile du clergé dans le district du Tanargue,' p. 187-200, in *Églises, pouvoirs et société en Ardèche (milieu xviiième siècle-milieu xixème siècle)* (Ucel, 1993), p. 191. Van de twaalf parochies waaruit Balazucs kanton Vallon bestaat, legde geen van de curés de eed af in 1791; 6 deden het in 1792, en 11 in 1793. In de Ardèche als geheel, legden 279 priesters de eed af (sommigen wel onder voorbehoud), en 246 weigerden ronduit (Cholvy (red.), *Histoire du Vivarais*, p. 168, noemt het cijfer van 158 van de 195 die in het bisdom Viviers eind 1790 of begin 1791 de eed afleggen). Allignols visie op de hele geschiedenis van de Revolution en dus ook die van de Kerk mag, wellicht helaas, worden samengevat in zijn verslag van de oorlog van de radicale Jakobijnse republiek tegen de geestelijkheid: 'Hier werd de gruwel van de nazi-concentratiekampen overtroffen'(*Balazuc and le Bas Vivarais*, p. 633)!

23 Jolivet, *La Révolution en Ardèche*, p. 261.

24 L 560, 'Nogier ancien curé de Balasuc [sic],' 27 januari 1792 beraad van 9 mei 1792, 18 april 1792. Een lijst van priesters in 1792 (L 974) vermeldt Nogier nog als curé van Balazuc. L 1566 (1793) geeft aan dat Nogier zijn belastingen had betaald.

25 L 559, Champanhets petitie van 30 september en beraad van 16 december 1791, in et 'Registre des délibérations du directoire du département de l'Ardèche, livre 1' noemt een salaris van 1000 pond.

26 Mazon, Notice sur Vinezac, p. 120–143; Cholvy (red.), Histoire du Vivarais, p. 166–167.

27 L 967; procès-verbal van 70 augustus 1791, ondertekend door Champanhet, curé; Teyssier, burgemeester; Leyris, officier; en Auzas, procureur; L 267; 'extrait des régistres des délibérations de la commune de Balazuc,' 27 juni 1793, jaar II, ondertekend Jean Leyris, burgemeester, en Joseph Charousset, François Laroche, gemeenteambtenaren, naast Jean-Louis Boyer, Jean Maurin, Louis Mollier, Jean Pays, notables; Jacques Christophe Champanhet, procureur, en André Teyssier, secretaris, 'assemblé en conseil général dans la maison commune'; L 544, lijst van priesters die 'afstand deden van' hun functies na het decreet van 2 frimaire. Volgens de revolutionaire kalender, volgde zijn ontslag op 14 germinal, jaar II.

28 Zie Jolivet, La Révolution en Ardèche, hoofdstukken 10, 11, en 12, statistieken van p. 472, 478, en 496.

29 Allignol, Balazuc et le Bas Vivarais, p. 636. Een leuk verhaal, maar Allignol geeft geen bronnen.

30 Cholvy (red.), Histoire du Vivarais, p. 169. De veilingen hielden in jaar IV op en door de verantwoordelijkheid in de handen van commissaires départementaux, na een schatting van de waarde van het goed, belemmerde de verkoop. Jolivet (La Révolution en Ardèche, p. 487) geeft een lagere schatting van het aantal émigrés, 200 tot 210.

31 Q 195, Jacques Mollier, 31 januari 1791. Een wat onsamenhangende brief van de hand van gedeputeerde Pamplone van 6 mei 1790, naar Balazuc gestuurd, ging over het beheer van de biens ecclesiastiques: 'reken op de vriendschap met mij', om erop toe te zien dat 'de goddelijke diensten' er niet onder zouden lijden. Uit de brief blijkt dat de opbrengst van de weinige kerkelijke goederen naar Pamplona gingen.

32 Michel Riou, 'La Vente des biens nationaux dans le département de l'Ardèche,' in Communautés d'Oc et Révolution française (Largentière: Imprimerie Humbert et fils, 1987), deel 2, p. 77–89. Het decreet van 3 juni 1793, machtigde tot de verkoop van eigendommen van émigrés.

33 Riou, 'La Vente de biens nationaux,' p. 81–82. De comte de Vogüé keerde in 1801 terug en stierf in 1812 op tachtigjarige leeftijd, na al zijn land in de Ardèche te zijn verloren; zijn familie kreeg 4500 franc in 1828 van het miljard des émigrés. John Markoff, The Abolition of Feudalism: Peasants, Lords, and Legislators in the French Revolution (University Park, 1996) citeert een rapport uit de Ardèche in maart 1792: 'Er is een de-

creet dat opdracht geeft tot de verwoesting van alle torens van de châteaux omdat ze nog slechts worden beschouwd als huizen' (p. 223, n. 33).

34 Q 195; Q 248, beweert dat de beide voorgaande data, 30 december 1791 en 16 januari 1792, ook geen bieders hadden opgeleverd; Q 270, verkoping van 25 juli 1792; Q 282, Bournet, procureur syndic, 11 juli 1792 ('jaar vier' (sic)); Q 486, geregistreerd 26 thermidor, jaar IV.

35 Q 316; Riou, 'La Vente des biens nationaux,' p. 84. Deze aanzienlijke som doet vermoeden dat er sprake was van meerdere kopers, wat feitelijk illegaal was maar vrij vaak plaatsvond.

36 Q 47, Q 283 (procès-verbal), Q 486. Kopers moesten binnen een maand een tiende van de prijs betalen en elk volgend jaar een tiende met toegevoegde interest tot alles was betaald. Jacques Mollier zelf kocht grond in Salerne voor 250 franc, die in twaalf betalingen moest worden voldaan, en onroerend goed in Grospierres dat eigendom was geweest van de prior aldaar.

37 L 1212, 25 nivôse, jaar III, getekend in het *maison commune* (waarschijnlijk de kerk al) door Leyris, *maire*; Laroche, *officier*; Maurin, *notaire*; Teyssier, *agent national*; Pays; Boyer, *notable*, Mollier, *notable*.

38 Q 486, Q 270, en Q 316 (op 15 en 16 pluviôse en 18 germinal, jaar II). Twee van degenen die land kochten – François Tendil uit Lagorce en Claude Laurent uit Largentière – betaalden er nooit voor, waardoor het uiteindelijk werd geveild. F20 161, decreet van 30 frimaire, jaar XIII. Sabatiers aankoop werd namens hem gedaan door Louis Auzas en Jean Pays.

39 Mairie de Balazuc, 'États de section' 1791, met annotatie; Ladet, *Entre Coiron et Tanargue*, p. 205.

40 Riou, 'La Vente des biens nationaux,' p. 89: 'Het moet een van deze verrijkte boeren zijn geweest die aan het begin van de negentiende eeuw de grote speculatieve avonturen hebben opgezet, wijngaarden en ruwe zijde'. Ene Tastevin kocht voor 150 pond onroerend goed in het dal van de Ardèche (p. 88).

41 Ladet, *Entre coiron et Tanargue*, p. 381–383.

42 L 1212. Van de 3000 pond aan biljetten waren er slechts 600 niet uitgegeven.

43 L 1637, District Tanargue, 'Staat van plaatselijke belastingen, jaar II, opgesteld op 18 messidor,' iets meer dan 284 pond.

44 État Civil. Het geboortecijfer daalde van 20 in de jaren II en III tot 13 in de jaren IV en V, 11 in jaar VI, steeg tot 15 in jaar VII, en slonk weer tot een magere vier in jaar VIII, voordat het weer steeg tot 30 in de jaren IX en X. Schijnbaar vonden er slechts twee huwelijken plaats in het jaar VIII.

45 L 1212, uittreksel uit het proces-verbaal van het register van de gemeente Balazuc, 5 germinal, jaar II. Ondertekend door Leyris, burgemeester; Teyssier, nationaal agent; Charousset, officier; François Laroche en Mollier, notabelen, naast Boyer, Pays, en Jacques Mollier, als secretaris.

46 L 267. Teyssier kreeg zijn reisgeld terug.

47 L 1607, proces-verbaal van organisatie, 17 april 1793, 'l'an 2 de la République'.

48 L 1212, 'État des hommes, armée des Alpes [...] commune de Balazuc'. Op een lijst van nationale vrijwilligers (L 939) uit het district Tanargue in 1793 staat er een voor uit Pradons en zeven uit Lagorce, maar geen uit Balazuc, als 'momenteel in dienst van het land,' 5 mei 1793.

49 Jolivet, *La Révolution en Ardèche*, p. 564, schrijft (p. 558) dat de verkoop van kerkelijke goederen op weinig actief verzet stuitte.

50 L 877, brieven van 16 en 23 prairial en 5 ventôse, jaar II.

51 L 877, inclusief 2 nivôse, jaar II, brief aan gemeentebestuur en de *agent municipal* van Laurac; Jolivet, *La Révolution en Ardèche*, p. 279.

52 Cholvy (red.), *Histoire du Vivarais*, p. 174–175.

53 L 1167; L 877, brieven van 16 prairial en 16 en 17 messidor, 5 ventôse, 14 ventôse, 2 nivôse, 28 nivôse, 18 frimaire, jaar II; Mairie de Balazuc, brief van departementaal bestuur, 17 frimaire, jaar III.

54 Claude Jolivet, *L'Agitation contre-révolutionnaire dans l'Ardèche sous le Directoire* (Lyon, 1930), p. 10–14, 17; Donald Sutherland, *France 1789–1815* (New York, 1986), p. 310–311.

55 L 1212, inclusief brief van 7 floréal, jaar IV; L 252, 13 thermidor, jaar IV. Een generaal schreef erbij dat 'verscheidene arrestanten ongewapend waren [...] en verzekerd was dat zij zonder kwade bedoelingen naar Balazuc waren gekomen. Ze zijn allemaal voorgeleid aan de vrederechter'.

56 Cholvy (red.), *Histoire du Vivarais*, p. 173–175.

57 Ibid., p. 178–179.

58 AD, Paul Delichères, 'Notes de Delichères sur l'histoire d'Aubenas pendant la Révolution'; F1CIII Ardèche 10.

59 Mairie de Balazuc, procès-verbal, thermidor, jaar VII. De reorganisatie zal in Balazuc een conservatief tintje gehad hebben.

60 F7 3652(2); Jolivet, 'La Revolution en Ardèche,' p. 60–75. De aanval op Montréal greep plaats op 4 fructidor, jaar V. De wet van 10 vendémiaire, jaar IV, stelde de gemeenten verantwoordelijk voor schade door nalatigheid.

61 L 877, Directoire van de Tanargue, 3 messidor, jaar II brief van 28 nivôse, jaar II, en proces-verbaal van het *conseil général* van Balazuc, 8 thermidor, jaar II. Dit was eerder gebeurd. In 1780 hoorden '*les officiers ordinaires de la baronnie de Balazuc*' zes getuigen in een dispuut over het recht dieren op de *gras* te laten grazen (L 931). Een decreet van 14 augustus 1792, maakte de verdeling van gemeentegrond mogelijk 'maar gaf geen richtlijnen over hoe dit dan moest'. Het decreet van 10 juni 1793, machtigde een gemeentebestuur tot het houden van een algemene vergadering van alle inwoners om zaken te bespreken en te stemmen (waarbij een derde van de kiesgerechtigden aanwezig moest zijn) over de verkoop van onbeboste gemeentegrond

in gelijke percelen (Jones, 'Common Rights,' p.131). In 1813 legde Napoleon, die om inkomsten verlegen zat, gewoon beslag op de *biens communaux* (zie Woloch, *The New Regime*, p. 151–153).

62 L 877, 16 messidor, jaar II; L 931, 8 thermidor, jaar II, getekend door Laroche, *officier municipal*, Teyssier, *agent national*, Leyris, *maire*, Boyer, Mollier, en de secretaris (naam onleesbaar).

63 Mairie de Balazuc.

64 L 1561; zie ook Howard G. Browns prima artikel 'From Organic Society to Security State: The War on Brigandage in France, 1797–1802,' *Journal of Modern History*, 69 (1997), p. 661–695. De wet van 18 januari 1798 bevorderde de repressie van struik-roverij door diefstal met inbraak door meer dan twee mensen tot halsmisdaad te bestempelen.

65 F1cIII Ardèche 10, commissaire van executieve autoriteit, 9 fructidor, jaar VII; ste-delijke administratie van het kanton Aubenas, 15 fructidor jaar VII; commissaire van executieve autoriteit, 27 fructidor, jaar VII; minister van Binnenlandse Zaken, 7 thermidor, jaar VII; F7 3652(2); Jolivet, *La Révolution en Ardèche*, p. 82–84.

66 Mairie de Balazuc, thermidor jaar VII. De garde benoemde daarop Antoine Vital, eerste luitenant, tot zijn plaatsvervanger en Jean Leyris, voormalig consul, tot offi-cier in september 1789. In de jaren V en VI diende André Teyssier als burgemeester en Antoine Brun als zijn loco, waarbij een notitie aangaf dat 'dezelfde in functie moest blijven'. In het jaar VIII werd Tastevin de Salles burgemeester, en Rieu *fils aîné* zijn loco (3M 44).

67 Brown, 'From Organic Society to Security State', schrijft dat zijn strategie, hoe wreed en in tegenspraak ook met wat nog in naam een republikeins regime was, de 'nieuwe administratieve en juridische structuur van Frankrijk de gelegenheid verschafte greep te krijgen op de landelijke gemeenten', zoals Balazuc (p. 662), een proces dat voortging tot 1802.

68 L 1561, procès-verbaux, 12 ventôse, jaar VII.

69 L 1561, Tribunal civil et criminel, 'État des assassinats et vols commis depuis le 15 prairial de l'an VII'; Nivet, rapport op 20, 21, 22 en 23 messidor, jaar VII.

70 1561, petitie van 25 man uit Chauzon met een klacht over Monchauffé's metho-den; rapport van Sihol, 2 ventôse, jaar VII.

71 F1cIII Ardèche 10, L'Administration centrale du département de l'Ardèche, 12 ni-vôse, jaar VII; Nivet, rapport 16 messidor, jaar VII, tot 6 nivôse, jaar VIII; F7 3652(2).

72 F1cIII Ardèche 10, L'Administration centrale du département de l'Ardèche, 16 ni-vôse, jaar VIII; Bulletin de la police générale, 25 vendémiaire tot 1 brumaire, jaar VIII; Jolivet, *La Révolution en Ardèche*, p. 85–92; Howard G. Brown, 'Bonaparte's 'Boo-ted Justice' in Bas-Languedoc,' *Proceedings of the Annual Meeting of the Western Society for French History*, 24 (1998), citaat van pagina 4 van de originele ongepubliceerde versie.

In het jaar VI omvatten de kiezers uit het kanton Vallon André Teyssier, Jean Tou-louse, Antoine Fabregoule, Antoine Brun, en Antoine Auzas (L 269, Assemblée pri-maire du canton de Vallon, 1 en 2 germinal, jaar VI).

73 F1CIII Ardèche 10, rapport van de prefect, 28 prairial, jaar VIII.

74 F1CIII Ardèche 10, L'Administration centrale du département de l'Ardèche, 24 ven-tôse, jaar VIII en prefect (Charles Caffarelli), 1 nivôse en 2 brumaire, jaar IX.

75 Cholvy (red.), *Histoire du Vivarais*, p. 180–184; AN, F20 161 prefect, 15 floréal, jaar XIII. Zie Brown, 'From Organic Society to Security State,' p. 661–695. Tristan Blanc, een bekende bandiet uit Uzer, werd in 1802 terechtgesteld, en de bende van Claude Duny, de 'koning van Bauzon,' bestond tot 1805.

76 Cholvy (red.), *Histoire du Vivarais*, p. 179–181; F7 3652(2), commissaire du gouverne-ment, 1 pluviôse, jaar VIII.

77 F1CIII Ardèche 10, prefect, 27 prairial, jaar IX.

78 F1CIII Ardèche 10, prefect, 12 januari, 12 maart en 6 oktober 1813; F20 161, prefect, 9 mei 1811; Alan Forrest, *Déserteurs et insoumis sous la Révolution et l'empire* (Paris, 1988). Molinier, *Stagnations et croissance*, p. 391: 1802, 46,7; 1805, 16,6; 1806, 29,1; 1807, 17,1; 1813, 15,7; 1814, 4,9 procent. F20 161 noemt andere cijfers, maar met dezelfde ten-dens voor een totaal van 2,039 refractairs in de periode van 4,922 rekruten: 38 pro-cent in 1801–1802, 18 procent in 1805, 13 procent in 1809. De meesten werden af-gekeurd wegens onvoldoende lengte, in volgorde van belangrijkheid gevolgd door diverse gebreken.

79 Er waren 653 inwoners in 127 huishoudens (ongeveer 5 personen per huishouding).

80 Telling van het jaar XII (Mairie de Balazuc). Balazuc had toen ook een *propriétaire-officier de santé*, Joseph Salel. Huispersoneel hadden Jacques Mollier, die ook een boerenknecht en een herder tot zijn huishouding telde, en de familie van wijlen Antoine Tastevin, die drie dienstboden en twee knechts had.

81 Mairie de Balazuc, 23 mei 1814.

82 F1BII Ardèche 2 en État Civil. Tastevin werd in 1782 geboren, Boiron in 1777. Met een persoonlijk fortuin dat geschat werd op 12.000 franc, was Tastevin verreweg de rijkste man van Balazuc. In de streek had onder de burgemeesters slechts die van Charbonnas, een markies, een groter fortuin (ongeveer vier maal zo groot).

83 Woloch, *The New Regime*, p. 178, 180–183. De ambitieuze wet Lakanal van 27 bru-maire, jaar III (17 november 1794) behelsde het eerste nationale lageronderwijs-stelsel.

84 *Annuaire du département de l'Ardèche*, jaar IX, p. 60–63.

4 De gulden boom

1 Ovide de Valgorge, *Souvenirs de l'Ardèche*, p. 57; Albert du Boys, *Album du Vivarais* (Gre-noble, 1842), p. 11, 223.

2 Élie Reynier, *La Soie en Vivarais*, p. 86.

3 Geciteerd door Charles Blain (Albin Mazon), *Quelques scènes et récits de l'Ardèche* (Aubenas, 1981), p. 65.

4 Geciteerd door Carlat, *Architecture rurale en Vivarais*, p.105. Volgens het verslag van Michelet, zegt een voorbijganger tegen een van de spinnende meisjes: 'Wat erg nou, onschuldige elfjes, dat het goud dat jullie spinnen niet voor jullie is!'

5 Yves Lequin, *Les Ouvriers de la région lyonnaise* (Lyon, 1977), deel I, p. 34.

6 Voor een elegant gebrachte maar vaak omstreden kijk op modernisering, zie Eugen Weber, *Peasants into Frenchmen: The Modernization of France, 1880-1914* (Stanford, 1978).

7 Philip E. Ogden, 'Industry, Mobility and the Evolution of Rural Society in the Ardèche in the Later Nineteenth and Early Twentieth Centuries', in Philip E. Ogden en Paul E. White, *Migrants in Modern France: Population Mobility in the Later Nineteenth and Twentieth Centuries* (London, 1989), met nadruk op overheersing van industrie door Lyons kapitaal (p. 124).

8 12M 181, landbouwkundige staat van 1852. Zie ook AN F11 2697, 1862. In het kanton Vallon woonden in 1852 slechts 39 eigen boeren buiten het kanton, 100 die in het kanton leefden bewerkten hun eigen land niet, terwijl 1250 hun eigen land bewerkten en nog eens 650 hun eigen land plus dat van iemand anders.

9 Bozon, *La Vie rurale*, p. 175-176. In Vinezac had in 1850 80 procent van de boeren nog geen vijf hectare, inclusief veenmoeras en er waren slechts 21 *ouvriers agricoles* op 196 families van *cultivateurs*. In jaar XIII, verkocht Louis Duffaud, *cultivateur* in Audon, aan Antoine Boyer, *maréchal à forge* in het dorp, een perceel grond van 44 are *(ou mille et douze toises anciennes)* voor 150 franc (2E ML 631).

Grootte van boerenbedrijven in de Ardèche, halverwege de negentiende eeuw
(Reynier, *Le Pays de Vivarais*, p. 121.)
77.000 exploitations rurales

Meer dan 40 hectare	1.400
10–40 hectare	10.000
1–10 hectare	35.500
Nog geen hectare	28.000

10 Eugène Villard, *De la situation des intérêts agricoles dans l'arrondissement de Largentière* (Nîmes, 1852), p. 11-14, 18-19, 22-25; Jean-Luc Mayaud, *La Petite Exploitation rurale triomphante* (Paris, 1999), p. 186-187.

11 Cholvy (red.), *Histoire du Vivarais*, p. 199.

12 *La Belle Lurette*, 8 (zomer 1997), p. 8-12; Cholvy (red.), *Histoire duVivarais*, p. 199. Zie vooral ook Reynier, *La Soie en Vivarais*, p. 3-8.

13 Cholvy (red.), *Histoire du Vivarais*, p. 197.

14 12M 76, prefect, 18 januari 1840; 12M 179; Bozon, *La Vie rurale*, p. 130–134; Ozil, *Magnaneries*, p. 45–49. Bladeren deden ongeveer twaalf franc per centenaar. De kleinere zwarte moerbeien worden gebruikt om hun olie, hun vruchten en voor medicinale doeleinden.

15 Siegfried, *Géographie électorale de l'Ardèche*, p. 30.

16 Mayaud, *La Petite Exploitation*, p. 115; Cholvy (red.), *Histoire du Vivarais*, p. 196.

17 12M 76; 12M 179. Elke kilo gaf dus ongeveer 30 kilo cocons per ons eieren.

18 Hervé Ozil, 'La Sericiculture en Ardèche: Survivance d'une production?', dissertatie, Université de Lyon II, 1983, vol. III, p.173.

19 Carlat, *Architecture rurale en Vivarais*, p. 88–92, 145.

20 Forot en Carlat, *Le Feu sous la cendre*, deel 1, p. 233–234, 484.

21 Ozil, *Magnaneries*, p. 75–98, 154–163; Bozon, *La Vie rurale*, p. 136.

22 Een en ander gebaseerd op informatie uit 'Visite de ma magnanerie,' van M. Monhomme, Les Mazes, Vallon–Pont d'Arc.

23 Balazuc, *Mémoires de soie*, p. 96. Bij onweersachtig weer brandden sommige *éducateurs* tijm om de lucht te verfrissen.

24 Niettemin moesten de producenten ervoor zorgen dat de vlinders niet uit de cocons kropen want als ze dat deden zouden ze de zijden draad beschadigen.

25 In 1847, betrok spinnerij Mazellier in St.-Privas, onder Aubenas, ongeveer 5 procent van haar ruwe zijde uit Balazuc, Lanas, Roche-Colombe en St.-Maurice (Yves Morel, 'Les Maîtres du fil: Une industrie textile en milieu rural: Le moulinage ardéchois au XIXe siècle', dissertatie, Université Lumière–Lyon II, 1999, p. 195).

26 Als getuigenis van de nuances en de verwarrende variëteit in het Occitaans, stond een *couradou* uit Balazuc en Vallon bekend als *couderc* in Rochecolombe, zeven kilometer van Balazuc, als *placet* in Grospierres, als *barda* in St.-Andéol-de-Berg en in St.-Paul-le-Jeune, en op sommige plaatsen als *onto* (Carlat, *Architecture rurale en Vivarais*, p. 76).

27 Ibid., p. 158; Reynier, *La Soie en Vivarais*, p. 88. Het dons werd soms gekaard, gesponnen en aan wevers gegeven om er *bourette* van te maken, een stevige stof.

28 Balazuc, *Mémoires de soie*, p. 90. Boeren zetten het spinnewiel in de beschutting van het overdekte balkon.

29 F1BII Ardèche 4, prefect, 25 mei 1855.

30 Ozil, *Magnaneries*, p. 33, 131–157.

31 Bozon, *La Vie rurale*, p. 260.

32 Annet Reboul, *Moeurs de l'Ardèche au XIXe siècle* (Valence, 1849), p. 183.

33 Reynier, *La Soie en Vivarais*, p. 100–108.

34 Bozon, *La Vie rurale*, p. 269; Cholvy (red.), *Histoire du Vivarais*, p. 199.

35 MR 1248, 1846.

36 Bozon, *La Vie rurale*, p. 137.

37 Reynier, *La Soie en Vivarais*, p. 90–91; 15M 1, prefect, 28 februari 1849; Ozil, *Magnaneries*, p. 49, 131–146; Morel, 'Les Maîtres du fil,' p. 161.

38 Reynier, *La Soie en Vivarais*, p. 95–96; Morel, 'Les Maîtres du fil,' p. 455, 457, schrijft: 'Je dochter naar een zijdeverwerkende fabriek sturen was in een bepaald opzicht toegeven dat je sociaal onder aan de ladder stond'.

39 Bozon, *La Vie rurale*, p. 137; Cholvy (red.), *Histoire du Vivarais*, p. 201. In 1846 produceerde het departement 282.272 kilo *soie ouvrées*, verkocht voor ongeveer 22 miljoen franc. In 1848 waren er 10.000 tot 12.000 arbeidskrachten, voornamelijk vrouwen, tewerkgesteld in de zijdeverwerking of de spinnerij.

40 Forot and Carlat, *Le Feu sous la centre*, deel II, p. 685; Albin Mazon, *Voyage le long de la rivière Ardèche* (Aubenas, 1885); Reboul, *Moeurs de l'Ardèche*, p. 184–187.

41 Ozil, *Magnaneries*, p. 45. Zie Reynier, *La Soie en Vivarais*, p. 9. In 1846, produceerde het kanton Vallon alleen tussen de 200.000 en 250.000 kilogram ruwe zijde, en het kanton Joyeuse ruim 300.000 kilogram.

42 Cornu, *Une économie rurale*, p. 44–45.

43 MR 1248. De oogst van 1845 was tegengevallen omdat het voorjaar na een lange winter droog bleef waardoor de bladeren later kwamen waardoor éducateurs een deel van al uitgekomen *graines* moesten wegdoen.

44 Ozil, *Magnaneries*, p. 72–75; Cholvy (red.), *Histoire du Vivarais*, p. 205–206.

45 Villard, *De la situation des intérêts agricoles*, p. 21ff.

46 12M 76; Villard, *De la situation des intérêts agricoles*, p. 30–31.

47 Villard, *De la situation des intérêts agricoles*, p. 13, 30–34. Hij schreef dat veel transacties onder de tafel plaatsvonden, om betalen van geld aan de staat te voorkomen. Verwijzend naar de officiële stemming in de nadagen van de *coup d'état* van 2 december 1851, voegde hij eraan toe dat elke hulp van de staat zich ervoor moest hoeden het beginsel van privé-eigendom te ondermijnen, 'deze onmisbare basis van de menselijke samenleving'.

48 Léon Védel, *À travers le Vivarais: Balazuc et Pons de Balazuc* (Lyon, 1884), p. 7–13.

49 Mazon, *Voyage le long de la rivière Ardèche*, p. 61–62.

50 Ibid., p. 36, 63–68.

51 Ibid., p. 69. In 1884 zag Mazon een paar kinderen op de brug van Ruoms, en meende weer dat hij op afstammelingen van de Saracenen was gestuit (Balazuc, *Mémoires de soie*, p. 9).

52 Vogüé, *Notes sur le Bas-Vivarais*, p. 49–52; Balazuc, *Mémoires de soie*, p. 66.

53 *Le Courrier d'Aubenas*, 29 februari 1896, van de hand van 'Sylvestre' (Paul Gouy). Een sonnet legde het verband voor zijn lezers: 'Toen Pons de Balazuc, uitgaande op kruistocht/ onder de hete oosterse zon reed,/ in een woest dal bij het meer van Tiberias/ meende hij dat hij zijn leen en zijn geboortehuis terugzag./ Hij herkende

de Saraceense toren, aan de overkant van de weg/ Op de rand van de rots, de deur, en de boog daarboven,/ de landelijke behuizingen rond de esplanade,/ de magere olijfbomen op de verbrande flanken van het dal'.

54 Bourdin, *Le Vivarais*, p. 131–132; *L'Exprès de Lyon*, 8 januari 1914. Degenen die een monument voor Pons de Balazuc wilden oprichten wensten een festival dat hem moest eren en dat ook 'de eredienst aan het verleden en respect voor religieuze en patriottistische tradities' moest uitwerken. Daarbij werd niemand uit Balazuc betrokken, maar de vereniging vertoonde de invloed van de Touring Club en de Automobile-Club de France (*Le Républicain des Cévennes*, 27 februari 1909).

55 G. Bruno, *Le Tour de France par deux enfants* (Paris, 1877), p. 162–166.

56 Zie 15M 1, overzicht van 1848.

57 F1cIII Ardèche 11, P07, prefect, 6 juni en 2 augustus 1856, 12 September en 1, 8 en 10 oktober 1857, 10 april 7 juli 1858. Een ongedateerde notitie gaf aan dat er januari 1858 meer dan 8000 arbeiders ontslagen waren sinds de afgelopen drie maanden en dat er duizenden bedelaars waren, met slechts ongeveer 40 procent arbeiders met werk terwijl er dagelijks nog meer fabrieken dichtgingen.

58 12M 76, burgemeester Tastevin, 23 juni 1857, verzoekschrift, en burgemeester van Lagorce, 16 juni 1857, prefect, 1 oktober 1857; Bourdin, *Le Vivarais*, p. 105. In het kanton produceerden alleen Ruoms en Vagnas meer kilo's cocons dan Balazuc.

59 Ozil, *Magnaneries*, p. 51; Cholvy (red.), *Histoire du Vivarais*, p. 205; Balazuc, *Mémoires de soie*, p. 32, geeft (p. 48) hoge zelfmoordcijfers en problemen met drinken bij de boeren, althans in Labeaume. Zij merkt op dat toenemende financiële problemen binnen huishoudens heel goed relaties onder druk kunnen hebben gezet, bijvoorbeeld tussen schoonmoeders en schoondochters. In Frankrijk is de productie gedaald van 24 miljoen kilogram in de periode 1846-1852, tot 5,5 miljoen kilogram in 1865 en minder dan 2,4 miljoen kilogram in 1876, amper 10 procent van het totaal van 24 jaar daarvoor.

60 12M 182, kantonnale statistieken; 12M 76, burgemeester Tastevin, 23 juni 1857; verzoekschrift, en burgemeester Dumas uit Lagorce, 16 juni 1857. Toch produceerden alleen Ruoms en Vagnas meer kilogram cocons dan Balazuc. De petitie van La Chapelle-sous-Aubenas hekelde 'gevallen van misbruik, stuk voor stuk ingegeven door inhaligheid van bepaalde inkopers van cocons en van zijde,' onder andere een prijsbepalende en raadselachtige *retenue* van 1 procent, dat 'de belachelijke naam van cadeau' droeg, en recentelijker nog een *retenue* van weer 1 procent, onterecht opgelegd in de verwachting dat een deel van de koopwaar inferieur zou zijn. De ergste voorbeelden werden aangetroffen in de omgeving van Aubenas, waar de handelsrechtbank 'vrijwel uitsluitend werd bemand door rechters die zelf betrokken waren bij de handel in cocons of zijde'. Zie Cholvy (red.), *Histoire du Vivarais*, p. 205-206.

61 Pierre Bozon, La Vie rurale, p. 372-373.

62 Onderprefect, 20 oktober 1856, 15 januari, 23 april en 4 juli 1857. Jones, Politics and Rural Society, 'De gevaren van een landelijke economie die uitgaat van monocultuur werden pijnlijk duidelijk (p. 58).

63 FLCIII Ardèche 11, prefect, 26 juli 26, 1856, 26 april en 27 juli 1859. In 1855 werd de Société ardéchoise d'encouragement à l'agriculture opgericht. Zij had voor een tijdschrift maar betrekkelijk weinig invloed.

64 Reynier, La Soie en Vivarais, p. 114-135; Cholvy (red.), Histoire du Vivarais, p. 205-207; Reynier, La Vie rurale, p. 372-73; Ozil, Magnaneries, p. 52 ff; 12M 76, prefect, 25 maart en 26 april 1859. De pébrine trok vervolgens oostelijk naar de Italiaanse staten, eerst in 1853, bereikte in 1857 Illyrië, in 1861 Macedonië, in 1864 Boekarest en in 1865 de Kaukasus. Mettertijd bleef alleen Japan gespaard. Niemand uit Balazuc produceerde kennelijk eieren in 1868, maar een jaar later werden er 160 inwoners genoemd die dat wel deden. In 1871 toonden de cijfers dat er 281 waren die cocons produceerden en 132 die graines produceerden.

65 Mairie de Balazuc, niet geclassificeerd, prefectoraal decreet van 14 september 1893.

66 12M 81. Onderprefect, 4 juli 1857. Oogst in 1865: 4000 kilogram; in 1866, 6000. Het overzicht uit 1869 meldde dat er 160 producenten in Balazuc waren. Cijfers van de oogst van 1873 geven een verkoop aan van 14.900 kilogram cocons, met een totale waarde van 96.400 franc (met 7 franc per kilo voor cocons van Franse eitjes en 6 franc voor geïmporteerde graines), die als we 186 aanhouden als het aantal huishoudens die betrokken waren bij de productie van ruwe zijde, een gemiddelde opbrengst leverde van 518 franc per familie. 160 families waren petits éducateurs, 26 hadden een iets hogere status.

67 Ozil, Magnaneries, p. 60-61. Pasteur zag dat de zijderupsen vanaf de geboorte besmet waren met de ziekte. Ze konden niet gered worden, maar als ze later besmet werden, dan konden ze nog 'een goede cocon spinnen, maar de pop en de vlinder dragen een kiem die altijd actief wordt in de eitjes'.

68 Geciteerd door Cornu, Une économie rurale, p. 142-143. De waarde van land daalde met 40 procent in het kanton Joyeuse, tussen 1852 en 1882.

69 Bozon, La Vie rurale, p. 374; Cornu, Une économie rurale, p. 129-130. Het aantal families dat ruwe zijde produceerde daalde van 40.300 in 1872 tot 17.510 in 1914. De hoeveelheid eitjes die geïncubeerd werden in de Ardèche daalde van 178.000 in 1882 tot 47.219 in 1902 tot 29.470 in 1914. Degenen die echter volhielden profiteerden van betere oogsten dan tevoren vanwege de verbeterde hygiëne en de betere ruimteverdeling in de magnaneries. In Labeaume waren er ongeveer 200 producenten in 1900, 150 in 1918, 108 in 1930, 66 in 1940, 50 in 1950 en in 1966 helemaal geen meer (Balazuc, Mémoires de soie, p. 88).

70 Cholvy (red.), Histoire du Vivarais, p. 206. De prijs van eigen cocons daalde gestaag van

7,60 franc per kilo in 1857 tot 4,74 franc van 1876 tot 1880, 3,71 franc van 1886 tot 1890, en haalde slechts 2,87 franc van 1896 tot 1900. De Ardèche handhaafde zich in de productie of Franse ruwe zijde, met de Gard goed voor de helft van het Franse totaal van 8,5 miljoen kilo cocons, 2,4 en 2 miljoen kilo, respectievelijk, in 1909, terwijl de naburige Drôme 1,5 miljoen produceerde.

71 15M 1, overzicht van 1873. In 1905, toen de gemeenteraad van Balazuc de spoorwegmaatschappij vroeg een abri te bouwen bij het nu lege treinstation, klaagde hij dat ongeveer 30 arbeidsters 'blootgesteld waren aan de winterse kou en de brandende zon in de zomer' bij het wachten op de trein die ze moesten nemen naar hun ateliers in Lavilledieu.

72 Notulen van de gemeenteraad van 19 november 1905 (voortaan verwijst een datum in de voetnoot en zonder verdere indicatie naar een gemeenteraadsvergadering); volkstelling van 1911.

73 Reynier, *La Soie en Vivarais*, p. 131–155; Morel, *Les Maîtres du fil*; in 1913, 23,5 procent van de gesponnen zijde in Frankrijk kwam uit de Ardèche, 40 procent uit de Gard, en 9,7 procent uit de Drôme. Er waren 381 moulinages in the Ardèche over in 1912.

74 30 november 1890, en 28 november 1897; Cholvy (red.), *Histoire du Vivarais*, p. 206. Vanaf 1892 werden twee vertegenwoordigers van de gemeenteraad verkozen als waarnemers bij het wegen van de cocons op de balans die aan de oude donjon hing.

75 2 0 187; Reynier, *La Soie en Vivarais*, p. 2, 147. In 1909 deden boeren in Balazuc 320 ons in incubatie, voor een productie van 13,852 kilogram cocons, een rendement van 43 kilogram per ons.

76 Blain (Mazon), *Quelques scènes et récits du Vivarais*, p. 63–66.

77 Ozil, Magnaneries, deel III, p. 176.

78 Michel Rouvière, *Paysages de pierre*, p. 4; Cholvy (red.), *Histoire du Vivarais*, p. 194–197; 12M 53, 12M 55, 12M 181. In een gemiddeld jaar bracht wijn ongeveer vijftien franc per hectoliter op.

79 12M 55, Int., 9 augustus 1852, prefect, s.d., en notitie van 7 juli 1854, 22 januari en 24 oktober 1857, en 22 april 1861; 12M 181, 1852, statistieken; F11 2697.

80 12M 53. Het aantal hectaren wijngaard in de Ardèche daalde van meer dan 30.000 in 1872 tot 17.000 in 1890; het aantal hectoliters wijn daalde van 375.000 in 1862 tot 7500 in 1884!

81 12M 54, overzicht, Cholvy (red.), *Histoire du Vivarais*, p. 206. Een hectare wijngaard was 2500 franc waard in 1874 en 1000 in 1886. In Balazuc zaaiden sommige boeren graan in voormalige wijngaarden. In 1940 bewerkten 36.000 *viticulteurs* 20,700 hectare (Reynier, p. 197), en slechts 15 hadden meer dan 20 hectare; 15 hadden tussen 10 en 20 hectare; 224 tussen 4 en 10 hectare; 3000 tussen 2 en 4; 3300 tussen 1 en 2 hectares, en 26.000 minder dan 1 hectare!

De druifluis in Balazuc

jaar	hectares wijngaard	hectares wijngaard verwoest	hectares aangetast	hectares herplant
1874	300	60	260	
1878	200	100	180	
1885	250	75	225	2
1891	130	20	300	110
1893	235	20	58	80
1894	160	60	110	100
1896	240	239	1	15
1897	50	195	1	49

Bron: AD Ardèche, 12M 56 en 12M 59

82 1Z 233, prefect, 8 september 1891, 26 maart 1894, en 29 oktober 1906.

83 12M 58, Tastevin, 4 september 1891, en Charousset, 22 september 1892, en 27 augustus 1894; prefect. 8 september 1891; 5M 45, subprefect, 10 oktober 1894; 12M 186; 12M 192; Cholvy (red.), Histoire du Vivarais, p. 206. In 1900, was in Balazuc 54 van de 60 hectare wijngaard in gebruik, 60 in 1902, en 68 hectare in 1908.

84 23 september 1890.

85 Pierre Bozon, La Vie rurale, p. 381–382; Cholvy (red.), Histoire du Vivarais, p. 207: 'het gezamenlijk optreden van deze crises is niet toevallig. Het is een afspiegeling van het feit dat het evenwicht van de oude agrarische economie door overbevolking was verstoord. Bovenal voorkwam dit zowel individuele verrijking als de evolutie van productie en ruilmethoden. 'Het is zeker dat het wellicht goed was in zoverre een hogere levensstandaard aanzienlijk minder afhankelijkheid van kastanjes voor overleven betekende.'

86 Bozon, L'Ardèche, p. 57–58.

87 15M 1, prefect, 28 februari 1849; F17 9322; Ozil, Magnaneries, p. 52–63. Ogden, 'Industry, Mobility and the Evolution of Rural Society,' p. 121–122. Pierre Gourinard, 'La Part de l'Ardèche à la mise en valeur de l'Algérie,' Revue du Vivarais, 73 (april–juni 1969), p. 91–93. De bevolkingsdichtheid per vierkante kilometer daalde van 59,4 in 1851 tot 37,3 in 1921.

88 Het canton Vallon daalde van een maximum van 10.910 inwoners in 1856 naar 5.721 in 1946, waardoor het 41,9 procent van de bevolking verloor. Zie Reynier, Le Pays de Vivarais, p. 85–86.

89 Cholvy (red.), Histoire du Vivarais, p. 209–210.

90 Gourinard, 'La Part de l'Ardèche', p. 92–93.

91 Mazon, Voyage dans le Midi de l'Ardèche (Aubenas, 1884), p. 69.

92 Fonds Mazon; Chareyre aan Mazon, 27 augustus en 27 september 1884. Mazon ge-

loofde dat de hoge ligging van het dorp voor frisse lucht zorgde. Van Balazucs twee voornaamste bronnen van vers water lag er een, 'met de reputatie heel goed te zijn' stroomafwaarts langs de rivier, de andere, de 'fontein', 20 meter verderop, aan de rivier, werd verondersteld 'zwaar' water te bevatten (anderen gebruikten de regenput van het presbyterium, die het beste water zou hebben). Mazon geloofde dat de regenputten een mogelijke bron van infectie waren. Iemand onderbrak zijn drinken ervan toen hij merkte dat er 'hier en daar kleine insecten inzaten', en gebruikte het alleen voor koken. Niettemin lijkt een betrekkelijk droge winter, waardoor de regenputten droog bleven, gedeeltelijk de verklaring waarom Balazuc aan de epidemie ontsnapte, die in Vogüé 53 slachtoffers vergde en 24 in Ruoms.

93 Tellingen van 1876 en 1911; *Annuaire*, 1870 en 1888; *Almanach*, 1905. In 1872 was de uitzondering Jean Cartoux, *maréchal*. In 1888 waren er twee *cafetiers* (van wie er een een *tabac* had), twee *épiciers*, een *marchand de graines de vers à soie*, en een *courtier en savons et huiles*, een metselaar, twee molenaars, een schoenmaker en een smid. In 1905 waren er zeven cafés of restaurants. In 1911 waren er van de 152 huishoudens in Balazuc 150 geleid door eigen boeren, 10 door landeigenaren, 3 door *rentiers*, en 4 door pachters. Bovendien hadden de 10 gezinshoofden die geen bezigheid opgaven, allemaal een zoon die thuis woonde en het land van de familie bewerkte.

94 10M 91, telling van 1911: Bozon, *L'Ardèche*, p. 65; Cornu, *Une économie rurale*, p. 125; 6E 23/1, État Civil. Sterftecijfers oversteegen de geboortecijfers in Balazuc van 1863-1872 (130 op 117), bleven de daarop volgende tien jaren even hoog (119 in 1873-1882), na een geboorteoverschot van 30 in 1883-1892, oversteegen weer met 109 tegen 75 van 1893-1902. Degenen die van 1823-1825 trouwden waren gemiddeld 25 jaar oud; in 1843-1854, was dat 30 en in 1883-1885, waren de bruidegoms gemiddeld 35, hun ega's 28. Een teken van de leegloop was de gemiddelde omvang van de huishoudens in Balazuc die daalde tot 3,70 in 1911.

95 Telling van 1911: 123 of 563 (21,8 procent), inclusief Chauzon (9), Vinezac (8), Pradons (6), Lanas (6), en Montréal, Ruoms, Laurac, Uzer, en Lagorce, 2 elk. Zes waren in Marseille geboren, 2 in Lyon, en 1 in Parijs. De Gard kwam als eerste van de departementen.

96 Geciteerd door Cornu, *Une économie rurale*, p. 127.

97 12M 181; Cornu, *Une économie rurale*, p. 151. Een *valet de ferme* verdiende tussen 100 en 300 franc per jaar, een knecht tussen 50 en 100 franc, waarbij hij kost en inwoning kreeg.

98 Reynier, *Le Vivarais*, p. 154. Daarentegen waren er slechts 31.500 inwoners niet in de Ardèche geboren, waarbij de Drôme, de Rhône, en de Gard vooraan kwamen. In 1911 woonden er 24.000 Ardéchois in de Drôme, 22.000 in de Rhône, 16.400 in de Gard, 9000 tot 10.000 mensen in elke industriestad van de Loire, in Marseille, in de Bouches-du-Rhône en in de Seine, 5500 in de Isère, 5400 in de Haute-Loire, en 4000 in de Vaucluse.

99 Sahuc, *Le Fils du pauvre*, p. 255.

100 Bozon, *La Vie rurale*, p. 282–303; Bozon, *L'Ardèche*, p. 65–66; 1Z 344. In de laatste helft van de negentiende eeuw kende de Bas-Vivarais een lager geboortecijfer dan andere delen van de Ardèche (gedeeltelijk vanwege de protestanten). Slechts ongeveer 10 procent van de inwoners van de Ardèche in 1914 was elders geboren, en in 1939 was het percentage slechts tot 15 procent gestegen, waarbij de meerderheid uit de naburige departementen afkomstig was. Van degenen die in 1875 in Balazuc waren geboren en van wie wij weten waar ze zijn gestorven, stierven er twee in Marseille en een in St.-Ambroix in de Gard. Van degenen die tien jaar later geboren werden, stierven er in Sète, Marseille, Parijs en in de Isère.

101 *Le Républicain des Cévennes*, 18 december 1909 en L'Echo de Largentière, 5 maart en 16 juli 1910; Cholvy (red.), *Histoire du Vivarais*, p. 254.

102 Mairie de Balazuc, 'Registre d'inscription des déclarations'.

103 Mairie de Balazuc, 30 oktober 1905.

5 In de schaduw van de gulden boom

1 F17*83 and T 499, 'État de l'instruction primaire, 1833'.

2 T 211 and T 499; 2 O 184, MC, 10 mei 1836. In Bessas bedroeg het tarief 75 centiemen per leerling; in Lagorce, 1,50. De gemiddelde leerling zat drie jaar op school in Labastide en vier in Lagorce, dat in meerderheid protestant was, en maar een in Bessas.

3 2 O 184, 10 mei 1836. De gemeenteraad betaalde vijftig franc om een huis te huren dat zowel als school diende als onderkomen voor de onderwijzer (T 43).

4 Jean Peyrard en Jules Joly, *En Ardèche, notre école au bon vieux temps* (Lyon, 1993), p. 32.

5 T 211; Alain Molinier, 'Les Difficultés de la scolarisation et de l'alphabetisation sous la restauration: l'exemple ardéchois,' *Annales du Midi*, 97, 170 (april–juni 1985), p. 148.

6 F17 *83. Sharif Gemie heeft de nadruk gelegd op het isolement van de onderwijzers die zij bestudeerde in the Rhône (Sharif Gemie, "A Danger to Society'? Teachers and Authority in France, 1833–1850,' *French History*, 2, 3 [September 1988], p. 264–287).

7 Molinier, 'Les difficultés de la scolarisation,' p. 146, n. 33. Cardinal Bourret, een Ardéchois, beweerde dat 'weinig bisdommen zo religieus waren als dat van Viviers. Iedereen ontving daar de sacramenten'.

8 Het kadaster werd opgesteld onder supervisie van een inspecteur van de directe belastingen, bijgestaan door drie inwoners van Balazuc en twee 'experts' in grondprijzen (25 juli 1826). Het land werd daarop verdeeld in gronden die konden worden bewerkt, wijngaarden en weidelanden, bossen, moerassen (*landes*), weidegrond,

grienden, tuinen en bebouwing. Binnen elke categorie werd de kwaliteit en de approximatieve waarde van het goed bepaald. Grond waarop moerbeibomen stonden werd als agrarisch bestempeld, olijven werden als wijngaarden geteld. 25 huizen stonden buiten het dorp zelf en de gehuchten, inclusief een bij Coste la Beaume, twee bij Savel, twee bij Retourtier, een bij Mourre Frais, twee bij Chaussy, twee bij Les Plagnes, een bij Les Costes, twee bij Couzamas, twee bij Montagussonon, drie bij La Gardette, en zeven bij Croix-du-Bois.

9 Geboortecijfer: 32 per 1000. Sterftecijfer: 24,8 per 1000.

10 Bozon, *La Vie rurale*, p. 259. De bevolking van de Bas-Vivarais groeide van 29.561 in 1801 tot 51,521 in 1861; Rouvière, *Paysages de pierre, paysages de vie*, p. 14; État Civil. In 1823–1832, geboorten 151 en sterfgevallen 22; in 1833–1842, geboorten 168 en sterfgevallen 154 (waaronder het rampjaar 1833); in 1843–1854, geboorten 188, sterfgevallen 146 (6E 23/1). Zodoende is de gemiddelde leeftijd bij overlijden (26 jaar in 1823 en 34 jaar in 1824; 29 jaar in 1843 en 20 jaar in 1844) misleidend vanwege het hoge percentage kinderen dat zijn eerste levensjaar niet overleefde.

11 5M 51; Bozon, *La Vie rurale*, p. 260–268. Andere cijfers: 596 in jaar IX, 611 in jaar X, 629 in jaar XI, 783 in 1826, 787 in 1831, korte terugval op 780 in 1841 (gevolg van epidemie van 1833).

12 Van 67 paren die huwden in 1813–1815, 1823–1825, en 1833–1835, waren bij 37 huwelijken bruid en bruidegom uit het dorp afkomstig (État Civil).

13 Telling van 1846 (Mairie de Balazuc).Bij de telling van 1846 waren 133 van 174 gezinshoofden *cultivateurs*, en 2 waren knecht (sommigen van de zo getelden waren ook dagloners, die waarschijnlijk andermans land bewerkten). Ook waren 3 weduwen en 3 andere alleenstaande vrouwen gezinshoofd. Drie mannen zaten er zo warmpjes bij dat ze opgevoerd werden als *rentiers*, en een andere gewoonweg als eigendomshebber. *Rentiers*: André Teyssier aan de Marché aux Oeufs; Jean-Antoine Tastevin uit Salles; zijn zoon, Jean-Antoine Tastevin, uit Portelas. Een kiezerslijst van juli 1850 in de Mairie de Balazuc vermeldde 75 *propriétaires*, 64 *cultivateurs*, 1 *rentier* (Jean Tastevin), 3 metselaars, 2 smeden, 2 herbergiers en een handvol andere beroepen.

14 Telling van 1846 (Mairie de Balazuc): 156 huishoudens en 880 mensen. Het gemiddelde huishouden omvatte 5,64 personen.

15 Jean Cheyron, *Epidémies du choléra en Ardèche* (Largentière, 1985), p. 3.

16 État Civil.

17 4 september 1839, 20 februari 1842, s.d. [16 mei 1847], 1 augustus 1852, 28 mei 1853; Jean Boyer; brief, 7 maart 1853, Caveny, advocaat in Largentière, aan burgemeester Mollier, 19 december 1853. In 1852 hadden de drie eigenaars van de begraafplaats nog steeds geen geld ontvangen voor de grond waarin zo langzamerhand hun buren begraven lagen.

18 12M 179; Bozon, *La Vie rurale*, p. 131. Dorpsbewoners aten 9000 kilo vlees per jaar. Dat betekende dat de gemiddelde inwoner jaarlijks zo'n 19 kilo vlees at. Dat op zich is een afspiegeling van toegenomen welvaart, die bijdroeg aan een afname van het sterftecijfer en tot bevolkingsgroei. Moerbeibomen produceerden ongeveer 45.000 kilo bladeren jaarlijks.

19 Zie Woloch, *The New Regime*, p. 428.

20 Bijvoorbeeld, een aantekening, s.d. (juli 1831) waarin: 'Jean Vallier, Henri Constant, François Gineys en Jean waren zeer nooddruftig en konden niet op de lijst van belastingbetalers worden gezet.'

21 20 juli 1806. Woloch schrijft (*The New Regime*, p. 155): 'Zo was het erfgoed van het Ancien Régime, van overheidsbemoeiing met gemeenten, vernieuwd door het Directoire, door Napoleon uitgebuit, en voortgezet onder de Restauratie'.

22 Prefect, 20 juni 1809, na de wet van 28 pluviôse, jaar VIII.

23 Mairie de Balazuc. Tastevins fortuin werd geschat op 6 tot 12.000 franc.

24 2E ML 631; Jones, *Politics and Rural Society*, p. 100.

25 Jean Boyer; 18 mei 1823.

26 22 juli 1823 en 7 juni 1826.

27 10 mei 1812; 5 en 14 mei 1813; 22 mei 1817; 8 mei 1822; 12 mei 1824; 15 mei 1828; 9 mei 1830; en 6 juni 1835. De kantonnale en gemeentelijke ontvanger overzag het gemeentebudget. Aldus een circulaire van het ministerie van Binnenlandse Zaken in 1921: 'Nooit vergeten dient te worden dat de gemeenten voornamelijk vruchtgebruikers zijn van de welstand en de goederen in hun bezit [...]. De bewaking ervan is voornamelijk een zaak van de nationale regering' (Woloch, *The New Regime*, p. 151). Het secretarissalaris was 30 franc in 1825 en 40 franc in 1844. Onderhoud van de klok bedroeg 22 franc in het begin van de Restauratie, 40 franc per jaar in de eerste jaren van de julimonarchie.

28 12 mei 1825; 15 mei 1828; 10 mei 1829. In 2000 weigerde de burgemeester van Balazuc de jaarlijkse betaling van 3800 franc (ongeveer 500 euro) die een dorpsburgemeester toekwam. In 1834 moest de gemeenteraad enkele centiemen bijpassen om 32 franc terug te betalen die nog schuldig waren voor het innen van belastingen in het dorp tijdens de afgelopen vier jaar (13 juli 1834).

29 16 februari 1842, met de kanttekening dat het 'volstrekt noodzakelijk' was een geschikte plek te vinden waar de gemeenteraad bijeen kon komen, met als voorstel de aankoop van een gebouw van 800 franc; 16 mei 1847; 29 juni 1848. Maar bij de bijeenkomst van 9 mei 1845, is sprake van een *maison commune* in plaats van 'de gebruikelijke ruimte'.

30 Woloch, *The New Regime*, p. 156–158. In 1805 volgde toestemming voor extra gemeentelijke heffingen. Balazuc had ook een soort nachtwacht, die de *piéton* genoemd wordt.

31 F7 9632, minister van Binnenlandse Zaken, 31 januari 1821; rapporten van 15 augustus 1823; 15 februari, 15 mei en 4 oktober 1826.

32 Mairie de Balazuc; F7 437, prefect, 19 maart en 4 juni, rapport van 6 september 1831 en 2 juli 1831.

33 Bij voorbeeld 12 juli en 22 november 1818; 9 mei 1830; en 9 mei 1832. Op 13 juli 1834 had de gemeente een lening aangegaan voor slechts 224 franc om de veldwachter te kunnen betalen. Na 1814 moesten de tien voornaamste belastingbetalers het budget van de burgemeester goedkeuren (Woloch, *The New Regime*, p. 153-154), bevestigd door de wet van 15 mei 1818.

34 1MP 34, Int., 30 oktober 1865. 1M 34, artikel 36 van de wet van 19 april 1829, geciteerd in een circulaire van de minister van Binnenlandse Zaken, 10 januari 1865; Artikel 5 van de wet van 28 februari 1872; wet van 5 april 1884, en minister van Binnenlandse Zaken in een circulaire van 25 april 1889. Technisch waren veldwachters ambtenaren van justitie; na 1830 legden zij een ambtseed af voor de vrederechter.

35 5M 32, politie voor het kanton Vallon, 15 juli en gendarmerierapport, 27 juli 1861.

36 *L'Echo de Largentière*, 7 augustus 1909.

37 10 mei 1812; 15 mei 1814; 3 december 1815; 15 april 1832; 1 augustus 1834; 14 april 1837, 16 mei 1846; en burgemeestersdecreet van 9 mei 1845, waarbij Vianès, de herbergier, benoemd werd tot veldwachter.

38 28 mei 1851; 6 november 1853; 6 juni 1854.

39 Jean Boyer plaatst Vacher in Balazuc.

40 Angus McLaren, *Trials of Masculinity: Policing Sexual Boundaries 1870-1930* (Chicago, 1997), p. 159-164. Het verhaal is verfilmd als *Le Juge et l'assassin* (1979), die gaat over de relatie tussen de rechter en de moordenaar. Vacher was in 1869 in de Isère geboren, als een van elf kinderen in een heel arm gezin. Hij beweerde door een hondsdol dier gebeten te zijn en probeerde op twaalfjarige leeftijd een broertje te wurgen, voordat hij in een klooster opgesloten werd, wat kort duurde en rampzalig was. Na een korte tewerkstelling als papiermaker, meldde hij zich aan in het leger, waar hij te lijden had onder 'de seksuele conflicten waarmee hij te maken kreeg in omgang met mannen'. Bij verlof wegens herstel werd hij ontslagen, waarop hij in Besançon een vrouw neerschoot en verwondde, die zo verstandig was geweest zijn huwelijksaanzoek af te wijzen. De meeste experts verklaarden hem gezond, en hij werd in het openbaar in Bourg-en-Bresse op de laatste dag van 1898 onthoofd.

41 *L'Echo de Largentière*, 13 augustus 1910. Jean Boyers verslag hiervan is enigszins anders. Hij laat de vrouw beweren dat ze was verkracht, maar uit een onderzoek bleek dat ze allebei 'vrolijk' dronken waren.

42 1Z 311, gebaseerd op archieven 1897-1925, 22 juli 1905; Le Républicain des Céven-

nes, 23 April en 17 december 1892; 6 januari 1912; 19 maart en 23 april 23 1892; *L'Echo de Largentière*, 26 augustus 1906, 7 augustus 1909, en 24 december 1910. In 1856 werd er bij de burgemeester zelf ingebroken, en ook bij nog twee *agriculteurs* (1Z 245, Tastevin, 4 augustus 1856).

43 F20 161, 'Situation du département de l'Ardèche pendant l'an XIII'.

44 Mairie de Balazuc, gedateerd 1 brumaire, jaar XIII. In 1853, vroeg Claude Mollier *dit* Prieur, toestemming op eigen rekening een veer te laten varen, als hij toch zijn grond bij de rivier moest bewerken (onderprefect, 5 maart 1853).

45 12 oktober 1836, 7 juli 1844, en 9 mei 1845. 12 oktober 1836, 7 juli 1844, en 9 mei 1845. Zulke verplichtingen in natura mochten krachtens een wet uit 1797, een decreet uit 1802, en de wet van 28 juli 1824, zoals beschreven door Woloch, *The New Regime*, p. 166–170.

46 12 augustus 1839. De raad verwierp ook het idee bij te dragen aan het financieren van een van beide wegen in kwestie, aan de Chassezac, omdat Balazuciens er niets aan hadden.

47 15 november 15, 1846, s.d. (16 mei 1847); 17 september en 12 oktober 1848; 1 juli 1849; en 5 mei 1850; 19 december 1853; 2 O184, onderprefect, 26 augustus 1854. Pas in 1843 kwam er een postkoetsverbinding tussen Aubenas en Alès via Joyeuse. Weinig gemeenteraden waren toen nog in staat aan de verleiding te weerstaan de dorpse ellende te overdrijven in de misplaatste hoop daarmee de belasting te ontlopen. Inwoners van Audon en Servière kregen kritiek omdat zij niet hadden bijgedragen aan de aanleg van een voetpad van Balazuc, dat tenslotte aan de andere kant van de rivier lag, naar de nieuwe weg.

48 Jones, *Politics and Rural Society*, p. 42. De Vivarais 'bleef in de ban van een aantal collectieve praktijken die door de Revolutie op de tocht kwamen te staan, maar niet verdwenen'. Bij wet van 1837 mocht 'het opdelen van gemeentegrond in kleinere huurpercelen' (p. 144).

49 2 O 187, 'biens de la commune de Balazuc,' s.d. (omstreeks 1820), noteert 137 hectare, terwijl andere documenten 200 hectare noemen. Dit land werd geschat op 200 franc per hectare. Bovendien kon er minder dan een halve hectare wijngaard worden gevonden (die in principe 1000 franc per hectare waard was, maar de bewerking ervan was al 'een hele lange tijd' opgegeven) en een piepklein perceel bewerkbaar land. De markies van La Fare en de graaf van Vogüé hadden een stuk van de *gras* bezeten in de achttiende eeuw, waarvan weer een deel was verkocht als *biens nationaux*.

50 29 november 1818, 20 september 1819, end 18 augustus 1822. Gemeentegrond was te vinden in Croix-du-Bois, Chazotte, les Costes, end de Serre Barbaud, Serre Rimbaud, en de Serre Lauriol. In 1822 nam een van de Constants deel aan de trekking en 'accepteerde een perceel' land op de Serre Chastagnon, op het moment dat het gemeentebestuur op officiële toestemming zat te wachten om verder te gaan.

51 Op 16 februari 1820, vroeg de raad de burgemeester om 'alle noodzakelijke actie te ondernemen [...] om een eind te maken aan elke stoornis die de door deze commune (Vinezac) tegen die van Balazuc kan worden veroorzaakt, wiens bezit van het land in kwestie vrij en ontdaan zou moeten zijn van enige beperkingen van gebruik'. Meiaud (La Petite Exploitation, p. 115) schrijft: 'De dorpsgemeente is tevens een agrarische gemeente, tegelijkertijd de agens die werk organiseert, het orgaan dat het collectief gebruik regelt en het instrument dat het collectief bezit beheert'.

52 Rouvière, 'Le Gras,' p. 2–3. Nog een acte uit 1599 door de maarschalk van Nîmes staafde deze rechten. De dieren van Balazuc konden drinken uit de fontaine de Loda en het naburig grasland. Vinezac kwam met documenten uit 1422, 1398, 1599 en 1624 krachtens welke de dorpsbewoners het recht hadden hun beesten te laten grazen op land dat Balazuc wilde verkavelen en verkopen (16 februari 1820). Bozon, La Vie rurale, p. 98–100, bespreekt dit dispuut, en tekent erbij aan dat in 1485 de mannen van Uzer die van Balazuc het recht gaven hun beesten te laten drinken in de bron van Beaumegiraud, terwijl een ander in 1548 ze toestemming gaf hun dieren drinken mee te nemen uit de stroom maar niet over te steken naar Uzer.

53 Op 9 november 1820, verwierp de raad de eis van Antoine Rieu en Philippe Constant. Twee inwoners van Balazuc beweerden dat de experts het feit over het hoofd hadden gezien dat zij 'sinds onheuglijke tijden' land hadden bezeten op de Serre Chastagnon op de gras, dat in de verkoop moest worden meegenomen.

54 2 O 187, onderprefect, 22 mei 1820; Mazon, Notice sur Vinezac, p. 153, vermeldt de zogenaamde schietpartij; 18 mei 1823, het ontslag van Jacques Mollier, burgemeester, vervangen door Jean-Baptiste Alexandre Tastevin.

55 12 mei 1825. De raad begon een proces tegen Jean Constant voor het 'zich toe-eigenen' van rechten op de gras die van de gemeente waren, zoals geciteerd door de veldwachter in 1822, en tekende daarbij aan dat het dorp 'sinds onheuglijke tijden' rechten op de gras had. Lanas was uit de race weggevallen. Michel Rouvière vermeldt een tweede besluit door de rechtbank van Largentière van 14 augustus 1825.

56 15 mei 1828, 17 februari 1829, en 16 mei 1831; 20 september 1835; 15 mei 1837. Op 28 juli 1828, diende een expert een rapport in dat de voordelen van verkoop opsomde. In 1836 schat de prefect dat de verkoop 15.580 franc moest opbrengen, te betalen door de kopers, met rente, binnen vier jaar (1Z 535, 25 februari). Koninklijke goedkeuring 2 februari 1835, voor de verkoop van iets meer dan 201 hectaren aan 133 huishoudens.

57 Kopers moesten in principe binnen vier jaar terugbetalen met 5 procent rente. Na de verkoop had Balazuc nog perceeltjes land in Croix-du-Bois, Chazotte, les Clos, Charousset, Louanes, en les Plagnes. De belastinginspecteur telde op 27 november 1853, zeven usurpateurs, onder wie Jean-Baptiste Tastevin, André Auzas, Jean Pays, Jean-Baptiste Thibon, Jean Ranchin, en Joseph Lapierre, de bakker.

58 1Z 535, onderprefect, 27 december 1843, rapport van belastingambtenaar, 27 november 1853, en expert, 13 december 1853, en 21 mei en 1 en 6 augustus 1854; Mairie de Balazuc, onderprefect, 10 januari 1854, en 7 juli 1858. Gedurende dat decennium in de jaren zestig van de negentiende eeuw, waren beschuldigingen van misbruik van gemeentegrond door inwoners van naburige gemeenten, algemeen. In 1882 huurde het gemeentebestuur een 'expert' in, in een poging een en ander uit te rafelen, te midden van klachten en processen. De verkoop van iets van het overgebleven gemeenschappelijk land leidde tot enorme verwarring. Het gemeentebestuur bleef belasting betalen over land dat door inwoners was aangekocht. Vijf jaar later annuleerde de overheid alle eerder overeengekomen regelingen. Ten slotte nam in 1898 een daartoe gemachtigde opzichter de leiding, en het gemeentebestuur dwong de kopers van gemeenschappelijk land de belastingen terug te betalen die de gemeente over het land had betaald (26 december 1886, 23 oktober 1887, en 5 juni en 24 augustus 1898; Jean Boyer).

59 1Z 535, Fleuvaux, belastinginner, uit Vallon, 27 september 1853.

60 Mairie de Balazuc, 10 april 1853, en s.d. De bijeenkomst van 2 juni 1854, stemde voor 390 franc om Dours terug te betalen. De somma van 913,86 franc voor de begraafplaats was een schuld aan Pays, Tastevin, Perbost, Constant, Auzas, en Dours.

61 1Z 233, onderprefect van Largentière, 26 juli 1862, 29 januari 1863, 9 december 1865 en 21 maart 1866. In 1840 waren de meest elementaire herstelwerkzaamheden aan de kerk geschat op 2000 franc, maar de kerkenraad had niet meer dan 400 franc (1Z 801, burgemeester Teyssier, 6 maart 1846).

62 1Z 570, 4 november 1860.

63 Gordon Wright vat het samen in *France in Modern Times* (New York, 1995), p. 150: 'De staat nam aanvankelijk ruim de helft van de bouwkosten op zich door de grond te leveren, de wegbedding en de bruggen, en schakelde later over naar een soort percentueel verhoogde kostprijs waardoor hij de particuliere firma's een vast rendement op hun investering garandeerde.'

64 18 november 1894. Telegraafdiensten begonnen vanuit het station in 1894.

65 10 december 1899. Het plan Freycinet uit 1879 was opgezet met het oog op de door de staat gesubsidieerde aanleg van secundaire lijnen, waarvan sommige van marginaal nut, maar gezien door degene die daarvoor wedijverden als wezenlijk voor hun streek en stad. Over de winnaars en de verliezers, zie Christopher Johnson, *The Life and Death of Industrial Languedoc 1700-1920*, met name hoofdstukken 6 en 7.

66 Een triest verslag van een maaltijd in 1897 bij Issarlès: 'De kinderen zitten bij de schouw, waar aardappels in water kookten. Deze werden dan door een zeef gegooid om uit te lekken, en vervolgens op tafel gezet. De vader maakt er met een vuistslag puree van, maalt zout met behulp van een fles, en iedereen neemt wat zoute aardappel van tafel. Dan krijgt iedereen nog wat melk en het eten is gedaan' (Carlat en Forot, *Le Feu sous la cendre*, p. 37-39).

67 Roger Ferlet, *Le Vivarais d'antan*, 2 delen (Valence, 1981-1982), p. 65; Bozon, *La Vie rurale*, p. 278-279.

68 15 augustus 1875, met een lijst van de voornaamste belastingbetalers in Balazuc.

69 15 augustus en 28 september 1884; 2 O 184, onderprefect, 25 augustus 1854; 15 augustus en 9 en 23 november 1884; 3 mei 1885; 16 mei 1886; 7 december 1892 en 18 november 1894. Louis Constant en Benjamin Boyer weigerden op het aanbod in te gaan met de bewering dat het terrein ongeschikt was. In 1890 had Marie Boissin nog altijd niet betaald voor grond die ze had verkocht. De gemeenteraad schreef meer leningen uit voor de begraafplaats (T 322, onderprefect, 14 september 1994, en 2 O 185), bijvoorbeeld de percelen verkocht aan Henri Cartoux, 8 december 1890 (42 franc), Philippe Ranchin, 31 januari 1914 (105 franc), et cetera.

70 20 augustus 1895. In 1869 leende het gemeentebestuur 4500 franc van de *caisse vicinale* (een fonds voor dorpswegen en -paden) om het pad naar de weg Vogüé-Ruoms te verbeteren, maar kennelijk kreeg Balazuc het geld niet. *Propriétaires* die belendend land aan de gemeente hadden verkocht hadden in 1871 nog hun geld niet.

71 5 mei 1895, 23 November 1902, 16 februari 1902 (6232,40 franc zou worden gefinancierd voor 15,45 procent door de gemeente, 24,25 procent door het departement, en 60,20 procent door de staat); 20 oktober, 24 november 1907, 15 maart 1908 en 26 januari 1913.

72 2 O 186 (dossier 'Tour prisonnière'); architectenrapport, 22 februari 1895, met taxatie; onderprefect, 1 April 1895; 3 maart 1895, 31 januari 1897, en 7 mei 1911. Op 2 september 1898 verkocht de gemeente het gebouw in het *quartier* van het Portail d'Été dat de gemeenteraad voor 150 franc had geherbergd.

73 V 53; 4 mei 1827; 10 mei 1829.

74 Krachtens wetten van 1879 over medische hulp aan armen en nog een wet uit 1893; 10 september 1893; 30 januari 1895 en 19 november 1905 en circulaire van ministerie van Binnenlandse Zaken, 29 juli 1905. Dit behelsde enige schadevergoeding voor reiskosten om de dichtstbijzijnde arts op te zoeken, 8 kilometer verderop in Ruoms.

75 3 maart 1878.

76 23 augustus 1885; 9 juni, 23 juli en augustus s.d., 1893. Ten slotte, tengevolge van een onderzoek dat werd ingesteld door de gendarmerie, legde de vader zich erbij neer de helft van de kosten te betalen, waartoe ook het departement bijdroeg.

77 23 juni 1895; 23 september 1906; 19 februari 1911; 25 februari 1912; 21 juli 1912.

78 10 februari 1901, 9 februari 1908 en 15 oktober 1912 en Le Républicain des Cévennes, 5 oktober 1912.

79 Balazuc, *Mémoires de soie*, p. 147.

80 23 oktober en 15 november 1908; 7 augustus en 13 november 1910.

81 3 december 1911, 17 maart 1912 en 9 februari 1913. Natuurlijk zullen politieke

overwegingen onvermijdelijk hebben meegespeeld (vooral in het eerste decennium van de twintigste eeuw, toen de facties Charousset en Mouraret elkaar in de haren zaten), maar daarvoor hebben we geen bewijs.

82 13 en 30 april 1880; 3 mei 1885; 16 mei 1886; 19 februari 1893, 25 februari en 17 maart 1894; 18 februari 1896; en 8 augustus 1897.

83 13 november 1898, 14 juli en 19 augustus 1900 en 12 april 1903; 13 juni 1900; 6 oktober 1901; 18 November 1906; en 17 september 1913.

84 F7 10374, rapport van de Commission de l'Instruction Publique, 1817; een rapport in V 51 vermeldt dat Balazuc een jongensschool had met 25 leerlingen. Balazuc viel onder de academie van Nîmes tot halverwege de eeuw, die van Grenoble nadien.

85 Raymond Grew en Patrick J. Harrigan, *School, State, and Society: The Growth of Elementary Schooling in Nineteenth-Century France–A Quantitative Analysis* (Ann Arbor, 1991), p. 31. F20 741; Cholvy (red.), *Histoire du Vivarais*, p. 218. In 1821 bedroeg het percentage kinderen van twaalf met primair niveau 29,9 procent in het kanton Vallon, 22,5 procent in the Ardèche. Een ordonnantie van 1824 gaf de geestelijkheid veel volmacht om lagere scholen te controleren. Door de ordonnantie van 29 februari 1816 in het leven geroepen kantonnale comité's hadden weinig invloed.

86 T 498 SP Largentière, 21 april 1831; 10T 8, rapport van 25 oktober 1831; T 576.

87 État Civil (4E 23/4). Mollier werd opgevolgd door Jean Besson in 1826 en Joseph Avias twee jaar later. Alfabetisering (degenen die hun naam konden schrijven) bij rekruten in 1827–1829 was niet meer dan 32,9 procent in de Ardèche, 37,2 procent voor het kanton Vallon (Molinier, *Paroisses et communes de France*, p. 49).

88 Stephen Harp schrijft: 'Interventie door de Franse staat [...] trof een lappendeken van lokale en religieuze instellingen en vormde ze om in een lagereschoolsysteem' (*Learning to be Loyal: Primary Schooling as Nation Building in Alsace and Lorraine, 1850–1940* (De Kalb, Ill.,1998), p. 7. Zie F17 10260.

89 Ibid., p. 33–35; F17 11345, inspecteur, 28 augustus 1834; Molinier, 'Les Difficultés de la scolarisation,' p. 135. De ordonnantie van 1816 riep een kantonnaal comité in het leven, dat toen voorgezeten werd door een priester, om lagere scholen in de gaten te houden en de stichting van scholen in gemeenten te stimuleren die er geen hadden. Molinier schrijft ook dat het aantal gemeenten onder school was gedaald van 164 in 1821 tot 82 in 1833.

90 AD Gard, 10T 8 (1831–1833), rapport van 6 augustus 1833; F17 10260, J. Bouvret, 16 februari 1841.

91 T 495, 9 november 1833; F17 9632, rapport of 1837, heeft het over 'voornamelijk stotteren en wat genoemd wordt *le sésérément* ('s' voor 'ch' en 'z' for 'g') als de twee ondeugden waartegen het hardst gevochten moest worden, zij het meer in theorie dan in praktijk'. Eind van de jaren dertig was het aantal scholen gestegen tot 532, met 23.850 leerlingen, van wie meer dan 8000 gratis onderwijs kregen (F17 10260).

92 F17 9370, inspectierapport, Airolle Condujorgues, augustus 1836. In de winter zaten 8742 jongens tussen zes en zestien op de openbare school, maar slechts 482 meisjes. De christelijke scholen meegerekend, kregen 11.524 jongens en 9085 meisjes enige vorm van onderwijs (6160, een derde, werd als armlastig aangemerkt). Maar met 42.591 leerplichtige kinderen in de Ardèche, wil dit zeggen dat meer dan de helft (21.982) helemaal niet naar school ging. Bovendien ging ongeveer de helft (5459 jongens en 4658 meisjes) in de zomermaanden naar school. Van de 212 scholen, pasten 117 nog de individuele methode toe.

93 Molinier, 'Les Difficultés de la scolarisation,' p. 141, gebaseerd op F17 83; T 211.

94 T 211. 12 augustus 1841, geeft aan dat in Balazuc 143 families 'voor hun kinderen zouden kunnen betalen'; 24 oktober 1852. De inspecteur berekende dat de gemiddelde onderwijzer in de Ardèche 495 franc per jaar verdiende, amper genoeg om te overleven met hulp van families met 295 franc aan bijdragen (1Z 765, 9 mei 1845, 18 mei 1846, 1 februari 1846; 6 oktober 1848; T 3290, autorisatie van 3 februari 1849).

95 F17 9313, 'Rapport général sur la situation de l'instruction primaire dans le département de l'Ardèche en 1849'; Molinier, 'Les Difficultés de la scolarisation,' p. 142-144; Jacqueline Roux, 'L'Enseignement primaire dans l'Ardèche sous la monarchie de juillet: La contribution des congrégations religieuses à l'enseignement elémentaire', in Eglises, pouvoirs et société en Ardèche (milieu XVIIIème siècle–milieu XIXème siècle) (Ucel, 1993), p. 125-126. Actes du Colloque de Charmes-sur-Rhône, 4 en 5 april 1993. In 1847 kon de Ardèche bogen op 502 lagere scholen in 330 gemeenten, 226 openbaar en 276 christelijk. Slechts 25 gemeenten hadden nog steeds geen school.

96 12 augustus 1841; 16 mei 1847; en mei [s.d.] 1838, en 12 december 1839, bepaalde de maandelijkse ouderbijdrage op 1, 1,50 en 2 franc. F17 11369 en F17 11373. De combinatie van de 200 gemeentelijke francs, departementale subsidies en wat ouders konden betalen (180 francs in zijn eerste jaar) trokken Lafonts inkomen op tot in de buurt van het minimum van 600 franc.

97 14 juli 1832; 10 februari en 28 augustus 1834; 12 december 1839; 3 februari 1850; 1Z 535, prefect, 21 augustus 1834. Het huis was van Joseph Leyris; 6 februari 1842, geeft aan dat geen aankoop was gedaan en wijst op een andere mogelijkheid.

98 4 augustus en 4 november 1850, en 20 april 1851; 1Z 773, burgemeester Tastevin, 2 januari 1851. Vital onderwees 56 jongens, maar in de zomer maar 20. Van 30 betaalden de families, 26 mochten gratis, als 'nooddruftigen'.

99 Mairie de Balazuc, plan getekend door de architect Frey, 6 augustus 1853; agent-voyer, 4 februari 1852; onderprefect, 7 februari 1852; 12 januari, 12 februari 1852, 20 en 25 september 1853, 6 november 1853, 19 januari, 20 augustus, 20 februari, en 24 september 1854; SPL, 9 april 1852; 2 O 184, verkoop, 14 mei 1855, minister van openbaar onderwijs, 31 juli 1854; T 209. Toen de burgemeester het budget 1855

voorstelde, met fondsen voor het huis van Charousset (uit Largellas), wezen de raadsleden en de belastingbetalers dat af met 10 tegen 8 stemmen.

100 F17 10382, 'État de l'instruction primaire,' 8 december 1821.

101 T 499; T 212. De wet-Pelet 23 juni 1836 verleende de titel van *institutrice communale* als de gemeenteraad een salaris zou toekennen. Tussen 1796 en 1839 waren er 28 vrouwelijke orden in de Vivarais gevestigd of teruggekeerd, waaronder vijftien Sint-Jozefsgemeenten, onder andere in Aubenas en Vesseaux (p. 220). De onderwijsinspecteur beschouwde in 1850 Marie Raphanels 'geloftebrief' als 'van geen waarde'.

102 T 209 and 211, 'État de situation des écoles primaires,' 1836–1837, 1839–1840, 1841–1842, 1843–1844; T 175, 1851; 1Z 773, prefect, 1 februari 1854, en loco-burgemeester Constant, november 1853; s.d. (16 mei 1847), februari [?], 19 mei 1852, 25 september en 6 november 1853; T 74, onderprefect, 6 december 1853.

103 11 november 1832; 2 O 188, de leden van de liefdadigheidsvereniging stemde op 6 juni 1835, unaniem voor een proces; 19 januari 1836, en onderprefect, 9 januari 1836; 20 augustus, 10 en 24 september 1854, en 22 februari 1857 en 7 november 1858. Père Baille had het dorp zijn huis nagelaten bij het Portail d'Été. Het volgende jaar begon het proces (7 november 1858) met een betaling van 193 franc aan de advocaat.

104 1Z 520, brief van Tastevin, Mollier, Cartoux, Auzas, en de dorpspastoor, 14 november 1860; 19 januari 1854. T 175 en T 209. Al met al droegen 105 mensen bij met 321 franc, werk en hun muildieren. Mairie de Balazuc, plan door onderprefect goedgekeurd, 10 mei 1856; 2 O 184, overeenkomst 20 september 1856, burgemeester, 4 januari 1856, onderprefect, 23 maart 1854, en 10 april 1857; prefect, 21 juni 1854, architect, 24 juni 1854, en raad, 25 september 1854; lijst van intekenaars; burgemeester, 13 oktober 1858; notarieel document, 28 juli 1860; 25 maart 1862; 1Z 520, burgemeester, 4 november 1862.

105 2 O 184, proces-verbaal verhoor door de vrederechter van Vallon, 15 maart 1857; toestemming onderprefect, 10 april 1857, en verkoopakte, geregistreerd 15 juli 1857; T 216; 26 augustus 1859. Het huis had toen twee verdiepingen, een *cave*, een stal en een zolder. Het werd gekocht van Antoine Tastevin alias Julien. De laatste had schulden, onder andere aan Louis Vianès, herbergier en kruidenier, twee mannen in Vallon, een groothandelaar in Lagorce en Auguste Perbost uit Balazuc, op grond van een oud huwelijkscontract (20 november 1856)]; T 27, burgemeester, 5 september 1858. Ouders moesten 1 of 1,50 franc betalen, afhankelijk van de leeftijd van het kind. In 1866 telde de meisjesschool 23 betalende leerlingen en 8 armlastigen.

106 18 februari 1855. Daarentegen omschreef een inspecteur in 1857 Huond als 'routineus, ziek, kan niet langer in deze school les geven'.

107 Mairie de Balazuc. Huond, die in de zestig was, 'vindingrijk en eerbaar', werd on- geneeslijk ziek en verliet zijn post in 1857. Zijn collega in Vallon vroeg de prefect de betaling van zijn laatste salaris te vergemakkelijken, omdat burgemeester Tastevin nog geen actie had ondernomen (1Z 773, onderprefect, 18 november 1857; brief van Cherité, 22 oktober 1857).

108 F17 9374; F17 9279, rapport van rector, juni 1854; F17 9374. T 209, 1853-1854); Chol- vy (red.), Histoire du Vivarais, p. 244. In 1879, was het percentage jongens op hun scho- len toegenomen tot 46,6 (vergeleken met 20,2 voor Frankrijke als geheel) en van meisjes tot 77 (vergeleken met 54,1 in Frankrijk).

109 T 212, inspecteur, 27 januari 1850; F17 9314 (1853); F17 9319 (1855); F17 9317, 8 fe- bruari 1855. Van deze 45 op openbare scholen, waren er 18 lekenonderwijzers en 27 nonnen; van de 78 die op christelijke scholen stonden waren er 50 katholiek le- kenonderwijzer, 24 nonnen en 4 protestanten. Waarschijnlijk had een flink aantal lekenonderwijzers geloftebrieven van kloosters. In het schooljaar 1853-1854 had- den van de 123 onderwijzeressen op lagere meisjesscholen (openbaar of christe- lijk), slechts 19 brevets, 49 geloftebrieven en 55 hadden tijdelijke toestemming van de departementale autoriteiten, dan wel helemaal niets.

110 F17 9322, inspectie, 1855. Zie Robert Gildea's uitstekende Education in Provincial France, 1800-1914: A Study of Three Departments (New York, 1983).

111 F17 9322, 1859, ondanks het feit dat op veel plaatsen de schoolbijdrage was ver- minderd.

112 F17 9336, 1858 en F17 9322 (1855, 1859, 1865); F17 9374, 'Rapport au Conseil acadé- mique'. Van de 216 instituteurs met brevets in 1859, hadden 76 die van de école normale van Privas. In 1877, waren er slechts 16 leerlingen voor elk jaar uit de Ardèche (Cholvy (red.), Histoire du Vivarais, p. 241). De ramp met de ruwe zijde had ertoe bij- gedragen dat gemeentebesturen vrijgeviger werden en meer belangstelling voor hun scholen aan de dag legden.

113 10M 28, 1872, onderprefect, 31 maart 1859.

114 F17 10779. Het minimumsalaris werd opgetrokken tot 700 franc in 1862 na vijf jaar dienst en in 1875 naar 900 franc.

115 F17 9319, inspection académique, arrondissement Largentière, 1855; BB30 382, procureur général of Nîmes, 9 juli 1867.

116 F17 10779. Zie Jean-François Chanet, L'École républicaine et les petites patries (Paris, 1996).

117 In 1912 dienden 158 onderwijzers als secretaris van 346 gemeenten in de Ardèche (T 246, inspecteur d'académie, 23 oktober 1912).

118 Volgens een document van de Mairie de Balazuc, konden 382 mensen lezen noch schrijven (97 procent), 141 konden lezen maar niet schrijven (17 procent) en slechts 295 konden zowel lezen als schrijven (36 procent). Deze statistieken zijn zeer bij benadering en enigszins misleidend omdat zij ook kinderen onder de leerplichti-

ge leeftijd meetellen. Een decennium later, in 1884, konden bij vijf huwelijken slechts 1 bruid en 3 bruidegoms tekenen, maar alle getuigen op twee na konden dat ook.

Bruiden en bruidegoms die hun
huwelijkscontract konden ondertekenen in Balazuc

jaren	bruidegoms (percentages)	bruiden (percentages)
1813–15	50	36
1823–25	21	14
1833–35	45	14
1843–45	62	31
1853–55	35	35
1863–65	77	32
1873–75	70	37
1883–85	75	45

Uit: État Civil.

119 Bruno, Le Tour de la France par deux enfants, p. 161, ontleend aan Bernard Salques, 'Écrits et litérature occitans du Vivarais', in La Langue d'oc en Vivarais et Ardèche, Mémoire d'Ardèche et Temps présent, 52-1 (november 1996), p. 42.

120 Annuaire du département de l'Ardèche, jaar IX, p. 60–61.

121 Peyrard en Joly, En Ardèche, notre école, p. vii.

122 Annuaire du département de l'Ardèche, jaar IX, p. 60–61.

123 Zie Chanet, L'École républicaine et les petites patries.

124 F17 9322, 1855. Jones, Politics en Rural Identity, p. 122. 'Het Frans had een enorm nadeel in de concurrentie met het Occitaans [...]. Slechts als meer boeren Frans spraken [...] sloeg de balans door ten nadele van de volkstaal. Dit gebeurde pas in de jaren tachtig van de negentiende eeuw op zijn vroegst'. In de woorden van Jones hing de geestelijkheid 'tussen beide talen in'. Uit een onderzoek in 1864 bleek dat in de Ardèche 13 procent van de bevolking geen Frans kon spreken of schrijven. Dit cijfer is misleidend omdat het Occitaans de taal van het dagelijks leven bleef.

125 Reboul, Moeurs de l'Ardèche au XIXe siècle, p. 288; MR 1248, 'Mémoire sur les environs de Privas et Viviers,' 1846; 15M 1, 28 februari 1849.

126 Georges Massot, La Langue d'oc en Vivarais et Ardèche, in 'Genèse et histoire de la langue occitane et des idioms vivarois'. Mémoire d'Ardèche et Temps présent, (november 1996), p. 19.

127 Zie Jones, Politics en Rural Society, p. 127–128, 160–161.

128 Zie David Bell, The Cult of the Nation in France: Inventing Nationalism, 1680–1800, Cambridge, Mass., 2001.

129 Chanet, *L'École républicaine et les petites patries.*

130 F17 10779; ['Sylvestre'], 'Le Patois vivarois,' *Annales du Vivarais*, 14 (1906), p. 272.

131 BB30 382, PGN, 11 oktober 1859; F17 9279, rector rapporten, mei 1852 en oktober en november 1853; V 51, 24 december 1882; 1Z 773, onderprefect, 6 december 1853. Sommige ouders vroegen of hun kinderen gratis over konden worden gezet, maar het tarief voor overzetten van de rivier met de *bac* was al minimaal; Mairie de Balazuc, rapporten uit de jaren tachtig.

132 T 70; Mairie de Balazuc; in september 1844, zaten zeven meisjes nog 'thuis'. In het schooljaar 1882–1883 in Balazuc, waren van de 427 mogelijke halve dagen, jongens 2828 van 17.565 mogelijke 'presenties' absent; meisjes scoorden beter, 2748 absenties in 22.842 halve dagen (resp. 16 en 12 procent).

133 Peyrard en Joly, *En Ardèche, notre école*, p. XXXXVIII.

134 T 209. De meisjesonderwijzeres kreeg 200 franc van de gemeente en 320 franc van ouders en hoopte op een extra 50 franc als 'eventueel salaris'.

135 T 70, inspecteur, 23 oktober 1879.

136 F17 9253, 3 juli 1877; s.d., 1880; Cholvy (red.), *Histoire du Vivarais*, p. 242; Jean Debard, 'Premiers écoliers de Saint-Pons', in *Le Chemin des écoliers: L'Enseignement en Ardèche*, I, in *Mémoire d'Ardèche et Temps présent*, 21 (februari 1989), p. 30.

137 T 27. Religieuze orden hadden 477 van de 883 schools in de Ardèche (54 procent), en leverden 1246 van de 1745 onderwijzers in het departement (71 procent). Al met al onderwezen religieuze orden 62 procent van de schoolkinderen in de Ardèche (33.081 van 53.257).

138 F17 2740, rapport, 18 juni 1884; T 27 en T112. De voormalige school, onder in de huidige *mairie*, werd in 1911 voor 600 franc verkocht. 28 februari 1881; architectenplan, 30 mei 1880; 2 O 184. Een école normale voor vrouwen ging in 1880 open, met tien studentes (Cholvy (red.), *Histoire du Vivarais*, p. 243). T 322; V 51; 2 O 184, architectenplan; 15 augustus 1880. Het huis werd gekocht van Antoine Tastevin dit Pouchon. Ozil verving Henri Moulin op 3 oktober 1881, en werd opgevolgd door Fournet en daarna door Aristide Roux. Ozil gaf ook enige tijd volwassenonderwijs met twintig leerlingen, met als doel onderricht in de beginselen van de Franse taal.

139 V 51, 1883.

140 3 september 1885; T 359, onderprefect, 13 oktober 1885; Pays, 10 oktober 1885; inspecteur, 26 november 1885; Cholvy (red.), *Histoire du Vivarais*, p. 244-245. In 1903 dwong de wet de *congréganistes* te vertrekken of uit te treden. In de Ardèche kreeg in 1887–1888 38,4 procent van de jongens en 69,4 procent van de meisjes nog les van een ordebroeder of zuster.

141 21 november 1897, 18 mei en 13 juli 1899; 2 O 184, inspecteursrapporten, 18 augustus 1885, en 18 maart 1898. T 27, noot (s.d., 1888); T 97 en T 124, rapport van 10 juli 1899. Sommige kinderen uit Louanes, met 35 inwoners, en uit Couzamas, met

destijds vijftien inwoners, gingen toen naar school in Pradons (T 51, 20 februari 1887).

142 10 augustus 1902.

143 1 november en 29 december (de derde convocatie), 1901. De prefect had de eerste schatting afgewezen omdat de bevolking van Balazuc slonk. T 443; 1Z 507; 2 O 184, inspecteur, 27 oktober 1899; V 51; T 3375; 2 oktober 1904; 1Z 779. Het voor 1,25 franc per vierkante meter verkochte land en de kosten van de bouw (28.447 franc) werden grotendeels gefinancierd met een overheidssubsidie van 18.450 franc en een lening van 10.378 franc. Architect Louis Raphanel eiste meer geld van Balazuc maar verloor zijn zaak. De oude meisjesschool bij het Portail d'Été werd in 1906 verkocht (V 51). De gemeente had gestemd voor een schoolfonds in 1882 (wet van 1 juni 1878), maar dat schijnt niet te hebben bestaan voor 1912, toen de prefect op stichting ervan aandrong en een premie van 10 franc uitloofde. Beginnend in 1904, werd een gemeentelijke commissie opgericht (wet van 28 maart 1882) 'om schoolgang te volgen en te stimuleren'.

144 T 379 en T 383; architectenplan (Mairie de Balazuc), 19 juni 1899.

145 Peyrrard en Joly, En Ardèche, notre école, p. 3; V 51. Leerlingen bleven toen op de lagere school tot ze dertien of veertien waren. Met de stichting van het collège (middelbare school), vertrokken leerlingen na de CM2 (achtste klas) op hun elfde. Die nog onder het oude systeem school waren gegaan zeggen wel eens dat iemand met een certificat net zoveel wist als iemand met een brevet van collège.

146 Dit en het volgende zijn veel verschuldigd aan het prachtige verslag van Peyrard en Joly, En Ardèche, notre école, p. 3–67, citaten van p. 3, 10, 14–15, 29, 39, 46.

147 Conseils à propos de la vie privée de l'instituteur en 1879.

148 Mairie de Balazuc; T 71.

6 Conflictueuze dorpspolitiek

1 Albin Mazon, Voyage au tour de Valgorge (Privas, 1879), p. VI–XVI, 232.

2 Cholvy (red.), Histoire du Vivarais, p. 219–222. Het aantal protestanten lag op ongeveer 12,5 procent, 51.000 in 1861 (p. 224).

3 Jones, Politics en Rural Society, p. 143.

4 Le Républicain des Cévennes, 27 juli 1895. Een andere traditie, die sindsdien allang is verdwenen, was feestvieren rond de tirage au sort, de loting die bepaalde wie als rekruut het dorp zou verlaten. Bijvoorbeeld in 1894 (Le Républicain des Cévennes, 9 februari 1894), toonden de jongemannen van de militaire klas van dat jaar 'hun prachtige vlag van hoge waarde, die zij eervol bij de loting ronddroegen' voor de militaire dienst.

5 BB18 1244, PG Nîmes, 8 februari 1837.

6 Allignol, *Balazuc et le Bas Vivarais*, p. 397–398. Zijn mening hierover was dat 'onge-wenste elementen' bij de broederschap waren gekomen en die hadden veranderd.

7 De *procureur général* van Nîmes verwarde Balazuc met het dorp Balaruc in de Hérault, wist van geen onlusten daar, en moest er door de minister van justitie aan worden herinnerd dat Balazuc in de Ardèche lag (*procureur général* van Nîmes, 18 februari en minister van justitie, 27 februari 1837). Peter Jones vermeldt het incident (*Politics en Rural Society*, p. 143).

8 BB18 1244, PG Nîmes, 9 maart 1837. Allignol (*Balazuc et le Bas Vivarais*, p. 398–399) geeft Dours de schuld en suggereert dat er in januari 1841 een soort van hoorzit-ting plaatsvond, waarbij de gemeenteraad samenkwam met verscheidene vooraan-staande burgers. Dours had geen ontslag genomen maar kwam niet opdagen. De nieuwe bisschop, Jean-Hippolyte Guibert, drong erop aan dat er nooit meer zulke 'bijgelovige praktijken' ter gelegenheid van die feestdag zouden plaatsvinden. Toen Albin Mazon in 1884 Balazuc bezocht, hoorde hij hiervan, want dat stond in het collectief geheugen gegrift.

9 6 oktober 1830: Jean Leyris, een *propriétaire* van bescheiden middelen, en Antoine Auzas, zoon van de voormalige burgemeester van het gehucht Louanes; 2MP 34, prefect, 21 oktober 1830.

10 3M 103; Maire de Balazuc, originele lijst door de burgemeester ingediend. Vier jaar later waren er maar drie (Alexandre Tastevin, Antoine Auzas, Jacques Mollier) en in 1846, Auzas, Leyris dit Icard en Teyssier.

11 10 maart 1832; 3M 150; Mairie de Balazuc, prefect, 25 oktober 1834. Tastevin, trouw aan de Restauratie, maakte zich verdacht door niet op de lijst te staan. De gemeen-teraad moest in februari, mei, augustus en november bijeenkomen in 'gewone zit-ting' met toestemming van de prefect.

12 2MP 34, Tastevin, 14 november 1840; onderprefect, 26 december 1840; en prefect, 2 februari 1841; 3M 266; 17 januari en 14 maart 1841; 3M 221; 3M 220, onderprefect, 26 februari 26, 1841. De prefectorale raad had de gemeenteraadsverkiezingen ge-annuleerd zodat een tweede verkiezing gehouden moest worden (prefect, 7 au-gustus 1840). Dours trad terug als burgemeester 'alleen ten bate van Jean-Antoine Tastevin' (11 januari 1841).

13 De frase doet denken aan Maurice Agulhons briljante *La République au village* (Paris, 1970).

14 Élie Reynier, *La Seconde République dans l'Ardèche* (Privas, 1998; eerste druk 1948), p. 35–39.

15 2M 337, onderprefect, 7 mei 1849. Omdat de stemmen van Balazuc meegeteld wer-den met die van Pradons en Ruoms, weten we niet hoeveel mannen stemden.

16 Cholvy (red.), *Histoire du Vivarais*, p. 233; Jones, *Politics en Rural Society*, p. 214–215. Ed-ward Berenson (*Religion and Mass Politics in France* [Princeton, 1984]) heeft gewezen op banden met de Montagnards (democratisch socialisten) van de Tweede Republiek

(aldus 'Jesus de Montagnard'), gezien bijvoorbeeld de impact van religieuze aspecten van het utopische socialisme, maar negeert regionale varianten.

17 2M 337; Reynier, *La Seconde République*, p. 70–79, 84; 5M 10, onderprefect van Largentière, 18 september en 1 november 1848; 1Z 250; 2M 273. In de Ardèche, kreeg Lodewijk Napoleon Bonaparte 39.320 stemmen, Cavaignac 16.495, en Ledru-Rollin 3719. In Ruoms, Pradons en Balazuc was Bonaparte goed voor 213 stemmen, Cavaignac voor 12 en Lamartine een enkele.

18 In de eerste ronde verkozen 123 mannen Henri Denis Cartoux en Claude Mollier, beiden voormalige raadsleden, met 79 en 62 stemmen, respectievelijk. Bij de tweede ronde stemden slechts 48 mannen en André Teyssier leidde met 31 stemmen, gevolgd door Jean Antoine Tastevin, rentenier, en Cyprien, beiden met 29 stemmen. Mollier, de veerman, en Lapierre, de bakker, behoorden tot de gekozenen.

19 3M 261 en 3M 265; 3M 248, 3M 261 en 3M 265, processen-verbaal, rapport van 29 december 1848, en 29 augustus 1848. Jean-Antoine Tastevin werd loco-burgemeester.

20 In zijn *French Peasants in Revolt* heeft Ted Margadant de expansie van de landelijke industrie onder de Restauratie (1814–1830) en de Julimonarchie (1830–1848) vergeleken met het succes van de Montagnards in de Tweede Republiek, met nadruk op de rol van de markt (zoals die in Joyeuse, Vallon, en Aubenas) in dit proces.

21 Reynier, *La Seconde République*, p. 38–39, 104, 90–97. Zie Merriman, *The Agony of the Republic: The Repression of the Left in Revolutionary France, 1848–1851* (New Haven, 1978). Voor Balazuc, hebben we weer slechts de resultaten samen met die van Pradons en Ruoms. Links leidde Laurent (de l'Ardèche), de enige republikein die in 1848, werd verkozen met 164. Bij de tussentijdse verkiezingen van 1850, stemden slechts 144 van de 255 stemgerechtigden in Balazuc, met 82 stemmen voor Carnot, een republikein met een sterke familiegeschiedenis in de Ardèche, en 62 voor de succesrijke legitimistische kandidaat Latourette (1Z 250).

22 1Z 285; Mairie de Balazuc, lijsten of 1 maart en 11 juli 1850; 2M 341, vrederechter van Vallon, 12 juni 1850; Reynier, *La Seconde République*, p. 121. In het kanton Vallon, daalde het aantal kiezers van 3055 tot 2156, en het departement verloor een derde van zijn kiezers.

23 5M 11, onderwijzer en gemeentesecretaris van Orgnac, 14 juli 1851, en 8 maart 1851; burgemeester Boissin van Grospierres, 14 juli en onderprefect, 17 juli 1851.

24 5M 11, SPL, 23 maart 1851.

25 5M 10, Vigier, 11 november 1851; ongedateerd gendarmerie rapport; 5M 18, verklaring van Joseph Leyris; 5M 11, onderprefect, 18 april en 21 mei 1851, over het verondersteld gebruik door de Montagnards van postduiven in Chassiers. Zie John M. Merriman, 'On the Loose: The Impact of Rumors en *Mouchards* in de Ardèche during the Second Republic,' in Jonathan Sperber (red.), *Europe 1848: Revolution en Reform* (London, 2000).

26 Geciteerd door Siegfried, *Géographie électorale de l'Ardèche*, p. 36; Jones, *Politics and Rural Society*, p. 153.

27 20 april 1851; T 212.

28 Zozeer dat de onderprefect de prefect verzocht de verkoop van verscheidene kilogrammen buskruit toe te staan, tijdens het beleg verboden, om te kunnen jagen, waarbij hij erop wees dat dit een goede politieke zet zou zijn.

29 5M 11; 10 oktober 1851. In 1845 was er een dam aangelegd boven de brug van Ruoms, die het mogelijk maakte voor vissen onder dat punt terug de rivier op te zwemmen. De conclusie van de raad was dus dat gratis vissen toegestaan moest zijn tussen de Pont d'Aubenas en de dam van Ruoms. De wens van het gemeentebestuur werd geuit bij een overleg over de vraag of de rivier ooit nog bevaarbaar zou kunnen worden gemaakt.

30 Peter McPhee, *The Politics of Rural Life: Political Mobilization in the French Countryside, 1845-1852* (New York, 1992), p. 24.

31 6M 53, CP Vallon, 14 juli 1851.

32 Zie Margadant, *French Peasants in Revolt*.

33 5M 18, verhoor van Antoine Fromentin en het uitermate nadelig getuigenis van Joseph Leyris. Augustin Nicolas alias Rousset, een *cultivateur* uit Pradons, werd beschuldigd om drie uur 's ochtends door Balazuc te zijn gegaan om het verzet aan te wakkeren. Hij ontkende dat, zei dat hij al ruim zes jaar niet in het dorp Balazuc zelf was geweest (wat niet hetzelfde is als de gemeente) en in de gemeente pas twee keer sinds de afgelopen augustus. Hij werd vrijgesproken.

34 5M 14, onderprefect, 7 december 1851.

35 Reynier, *La Seconde République*, p. 169.

36 BB30 395, *procureur général* van Nîmes, 6 en 19 december 1851; BB30 396, 4 januari 1852; 3M 334, prefect, s.d. (december 1851).

37 5M 14, onderprefect van Largentière, 9 december 1851, vijf uur in de ochtend en 10 december 1851; BB30 395, onderprefect, 8 december 1851; BB30 396, *procureur général* van Nîmes, 27 januari 1852. In het plebisciet van december 1851, waren er 504 onthoudingen in het arrondissement Largentière, geen in Balazuc. In het plebisciet voor het keizerrijk het jaar daarop, stemden van de 255 kiesgerechtigden er 220, met slechts 4 die nee durfden stemmen (1Z 250, 1Z 274, 2M 176 en 3M 231). Zie Reynier, *La Seconde République*, p. 186–187.

38 Margadant, *French Peasants in Revolt*, p. 139–142; 5M 21, rapport van 26 juni 1852. André Encrevé, 'Protestantisme et politique: Les Protestants du Midi en Decembre 1851', in *Droite et gauche de 1789 à nos jours* (Montpellier, 1975), p. 161–195. 25 procent van de bevolking van het kanton Vallon was protestant.

39 3M 265 en documenten in de Mairie de Balazuc.

40 5M 18, burgemeester Tastevin, 18 januari 1852, en gendarmerierapport.

41 5M 18, verhoor van Jean Jullian *oncle*. Zijn vader, in Balazuc geboren in 1776, was in augustus 1830 veroordeeld tot vijf jaar dwangarbeid wegens fraude.

42 5M 18, verhoor van Antoine Fromentin.

43 5M 18, verhoor van Claude Mollier, 22–23 januari.

44 5M 11, september 16, 1832, machtigde Exbrayat 224 franc te lenen, maar van wie weten we niet, en ook niet waarvoor; 16 mei 1847; F15 3992 (getuigen waren Mathieu Gibert, onderwijzer; Antoine Boyer, Jean Laroche, en Antoine Brun, de laatste drie *cultivateurs*); 5M 18, verhoor van Exbrayat, die beweerde analfabeet te zijn maar toch zijn verhoor kon ondertekenen.

45 F15 3991, dossier Gamel. Tot de getuigen bij zijn huwelijk behoorden Mollier, veerman, en Louis Fromentin, *cultivateur*. Jean en Antoine Vallier, broers, werden vrijgelaten (5M 18). Louis-Vincent Chaniol, een analfabetische boerenknecht uit Uzès, was gearresteerd met een lading op weg naar zijn moeders huis, terwijl de soldaten achter opstandelingen aanzaten. Hij zag drie van de laatsten zich omdraaien en schieten op de soldaten op de hoofdweg daaronder. Hij werd vrijgelaten op voorspraak van zijn meester, Mouraret, dat hij in de nacht niet uit Audon was geweest. (5M 18, verhoor van Chaniol).

46 5M 20, Tastevin, 27 april 1852 en gendarmerie rapport, 14 mei 1852; F15 3990, dossier Daumas.

47 5M 14, ministerieel rondschrijven, 21 maart 1852; *attestation* dat hij 60 centiemen ontving, 28 april 1852, op weg naar Villeneuve-de-Berg (5M 28, burgemeester Tastevin, 18 juni 1852, en Mollier, burgemeester, 15 september 1852; maandverslag van september 1852; vrederechter, 30 september; gendarmerie commandant, 30 september 1852).

48 In de Ardèche werden elf mannen veroordeeld tot verbanning naar Cayenne, van wie zeven uit het arrondissement Largentière. Van de laatsten werden er 48 naar Algerije gedeporteerd, waar ze gevangen werden gezet; vijftien kregen alleen deportatie naar Algerije; 21 werden veroordeeld tot gevangenschap gevolgd door jaren van 'surveillance'; elf tot eenvoudige 'surveillance'; zes tot tijdelijke ballingschap buiten de Ardèche; vier tot permanente verbanning uit de streek. 28 werden voor kleinere vergrijpen voorgeleid, vier voor het Conseil de Guerre wegens belediging van gendarmes, en 47 werden vrijgesproken (Reynier, *La Seconde République*, p. 175).

49 5M 21, prefect, 23 april 1852, gendarmerie commandant, 28 november 1852, en burgemeester Mollier, 28 november 1852; 5M 14, Tastevin, 24 september 1857; 5M 31, 'liste des condamnés politiques,' 17 maart 1858, 'Contrôle des enemis du gouvernement,' met Damas als niet langer erg gevaarlijk of invloedrijk, maar met vermelding van Queyroche als gevaarlijk wegens zijn 'drift'. Jean Mollier *dit* Prieur werd hierop vermeld als onder surveillance.

50 1Z 331, onderprefect, 2 juni 1857; 5M 21, onderprefect 30 mei 1857, en politierapport, 16 mei 1857; gendarmerierapport, 11 mei 1857; vrederechter, 28 mei 1857; F15 3992.

51 F1CIII Ardèche 7, prefect, 6 april, 26 juni en 12 november 1852.

52 Onderprefect, 26 september 1857.

53 3M 326, Mollier, juli 25, 1853; onderprefect, 6 januari 1854. Zeven raadsleden zeiden in mei 1851 dat ze niet zouden aanblijven als Leyris dat deed.

54 1Z 276, prefect, 16 augustus en Constant, 8 november 1855.

55 1Z 303, Tastevin, 23 augustus 1856, en 4 november 1858; 3M 307; 3M 327, onderprefect, 21 december 1858; 3M 314, 3M 332, onderprefect, 5 en 11 november 1865, en Cartoux, s.d. In 1860, stemden 74 van de 225 en 62 van de 233; 21 augustus 1864, en 13 augustus 1865. In 1865 werd Tastevin niet in de raad verkozen en kon dus geen burgemeester meer worden. De prefect benoemde daarop Henri Cartoux tot burgemeester, maar die nam al snel ontslag, onder verwijzing naar andere verplichtingen. Cypriën Laroche werd burgemeester. Hij nam samen met zijn locoburgemeester het jaar daarop ontslag.

56 Inclusief een familielid van Exbrayat, die door de Gemengde Commissie in 1852 was veroordeeld. Over de Ardèche en de Frans-Duitse Oorlog, zie Jordan Gaspin, *Les Mobilisés de l'Ardèche 1870-71* (Privas, 1996).

57 Jones (*Politics en Rural Society*, p. 221): 'Tussen 1871 en 1884 werd de strijd om de heerschappij over het platteland fanatieker gestreden dan ooit tijdens de Revolutie'. Vincent was met de dochter van de voormalige burgemeester Laurent Tastevin getrouwd en woonde in Salles.

58 4 september en 16 oktober 1870, en 25 juni 1871. 1Z 278; F1BII Ardèche 4; 3M 320. Op Vincent werd niet zo dikwijls gestemd. Hij werd unaniem herkozen later in het jaar.

59 F1BII Ardèche 4, 'liste des maires et d'adjoints, nomination en 1871'; 1Z 303, burgemeester Vincent, 5 maart 1876, en onderprefect, 15 juli 1876; F1BII Ardèche 7, prefect, 30 september 1878, en noot, ministerie van Binnenlandse Zaken, 4 oktober 1878. Bij de verkiezingen voor het Conseil Général in oktober 1871, gaf Balazuc 177 stemmen aan de monarchistische kandidaat Lauriol, en 9 aan de republikein.

60 1Z 258.

61 F1BII Ardèche 7, prefect, 25 oktober 1877, vroeg om bevestiging van een aantal schorsingen van ambtenaren die openlijk waren uitgekomen tegen republikeinse kandidaten, onder wie Banne, Sampzon, en Malarce; verslag van hoorzitting 11 augustus 1878; F15 3992, minister van Binnenlandse Zaken, 24 januari 1907; Molliers brief, s.d. 62. 1Z 303, prefectoraal decreet, 15 juli 1878; F1BII Ardèche 7, prefect, 30 September, 26 november; onderprefect, 31 augustus en 5 november 1878, en 4 januari en 20 augustus 1879; notulen van onderzoek 11 augustus 1878; notitie,

ministerie van Binnenlandse Zaken, 4 oktober 1878; burgemeester Claron van Vallon, 7 september en 31 oktober 1878.

63 1Z 258.

64 V 155, V 204 en V 141, minister van Binnenlandse Zaken, 23 mei, prefect, 23 mei en onderprefect, 21 mei 1879, met verwijzing naar een ontbrekende brief van loco-burgemeester Tastevin, 20 mei. Senator en voormalig minister van justitie Tailhaud diende ook de conservatieve zaak, door invloed op de benoeming van lokale magistraten, employees van Ponts-et-Chaussées, en andere grote en kleine posten te houden. Bonnet kreeg de reputatie van 'ultramontane' bisschop, die over de Alpen heen naar Rome keek voor leiding.

65 Jones, *Politics and Rural Society*, p. 268. In Balazuc, werd het gehucht Servière vaak als links gezien. Jean-Luc Meiaud (*La Petite Exploitation rurale triomphante*) schrijft (p. 110) dat veel boeren de republiek zagen staan voor de deugden van kleinschalig boerenbedrijf.

66 1Z 303, brief van Vincent, 24 januari 1881. De raad koos burgemeester Tastevin met zes stemmen tegen vijf voor Vincent, een blanco, en het kostte drie stemmingen om een loco-burgemeester te verkiezen, Mouraret uit Louanes. De bijeenkomsten in 1880 brachten verscheidene keren onvoldoende quorum op. In 1889 klaagden verscheidene inwoners dat Tastevin niet alleen als burgemeester diende maar ook het kleine salaris van de dorpssecretaris opstreek voor het maken van aantekeningen tijdens de vergaderingen (onderprefect, 16 oktober 1889). Bovendien liet Tastevin dat geld uitbetalen 'aan een van zijn handlangers'.

67 1Z 303, Tastevin, 21 mei 1882 en Brun, 10 mei 1882. Jean Boyer schrijft dat Brun in 1885 gearresteerd was wegens *attentat à la pudeur* met verscheidene meisjes onder de twaalf.

68 Balazuc, *Mémoires de soie*, p. 156.

69 Jean Boyer; Cholvy (red.), *Histoire du Vivarais*, p. 230; in de jaren zestig werkten er 516 priesters, 446 broeders, en 1759 nonnen in de Ardèche. Jones, *Politics and Rural Society*, p. 143: 'De Kerk oefende een zeldzaam monopolie over de mogelijkheden voor een gemeenschap om zich uit te drukken [...]. Het klerikale karakter van dorpse maatschappelijkheid had onvermijdelijk klerikale inmenging in dorpspolitiek tot gevolg'.

70 Jones, *Politics and Rural Society*, p. 120.

71 1Z 279, onderprefect, s.d. (1881). Zie Sahuc, *Le Fils du pauvre*, p. 183, 249, 256–257: 'Ons dorp lag niet zo afgelegen. Marskramers verkochten almanakken'.

72 Peter Jones wijst erop dat 'de heerlijkheid in het collectieve geheugen van dorpelingen in de Vivarais gegrift bleef (*Politics and Rural Society*, p. 160–161). Volksverhalen van schoven graan die naar het kasteel of de graanschuur van het klooster werden gebracht bleven de angst van hun kleinkinderen en zelfs van hun achterkleinkin-

deren aanwakkeren [...]. Serviele gewoonten bleven ook hardnekkig bestaan. De 'feodalisering' van democratische politiek waarbij stemmen geruild werden tegen diensten – het openen van een nieuwe weg wellicht, of de schenking van een mooie plaat om boven het altaar te hangen – was gedeeltelijk toe te schrijven aan de schaduw van het landheerschap'.

73 Ibid., p. 214-215, 280-281; Balazuc, *Mémoires de soie*, p. 125.

74 Jones, *Politics and Rural Society*, p. 280 en 308.

75 Nicole Joffre, 'La Question scolaire dans l'Ardèche de 1880-1914' (mémoire de maîtrise, Université de Dijon, 1975), p. 38.

76 Vogüé, *Notes sur le Bas-Vivarais*, p. 91-101; Cholvy (red.), *Histoire du Vivarais*, p. 238. Vogüé zelf had de republiek geaccepteerd.

77 Peyrard en Joly, *En Ardèche*, p. XXIII-VII, XLVII; 5M 51, brief van Félix Picaud, 15 oktober 1885; 5M 43, onderprefect, 24 september 1889, en andere.

78 Joffre, 'La Question scolaire dans l'Ardèche,' p. 51.

79 5M 44, onderprefect, 9 september 1889, 7 december 1891, en 4 april 1892; V 155, minister van Justitie en Religie, 10 oktober 1890; T 359, prefect, 17 september 1891, en onderwijsinspecteur, 12 december 1891.

80 V 186, onderprefect, 14 maart 1892.

81 1Z 285; 5M 43; de affiche werd genoemd in een brief van 9 oktober 1885; 1Z 279, onderprefect, 13 oktober 1894. Zie Jones, *Politics and Rural Society*, p. 288. In de Ardèche, hadden de gemeenteraadsverkiezingen in 1878, een jaar na de *coup de seize mai*, een toename tot gevolg van het aantal raden met een republikeinse meerderheid (1Z 285, prefect, 30 januari 1878). Zie Sahuc, *Le fils du pauvre*, p. 23-29. In 1885 won rechts 40 procent van de stemmen, tegen 35 procent voor de gematigde opportunisten, waarbij zes afgevaardigden werden verkozen.

82 Siegfried, *Géographie électorale de l'Ardèche*, p. 101, 104-107, schreef dat al met al de steun voor links ruwweg steeg tot 44-47 procent van het electoraat en voor rechts 38-40 procent. Zie ook Jones, *Politics and Rural Society*, p. 288-294, die beweert dat Siegfried te veel de nadruk legt op eigendomsstructuren en geografisch determinisme (p. 242).

83 *L'Echo de Largentière*, 12 januari 1895; Siegfried, *Géographie électorale de l'Ardèche*, p. 105-106. Siegfried associeert stemmen op rechts met hoogten boven de 270 meter, vooral boven 720 meter, en links stemmen met 270 meter en daaronder (p. 113).

84 *L'Echo de Largentière*, 11 juli 1914; T 119; 1 januari 1898, geciteerd in 2MP 50. In 1891-1892, zaten van de jongens van zes tot veertien, er 3195 op openbare scholen en 1197 op christelijke scholen (totaal 4392), en van de meisjes 2908 op openbare scholen en 1168 op christelijke scholen, met een totaal 4074.

85 Nicole Joffre, 'La Question scolaire dans l'Ardèche,' p. 63; *Le Républicain des Cévennes*, 27 februari 1909. Lekenonderwijzers zetten een vereniging op en richtten een co-

mité van raadsheren op dat moest helpen onderwijzers te verdedigen tegen een mogelijk proces dat aangespannen werd door 'de vereniging van vaders van reactionaire families'.

86 1Z 258; 1Z 279, burgemeester van Vallon, 18 januari 1881. In Balazuc kwam de republikeinse kandidaat in 1881, Vaschalade, maar drie stemmen tekort op de conservatief in de eerste ronde; in de tweede kregen hij en de conservatief Bournet ieder 104 stemmen.

87 2 november en 21 december 21, 1879; 24 september 1882; Mairie de Balazuc, 1 september 1884; 13 mei 1883, 6 januari, 27 februari en 5 en 11 oktober 1884; 15 augustus 1890, prefect, 15 mei 1884; 26 juni 1880; 24 september 1882. De raad trof een regeling met de eigenaar van de molen om een *canal de décharge* te graven, om het waterpeil twee meter te laten dalen. Boiron, de laatste die het recht had gehad om met het bootje te varen, was niet geslaagd de prijs die hij moest betalen omlaag te krijgen, waarbij hij beweerde dat de bruggen in Vogüé en Ruoms zijn zaak hadden benadeeld, en wees op de slechte staat van de paden die naar de rivier leidden. De lening was betrekkelijk klein, omdat een vroegere lening van 4500 franc al was goedgekeurd in 1869 maar nooit gebruikt. De gevraagde subsidie bedroeg 35.000 franc. Lauriol had Hugon uitgedaagd bij de verkiezingen voor een zetel in het Conseil Général in 1880, maar die verkiezing was geannuleerd wegens onregelmatigheden (waaronder een klacht van drie stemmers uit Balazuc) en Hugon was toen herkozen. Volgens de traditie konden overledenen niet over de brug gedragen worden.

87 26 augustus 1888; 14 augustus 1892.

88 Fonds Mazon, Abbé Chareyre aan Mazon, 27 september 1884; Jean Boyer.

89 26 augustus 1888, en 14 augustus 1892; Mairie de Balazuc, dossier. Pas in 1909 kon de gemeente zich verbetering van het pad van de brug naar de rivier veroorloven, aan de dorpskant (21 november 1909 en 20 februari 1910). Jean Boyer schrijft dat dat een teken van het belang van de nieuwe weg was (en van het betrekkelijke verval van het oude *quartier* van de nu gedesacraliseerde kerk): de overplaatsing in 1900 van het gemeentelijk mededelingenbord van dat pleintje naar het lokaal bij het Portail Neuf, en langs de muurweg, waar het nog steeds staat.

90 juli 16, 1871, 15 augustus 1884; Raymond Chevalier en Michelle Redon-Chevalier, 'Centenaire de l'église paroissiale de Balazuc, 1895-1995'), ongepubliceerd manuscript, 1996, p. 2.

91 1Z 802, onderprefect, mei 15, 1903. De gemeenteraad droeg tien franc bij voor de aankoop van desinfectantia voor Balazuciens die te arm waren om die aan te schaffen. De kapel is nu vrijwel permanent gesloten, eens per jaar wordt er nog een mis in opgedragen.

92 6 juli 1890; Chevalier en Redon-Chevalier, p. 5.

93 Chevalier en Redon-Chevalier, 'Centenaire de l'église,' p. 2–3. Abbé Chareyre heeft mogelijk een voorman-metselaar geschorst wiens werk hij niet op prijs kon stellen, op 14 juli 1891. Uit die datum valt wellicht af te leiden dat de metselaar, wiens vaardigheden nodig waren bij de bouw, een grapje had gemaakt over de Franse nationale feestdag. Sommige metselaars, meubelmakers en steenhouwers hebben mogelijk 'coupons gekregen waarmee zij rechtstreeks konden worden betaald dankzij de gift van een donor'.

94 19 juni 1898.

95 Jean Boyer schrijft dat bisschop Bonnet van Viviers in 1907 de parochie van Balazuc berispte voor het bijdragen van slechts 270 franc per jaar, terwijl er 90 franc meer verwacht zou kunnen worden op basis van het bevolkingstal!

96 Marie-Louise Tastevin, Hippolyte Pays, Casimir Boyer, Philippe Ranchin, Louis Ranchin, Joseph Georges, Charles Soubeyrand, Albert Pays, Isidore Mouraret, abbé A. Tastevin uit Salles, Léa Eldin en Anne Ranchin, Abbé Tastevin 'de Balazuc,' abbé Laffont (uit Balazuc), de zusters van het Sint-Jozefsklooster in Aubenas, en Augustin Thiery, een *peintre verrier* uit Lyon die het beeld van *Ste.Marie, Reine de la France* in het schip deed, de gift van abbé Laffont.

97 De kleinste van de drie klokken was een cadeau van mevrouw Despuech in 1821. De tweede, die meer dan 150 kilogram woog, was de gift van een andere buitenstaander, Léon Desboulets, en kreeg de naam Léontine-Eulalie, mogelijk naar zijn vrouw of dochter. De derde en grootste, in Alès gegoten, had Marie-Victorine Duffour-Mollier uit Louanes als peetmoeder.

98 15 augustus 1885. In 1903, bij twee gelegenheden in 1904, en nogmaals in 1911. Bij gebrek aan quorum waren er drie convocaties nodig voordat de raadsvergaderingen konden worden gehouden.

99 1Z 303, Tastevin, 2 februari 1884. De benoeming van een belastinginner was hem in het verkeerde keelgat geschoten.

100 Mairie de Balazuc, prefectorale goedkeuring, 3 juli 1886 (toch versloegen de conservatieven de republikeinen bij de verkiezingen van 1885 en 1886, met ongeveer 30 stemmen, bij 258 kiesgerechtigden); 1Z 280, Hugon, 6 mei 1884; Mairie de Balazuc, prefect, 2 maart 1885. Belangrijke protestantse minderheden in Salavas, Labastide-de-Virac, Vallon en Lagorce hadden bijgedragen aan de verschuiving in het kanton Vallon, dat voor rechts stemde in 1871, 1876, 1877, en 1885, om daarna tot 1936 links te stemmen.

101 15 augustus en 10 november 1885, en 7 februari 1886; 2 O 185, Pays, 17 augustus 1885, in petitie. Zij beiden stemden zelfs tegen de bouw van muren om de begraafplaats op 14 augustus 1887.

102 5M 18 bis, prefect, decreet van 1 oktober 1881; dossiers; F15 3990, F15 3991, F15, 3992, inclusief Hugons brief van 6 april 1881, en die van Claude Mollier, 28 september 1881.

103 F15 3964, prefect, 11 april 1881. Jean Louis Pays kreeg ook 200 franc voor zijn arrestatie in 1853 na kritiek op het keizerrijk. In zijn brief van 16 juli 1881 (F15 3992), beweerde hij ook vrijwel de enige te zijn geweest in Balazuc die met de vlag van de republiek had gezwaaid in de crisis van 16 mei 1877.

104 F15 3992, Mollier, 28 september 1881.

105 1Z 234, prefect, 25 oktober en 19 november 1892, onderprefect, 10 april 1893, en 27 augustus 1897; Mollier, brief van 25 mei 1921. Een van de pensioenen die in 1897 werden uitbetaald (aan Henri Fallot) bedroeg slechts dertien franc per jaar. In 1907, vlak voor zijn dood, vroeg Jean Mollier een verhoging van zijn pensioen, maar hij kreeg te horen dat het comité dat zulke aanvragen behandelde in 1883 was ontbonden. In de nasleep van de Eerste Wereldoorlog, zeventig jaar na de staatsgreep van Lodewijk Napoleon, begon zijn zoon een proces om schadevergoeding.

106 1Z 285; 5M 44, prefect, 11 mei en 12 oktober en onderprefect, 30 augustus 1889; 5M 43, prefect, 2 april 1889; 1Z 259. Blachère, zoon van een monarchistisch afgevaardigde won in Balazuc 132 stemmen in 1885 en 130 in 1886; de republikein Vieilfaure slechts 78 en 97 respectievelijk. In de verkiezingen van 1888 waren er 102 tegen 87 en 131 tegen 97 stemmen voor kandidaten van rechts, terwijl 226 van de 258 kiesgerechtigden in Balazuc hun stem uitbrachten bij de parlementsverkiezingen van 1886.

107 1Z 281, onderprefect, 19 juni 1888. Tastevin werd met slechts zeven van de twaalf stemmen verkozen tot burgemeester en was tiende bij het stemmenaantal in de raad. Louis Pays, de republikeinse burgemeester, stierf vlak voor de verkiezing, en werd dus als een van de eersten begraven op de nieuwe begraafplaats die hij had helpen stichten.

108 T 71, prefect, 1 en 31 oktober 1888.

109 1Z 280, Hugon, 6 mei 1884; 1Z 281, onderprefect, 19 juni 1888 en 28 en 31 mei 1892; 1Z 281, onderprefect, 28 en 31 mei, 1892; 1Z 282.

110 1Z 282, procureur, 17 juni 1896, en onderprefect, s.d. Philippe Charousset won de race met 137 stemmen, maar de gelijke politieke verdeling werd onthuld door het feit dat de volgende vier kandidaten tussen de 132 en de 136 stemmen hadden gekregen, en de daarop volgende twee 130. Toch merkte de onderprefect dat 'politieke kleur niet de grootste rol had gespeeld in de keuze van de stemmers, persoonlijkheden speelden een grotere rol'.

111 1Z 227, prefect, 31 december 1889, brief van comité, s.d., en notitie Conseil Général, 28 mei 1891. De burgemeester verschafte ook informatie (2 juni 1891). 1M 321, Mouraret, 9 januari 1901. De vergadering op kerstdag 1900 had op de agenda 'republikeins programma, de ruwe-zijdekwestie en de schoolkwestie'.

112 1Z 279, onderprefect, 13 oktober 1894 en 10 juli en 7 oktober 1897.

113 Een Comité Républicain begon in Balazuc in 1900 en kwam op kerstdag bijeen.

Het wijzigde het jaar daarop zijn naam in Comité Républicain Démocratique.

114 Charousset had zich eind 1899 gekeerd tegen de gemeenteambtenaar en nadat hij een paar keer van gedachten was veranderd, diende hij zijn ontslag in bij de prefect, bewerend dat de veldwachter zijn ontslag juist had bevorderd.

115 2 O 183, prefect aan afgevaardigde Barrot, 6 juli 1900; Barrot aan prefect, 5 juni 1900, Charousset, 6 mei 1900; rapport aan prefect, 18 mei 1900; prefect, 2 juni, onderprefect, 20 juni. Charousset, die woedend was over de gang van zaken bij de verkiezingen, klaagde Boyer en Mollier *fils* aan, maar hij huurde de laatste in 1908 in. Jean Boyer suggereert dat de kleine belastingverhoging en het besluit van het gemeentebestuur van het jaar daarvoor om kopers van gemeentegrond te dwingen de betaling terug te betalen die voor die grond was betaald in de afgelopen tien jaar, een rol kunnen hebben gespeeld.

116 20 mei en 16 juni 1900; Jean Boyer.

117 In 1902: 121 stemmen voor Barrot en 82 voor Duclaux-Monteil. In 1906: 105 stemmen voor Vincent en 99 voor zijn conservatieve rivaal.

118 *La Républicain des Cévennes*, 14 mei, 29 oktober en 30 juli 1904. Charousset diende als president, Freydier als vice-president.

119 Schatting van Victor Giry, 18 december 1902, 16 februari en 28 juni 1903, petitie van 17 maart 1905, en onderprefect, 6 april en 24 augustus 1903, Blachère, 23 mei en 18 augustus 1903, en 24 maart 1906. De raad vond dat 'ze ervan uit konden gaan dat de stemonthouders voor het project waren'.

120 Philippe Charousset, 15 augustus 1903, burgemeester, 20 augustus 1903, prefect, 13 mei 1905, 11 april 1906. Volgens de wet van 5 april 1884, moest de gemeente de pastoor huisvesten of schadeloos stellen.

121 *L'Echo de Largentière*, 6 juni 1903; 1MP 154, prefect, 1 april en 12 mei 1904. Al met al kregen 155 gemeenten in de Ardèche een gemeenteraad met een meerderheid voor de regering, 140 tegen, en 46 'twijfelgevallen'.

122 IZ 283; 1MP 154, prefect, 1 april en 12 mei 1904; 15 mei en 12 juni 1904; *Le Républicain des Cévennes*, 30 april 1904. Tot de radicaal-socialisten behoorden Charousset, Hippolyte Freydier, Perbost, en Fromentin; radicaal zonder meer, Boucher en nog een Perbost.

123 25 maart 1906, onderprefect, 19 mei 1906 en 12 april 1908. De scheiding van Kerk en staat gaf de gemeente het volle gebruik van het presbyterium, en de raad besloot in 1908 het te verhuren voor drie jaar, tegen een huur van 30 franc per jaar.

124 *L'Echo de Largentière*, 7 januari en 30 december 1905. Toch herinnert een vrouw uit Balazuc zich verhalen over haar achter-oom, een man van links die bij de Tour Carrée woonde, hoe die de pastoor had uitgenodigd, een politiek tegenstander, om eens een stevig glas bij hem te komen drinken, toen hij hem voorbij zag lopen. Relaties kunnen hartelijk zijn gebleven, en voorzichtigheid is dus geboden, om niet

te overdrijven als het gaat om de mate waarin zulke rivaliteiten het dagelijks leven beïnvloeden.

125 *L'Echo de Largentière*, 19 mei 1906.

126 Ibid., 5 mei 1906; 1Z 259. Duclaux-Monteil won 13.109 stemmen tegen 11.037 voor Vincent in 1906 (al haalde deze het kanton Vallon binnen, deels door protestantse stemmen).

127 *L'Ardèche républicaine*, 10 maart 1906.

128 *L'Echo de Largentière*, 24 en 31 maart 1906; *L'Ardèche républicaine*, 17, 24 en 31 maart 1906.

129 Jean Boyer. Verslag van dit verzet is niet te vinden in de archieven of in het verslag van de gebeurtenissen elders door kranten van beide partijen. Omdat er echter in vrijwel elk van de omringende gemeenten sprake was van vastberaden verzet, is het mogelijk dat het collectieve geheugen het hier aan het rechte eind heeft. Maurice Allignol beweert (*Balazuc et le Bas Vivarais*, p. 638) dat een aantal families stukken van de gebroken deur bewaarden als relikwie en dat de deur niet werd hersteld tot na de Tweede Wereldoorlog.

130 'Sylvestre,' *Un scandale electoral à Balazuc* (Aubenas, 1909), p. 4; Mairie de Balazuc, burgemeester, 12 oktober 1883. Tot de bondgenoten behoorden Marius Mollier, Philippe en Baptiste Tastevin, Marius Guiboudenche (toekomstige burgemeester), Hippolyte Redon, Jules en Firmin Dufaud, Eugène Auzas, Marius Laroche uit Audon, Boyer (oppasser) en Auguste en Marius Charousset. Let op het voorkomen van familienamen aan weerszijden van het politiek spectrum: er waren verscheidene takken, vooral in de families Charousset, Boyer, Redon en Mollier (er was natuurlijk ook geen enkele reden om aan te nemen dat men het in zulke families onderling eens was).

131 Ibid., p. 12–15, naar Peter Jones geciteerd in *Politics and Rural Society*.

132 'Sylvestre' en Z 284, *procès-verbal* van het vonnis. Een protestbrief van 23 juli 1908, behelsde het verzoek om 'een gemeentebestuur dat zonder onderscheid des persoons voor alle burgers van de gemeenschap zorgt'. Charousset en anderen, 17 augustus 1908; *L'Echo de Largentière*, 10 april 1909. De krant beweerde dat de *blocards* probeerden kiezers te intimideren door te zeggen dat als rechts zou winnen, er zelfs geen pad naar Audon zou worden aangelegd. Charousset was tot burgemeester gekozen met elf stemmen en een blanco, zoals gewoonlijk.

133 *Le Républicain des Cévennes*, 11 januari en 5 december 1908; 'Sylvestre', 'Un scandale electoral', p. 12–13.

134 1Z 285. Met potlood onder aan het decreet, heeft iemand, waarschijnlijk op de onderprefectuur 'ongeldig decreet [...] geen enkel feit van dien aard dat het gerechtvaardigd zou zijn, heeft in de gemeente plaatsgegrepen'.

135 'Sylvestre,' 'Un scandale electoral,' p. 9–11; 2 O 183, onderprefect, 13 oktober 1906; petitie, mede-ondertekend door Charousset, 20 september 1906; en gendarmerie-

rapport, 26 september, 1906, onderprefect, 5 april 1909; 1Z 304, 21 februari 1909; Charousset, 27 februari 1909; Mollier, 'devoir horthograph [sic],' 27 februari 1909, waarvoor als onderwerp koos 'de burger' en de verplichte gehoorzaamheid aan de wet, om de samenleving niet te laten 'verdierlijken'. De beide ongeletterde herders kwamen uit de Cevennen.

136 1Z 284, Charousset, 14 juni 1909.

137 1Z 285.

138 28 augustus en 4 september 1909; La République des Cévennes, 9 oktober 1909.

139 1Z 260 en L'Echo de Largentière, 15 mei 1910. In de parlementsverkiezingen van 1910 haalde Vincent, in Balazuc bij de tweede en derde ronde 103 stemmen en Duclaux-Monteil 101. In de eerste ronde haalde Duclaux-Monteil 94 en Vincent 86 stemmen, waar het in 1906 was geweest: Vincent, 105, en Duclaux-Monteil, 99. De laatste werd in 1910 in het arrondissement verkozen. Vincent had van het pad naar Audon een verkiezingsbelofte gemaakt, weer een voorbeeld van begunstiging van hogerhand.

140 L'Echo de Largentière, 24 september 1910, waarbij daarentegen de loco-burgemeester, Perbost en Freydier werden verkozen. z 284, proces-verbaal van hoorzitting; schrijven van 18 juli en appel van 23 juli 1909; 1Z 483, Charoussets ontslag, 30 augustus 1910, en onderprefect, 31 augustus; Madame Charousset,17 augustus 1910. Charousset was het ermee eens dat er zeven hadden gestemd maar voegde eraan toe: 'Ik kan het me niet goed herinneren'. Charousset had in 1900 twee ontslagbrieven ingediend na een ruzie over de veldwachter. De raad verkoos nu Guillaume Perbost unaniem tot burgemeester (18 september 1910).

141 1Z 284, burgemeester Perbost, s.d. (ontvangen 22 februari 1911). De conservatieven stemden en bloc, iedere winnende kandidaat behaalde tussen de 101 en 107 stemmen, waarbij links uiteenviel van 90 tot 98 stemmen. Slechts drie raadsleden woonden in het dorp zelf.

142 1Z 285, 25 mei 1911, Vincent, 8 mei, en prefect, 8 juni 1912. In 1912 ontbraken er 45 namen aan de lijst. Links beschuldigde Mouraret en zijn factie van fraude, wat door het Conseil de la Préfecture verworpen werd.

143 2M 285; 1Z 344, onderprefect, 7 december 1912, en Charoussets ongedateerde antwoord; L'Echo de Largentière, 2 mei 1914: Duclaux-Monteil, 93, Thomas, 73 stemmen.

144 18 april en 23 en 25 mei 1914.

7 Twee oorlogen

1 F7 12937, prefect, 6, 7, 8 en 19 augustus 1914; Jean Boyer; L'Echo de Largentière, 14 augustus 1914. Mairie de Balazuc, dossier 'Victimes de guerre, 1914–1918'. In 1916 kende het gemeentebestuur 100 franc toe om brochures te kopen die werden uit-

gegeven door de Ligue du Souvenir, over 'hun misdaden', van die van 'het ras van vampiers en bandieten' zodat 'een exemplaar van dit pamflet gratis kon worden uitgedeeld aan elk gezin in de gemeente'.

2 23 augustus en 15 november 1914, 21 maart 1915, en 24 november 1918; 1Z 229; 2 O 191; Mairie de Balazuc, lijst van vrijgestelden van dorpsarbeid. De raad kwam in 1915 zes keer bijeen, zeven keer in 1916, vijf keer in 1917 en vijf keer in 1918.

3 12M 200, prefect, 4 februari 1916. Zie Jean-Jacques Becker, *The Great War and the French People* (Dover, N.H., 1985).

4 Mairie de Balazuc, burgemeestersdecreet van 1 juni 1917, na het vorderingsbevel van 1 oktober 1916; 2 O 191. In 1917 stelde de gemeenteraad de post van veldwachter weer in (1Z 303, 26 augustus 1917 en 21 december 1919), en in 1919 kende hij nog eens 410 franc toe aan Pascal, onderscheiden oorlogsveteraan, wegens de extra lasten die hij in de oorlog had geleden.

5 R 189, Giry, 28 december 1914 en 24 maart 1915; Roux, 8 september 1915; burgemeester, 15 september 1915; volkstelling 1911. De vrederechter wees haar verzoek af op 30 september 1915. Augusta Roux was niet de enige die vroeg om 'geld voor de behoeftige families van soldaten die opgeroepen zijn om de vlag te verdedigen'. In 1916 wees het comité, en bij hoger beroep ook de onderprefect, Henri Jullian af, een weduwnaar die niet langer kon werken, die 65 jaar oud was, die 200 franc per jaar kreeg omdat zijn vader slachtoffer was geweest van de staatsgreep van 1851, naast een pensioentje van ongeveer 50 franc per jaar van zijn werk (R 189, onderprefect, 16 januari 1916; Jullian, 24 december 1918).

6 10 mei 1915.

7 Mairie de Balazuc, register.

8 Jean Boyer.

9 19 januari 1919.

10 Hippolyte Redon, Joseph Fabregoule, Félix Guérin, Philippe Munier, Henri Gustave en Eugène Auzas.

11 F1C III 1125, prefect, 6 januari 1918, schreef dat de plaatselijke moraal 'al met al heel bevredigend was, na eenenveertig maanden oorlog en patriottische offers'.

12 24 november 1918, en 31 augustus 1919; burgemeester Guibourdenche, 30 oktober 1919, en plan van architect A. Vergier, 30 oktober 1919, prefectorale goedkeuring, 20 oktober 1920. De raad stemde voor een bijdrage van 1000 franc aan de kosten van 3090 franc (5 november 1919).

13 Zie Jay Winter, *Sites of Memory, Sites of Mourning* (New York, 1995) en Daniel Sherman, *The Construction of Memory in Interwar France* (Chicago, 1999).

14 Jean Boyer. Marius Guibourdenche, geboren in Chazeaux in 1874, was getrouwd in een van de families Mollier.

15 21 november 1921.

16 Cholvy (red.), *Histoire du Vivarais*, p. 271.

17 Het gemeentebestuur wilde dolgraag een *caisse municipal* (gemeentelijke schatkist) in het leven roepen, waarvoor het geld niet uit de gemeente zelf zou komen (9 maart en 5 november 1919). De staat stortte 75 procent, en gaf iedere werkloze 1,25 franc.

18 8 januari 1920.

19 Michel Huber, *La Population de la France pendant la guerre* (Paris, s.d.), p. 59, 176, 270–271, 292.

20 Jean-Louis Issartel, 'L'Ardèche à la veille du conflit,' *L'Ardèche dans la guerre, Mémoire d'Ardèche et Temps présent*, 42 (mei 1994), p. 3.

21 Bozon, *L'Ardèche*, p. 64. Alleen het Rhônedal voegde inwoners toe.

22 Jean Boyer. In 1937 waren er 3988 sterfgevallen en 2913 geboorten.

23 De eerste lening bedroeg 8785 franc, en een andere van 10.000 franc, werden aangegaan bij het Crédit Foncier in 1935. De totale kosten voor het project, uitgevoerd door La Grande Combienne, beliepen 135.000 franc.

24 27 mei 1928.

25 4 mei, 14 september en 26 oktober 1930, 14 oktober 1934, en 6 januari 1935; 22 augustus 1937, en 10 juli 1938; 2 O 189, prefect, september 1930, keurt lening goed van 135.000 franc voor 30 jaar, ter wille van elektriciteit.

26 8 april 1937.

27 Reynier, *Le Pays de Vivarais*, p. 126; Cholvy (red.), *Histoire du Vivarais*, p. 206. In 1918 daalde de productie van cocons in Frankrijk tot ongeveer drie miljoen kilo, met de Gard, Ardèche, en Drôme goed voor respectievelijk een miljoen, 700.000 en 400.000.

Incubatie van eitjes en aantallen personen
in de productie van ruwe zijde in de Ardèche, 1872–1943

	Onsen	*Sériculteurs*
1872	278.000	40.300
1902	47.220	23.900
1912	33.750	19.530
1922	17.330	12.000
1943	2559	3369

Bron: Reynier, p. 208.

28 Reynier, *La Soie en Vivarais*, p. 1-2, citeert Daniel Bellet; Bozon, *La Vie rurale*, p. 376–378.

29 Siegfried, *Géographie électorale*, p. 31–33.

30 20 februari 1921, en 15 oktober 1933; 12M 217; 12M 243. In 1931 waren er 2000 centenaar moerbeibladeren; burgemeester Guibourdenche, 20 december 1929. In

Frankrijk als geheel, werden slechts 49.132 onces in incubatie gedaan in 1915, 67.136 in 1918, 57.075 in 1919, en 72.826 in 1920; in de Ardèche 14.557 in 1915, 15.803 in 1918, 15.509 in 1919, en 18.312 in 1920. In de Ardèche produceerden 11.374 mensen in 1915 ruwe zijde; 13.014 in 1918 en 13,981 in 1920.

31 Cholvy (red.), Histoire du Vivarais, p. 274.

32 La Belle Lurette, 8 (zomer 1997), p. 8–12. Bovendien had de propriétaire telkens als er toch een moerbeiboom moest worden gekapt, de plicht een nieuwe aan te planten.

33 Reynier, Le Pays de Vivarais, p. 122–123. In dezelfde periode, was het bewerkte opper-vlak ongeveer gelijk gebleven, 127.000 en 125.000 hectare, dalend naar 95.000 in 1935–1940. Een hectoliter is 100 liter.

34 12M 192, 12M 203, 12M 217, 12M 298. 5M 44, onderprefect, 6 augustus 1936. In 1940 bebouwden de boeren 326 hectare land, en brachten rogge, gerst en haver voort. Zij plantten 104 hectare in wijngaard, naast twee tuinen en veertien boomgaarden en kwekerijen. Er was toen 330 hectare bos. De rest van de gemeentegrond van Balazuc bestond uit veen en stenen kliffen. Balazuc had ook een syndicat agricole, voor de oor-log al opgezet; een jagersvereniging, wier leden het exclusieve recht hadden om in Balazuc te jagen; en een muziekvereniging. In 1923 zagen 66 eigenaars af van hun rechten om drie jaar lang in de gemeente te jagen. Voortaan zou 'het recht om te jagen op het gebied van de gemeente worden overwogen bij onderlinge overeen-komst, in het beste belang van de gemeente' (21 januari 1923); Jean Boyer.

35 Guy Boyer, 'La Coopération viti-vinicole en Ardèche,' in Villages en Vivarais, Mémoire d'Ardèche et Temps présent, 1987, p. 117–118.

36 Issartel, 'L'Ardèche à la veille du conflit,' p. 4–5.

37 13 september 1932, en 6 augustus 1933; 1M 34, minister van Binnenlandse Zaken, 20 januari 1937.

38 Toen het dak van de pastorie in 1929 werd hersteld, werd er geboden met bran-dende kaarsen, net als bij de verkoop van de biens nationaux tijdens de Revolutie (2 O 185, onderprefect, 24 september 1929).

39 2 O 185, onderprefect, 24 september 1929; 10 juli 1927, en 5 april 1936; Jean Boyer. Het budget voor 1936 bevatte 7783 franc voor onderhoud van wegen en paden (7 juli 1935).

40 23 januari 1921, 17 juni 1923, 6 juli 1930, en 7 februari 1932. In 1932 was er een extra 250 franc voor de ouden van dagen, 62 franc voor jonge moeders, 2635 franc voor herstel van de school, 72 franc voor assurances sociales voor de beide gemeente-ambtenaren en 1200 franc voor de een tijdschakelaar op de klok. In 1930 verhoog-de de raad de uitkering aan femmes en couches tot 2,50 franc per dag. Tegelijkertijd was de minimumuitkering aan vieillards 30 franc per maand (20 voor eten, 8 voor kleren en 2 voor onderdak). Kleinere sommen waren eind jaren dertig gevraagd voor betaling van verzekeringen voor de ambtenaren.

41 20 september 1936. In 1937, kregen *femmes en couches* 6 franc per dag, *familles nombreuses* 25 franc per maand, en ouden van dagen, zieken en chronisch zieken 70 franc per maand.

42 1Z 261; 1Z 344, SPL, 20 januari en 24 maart 1925; in de laatste uittreksels uit *La Croix de l'Ardèche*, 22 maart 1925 en *L'Ancien Combattant*, 29 maart 1925; Cholvy (red.), *Histoire du Vivarais*, p. 248; *Journal d'Aubenas*, 2 mei 1925. Het Cartel des Gauches werd bijgenaamd 'Le Cartel de la fausse monnaie'. Jean Boyer. In 1919 gaf Balazuc 22 stemmen aan de republikeinen, 50 aan de sociaal-democraten en 61 aan de 'liberale' lijst. Van de 183 kiesgerechtigden kwamen er 135 stemmen.

43 1Z 286. Deze verkiezing werd gevolgd door protest, dat schijnbaar werd ingediend door een van de verslagen kandidaten, Lafont, die met de onderprefect correspondeerde om de kansen van links in te schatten. Het Conseil de la Préfecture verwierp het protest. Een commentaar: 'De partijen nemen op het laatste moment hun positie in. Persoonlijke rivaliteiten spelen een rol in het gevecht. De republikeinen zijn vaak verdeeld en soms is het moeilijk bij de tweede ronde de trots te helen die in de eerste is gekrenkt'.

44 1Z 287; Jean Boyer; bij de parlementsverkiezingen van 1929, stemde Balazuc met 81 stemmen op Duclaux-Monteil, 92 op de socialistische kandidaat en 16 op de communistische. In 1932 kregen de kandidaten van links 72 stemmen (42 voor de socialisten, zestien voor de radicalen en veertien voor de communisten tegen 68 voor rechts.

45 5M 44, onderprefect, 21 juli 1934; 5M 49/1, onderprefect, 24 maart en 22 december 1934, en prefect, 26 maart 1934. Het departement telde slechts 5858 buitenlandse inwoners in 1932 (de helft Italianen, gevolgd door Spanjaarden en Armeniërs).

46 De lijst van de burgemeester kreeg 67 stemmen tegen 65 voor links; van de 165 kiesgerechtigden kwamen er 144 stemmen.

47 Issartel, 'L'Ardèche à la veille du conflit,' p. 6, 8; Jean Boyer. De Ardèche koos slechts een afgevaardigde voor het Volksfront, waardoor Vallat, Thibon en nog een andere rechtse kandidaat konden terugkeren, naast een radicaal die juist vijandig stond tegenover het Volksfront.

48 Jean Boyer.

49 Cholvy (red.), *Histoire du Vivarais*, p. 301.

50 10 november 1942. Zie Brigitte Feret, 'Le Ravitaillement en Ardèche', *39–45: L'Ardèche dans la guerre, Mémoire d'Ardèche et Temps présent*, 42 (mei 1994), p. 55–61.

51 Zie Maurice Boulle, 'Les Parlementaires ardéchois et les pleins pouvoirs au maréchal Pétain le 10 juillet 1940,' in *39–45: L'Ardèche dans la guerre, Mémoire d'Ardèche et Temps présent*, 42 (mei 1994), p. 19–33; *Le Journal d'Aubenas*, 1 februari 1941.

52 *Le Réveil de Largentière*, 14 juli en 21 november 1942 en 12 februari 1943. Een vrouw zei dat niemand in Balazuc iets wist van de concentratiekampen. Le Chambon-sur-

Lignon, een dorp dat veel joodse kinderen uit Lyon en St.-Etienne redde door ze te adopteren met valse papieren, ligt slechts een paar kilometer uit de Ardèche.

53 Cholvy (red.), *Histoire du Vivarais*, p. 256. De 'Chansonnette sur le vin':'*Si ti iya resta à l'oustau, La banno dau biau t'aurio pas fa mau/Si tu était resté à la maison, La corne du boeuf ne t'aurait pas fait mal*'.

54 Zie Maurice Boulle, 'Maîtres d'école et maîtres du pouvoir,' en Pierre Broué, 'Révolutionnaire du premier XXe siècle [Élie Reynier]', *Le Chemin des écoliers*, 2, *Mémoire d'Ardèche et Temps présent*, 22 (mei 1989); Eric Darrieux, 'Une Génération d'instituteurs Ardéchois dans la crise des années trente', *Mémoire de maîtrise* (Université d'Aix-Marseille, 1995). Daarentegen schrijft Marie-Hélène, *Balazuc: Mémoires de Pierre: Histoire de Ruoms en Ardèche* (L'Atelier de L'Harmonie, 2000), p. 96, dat 'hij met zekerheid door de *milice* werd terechtgesteld, die bedreigde hem al'.

55 Verslag ontleend aan René Maisonnas, *La Résistance en Ardèche 1940–1944* (Aubenas, 1984), p. 25-79. De Franse Binnenlandse Strijdkrachten (FFI) sloegen hun hoofdkwartier op in Antraigues op 10 juli 1944.

56 Cholvy (red.), *Histoire du Vivarais*, p. 249.

57 Zie John Sweets, *Choices in Vichy France* (New York, 1986); Anne-Marie Pouzache, 'Résistance et maquis en Ardèche,' in *39–45: L'Ardèche dans la guerre: De la Résistance à la Libération, Mémoire d'Ardèche et Temps présent*, 43 (augustus 1994) p. 6–11.

58 F1a 3900, inclusief brief van J. Bouniol, s.d., 1942; F1a 4000, politie rapport, 15 januari 1944.

59 Maisonnas, *La Résistance en Ardèche*, citaat van p. 18. Xavier Vallat kreeg na de oorlog tien jaar gevangenisstraf.

60 Maurice Boulle, 'Sur l'épuration en Ardèche,' *Mémoire d'Ardèche et de Temps présent*, 43 (augustus 1994), p. 62.

61 Jean Boyer voegt hieraan toe: 'Na te hebben overlegd met het geallieerd hoofdkwartier en met ambtenaren van de afdeling wegenbouw'. Iemand die de explosie hoorde, herinnerde zich dat algemeen bekend was dat de brug opgeblazen zou worden, zoals bevolen door de FFI. Bij gelegenheid wordt nog wel commentaar gehoord dat de brug opgeblazen was om 'dingen die in de oorlog gebeurd waren' in de doofpot te stoppen.

62 Jean Boyer.

63 Er waren elders wel represailles, vooral in Fons, boven Aubenas. Niet zolang geleden veranderde een journalist, die zijn belangstelling had geuit voor onderzoek naar dit onderwerp, onder sterke druk van gedachten.

64 24 augustus 1944. De raadsleden tekenden netjes de notulen en stuurden ze naar de nieuwe prefect ter goedkeuring. Het oorspronkelijke comité omvatte Evesque, Maurice Duffaud, Elie Rossignol en Julien Fromentin.

65 Jean Boyer.

66 Proclamatie van 10 oktober 1944; 17 mei 1945; prefect, telegram van 7 mei 1945. Marcel Evesque, Maurice Lathey, Elie Rossignol, Julien Fromentin, Germain Lèbre, Marius Duffaud, Hippolyte Guérin, Emile Boucher, Hippolyte Freydier, Noël Boyer en Ernest Baron bemanden de 'delegatie'. In de eerste verkozen raad zaten Jean Poudevigne, Marius Ranchin, Hippolyte Freydier, François Boyer, Pierre Berre, Hippolyte Guérin, Germain Lèbre, Gabriel Boyer, Raoul Dufaud en Julien Fromentin.

67 Jean Boyer schrijft dat Balazuc in het referendum van mei 1946 niet het advies van rechts volgde en *oui* stemde met 102 tegen 76 stemmen, terwijl het nationale resultaat duidelijk *non* was.

8 De nieuwe gulden boom

1 'D'Alba à Balazuc,' *Combat*, 8 augustus 1949.

2 René Tissot, *Aubenas et ses environs* (Aubenas, 1947), p. 124–126. In 1946 woonde 75,3 procent van de bevolking op het platteland (46,8 procent voor heel Frankrijk [Bozon, *La Vie rurale*, p. 9]). De dorpskern had een wat oudere bevolking dan de gemeente als geheel, met bijvoorbeeld ruim 5 procent minder inwoners onder de twintig. Balazucs bevolking was in 1946 17,2 procent kleiner dan in de vooroorlogse jaren. In het afgelopen decennium waren er tweemaal zo veel sterftegevallen als geboortes geweest, 74 tegen 37.

3 20 januari 1952 en 18 juli 1954; Maurice en Elise Boulle, 'Sur-vol de l'enseignement en Ardèche en 1988,' in *Le Chemin des écoliers*, 2, *Mémoire d'Ardèche et Temps présent* (mei 1989), p. 35, 37, 68–69.

4 30 juni 1946.

5 18 januari en 6 mei 1951 en 11 december 1955.

6 In 1949 was in acht dorpen van de Cevennen 56 procent van de huizen ouder dan een eeuw. In Genestelle waren in 1961 59 van de 112 huizen verlaten (Bozon, *La Vie rurale*, p. 466–467).

7 10 december 1948; 3 juni, 6 en 8 november 1949; 20 juni 1950; 9 april 1952; 5 april 1959; 6 mei 1962; en 10 februari 1963. Na Freydiers ontslag, werd Jules Dufaud tot burgemeester verkozen, maar met slechts vijf stemmen tegen negen, met een blanco.

8 31 mei 1947, 24 juni 1951, en 7 december 1952. Zo liep het budget voor 1960 35.070 franc inkomen voor op de uitgaven en dat van 1969 69.469 franc. De vergadering van 20 oktober 1977, keurde een lening goed van 20.000 franc, terug te betalen in vijftien jaar. In 1946 werden de wedden van de burgemeester en zijn loco opgetrokken met het oog op de inflatie, naar 6000 en 3000 franc (30 juni 1956). De burgemeester kreeg 916 franc in 1963.

9 10 mei 1956; 10 november 1957; 1 mei 1964; 25 juni 1971; 25 augustus 1973; 10 december 1975; 10 december 1977; 3 juli en 2 augustus 1978.

10 11 maart 1951, 2 februari 1953, 30 mei 1958, 13 september 1959, 4 november 1962, 10 februari 1963, en 1 mei 1964. In 1953 nam de gemeenteraad de kosten van een armenbegrafenis voor zijn rekening.

11 8 april 1951 en 6 juni 1953. De lengte van de gemeentewegen is gegroeid van 29 tot 35 kilometer.

12 1 november 1954; 10 juli, 22 november en 31 december 1959; 2 oktober 1960; 4 september 1961 (goedkeuring van een lening van 30.000 franc tegen 5 procent rente); 28 januari, 18 maart en 15 april 1962; 14 juli 1963; 28 juni en 9 augustus 1964; 1 augustus 1965; 1 november 1970; en van 1 april 1980, waarbij om 120.000 franc gevraagd werd om de weg naar Uzer te verbeteren. In 1963 werden de werkzaamheden gefinancierd met een lening van 30.000 francs en subsidies. Vijf jaar later vroeg Balazuc weer dat het 'pad' zou worden geherclassificeerd omdat het te zwaar woog op het gemeentebudget. Het kantonnaal comité verwierp dat weer.

13 Bozon, La Vie rurale, p. 483-484; Jean Boyer; 13 augustus 1950, 14 januari 1951, 4 januari, 1 maart, 10 september 1953 en 30 augustus 1954. Balazucs aandeel in de lening was 4.021.000 franc, hoewel Balazuc maar 2.715.161 (oude francs) garandeerde, binnen 30 jaar terug te betalen.

14 4 juni 1961. Dat jaar werd het kleine salaris dat voor deze dienst werd betaald verhoogd van 360 tot 450 franc, vanwege het toenemende aantal gesprekken voor dorpelingen en het feit dat sommige mensen een beroep op hem deden om 'nieuws te brengen en verschillende boodschappen te doen' aan anderen in het dorp.

15 20 maart 1960.

16 22 november 1959.

17 Een recent artikel in Libération (5 juli 1999) beweert dat twee miljoen mensen in Zuid-Frankrijk nog steeds een of andere versie van Occitaans kunnen spreken (bepaald door een lijn ten noorden van Bordeaux, die via het noorden van Limoges doorloopt tot ten zuiden van Lyon), een getal dat zeker overdreven lijkt. De voormalige minister van onderwijs, Allègre, zou ooit naar de volkstaal en andere minderheidsdialecten hebben verwezen als 'herderstalen'.

18 Ook banken gingen een grotere rol spelen. In het interbellum stond Julien Leyris (niet te verwarren met Julien le Pauvre) bekend als bankier, omdat hij geld leende.

19 Zie onder anderen Gordon Wright, Rural Revolution in France; Henri Mendras, La Fin des paysans; Georges Duby (et al.), Histoire de la France rurale.

20 Ozil, Magnaneries, p. 63-65; La Belle Lurette, 8 (zomer 1997), p. 12-14; Bozon, La Vie rurale, p. 375-377. De hoge arbeidskosten speelden ook een rol.

21 Bozon, La Vie rurale, p. 398; Guy Boyer, 'La coopération viti-vinicole en Ardèche,' p. 117-127. Op 23 november 2000, bracht een plaatselijke krant een foto van Guy

Boyer en andere leden van de broederschap van de Cep Ardéchois in Leeds, Engeland, om de Ardéchois wijnen aldaar te promoten.

22 Sahuc, *Le Fils du pauvre*, p. 183, 188.

23 Guy Boyer, welkomstbrief aan de bisschop bij het eeuwfeest van de kerk, s.d., 1995.

24 1 november 1970, en 29 maart 1971.

25 *Des rives de l'Ardèche au Coiron: Journal interparoissial*, no. 22 (zomer 2001): 'De kerk staat
ten dienste van de mensheid, voor eenheid, solidariteit en verzoening'.

26 Weber, *Peasants into Frenchmen*.

27 In 1953 had de winnende lijst 118 stemmen tegen 95.

28 In 1977 werden slechts twee leden van de oude raad aangehouden, onder wie Aimé
Mouraret, die burgemeester werd. De communisten kregen 27 stemmen in de parlementsverkiezingen van 1993 (15 procent), de socialisten 20 stemmen (11 procent,
een verlies van 16 procent sinds 1988); het extreem rechtse Front National kreeg
maar 4 procent van de stemmen.

29 30 april 1961. Toch kende het gemeentebestuur geld toe (zoals routine was, dat
moet gezegd) om slachtoffers van overstromingen te helpen in het zuidwesten in
1949, die van een aardbeving in Algerije in 1954, en die van andere natuurrampen
in Fréjus in 1959, omdat de inwoners van Balazuc zo vaak het slachtoffer waren geweest van natuurrampen.

30 31 maart en 14 juli 1963.

31 Van degenen die in de gemeenteraad werden verkozen, kwamen Mollier, Mouraret,
Laroche, Boyer, Gamel, Freydier, Redon en Thibon ook uit families met eeuwenoude banden met Balazuc.

32 Nicole Lélie, gevolgd door Ginette Michalon en Paulette Balazuc in 1989.

33 De mensen in Balazuc kunnen heel goed de afkeer van politiek en politici (*ils*, de
regering) hebben gedeeld die opgemerkt werd door Laurence Wylie in zijn studie
van Roussillon (*Village in the Vaucluse*) en terug te vinden in een boek over maat-
schappijleer als 'de afkeer van politiek en van politici die vaak werden afgeschilderd als mensen van een laag zedelijk gehalte, weinig verdiensten, niet in staat om
eerlijk een leven te leiden en nuttige diensten te verrichten' (p. 208). Zodoende was
in de beide naoorlogse verkiezingen van 1946 tot 1953 het percentage kiesgerechtigden dat daadwerkelijk ging stemmen aanzienlijk hoger bij gemeenteraadsverkiezingen dan bij de nationale (p. 233).

34 *Le Monde*, 16 maart 2001.

35 29 november 2000.

36 *La Tribune*, 15 februari 2001.

37 Er werden 228 stemmen uitgebracht en 216 geldig verklaard.

38 In de tweede ronde van de kantonnale verkiezingen van maart 2001 gaf Balazuc
weer eens een meerderheid van stemmen aan de conservatieve kandidaat, 98 stem-

men tegen 48 voor de socialist. In de eerste ronde kreeg de kandidaat van het Front National maar tien stemmen, de communistische kandidaat achttien, en de groene kandidaat 32.

39 5 oktober 1989. In 1961 richtte Balazuc met St.-Maurice-d'Ardèche en Lanas een vereniging op 'om de oevers van de Ardèche te beschermen' (9 juli). Zie *Le Monde*, 25-26 februari 1990.

40 Openbare bijeenkomst 24 november 2000.

41 17 februari en 7 april 1946; Jean Boyer. Dat jaar vroeg de gemeenteraad om een school die de inwoners van de gehuchten Louanes en Couzamas zou kunnen bedienen, waarvan de kinderen bijna zes kilometer heen en terug moesten lopen.

42 6 april en 7 december 1952; 9 mei 1954 en 1 mei 1955; 22 december 1957; 28 december 1958; 13 september 1959; 15 juni 1976. Departementale subsidies: 110 franc in 1973, 137 franc in 1977, en 220 franc in 1980.

43 Bij voorbeeld 24 juni 1951, 6 april (84.000 franc voor onderwijsmaterialen), 24 augustus en 7 december 1952; 12 mei, 1 oktober en 28 december 1958; 8 mei 1960; 30 april en 30 mei 1961; 23 april 1963; 1 mei 1964; 15 januari 1974; 15 juni 1976; 27 december 1977; en 13 december 1980. De uitgaven behelsden schoolmelk voor leerlingen onder de tien, althans in 1957 en 1958. Bovendien betaalde de raad een vrouw om de school op woensdag schoon te vegen.

44 3 maart 1979, en 27 oktober 1989.

45 5 mei 1961, inspecteursbrief van 14 februari 1961.

46 5 april 1970: 'Helaas is het zeker dat dit cijfer de komende jaren niet zal stijgen'.

47 Wylie (*Village in the Vaucluse*, p. 63) schrijft 'onderwijzers zijn vooral kwetsbaar voor kritiek. Hun sociale prestige en hun privileges wekten wrok bij de dorpelingen die zagen dat de onderwijzers 'het maar gemakkelijk hadden', dat ze goed werden betaald en niet hard hoefden te werken, dat ze een lange zomervakantie hadden en een heleboel kortere vakanties door het jaar, dat zij slechts dertig uur per week in de klas hoefden te werken!' Anders dan als schertsend commentaar over het gemakkelijke leven van een *fonctionnaire* werd dit niet in Balazuc gehoord.

48 *Libération*, 24 september 1996. In het schooljaar 1993-1994, was de Ardèche een van de departementen met nog tussen de 14 en 22 procent scholen met maar een klas.

49 Deborah Reed-Danahay's recente studie, *Education and Identity in Rural France*, over een dorp in de Auvergne, legt nadruk op het verzet van ouders tegen de school. Haar voornaamste argument is dat 'lokale scholen, zelfs in het gecentraliseerde systeem van Frankrijk, wellicht de neiging hebben de lokale identiteit te versterken doordat ouders en kinderen zich verzetten tegen bepaalde aspecten van de nationale cultuur en de staatsmacht' (p. 3). Dat wil zeggen dat ouders een regionale identiteit gingen verdedigen door – althans dat deden zij in het begin van de jaren tachtig – een Arvernisch dialect te blijven spreken (om de onderwijzers buiten te

sluiten, die in hun ogen onvermijdelijk buitenstaanders waren) en het gebruik van servetten in de schoolkantine te boycotten, als een manier om afstand te houden van wat zij stedelijke, burgerlijke waarden noemden. 'Families en kinderen in Lavialle gebruiken strategieën van verzet en meegaandheid, om de rol en de betekenis van het schoolgaan te vormen [...]. De school van Lavialle is een sociale ruimte waarbinnen en waaromheen mensen manieren hebben gevonden om zowel Laviallois te zijn als Frans' (p. 208). In tegenstelling daarmee stelt Laurence Wylie in *Village in the Vaucluse* dat families en lagereschoolonderwijzers hetzelfde soort gezag uitoefenen, zodat er weinig verschil is tussen thuis en school in dit opzicht, en dat ouders dus minder gemakkelijk verzet zullen gaan plegen en het gezag van de *instituteur* zullen gaan ondermijnen.

50 Er is kritiek geweest op ouders die in Balazuc woonden en hun kinderen elders op school deden.

51 *Bulletin municipal* no. 5, december 1997.

52 30 juni 1946; 25 mei en 14 oktober 1947; 5 maart 1950; en 26 januari 1952. Balazuc ging nog een lening aan van 208.000 franc voor onderhoud van wegen en paden. De onroerende zaakbelasting werd daarvoor op 30 januari 1949 verhoogd. In 1954 behoorde Balazuc tot de gemeente met minder dan vijf auto's per honderd inwoners, dus slechts met tussen de tien en de vijftien auto's (Bozon, *La Vie rurale*, p. 485).

53 17 juli en 30 oktober 1955; Bij de laatste gelegenheid werd herstel van de kerk goedgekeurd voor 400.000 (oude) franc, met het oog op de naderende winter; ook vroeg de gemeente geld van het ministerie van Nationaal Onderwijs en de Service des Beaux Arts. Op 13 november 1955, stemde de raad voor respectievelijk 30.000 en 50.000 franc van Jean Delsaux, uit Parijs, en Dr. Pierre Chadourne, uit Chevilly-la-Rue, Seine.

54 31 maart 1979, gevolgd door een subsidieverzoek, 8 juni 1980.

55 *Les Plus Beaux Villages de France: Guide officiel* (Paris, 1997), voorwoord.

56 *Cahiers* beschikbaar gesteld door Abbé Rouveyrol. De proteststemmen omvatten er een die klaagde over de keuze van de muziek die ten gehore werd gebracht ('een keuze van muziek uit de zeventiende en achttiende eeuw zou beter zijn geweest') en een ander die in juli 1997 schreef: 'Een mooie kerk, maar wij mogen niet vergeten dat de godsdienstoorlogen zonder twijfel een grote doodsoorzaak zijn geweest'. Wat nuchterder zijn natuurlijk aantekeningen zoals die eenvoudig weg ondertekend worden met 'mij': 'Als ik aan u denk, Heer, dan is dat in woede, omdat u mijn moeder te snel wegnam [...] wij, haar kinderen, hadden haar nog nodig' (27 juli 1999).

57 Hoog in het kanton St.-Martin-de-Valamas, telde het dorp Chanéac, dat een bevolking telde van 1000 in 1900 en nog maar 227 inwoners in 1960. In 1965 stichtte

de burgemeester de Association des Amis de Chanéac, waarvan het doel was het dorp te verrijken en te redden. Zes jaar later begon de burgemeester, vergezeld van een pastoor en twee jonge mensen, een hongerstaking om toestemming en hulp te krijgen om een *maison de vacances* op te zetten, dat in 1976 werd geopend. Stukje bij beetje is Chanéac weer herleefd, maar afgezien van enkele jonge mensen die geiten fokken en een paar achtergebleven boeren, alleen in de zomer, dankzij nieuwe tweede huizen (CR., 'Un village parie sur son avenir', *Coopérateur de France* [juni 20, 1981], p. 42–43).

58 Uit de gastenboeken die voor toeristen in de kerk liggen valt snel op te maken dat ongeveer een derde van de bijdragen in het Nederlands dan wel het Vlaams worden ondertekend.

59 Bozon, *L'Ardèche* p. 105; Ozil, *Sériciculture*, deel III, p. 174.

60 Twee academische paren, een Brits en een Amerikaans, die een paar keer bij ons langskwamen, hebben nu zomerhuizen in Balazuc.

61 Carlat, *Architecture populaire*, p. 22–25, 102, 128, 151–155, 286–287. Het laatste citaat van Roger Ferlet.

62 Balazuc, *Mémoires de soie*. Zie Harriet Rosenbergs excellente *A Negotiated World*. Zij beschouwt de toeristenpolitiek in Abriès (Hautes-Alpes) en voert aan dat weliswaar dorpelingen onder het Ancien Régime verrassend genoeg aan de macht konden komen door een proces van onderhandeling en lobbying ('boerendiplomatie'), maar dat hun afstammelingen geen invloed meer hadden op beslissingen die van buitenaf werden genomen (p. 199-203). Uit haar studie blijkt hoe zowel de burgemeester, die posten te verdelen had, als gezagsdragers baat hadden bij het ontwikkelen van toerisme, en zij bekijkt sommige van de manieren waarop het toerisme zich afspeelt buiten de dorpsbewoners om, waardoor het in feite de fragmentatie van het economisch en sociale leven benadrukt.

63 Carlat, *Architecture populaire*, p. 109.

64 'Message à la population et aux Vacanciers', s.d., juni 1995.

65 Burgemeestersbrief aan 'Chers compatriotes', 22 december 1995.

66 'Compte rendu réunion Commissions tourisme et développement environment et cadre de vie', 23 augustus 1996; *Bulletin Municipale no. 5* (december 1997). De burgemeester heeft een comité voor toerisme en ontwikkeling van het milieu opgericht.

67 Guy Boyer zegt in zijn welkom aan de bisschop van Viviers, s.d. (1995): 'Jonge stellen zijn een bron van een leven, hoop en toekomst [...]. De kwaliteit van het plattelandsleven is een bron van aantrekkingskracht voor degenen die hier komen, maar we krijgen te maken met het probleem van beschikbare permanente behuizing, naast gebrek aan werk'.

68 Balazuc, *bulletin municipal no. 8* (augustus 1999). Deze sprong betekende een winst van 20 procent vergeleken met de Ardèche als geheel (2,90 procent).

69 Het aantal mensen dat in de overheidsdienst werkt in de Ardèche is met ongeveer 40 procent gestegen tussen 1975 en 1982, en blijft sinds die tijd stijgen.

70 Een vrouw wijst erop dat inwoners van Balazuc wel een hekel hebben aan mensen die als trots of arrogant worden beschouwd.

71 5 oktober 1989. De gemeente kan begin jaren vijftig wat grond hebben gekocht om het pleintje te vergroten.

72 *Balazuc, bulletin municipal no. 6* (juli 1998).

73 19 juni 1949; 28 december 1958; zo werd 700 franc toegekend aan het Comité des Fêtes, 16 december 1980; 6 april 1989.

74 Recentelijk verkocht het gemeentebestuur een perceel voor 200.000 franc om de kas te spekken. In 2000 liet een vrouw die was gestorven wat geld na aan inwoners van het dorp, maar niet aan het gemeentebestuur.

75 Mairie de Balazuc, dorpsbelasting 1994, bevolking 282: onroerend zaakbelasting (296 huishoudens), 139.325; belasting op bouwkavel 62.704; grondbelasting 71.606; ondernemingsbelasting (23 *enterprises ou commerces*), 18.356 – totaal 291.981 franc.

76 *Balazuc, bulletin municipal no. 8* (augustus 1999).

77 Carlat, *Architecture populaire*, p. 20.

78 Ibid., p. 21.

79 'Actualités: Les Résultats du recensement de 1999,' *Cahiers de Mémoire d'Ardèche et Temps présent*, 68 (november 2000), p. 11, met veel minder dan een vijfde van de bevolking onder twintig jaar. Helaas heeft Balazuc, wat soms voor de streek als geheel is opgemerkt, vrij veel zelfmoorden gekend.

80 Laurence Wylie (*Village in the Vaucluse*, p. 207), merkt op dat in Roussillon schoolkinderen van het begin van de jaren vijftig uit het hoofd leerden dat 'een goed burger een geest van samenwerking en onderlinge hulp bezit'. In 2000 bracht Balazuc ruim 9000 franc bij elkaar uit liefdadigheid in de Téléthon, door geld te steken in activiteiten als boules of kaartspel of loterijen.

Bibliografie

Primaire bronnen

Archives Nationales (AN)
  BB30 382, 395–96, 401
  C 945
  DIV bis 4
  F1a 3900 (Ardèche), 4000
  F1BII Ardèche 1, 2, 3, 4, 7
  F1CIII Ardèche 7, 10, 11, 1125
  F7 3652 (2), 9632, 12357, 12396, 12753, 12936–37
  F15 3964, 3990–93
  F9 4371
  F11 2697
  F15 3964, 3990-3993
Series F17, ministerie van Openbaar Onderwijs
F 17*83, *2598, *2740, *3160, 3652(1), 3652(2), 9253, 9279, 9306, 9310, 9313–14, 9317, 9319, 9322, 9336, 9370, 9374–75, 9580, 9632, 10259–60, 10286, 10374, 10382, 10691, 10779, 11140, 11285,
  F20 161
Archiven van het ministerie van Oorlog (Vincennes)
MR 1248

Archives Départementales (AD) de l'Ardèche (Privas)
  B 138 (2MI 158), 142 (2MI 76)
  C 17–18, 42-43, 54, 81, 656, 672, 843, 991, 1051, 1063, 1090–91, 1141, 1150, 1239, 1242, 1254, 1361, 1511
  2E M.L. 631–32, notariële archieven, Jaar XIII –1806
  52 J 134 (Fonds Mazon, manuscript Delichères)
  8J 6/5 and 6/6 8J 26/10 (Fonds Reynier)
13J 1*
21J 145
J 469
L 252, 267, 269, 544, 559–60, 876, 877, 897, 901, 911, 923, 931, 937, 939, 963, 967–68, 970, 974, 1167, 1212, 1561, 1566, 1572, 1607, 1637
Q 47, 195, 248, 270, 282–83, 316, 486
2M 239, 273–74, 276, 337–38, 341, 524
3M 44–45, 73–74, 78, 84, 88, 96, 103, 150, 210, 220–21, 230–31, 248, 261, 265–68, 307, 314, 320, 326–28, 332, 334
2MP 34

5M 10–11, 14, 18, 18 bis, 19–21, 28, 31–32, 37–38, 40–41, 44–45, 49/1, 53

6M 52–53

10M 28, 51, 71

12M 53–59, 76, 81, 176-77, 179, 181–82, 184, 187, 189, 191–92, 194, 200, 203, 207, 213, 217, 243, 253, 273, 286, 298

15M 1

1MP 34, 154

2MP 34, 50

3P 170, *cadastre*, 1825

O 545

2 O 183–91

R 189

T 27, 43, 69, 70–71, 74, 97–99, 112–13, 115, 119, 124, 175, 209–11, 216, 218, 246, 283, 322, 343, 357, 359, 361, 379, 383, 417, 425, 443, 495, 498, 500, 502, 576, 586, 589, 594, 597, 598, 3285, 3290, 3298, 3375

V 51, 53, 141, 155, 186, 189, 204, 211, 217, 226–34, 245, 247, 249–52, 254, 258–63, 276–87, 298, 303, 305, 311, 321, 331, 344, 438, 458, 507, 520, 526, 528, 531–32, 535, 570, 745, 765–68, 771, 773, 776–77, 779, 801–02, 842

1Z, 186, 227, 229, 233–34, 250, 258–61, 273, 276, 279–85, 287, 303–04, 311, 321, 331, 344, 483, 507, 520, 535, 570, 733, 765, 779, 802

Fonds Mazon, 3, 9, en 13

État Civil (geboorte, huwelijk, overlijden)

5MI 15, 19, 1668–1789

6 E 23/1*-12*, 421*-422*, État Civil 1792–1902

Archives Départementales (AD) de l'Hérault (Montpellier)

C 3014, 4019

Archives Départementales (AD) du Gard (Nîmes) 10T8

Mairie de Balazuc

Registers van overleg (*procès-verbaux*), gemeenteraad van Balazuc, 1809–1990

Volkstellingen 1804, 1846, 1876, 1911

ongeclassificeerde documenten

Bibliothèque Nationale (BN)

Collection Languedoc-Bénédictins (Salle des Manuscrits)

Kranten

Le Journal d'Aubenas, 1941

Le Réveil de Largentière, 1942–44

L'Echo de l'Ardèche, 1871

L'Ardèche républicaine, 1905, 1906

L'Echo de Largentière, 1905-06, 1909–10, 1914, 1921

Le Républicain des Cévennes, 1892, 1895, 1896, 1898, 1900, 1904, 1906, 1908, 1909, 1912, 1925, 1935

Le Courrier d'Aubenas, 1895

Courrier de la Drôme et de l'Ardèche, 1851

Bibliografie

Allignol, Maurice. *Balazuc et le Bas Vivarais.* s.l., 1992.

André, M. 'La Visite des paroisses de l'officialité d'Aubenas en 1715'. *Revue du Vivarais* (1974–75).

Arché, Guy-Jean. *L'Espoir au coeur, l'insurrection de 1851.* Poët-Laval, 1981.

Balazuc, Marie-Hélène. *Mémoires de soie.* Robiac-Rochessadoule, 1992.

Blain, Charles (Albin Mazon). *Quelques scènes et récits du Vivarais.* Aubenas, 1981.

Blanc, Jean-François. *Paysages et paysans des terrasses de l'Ardèche.* Annonay, 1984.

Boulle, Maurice. *Révoltes et espoirs en Vivarais 1780–1789.* Privas, 1988.

Boulle, Maurice 'Sur l'épuration en Ardèche' 39–45: *L'Ardèche dans la guerre. Mémoire d'Ardèche et Temps présent,* 43 (augustus 1994), p. 6–11.

Bourdin, Louis. *Le Vivarais: Essai de géographie régionale.* Paris, 1898.

Boyer, Jean 'Chronique Balazucaine de la Révolution à nos jours,' ongepubliceerd manuscript.

Boyer, Jean 'Historique de Balazuc,' ongepubliceerd pamflet.

Boys, Albert du. *Album du Vivarais.* Grenoble, 1842.

Bozon, Pierre. *L'Ardèche: La Terre et les hommes du Vivarais.* Poët-Laval, 1985.

Bozon, Pierre *La Vie rurale en Vivarais.* Valence, 1961.

Brown, Howard G. 'Bonaparte's 'Booted Justice' in Bas-Languedoc'. *Proceedings of the Annual Meeting of the Western Society for French History,* 24 (1998), p. 120–130.

Brown, Howard G'.From Organic Society to Security State: The War of Brigandage in France, 1797–1802'. *Journal of Modern History,* 69 (1997), p. 661–695.

Caffarelli, Charles Ambroise. *Observations sur l'agriculture du dpartement de l'Ardèche.* Paris, [Jaar IX].

Carlat, Michel. *Architecture populaire de l'Ardéche.* Poët-Laval, 1984.

Carlat, Michel. *Architecture rurale en Vivarais.* Paris, 1982.

Carlat, Michel. *L'Ardèche traditionnelle.* Poët-Laval, 1982.

Carlat, Michel. *L'Ardèche: La Terre et les hommes du Vivarais.* Poët-Laval, 1985.

Carlat, Michel. *L'Ardèche: Les Chemins du coeur.* Voreppe, 1990.

Chambon, André. *Paysans de Vivarais.* Vals-les-Bains, 1985.

Chanet, Jean-François. *L'Ecole républicaine et les petites patries.* Paris, 1996.

Charrié, Pierre. *Dictionnaire topograpique du département de l'Ardèche.* Paris, 1979.

Charrié, Pierre. *Le Folklore du Bas-Vivarais.* Paris, 1982.

Chevalier, Raymond, en Michelle Redon-Chevalier. 'Centenaire de l'église paroissiale de Balazuc, 1895–1995,' ongepubliceerd manuscript, 1996.

Cheynel, Hélène. *Contes et légendes du Vivarais*. Valence, 1993.

Cheyron, Jean. *L'Acceptation du Second Empire dans l'Ardèche*. Largentière, 1985.

Cheyron, Jean. *Epidémies du choléra en Ardèche*. Largentière, 1985.

Cheyron, Jean. *Le Plebiscite du 8 mai 1870 dans l'Ardèche*. Largentière, 1986.

Cholvy, Gérard (red.). *Histoire du Vivarais*, Toulouse, 1988.

Cornu, Pierre. *Une Économie rurale dans la débacle: Cévenne vivaraise, 1852–1892*. Paris, 1993.

Darrieux, Eric. 'Une génération d'instituteurs Ardéchois dans la crise des années tren-te'. *Mémoire de maîtrise*. Université Aix-Marseille, 1995.

Feret, Brigitte, 'Le Ravitaillement en Ardèche'. *39-45: l'Ardèche dans la guerre. Mémoire d'Ar-dèche et Temps présent*, 42 (mei 1994), p. 55–61.

Ferlet, Roger. *Le Vivarais d'antan*. 2 delen, Valence, 1981-1982.

Forot, Charles, en Michel Carlat. *Le Feu sous la cendre: Le Paysan vivarois et sa mai-son*. St.-Féli-cien, 1979.

Gardès, Jean-Marc. *Et ils déplacèrent les bornes! Le département de l'Ardèche, héritage de la Révolution française*. Privas, 1989.

Gaspin, Jordan. *Les Mobilisés de l'Ardèche 1870-71*. Privas, 1996.

Gemie, Sharif. "A Danger to Society'? Teachers and Authority in France, 1833–1850'. *French History*, 2, 3 (september 1988), p. 264–287.

Gildea, Robert. *Education in Provincial France, 1800–1914: A Study of Three Depart-ments*. New York, 1983.

Gourinard, Pierre, 'La Part de l'Ardèche à la mise en valeur de l'Algérie'. *Revue du Vivarais*, 73, 2 (april–juni 1969), p. 91–102.

Gutton, Jean-Pierre. *La Sociabilité villageoise dans la France d'ancien régime*. Paris, 1979.

Harp, Stephen. *Learning to Be Loyal: Primary Schooling as Nation Building in Alsace and Lorraine, 1850–1940*. De Kalb, Ill., 1998.

Issartel, Jean-Louis, 'L'Ardèche à la veille du conflit'. *39-45: L'Ardèche dans la guerre; Mémoire d'Ardèche et Temps présent*, 42 (mei 1994), p. 39–48.

Joanne, Paul. *Géographie du département de l'Ardèche*. Paris, 1911.

Joffre, Nicole. 'La Question scolaire dans l'Ardèche de 1880–1914'. *Mémoire de maîtrise*. Université de Dijon, 1975.

Jolivet, Charles. *Les Chouans du Vivarais*. Taulignan, 1987.

Jolivet, Charles. *La Révolution en Ardèche (1788–1795)*. Challes-les-Eaux, 1988.

Joly, Jean, en J. Peyrard. *En Ardèche, notre école au bon vieux temps*. Lyon, 1993.

Joly, Michel. *L'Architecture des églises romanes du Vivarais*. Paris, 1966.

Jones, Peter, 'Common Rights and Agrarian Individualism in the Southern Massif Central 1750–1880'. In Gwynn Lewis and Colin Lucas (red.), *Beyond the Terror*. Cambridge, Engeland, 1983.

Jones, Peter. *Politics and Rural Society: The Southern Massif Central, 1750–1880*. Cambridge, 1985.

Jones, Peter. 'Towards a Village History of the French Revolution: Some Problems of Method'. *French History*, 14, 1 (March 2000), p. 67–82.

Ladet, Pierre. *Entre Coiron et Tanargue: Aubenas sous le vent de l'histoire*. Privas, 1991.

Le Roy Ladurie, Emannuel. *The Peasants of Languedoc*. Urbana, Ill., 1976.

Lequin, Yves. *Les Ouvriers de la région lyonnaise*. 2 delen, Lyon, 1977.

Maisonnas, René. *La Résistance en Ardèche 1940–1944*. Aubenas, 1984.

Margadant, Ted W. *French Peasants in Revolt: The Insurrection of 1851*. Princeton, 1979.

Massot, Georges. 'La Langue d'oc en Vivarais et Ardèche'. *Genèse et histoire de la langue occitane et des idioms vivarois. Mémoire d'Ardèche et Temps présent*,' 51-I (november 1996).

Mayaud, Jean-Luc. *La Petite Exploitation rurale triomphante*. Paris, 1999.

Mazon, Albin. *Voyage au tour de Valgorge*. Privas, 1879.

Mazon, Albin. *Voyage dans le Midi de l'Ardèche*. Aubenas, 1884.

Mazon, Albin. *Voyages le long de la rivière Ardèche*. Aubenas, 1885.

Mazon, Albin. *Notice sur Vinezac*. Privas, 1897; herdrukt Villeneuve-de-Berg, 1987.

McPhee, Peter. *The Politics of Rural Life: Political Mobilization in the French Countryside, 1845–1852*. New York, 1992.

Merriman, John M. 'On the Loose: The Impact of Rumors and Mouchards in the Ardèche during the Second Republic'. In Jonathan Sperber (red.), *Europe 1848: Revolution and Reform*. London, 2000.

Molinier, Alain. 'Les Difficultés de la scolarisation et de l'alphabétisation sous la Restauration: L'Exemple ardéchois'. *Annales du Midi* 97, 170, p. 129–156 (april–juni 1985).

Molinier, Alain. *Stagnations et croissance: Le Vivarais aux xviie-xviiie siècles*. Paris, 1985.

Molinier, Alain. 'En Vivarais au xviiie siècle: Une croissance démographique sans révolution agricole'. *Annales du Midi*, 92, 148 (1980) p. 301–316.

Morel, Yves. 'Les Maîtres du fil: Une industrie textile en milieu rural: Le Moulinage ardéchois au xixe siècle'. Doctoral dissertation, Université Lumière-Lyon II, 1999.

Mouly, P. *Le Concordat en Lozère-Ardèche, 1801–1805*. Mende, 1942.

Noir, Michel. *1789, Des faubourgs de Paris aux montagnes d'Ardèche*. Paris, 1988.

Ogden, Philip E. 'Industry, Mobility and the Evolution of Rural Society in the Ardèche in the Later Nineteenth and Early Twentieth Centuries'. In Philip E. Ogden and Paul

E. White, *Migrants in Modern France: Population Mobility in the Later Nineteenth and Twentieth Centuries*. London, 1989.

Ozil, Hervé. *Magnanerie et vers à soie: La Sériciculture en pays vivarois et Cévenol*. Lavilledieu, 1986.

Ozil, Hervé. '*La Sériciculture en Ardèche: Survivence d'une production?*', dissertatie. Université au Lyon II, 1983. 3 delen.

Peyrard, Jean, and Jules Joly. *En Ardèche, notre école au bon vieux temps*. Lyon, 1993.

Pouzache, Anne-Marie. 'Résistance et maquis en Ardèche'. *39-45: L'Ardèche dans la guerre: De la Résistance à la Libération*. Mémoire d'Ardèche et temps présent, 43 (augustus 1994), p. 6–11.

Reboul, Annet. *Moeurs de l'Ardèche au xixe siècle*. Valence, 1849.

Régné, Jean. *Histoire du Vivarais*. 3 delen, Largentière, 1914.

Régné, Jean. *La Vie économique et sociale dans 150 localités du Vivarais, d'après les Estimes de 1464*. Aubenas, 1926.

Régné, Jean. *La Vie économique et les classes sociales en Vivarais, au lendemain de la guerre de cent ans*. Aubenas, 1925.

Reynier, Élie. *Le Pays de Vivarais*. Vals-les-Bains, 1923.

Régné, Jean. *La Soie en Vivarais*. Largentière, 1921.

Régné, Jean. *La Seconde République dans l'Ardèche, 1848-1852*. Privas, 1998; eerste druk 1948.

Riou, Michel, 'La Vente des biens nationaux dans le département de l'Ardèche'. *Communautés d'oc et Révolution française*, II. Largentière, 1987.

Roudil, Jean-Louis. *Préhistoire de l'Ardèche*. Soubès, 1995.

Rouvière, Michel. 'Le Gras de Balazuc, Vinezac, Lanas', ongepubliceerd, 1998.

Rouvière, Michel. *Paysages de pierre, paysages de vie*. Chirols, 1991.

Roux, Jacqueline. 'L'Enseignement primaire dans l'Ardèche sous la monarchie de juillet: La Contribution des congrégations religieuses à l'enseignement elémentaire'. *Eglises, Pouvoirs et Société en Ardèche* (milieu xviiième siècle-milieu xixème siècle). Ucel, 1993.

Sabatier, Gérard. 'De la révolte de Roure (1670) aux Masques armés (1783): La Mutation du phénomène contestataire en Vivarais'. Jean Nicolas (red. *Mouvements populaires et conscience sociale*, xvie-xixe siècles. Paris, 1985.

Sahuc, Régis. *Le fils du peuple*. Le Pay, 1994.

Salmon, J. H. M. 'Peasant Revolt in Vivarais, 1575-1580'. *French Historical Studies*, 11, 1 (1979), p. 1–28.

Siegfried, André. *Géographie électorale de l'Ardèche sous la iiie République*. Paris, 1949.

Sonenscher, Michael. 'Royalists and Patriots: Nîmes and Its Hinterland in the Late Eighteenth Century'. Dissertatie. University of Warwick, 1977.

Sudres, Jean-Daniel, and Michel Carlat. *Visages et paysages de l'Ardèche*. Aubenas, 1986.

'Sylvestre' [Paul Gouy]. *Un scandale electoral à Balazuc*. Aubenas, 1909.

Thomas, François, and Marthe Thomas. *Le Vivarais*. Paris, 1947.

Tissot, René, *Aubenas et ses environs*. Aubenas, 1947.

Valgorge, Ovide de. *Souvenirs de l'Ardèche*, deel II. Paris, 1846.

Védel, Léon (Taveny de Largentière). *A travers le Vivarais: Balazuc et Pons de Bal-azuc*. Lyon, 1884.

Villard, Eugène. *De la situation des intérêts agricoles dans l'arrondissement de Largentière*. Nîmes, 1852.

Vogüé, Eugène-Melchior de. *Notes sur le Bas-Vivarais*. Paris, 1893.

Volane, Jean. *L'Ardèche pittoresque*. St.-Etienne, 1989, eerste druk 1899.

Woloch, Isser. *The New Regime: Transformations of the French Civic Order, 1789-1820s*. New York, 1994.

Verwante studies

Amann, Peter. *The Corncribs of Buzet: Modernizing Agriculture in the French Southwest*. Princeton, 1990.

Bell, David. *The Cult of the Nation in France: Inventing Nationalism, 1680-1800*. Cambridge, Mass., 2001.

Carles, Emilie. *A Life of Her Own*. New Brunswick, N.J., 1991.

Gemie, Sharif, "A Danger to Society'? Teachers and Authority in France, 1833-1850'. *French History*, 2, 3 (september 1988), p. 264-287.

Héliaz, Pierre-Jakez. *The Horse of Pride: Life in a Breton Village*. New Haven, 1978.

Higonnet, Patrice. *Pont-de-Montvert: Social Structure and Politics in a French Village, 1700-1914*. Cambridge, Mass., 1971.

McPhee, Peter. *Les Semailles de la République dans les Pyrénées-Orientales, 1846-1852*. Perpignan, 1995.

Mendras, Henri. *La Fin des paysans*. Paris, 1970.

Merriman, John M. *The Agony of the Republic: The Repression of the Left in Revolutionary France, 1848-1851*. New Haven, 1978.

Meyers, P. 'Professionalization and Social Change: Rural Teachers in 19th Century France'. *Journal of Social History*, 9 (1976), p. 542-558.

Reed-Danahay, Deborah. *Education and Identity in Rural France: The Politics of Schooling*. Cambridge, Engeland, 1996.

Rogers, Susan Carol. *Shaping Modern Times in Rural France: The Transformation and Reproduction of an Aveyronais Community Village*. Princeton, 1991.

Rosenberg, Harriet G. *A Negotiated World: Three Centuries of Change in a French Alpine Community*. Toronto, 1988.

Serre, Robert. *Grane: Histoire d'un village du Val de Drôme, deel 2.* Crest, 1993.

Thibault, Roger. *Mon village.* Paris, 1982.

Tindall, Gillian. *Celestine: Voices from a French Village.* New York, 1996.

Weber, Eugen. *Peasants into Frenchmen: The Modernization of Rural France 1880–1914.* Stanford, 1976.

Wylie, Laurence (red.) *Chanzeaux, a Village in Anjou.* Cambridge, Mass., 1966.

Wylie, Laurence, *Village in the Vaucluse.* Cambridge, Mass., 1974, eerste druk 1954.

Zanten, Henriot Van. *L'École et l'espace locale.* Lyon, 1990.

Zonabend, Françoise. *The Enduring Memory: Time and History in a French Village.* Manchester, Engeland, 1985.